V. CHAMPS

BONAPARTE
LE CONCORDAT DE 1801

ET

LE CARDINAL CONSALVI

SUIVI

DES DEUX LETTRES AU PÈRE THEINER

SUR LE PAPE CLÉMENT XIV

PAR

J. CRÉTINEAU-JOLY.

PARIS

HENRI PLON, IMPRIMEUR-ÉDITEUR

RUE GARANCIÈRE, 10

1869

BONAPARTE

LE CONCORDAT DE 1801

ET

LE CARDINAL CONSALVI.

Ce volume a été déposé au ministère de l'intérieur (direction de la librairie) en mai 1869.

PARIS. TYPOGRAPHIE DE HENRI PLON, IMPRIMEUR DE L'EMPEREUR
RUE GARANCIÈRE, 8.

BONAPARTE
LE CONCORDAT DE 1801

ET

LE CARDINAL CONSALVI

SUIVI

DES DEUX LETTRES AU PÈRE THEINER

SUR LE PAPE CLÉMENT XIV

PAR

J. CRÉTINEAU-JOLY.

LABOR IMPROBUS OMNIA VINCIT
H·P

PARIS
HENRI PLON, IMPRIMEUR-ÉDITEUR
RUE GARANCIÈRE, 10

1869

Bon Larrey

BONAPARTE

ET

LE CONCORDAT DE 1801.

BONAPARTE,

LE CONCORDAT DE 1801

ET

LE CARDINAL CONSALVI.

Villa Monmory, à Vincennes, le 10 mai 1869.

Révérend Père Theiner,

Il y a dix-sept ans, vous arriviez de Rome à Paris, et, un manuscrit sous le bras, vous murmuriez aux oreilles complaisantes des mots mystérieux où le nom vénéré du pape Pie IX venait très-audacieusement mais très-habilement se mêler à la promesse d'un chapeau de cardinal. Vous annonciez, *Urbi et Orbi*, que vous aviez été choisi entre tous. Vous trompettiez à tous les carrefours de l'Europe que vous étiez autorisé par le ciel et par la terre à réhabiliter la mémoire de Clément XIV, que, cinq années auparavant, je m'étais trouvé dans la dure situation de vitupérer au nom de la vérité et de la justice. La modestie a bien ses dangers; mais comme vous vous y êtes très-rarement exposé, vous vous présentiez enharnaché de toute sorte de bonnes petites vertus. On vous disait pieux, vous vous proclamiez docte, et avant d'avoir lu votre *Histoire du Pontificat de Clément XIV*, dont vous aviez l'entreprise à forfait, chacun s'accordait à me plaindre. Moi-même, trompé par votre imperturbable assurance, je me croyais obligé de trembler en face d'un adversaire que Rome, affirmiez-vous, avait armé de toutes pièces et qu'elle couvrait de son bouclier apostolique.

Avant l'apparition de votre ouvrage, j'étais, comme beaucoup d'autres, tenté d'ajouter foi à vos dires. Je m'inclinais à l'évocation de tous vos titres, et, avec les journaux chargés de travailler au monument décrété à votre gloire future, je vous acceptais, de confiance, illustre et vénérable. Après lecture, vous êtes bien resté pour moi vénérable, mais, permettez-moi de vous parler ni témérairement ni timidement, vous n'étiez plus qu'un vénérable écervelé, ayant une goutte du sang de Caïn dans les veines et la transmutant dans votre écritoire.

Sa Révérence m'avait, par toute espèce de provocations, de folles injures et d'arguments boiteux, appelé dans le champ clos de la polémique. Vous désiriez sans doute me faire comprendre à quoi peut servir un ennemi. Je l'ai compris, et je vous en remercie.

Il était de mon honneur et de mon devoir de répondre à un défi que vous assuriez être autorisé à porter; je répondis par deux *Lettres* [1], dont le souvenir ne s'est peut-être pas complétement effacé de votre âme. Je jetai un peu d'eau sur vos foudres, et vos foudres s'éteignirent. Afin de raviver ce souvenir, je ne veux point de mes propres mains rouvrir une blessure qui de temps à autre pourrait bien encore saigner; mais puisque votre infatigable ardeur vous lance dans de nouveaux combats, vous ne trouverez pas mauvais, j'espère, que je laisse la parole aux juges du camp. Je place donc sous vos yeux l'arrêt qui, en connaissance de cause, fut minuté par un tribunal véritablement arbitral, écho ou reflet du jugement prononcé par toutes les feuilles politiques, religieuses et littéraires.

Dans le dernier des trois articles [2] consacrés par *la Presse* à ce débat, que votre position de préfet des

[1] Par un sentiment peut-être exagéré de commisération chrétienne, j'avais cédé aux conseils et aux prières de mes amis de France et de Rome. On disait le Père Theiner dans un état de santé alarmant, et cet état, le succès des Lettres à lui adressées ne faisait que l'aggraver. On semblait même concevoir des craintes pour sa raison. Je n'eus pas beaucoup de peine à pardonner au préfet des Archives secrètes du Vatican le mal qu'il m'avait incité à lui faire; et ces deux *Lettres*, dont les éditions se multipliaient en France, en Belgique, en Allemagne et en Angleterre, furent sans bruit retirées par moi de la circulation. Malgré les instances de mon éditeur, je ne voulais pas les remettre dans le commerce. Aujourd'hui il n'en sera plus ainsi. Ces lettres, si retentissantes jadis, vont venir dans ce volume apprendre aux nouvelles générations ce qu'est le Père Theiner, et quelle confiance doit être accordée à ses assertions, à ses témoignages, à ses dépêches inventées ou falsifiées, et à sa bonne foi toujours par lui mise en avant et toujours trouvée en défaut par les autres.

[2] Ces articles sont réunis en volume sous le titre de *Histoire et Religion*, par A. Peyrat, p. 120 et 121.

Archives secrètes du Vatican et de membre des congrégations de l'Index et du Saint Office rendait si original, M. Peyrat s'exprimait ainsi :

« Un abîme nous sépare de M. Crétineau-Joly; mais celui-là, du moins, ose penser tout haut et dire ce qu'il croit être la vérité. Si cette vérité ne fait pas le compte du Pape, tant pis pour le Pape et pour la Papauté. Les Jésuites, qui ont été heureux de trouver cet écrivain quand tout le monde les abandonnait, et qui ont encouragé son zèle dans les jours difficiles, le répudient maintenant comme l'enfant terrible de la Compagnie, et ce procédé ne leur fait pas honneur. Ainsi le Père de Ravignan, qui invoque à chaque instant le témoignage des plus grands ennemis de son ordre, ne cite pas une seule fois le nom de M. Crétineau-Joly, quoiqu'il lui emprunte des documents importants. Serait-ce parce que les écrivains ont puisé à la même source, c'est-à-dire aux archives du *Gesù?* Alors on comprend de moins en moins pourquoi les Jésuites, après avoir armé M. Crétineau-Joly de toutes pièces, l'abandonnent seul aujourd'hui au feu de l'ennemi...

» Le Père Theiner avait dit à M. Crétineau-Joly que son livre était « stigmatisé d'une ineffaçable souillure » et qu'il serait toujours l'objet de l'indignation des Catholiques. M. Crétineau réplique à l'archiviste du Vatican par deux lettres où le *ridiculum acri*, l'ironie la plus sanglante et les plus amères plaisanteries sont prodiguées avec une brutalité de verve que n'arrêtent ni le caractère, ni les fonctions, ni le talent de l'adversaire. »

Le Pays, journal de l'Empire, a lui aussi étudié la question, et M. Barbey d'Aurevilly la résume en ces termes [1] :

« Ce qu'il est impossible de taire aujourd'hui, quand on parle du livre du Père Theiner, c'est le scandale qu'il a ému et qu'il a cherché. En attaquant directement et avec une violence qui n'a rien de sacerdotal un écrivain qui avait publié, comme lui, l'histoire de Clément XIV, et, de plus que lui, l'histoire de l'Ordre de Jésus, le nouvel historien de Clément XIV a provoqué de la part de M. Crétineau-Joly deux réponses auxquelles, nous le croyons du reste, le Père Theiner ne répliquera plus. Ce n'est point à nous de donner des leçons à un prêtre; nous ne parlerons donc pas ici de l'outrageant langage dont le Père Theiner s'est servi quand il a cherché à repousser les assertions de M. Crétineau-Joly. Seulement, plus libres avec un simple chrétien comme nous, nous dirons franchement à M. Crétineau-Joly qu'il devait se rappeler un peu plus qu'il avait affaire à un prêtre, et que de laïque à religieux, dans une question qui intéresse la papauté et l'histoire, il n'y a point de Beaumarchais. M. Crétineau-Joly, qui cite, à l'appui de ses assertions contre Clément XIV, des dépêches du cardinal de Bernis dont le Père Theiner ne saurait

[1] *Le Pays*, nº du 28 mars 1853.

guère infirmer l'autorité, n'avait qu'à déplier ces dépêches, *fortiter et suaviter*, et cette réponse *de fait* aurait mieux valu que les plus spirituelles invectives. *L'empire du monde appartient aux doux,* disent les saints Livres. L'empire de la vérité aussi.

» Nous le répétons, en finissant. Ces débats, du reste, entre deux historiens dont l'un condamne et l'autre absout, dont l'un exalte et l'autre abaisse, nous ne voulons point les rouvrir et nous y mêler. Nos raisons, nous les avons exposées. Quand il s'agit des hommes historiques, il faut laisser la biographie aux curieux, mais ne s'en rapporter qu'aux grands et indéniables faits de l'histoire. Selon nous, en dehors de toutes les discussions, la mémoire de Clément XIV est assez flétrie par l'abolition qu'il consentit ou qu'il voulut, puisqu'il la signa, pour que M. Crétineau-Joly n'ait besoin de rien ajouter à cette flétrissure, et pour que le Père Theiner ne puisse l'effacer. »

Avec l'autorité de son talent et de son caractère, M. l'abbé Maynard est à son tour intervenu dans ces querelles si maladroitement soulevées et encore plus maladroitement soutenues par vous. Tel est le jugement que le grave et savant critique rendit dans la *Bibliographie catholique* [1].

« Pour terminer cet article, il ne nous reste plus qu'à dire quelques mots des *deux lettres* de M. Cré-

[1] *Bibliographie catholique*, nos 9 et 10 (année 1853.)

tineau-Joly. Le lecteur les connaît déjà dans leur partie solide et sérieuse, car nous leur avons fait plus d'un emprunt pour tout ce qui précède. Ce qu'il ne connaît pas, et ce que nous tenons peu à lui faire connaître, ce sont les personnalités qu'amène presque toujours une semblable polémique. Il ne faut pas à M. Crétineau-Joly moins de quatre-vingts pages pour épuiser la question personnelle. Et là, que d'ironies blessantes! que d'insinuations amères! que d'allusions condamnables! Soyons justes pourtant : ce n'est pas M. Crétineau-Joly qui a commencé les hostilités. Il a été attaqué par le Père Theiner et par quelques journalistes dans son honneur d'écrivain, d'honnête homme et de catholique, avec une violence qui n'explique que trop sa polémique acérée et ses mordants sarcasmes. Pour défendre Clément XIV, le Père Theiner n'était pas plus obligé de jeter l'insulte à M. Crétineau qu'à Clément XIII, qu'aux Jésuites et à leurs amis. Comment excuser, par exemple, le blessant parallèle qu'il établit entre M. Crétineau et Gioberti, et la préférence qu'il accorde à ce triste prêtre, condamné par l'Église et pourtant « mille fois moins coupable, » selon lui, envers elle et envers la vérité? Certes, quelles que fussent les exagérations et les erreurs de M. Crétineau-Joly, il ne méritait pas un tel outrage. Mais, tout en reconnaissant que M. Crétineau-Joly était sur la défensive, tout en lui accordant le bénéfice de cette position, nous ne saurions lui pardonner toutes les amertumes de son apologie, tous ses mépris pour Clément XIV, et surtout ces allusions trop transparentes, sous lesquelles il est si facile d'apercevoir la personne outragée de Pie IX. On conçoit que nous n'insistions pas sur ce triste sujet. Un mot seulement de la question religieuse et de la question historique, traitées ensuite dans chacune de ces lettres.

» La *première lettre* répond au premier volume du Père Theiner. La grande mémoire de Clément XIII y est vengée avec noblesse et éloquence, la guerre contre les Jésuites expliquée dans son principe et dans ses tendances, l'histoire du Conclave de 1769 rétablie dans toute sa vérité. La *seconde lettre* embrasse tout le pontificat de Clément XIV et correspond au second volume du Père Theiner. M. Crétineau prouve facilement que la mémoire de Clément XIV n'aura pas moins à souffrir des indiscrétions du Père Theiner, de son intempérance de paroles et de citations, que du fameux ouvrage de 1847. Lui, au moins, n'avait pas voulu pénétrer dans l'intérieur pontifical, pour en révéler les misères et les faiblesses, pour y montrer le chef de l'Église entre le cordelier Bontempi, son confesseur, et frère François, son cuisinier, ses seuls intermédiaires auprès des puissances, isolé des grands, des cardinaux, et ne voyant même qu'à de rares intervalles son secrétaire d'État. Après avoir tracé le portrait de Ganganelli, M. Crétineau suit de point en point la longue négociation qui aboutit au bref *Dominus ac Redemptor*. Il discute ensuite la question de la folie de Clément XIV; il raconte la conduite des Jésuites après la suppression; et il leur remet au front cette couronne de résignation et d'obéissance que le Père Theiner leur avait injustement arrachée.

» Telles sont les matières traitées dans ces lettres. Ce que nous ne pouvons rendre à nos lecteurs, c'est ce langage spirituel, incisif, éloquent, admirable en lui-même, plus admirable encore lorsqu'on le compare aux formes lourdes du Père Theiner. Ce n'est pas pourtant que tout y soit parfait : le style est incorrect quelquefois par excès d'énergie, la discussion s'embarrasse et s'égare dans des longueurs inutiles. Mais, malgré ces défauts, dus surtout à la rapidité du travail, M. Crétineau-Joly a sur son adversaire l'avantage du talent, comme, en général, celui de la vérité. »

Votre Révérence était restée sous ce coup, et certes il y avait bien de quoi. Elle avait voulu, Votre Révérence, pénétrer dans l'histoire avec son fagot d'opinions toutes faites. Elle s'était sentie prédestinée à mettre son pied dans le ruisseau pour éclabousser le courage ou la vertu lui faisant momentanément ombrage. Elle avait jugé les hommes plus grands ou plus mauvais qu'ils ne sont, par conséquent toujours tendu ses filets trop haut ou trop bas, de telle sorte qu'elle avait fini par égayer le sérieux par le ridicule. Vous aviez sonné de la trompette devant vous. On vous avait vu porter armes à votre victoire; et moi qui, comme Samson parlant des Philistins, aurais pu m'écrier : « Je lui ai rendu le mal qu'il m'a fait[1] », je m'en remettais, Père Theiner, à la justice des hommes et surtout à celle du Souverain Pontife. Vous aviez indélicatement compromis son nom par de mystérieuses réticences ou par des demi-aveux qui, selon vos ambitieuses visées, devaient engager ou préparer l'avenir. L'avenir s'est fermé pour vous au Vatican; vous y avez été condamné à l'obscurité. Vous n'êtes pas tombé sous la main, mais sous le pied de Dieu.

Néanmoins, comme l'espérance est le songe de ceux qui veillent, vous avez veillé, tout en vous baignant dans votre rage. Ne pensant point à imiter cet âne de la fable qui porte des fruits au marché et ne peut pas en manger, vous avez cherché un moyen quelconque de regagner le temps perdu.

Les blessures de votre cœur envenimaient les plaies de votre orgueil; il vous fallait placer quelque part votre sourire à usure. Alors, dans le tourment de vos espérances trompées, vous qui êtes toujours prêt, comme le grand Apôtre avant sa conversion, à garder les manteaux de ceux qui lapident le juste, vous vous êtes pris d'une discrète passion pour ce pauvre cardinal d'Andréa. Avant d'être mordu au cœur par sa turbulente jalousie contre le

[1] *Livre des Juges*, XV, 11.

cardinal Antonelli et par sa funeste ambition de la tiare, cet homme qui avait été si aimable et qui conservait, malgré tout, le cynisme de son innocence, se plaisait à briser ce qu'il avait jadis adoré. Dans ses hallucinations qu'entretenaient des flatteurs parasites, candidats hors de concours à la pourpre romaine, il avait l'air de se promener dans sa gloire; puis à ceux qui l'approchaient il distribuait ses faveurs royales ou accordait en avancement d'hoirie toutes les fonctions du gouvernement pontifical.

La crise était si intense que parfois, au palais Gabrielli, il vous introduisait mystérieusement dans un salon retiré. Souvent j'ai été témoin de ces aberrations d'un esprit malade de l'inconnu.

Là, il vous plaçait en face de la cheminée. Il n'y avait à droite sur cette cheminée qu'un buste en bronze de Pie IX et à gauche une louve, aussi en bronze, la louve romaine qui semblait écarter ses deux jumeaux, afin de faire plus vite un mauvais parti à l'agneau du Saint-Siége. Devant cette énigme en action à laquelle d'Andréa paraissait attacher tant d'influence fatidique, vous ne compreniez pas, vous regardiez d'un air ébahi ce prince de l'Église. Ses yeux et son front s'illuminaient d'une joie déplorable, et il vous disait à voix basse : « La louve, c'est moi, moi qui dévorerai Pie IX, moi qui lui succéderai pour régner et commander. »

Lorsque d'Andréa avait émis ce vœu néfaste que, dans son bon sens et à cœur calmé, il aurait maudit comme une tentation sacrilége, indigne de ses vertus natives, il vous glissait dans la main avec mille précautions sournoises un petit papier sur lequel étaient inscrits deux vers latins. Les voici[1] :

Promittit, promissa negat, ploratque negata.
Hunc successorem quis negat esse Petri ?

Œuvre clandestine d'un refusé, ces versiculets s'appliquant à un Pape qui, en effet, a beaucoup promis, mais qui, en réalité, a beaucoup plus tenu, étaient tout à la fois un mensonge, un outrage et une basse vengeance. Je ne vous en nommerai pas l'auteur, Père Theiner. Vous le connaissez aussi parfaitement que moi. Mais vous étiez l'un des courtisans sacerdotaux de ce malheureux; mais vous dorlotiez ses faiblesses et vous les dorlotiez si bien que, ne pouvant pas encore vous revêtir de la pourpre sacrée, d'Andréa s'imagina qu'en conscience il était obligé de vous promouvoir au Cardinalat par l'entremise de Pie IX. De son autorité privée, il vous investit du *Berrettino* que, par sommation écrite et rendue publique, il chargea le Souverain Pontife de vous transmettre de sa part.

A une proposition si scandaleusement jetée comme un défi aux répulsions de la Catholicité, les médecins, qui, jusqu'à cette heure, n'avaient osé voir

[1] Cette platitude versifiée peut se traduire ainsi : « Il promet, il nie ses promesses, il déplore ce qu'il a nié... Qui peut nier que celui-là soit le successeur de Pierre? »

dans le cardinal d'Andréa qu'un maniaque à idée fixe, un visionnaire dont l'état n'était pas désespéré, s'assemblèrent en toute hâte. A l'unanimité, ils le déclarèrent atteint et convaincu d'aliénation mentale.

Vous étiez son cardinal *in petto*, l'éminence de ses plus mauvais rêves. Selon les docteurs de la Faculté, sa folie était incurable; puis il mourut, vous livrant plus que jamais à cette fièvre rouge du chapeau, *la febbre rubra, la febbre porporina,* qui en a déjà tant tué dans cette Rome où, suivant Tacite, tout se sait et tout se dit.

Après avoir longtemps tout espéré en vain, Votre Révérence s'est persuadé qu'enfin il lui serait permis de tout oser. On vous avait laissé élever un piédestal d'or à des momies d'argile; vous aviez pu tirer des feux d'artifice dans le ruisseau et passer votre vie dans les sapes. Tout cela n'avait pas réussi à Votre Révérence, tout cela ne la conduisait point au but désiré.

Prêt à vous accommoder ici et ailleurs du rôle de la cruche qui se baisse pour mieux s'emplir, vous vous sentiez une éloquence de lucre à mettre au service du premier occupant. Vous n'étiez au Vatican d'aucun secours, d'aucun crédit. On vous y tolérait, comme le gouvernement pontifical, trop paterne, a beaucoup toléré de ces fonctionnaires incapables, peu méritants ou traîtres. Mais l'effacement est une laide chose pour ceux qui aspirent à monter. Ne pouvant plus donner de mauvais exemples, vous vous voyiez réduit à prodiguer mentalement les bons avis. Cette condamnation au silence à perpétuité obsédait votre imagination toujours en travail. Dans un suprême effort, vous vous êtes persuadé que puisque tout chemin mène à Rome, vous pouviez bien passer par Paris pour y rentrer avec les honneurs de la guerre.

Vous aviez lu et relu les *Mémoires du cardinal Consalvi*. L'accusation de faux que cet homme d'une probité si délicate, d'un courage si éprouvé et d'un dévouement si respectueux envers l'Église fait peser sur la conscience des coupables, ne vous avait pas échappé. Aux termes de son testament, ces Mémoires auraient dû être déposés aux Archives du Vatican. Une auguste, une pieuse intervention les a fort prudemment soustraits à votre garde. C'est à moi que fut réservé l'honneur de les publier, et cette préférence n'a pas sans doute peu contribué à grossir votre capital de haine.

Mis en face de cette imputation qu'au nom de la famille Bonaparte, qu'au nom même du Saint-Siége on me demandait, on me priait de supprimer ou tout au moins d'atténuer, je répondis que l'histoire ne vivait pas de subterfuges, de compromis ou de réticences. Cependant sous l'impression d'une pensée honnête, je rédigeai une note qui, en mettant en demeure les intéressés, pouvait ouvrir la voie à des témoignages ou à des démonstrations contraires.

Cette note se trouve à la page 377 du premier volume. Elle est ainsi libellée [1] :

« Le fait que le cardinal Consalvi raconte ici et qu'il entoure des plus minutieux détails est resté ignoré jusqu'à la publication de ces Mémoires. Aucun des écrivains ou des annalistes qui ont parlé du Concordat et des négociations précédant la signature de ce grand acte — et leur nombre est infini — ne firent jamais l'allusion même la plus détournée à cet événement capital. Adversaires ou partisans de l'empereur Napoléon, amis ou ennemis de l'Église, tous gardent le plus profond silence sur l'acte en question. C'est le cardinal Consalvi qui le premier le révèle à l'histoire. Il ne nous appartient pas de confirmer ses assertions, encore moins de les nier sans preuves. Nous ne sommes dans ce moment qu'un simple traducteur; mais, en face d'une révélation aussi extraordinaire et faite par un pareil homme, nous croyons qu'il est du devoir des publicistes officieux ou officiels de fouiller dans les Archives de l'Empire et de nous apprendre le résultat de leurs investigations. Il est impossible qu'il ne se trouve pas dans ces archives trace ou vestige de cet incident extraordinaire, et que la lumière ne sorte point d'une discussion sérieuse et basée sur des documents contradictoires. C'est cette lumière que nous invoquons. Nous serions bien heureux d'avoir

[1] *Mémoires du cardinal Consalvi* (2e édition, chez Plon, éditeur).

à déclarer que le Cardinal s'est trompé dans une circonstance aussi solennelle. »

Ainsi que tout écrivain probe et judicieux l'aurait fait à ma place, je cherchais, pour arriver plus sûrement à la vérité, à piquer au jeu les publicistes officieux ou officiels qui servent le gouvernement impérial ou les parents qui tiennent à la mémoire de Bonaparte. Cet homme, entré dans la postérité et qui a créé des aïeux à tous ses descendants, est livré aux éloges, aux disputes des autres hommes. Les uns le grandissent outre mesure, les autres le rabaissent beaucoup trop. Nous avions provoqué un débat contradictoire. Les héritiers de Napoléon et leurs ayants cause, qui cependant savent bién à l'occasion lui rendre un culte de latrie, gardèrent un silence peut-être politique, mais à coup sûr trop instructif.

Dans l'abandon que vous subissiez à Rome comme une flétrissure morale, cette note, Père Theiner, qui a déjà cinq ans de date, frappa vos regards; elle aiguisa vos appétits. Personne, ni à Paris ni en France, ne se présentait pour épouser la cause du Premier Consul et de ses aides. Avec cette instinctive âpreté que des échecs toujours renaissants et des désirs toujours inassouvis prêtent aux natures même les plus rebelles à un travail de la pensée, vous vous êtes dit tout naturellement qu'un nouvel horizon se levait sur votre tête, et que votre cœur, après avoir beaucoup servi, pouvait servir encore.

Je faisais appel aux publicistes officieux ou officiels. A l'instant même vous vous êtes livré corps et âme.

D'un dévouement immuable pour le prince, — le prince est toujours celui qui règne, — vous vous êtes avoué, et non sans motifs, que vous possédiez un merveilleux talent d'invention dans la flatterie. Vous qui abattriez un chêne pour faire une allumette, vous avez juré vos grands dieux, et habituellement vous n'en priez point de petits, que vous effaceriez avec les eaux de votre baptême plumitif la tache originelle que Consalvi porte au compte de Bonaparte.

Officieux d'abord tant qu'on voudra, officiel quand vous pourrez y parvenir, vous enfantez deux gros volumes, dont le premier seul est en vente [1]. Vous ne cachez pas la manœuvre; je lis donc à la page 232 :

« On a pourtant osé récemment jeter un défi public au gouvernement français de laver, par le moyen de ses Archives d'État, la tache, donnée comme indélébile, dont l'honneur du Premier Consul et de l'abbé Bernier se trouve terni dans les soi-disant Mémoires du cardinal Consalvi. C'est un devoir de conscience pour l'historien d'éclaircir ces accusations à la lumière des faits. »

Nous allons bientôt, cher Père, voir resplendir celle que vous vous proposez de répandre sur les

[1] Ce livre est intitulé : *Histoire des deux concordats, par Augustin Theiner, préfet des Archives du Vatican.*

faits; mais si, avant tout, ON, c'est-à-dire moi, car, dans ce premier volume, mon nom, comme les images de Cassius et de Brutus, ne brille que par son absence; si ON osait se permettre de vous décerner un monitoire, savez-vous bien la prière qu'on vous adresserait? Décidé que vous étiez à fourbir votre stylet et à rétamer vos armes, afin de vous mettre une fois de plus en guerre contre moi, qu'une pudeur assez bien placée vous empêche de nommer, vous auriez dû demander à ceux qui vous emploient un habile teinturier littéraire. Il aurait eu la très-pénible mission d'émonder, de mettre sur pied vos phrases italico-tudesques; il aurait, à grand renfort de dictionnaires, prêté une apparence de français à cette langue pavoisée d'épithètes que vous inventez. On ne vous reproche pas, Père Theiner, d'abuser plus que de raison de toutes les bizarreries grammaticales dont vous parez votre style décoré de rides. Pour faire affronter pareille fatigue, un échenillage serait indispensable. Mais, avant de vous appeler à d'autres honneurs, les puissants du jour, anges gardiens de la vérité, qui vous couvrent de leurs ailes d'or, ont peut-être l'intention de vous ouvrir les portes de l'Académie, ainsi que celles de toutes nos Archives se trouvent à votre merci. En ce cas-là, mais en ce cas seulement, votre style est un titre.

Vous voilà donc à Paris, vous qui pourtant avez l'absence si délicieuse. Vous y êtes remorqué par tous les vents de la faveur, et vous vous y installez sous les plus heureux auspices. On — et ce n'est plus moi, relégué dans la pénombre — on attache à votre personne les cornacs subalternes des Archives, les Voltigeurs du journalisme au rabais et les lauréats émérites de la redingote grise. M. Faugère lui-même, le directeur assermenté, vous honore de son concours amical et de ses complaisances d'antichambre. Nonobstant votre modestie s'effarouche de ces gracieuses prévenances. Vous daignez en faire part au public français, que les fonctionnaires de haut et bas étage, ses salariés, ont peu l'habitude de traiter avec une politesse si raffinée.

Le compte de vos expansions est ouvert, il faut vous laisser la parole pour le régler : « Nous l'affirmons, dites-vous à la page XIII, avec cette assurance qu'inspire le témoignage d'une conscience nette, nous n'avons subi aucune influence, et toute tentative de ce genre eût été repoussée avec dédain, sinon avec indignation. Venu à Paris pour puiser dans les riches dépôts historiques qui s'y trouvent les enseignements et les témoignages propres à remplir certaines lacunes de notre ouvrage, nous nous imposâmes la dure mais prudente obligation de ne visiter qui que ce fût, au risque même de sacrifier des devoirs de convenance ou d'amitié.

« Notre excuse sera la nature même des temps, c'est-à-dire cet esprit de parti si surexcité, si actif, si prêt à poursuivre jusqu'à l'ombre d'une intention pour l'incriminer et la diffamer. On concevra donc que nous ayons recherché l'égide d'une pareille réserve.

« Toutefois, nous ne pouvons nous abstenir d'adresser de sincères et publics remercîments à notre honorable et savant ami M. Faugère, directeur des Archives et de la Chancellerie au ministère des affaires étrangères; nous sommes trop redevable pour le taire à la généreuse bienveillance avec laquelle il nous a obtenu la plus entière liberté de consulter toutes les pièces du précieux dépôt qui lui est confié et de celui des Archives de l'Empire. Nous osons même le prier d'être l'interprète de nos sentiments de gratitude près des hauts personnages qui, par son entremise, ont permis et favorisé nos recherches. Nous nous acquittons d'autant plus volontiers de cette dette sacrée, que, grâce à nos recherches, nous croyons avoir pu venger l'honneur de l'Église, du Saint-Siége et de la France, dénigré et souvent même outragé au sujet de la négociation des concordats par des historiens, peu éclairés, du temps et malheureusement encore de nos jours. »

Me voici — et c'est miracle — Père Theiner, échappé aux traquenards de votre patois. Par respect pour mes lecteurs je n'y reviendrai, s'il plaît à Dieu, que le moins possible; mais au milieu de vos filandreuses apologies, vous ne vous apercevez donc pas que vous laissez barres sur vous de tous les côtés? Vous ne devinez donc pas que vos aveux seuls suffisent non pas pour vous inculper, mais pour vous faire bel et bien flageller au tribunal de quiconque sait lire et comprendre?

Vous avez deux cordes à votre arc, et vous en jouez avec un certain talent de prestidigitateur qui doit éblouir les simples. A Rome, vous vous targuez d'être l'*alter ego* de la Chancellerie française, qui vous reçoit à huis clos. Pour ne pas trop effaroucher votre humilité, on vous accueille en catimini aux Tuileries et au Palais-Royal. A Paris, les rôles changent. Votre Révérence s'annonce comme ayant l'oreille du Pape et l'approbation du Sacré Collége. Vous êtes du Vatican, vous datez du Vatican, vous respirez l'air du Vatican. Tout ce qui vous passe par la tête ou par la plume s'empreint d'une consécration marchande que vous exploitez à votre bénéfice. Un œil sur la colonne Vendôme, l'autre sur la colonne Trajane, publiciste ambulant, vous vous applaudissez parce que vous croyez faire coup double et tromper en même temps Rome et Paris. Mais, cher Père, vous n'avez pas senti que le tonneau s'approchait de la lie et que, malgré mille tours de gobelet, il y a des choses qui finissent par tomber en pourriture, sans même rendre de fumier.

Donc, sans aucun marché secret, sans accord préalable débattu, spécifié et dûment enregistré, vous partez, un beau matin, incognito de Rome, puis vous arrivez à Paris afin de venger d'un seul coup l'honneur de l'Église, du Saint-Siége et de la France. Mais, Prussien que vous êtes! où avez-vous pris que l'Église, le Saint-Siége et la France surtout avaient besoin de vos lumières quelque peu compromettantes? Il y a dix-sept ans, vous vous étiez assez mal à propos glorifié d'avoir été choisi pour venger encore quelque chose. Ce quelque chose, c'était la mémoire du Pape Clément XIV, qui ne s'en trouve pas mieux, j'aime à le présumer. Aujourd'hui que vous vous êtes réellement proposé ou que vous avez été si malencontreusement choisi, Votre Révérence a jugé plus décent de prendre un chemin de traverse. Caché sous un déguisement d'écrivain vertueux, déguisement que vos explications, assez embrouillées du reste, trahissent à chaque ligne, à chaque mot, vous n'avez eu à subir aucune influence, et — vous le proclamez si haut, que par là même vous faites naître le doute dans les esprits les moins soupçonneux — « toute tentative de ce genre, ajoutez-vous, eût été repoussée avec dédain, sinon avec indignation. »

Soit. Afin de sauvegarder votre impartialité vengeresse et de ne vous laisser séduire ni par les présents d'Artaxerce, ni par le mirage de la pourpre, vous vous êtes « imposé la dure, mais prudente obligation de ne visiter qui que ce fût, au risque même de sacrifier des devoirs de convenance ou d'amitié ».

Puisque vous vous placiez sur ce terrain, puisque vous adoptiez l'héroïque résolution de ne pas voir, et surtout de ne pas être vu, comment se fait-il que M. Faugère ait été si vite attaché à votre flanc? Pourquoi venez-vous, dans les effusions d'une banale reconnaissance, le prier d'être l'interprète de vos sentiments de gratitude près des hauts personnages innommés qui ont toléré ou favorisé vos recherches?

Père Theiner, nous vivons dans un pays et dans un siècle où chacun a besoin d'indulgence et où personne n'en accorde bénévolement. Les hauts personnages ne se montrent pas toujours d'aussi facile accès que vous les trouvez, et le ton rogue n'est point d'habitude rejeté à la cantonade.

Afin de pouvoir prononcer à la porte des Archives le : Sésame, ouvre-toi, savez-vous bien tout ce qu'il faudrait de démarches et de tribulations à un écrivain français, même le plus honorable et surtout le plus honoré? Il y a là des Cerbères qui veillent nuit et jour sur les dépôts à eux confiés. Ces Cerbères, armés d'un ukase ministériel, nous écartent sans pitié, ou, d'un air impassible et ennuyé, ils se retranchent derrière la consigne ainsi qu'un soldat en faction. C'est le jardin des Hespérides que ces Archives; les Hercules de la littérature eux-mêmes n'y pourraient pénétrer qu'en faisant patte blanche. Vous, Père Theiner, votre bâton de pèlerin sous le bras et votre plume d'imaginaire redresseur de torts à l'oreille, vous n'avez qu'à parler. Aussitôt vous vous voyez introduit de plain-pied dans le Capharnaum des réserves gouvernementales.

Tout est ouvert, tout est prodigué à Votre Révérence. Personne n'a de secrets pour elle ; elle n'en a pour personne. A travers ces échanges de bons procédés où chacun fait ses petites affaires et se livre innocemment à la culture du chiffre diplomatique, — culture dans laquelle le préfet des archives Vaticanes prétend être passé maître, — vous recueillez un à un les documents entassés sous vos yeux. Vous les jetez sans choix et sans ordre dans votre hotte de chiffonnier bureaucratique, puis vous essayez de grimper au Capitole, afin de rendre grâce aux dieux de l'Empire de la confiance qu'ils vous témoignèrent et de la triste façon dont cette confiance sera récompensée.

Je ne suis ni soupçonneux ni méchante langue, Votre Révérence l'a bien expérimenté. Au besoin j'espère qu'elle pourrait en témoigner; mais, en dépit des excellentes qualités que je m'attribue, croiriez-vous, cher Père, que parfois je suis obsédé à votre égard de mauvaises pensées? Je crains que le contact perpétuel des Archives impériales ne vous ait porté à la tête ou à la main et suggéré des tentations auxquelles la probité suspecte d'un Libri aurait été si heureuse de s'exposer. J'ai vu, j'ai entendu dire tant de choses, que je n'ajoute foi au zèle et au dévouement, même au vôtre, qu'à la dernière extrémité. Or, je lis à la page 27 une insinuation qui m'inquiète pour vous et ne me laisse guère l'esprit en repos pour vos protecteurs. « Il y a, dites-vous, deux hommes, bien distincts, en Bonaparte : Bonaparte, général et premier consul, et Bonaparte devenu l'empereur Napoléon Ier. Nous serons juste envers l'un comme envers l'autre. Si, dans le présent volume, nous racontons avec toute la conscience historique les grands bienfaits rendus par lui à l'Église, nous ne tairons pas non plus, dans les volumes suivants, les grands torts que, comme empereur, il commit ensuite envers elle, en faisant remarquer toutefois les hommes et les circonstances qui l'avaient poussé à en venir à de telles extrémités, le plus souvent malgré lui. »

Père Theiner, je n'ai pas un goût très-prononcé pour lire entre les lignes et pour incriminer la bonne foi même de ceux qui voudraient mettre la mienne en suspicion. Néanmoins ne pensez-vous pas qu'en étudiant, qu'en commentant ce paragraphe, il serait à toute force possible d'arriver à une déplorable conclusion? Les précautions oratoires, mais insidieuses, que vous employez et qui vous montrent dans les futurs contingents comme le témoin à charge venant écorner le piédestal napoléonien, ces précautions me donnent beaucoup à réfléchir. On prétend même qu'aux Archives de l'État, elles ont inspiré plus d'un soupçon et avivé plus d'un remords. Auriez-vous découvert ou surpris de l'œil certains documents qu'on dérobait à tous les regards? Vous seriez-vous mis en position de les utiliser ?

N'ayant pas, comme Votre Révérence, l'honneur d'être membre de la congrégation du Saint-Office, je n'ai ni le droit ni la volonté de lui faire subir un interrogatoire, encore moins de l'accuser d'une tromperie qu'elle n'aurait tout au plus commise qu'à son corps défendant. Ce sujet est pénible pour tout le monde. Je ne l'effleure qu'avec une réserve dont chacun appréciera la délicatesse; mais si Votre Révérence s'était procuré ou avait en son pouvoir de nouveaux documents relatifs à la captivité et à la surveillance du Pape Pie VII à Savone ou à Fontainebleau, que Votre Révérence prenne en bonne part un conseil d'ennemi. Il ne fallait en parler qu'après publication.

Entre vous et les Archives, ce sont affaires de ménage; il ne m'appartient pas de vous troubler dans ces charmants exercices. Toutefois je ne vous dissimule pas que je serais assez curieux de tenter avec vous une très-loyale épreuve. Les hauts personnages que votre humilité ne vous permet pas de visiter ont mis les Archives à votre discrétion. Vous les avez scrutées et fouillées de la cave au grenier. Pourtant, vous l'avouerai-je avec un sentiment de méfiance que Votre Révérence encouragera sans aucun doute, je ne suis pas entièrement rassuré; j'ai peur de ne pas être pleinement convaincu. Je vous ai vu vous frauder, vous aveugler si souvent afin de mieux éclairer les autres, qu'à toute force et qu'à tout prix je désire en avoir le cœur net. Avec un luxe d'érudition de fraîche date qui doit déchirer l'âme de tout contribuable français, tenu en chartre privée à la porte de ses Archives, votre domaine, vous vous accordez presque à chaque page les honneurs d'une découverte. Vous énumérez avec affectation; puis, d'un air triomphant, vous affichez les matériaux authentiques qui servent de fondement à votre œuvre de réhabilitation.

Eh bien, très-Révérend Père, moi qui, de longue date, connais votre prodigieux esprit de confusion et qui n'ignore point avec quelle insigne maladresse vous jetez pêle-mêle dans votre laboratoire les documents les plus disparates ou les moins propres à servir votre cause, savez-vous de quelle tentation je suis obsédé? Vous avez eu la clef de tous nos trésors politiques. Vous vous glorifiez à juste titre d'une grâce aussi exceptionnelle; mais, comme l'âge ne m'a pas encore tout à fait dépouillé « de cette malice exquise » dont vous me vitupériez jadis avec d'acrimonieuses paroles, autorisez-moi, en loyal adversaire, à vous adresser une simple et décisive proposition.

Il y a dix-sept ans, j'ai pris Votre Révérence la main dans le sac. Dieu aidant, est-ce qu'il ne me serait pas encore possible aujourd'hui d'obtenir le même succès? A chaque feuillet de votre livre, vous indiquez la source où vous jurez d'avoir puisé le document sur lequel vous étayez vos assertions. Ici ce sont les Archives du ministère des affaires étrangères, là les Archives de l'Empire, de temps à autre les Archives du ministère de la guerre. A cette promiscuité d'archives, qui jetterait de la poudre aux yeux même des clairvoyants, je ne vous dissimulerai pas, Père Theiner, que je me suis senti tourmenté d'un doute très-naturel. Après les expériences faites sur le vif, j'ai l'inappréciable avantage de ne pas honorer vos dires d'une foi trop robuste; avec l'autorisation de Votre Révérence, je vais essayer de me confirmer et de confirmer les autres dans ce bienheureux doute.

Fort de la parole de Bossuet [1] « Ce qui semble tiré au hasard est secrètement guidé par la main de Dieu », j'ouvre au hasard et à la première page venue le livre fabriqué de vos mains. C'est la 41e. Vous y transcrivez un fragment d'une lettre de l'abbé Bernier, de cet insidieux agent et confident de Bonaparte pour le Concordat, qui eut, lui aussi, la maladie du chapeau. Cette lettre de Bernier, datée du 15 février 1800, « est empreinte, selon vous, de toute la verve de son âme généreuse et ardente pour le bien de l'Église. »

Sur ce point, je partage entièrement votre opinion; je m'unis à vos éloges. L'hommage rendu par l'abbé Bernier au Premier Consul est juste et bien mérité; mais il ne peut m'arrêter dans la démons-

[1] *Politique sacrée*, tome I, page 520.

tration à laquelle je voudrais travailler avec vous. Or, puisque je suis tombé sur cette page 41e, j'y reste comme je resterais sur une autre, et, guidé par l'instinct qui jadis me servit si admirablement pour confondre votre science des papiers doubles, je viens, dans la candeur de mon âme, faire à Votre Révérence une proposition. Cette proposition ne peut manquer de lui être agréable.

La lettre de l'abbé Bernier, du 15 février 1800, concernant Bonaparte, et dont, aux pages 41 et 42, vous citez un fragment, est déposée, selon votre indication, aux Archives du ministère de la guerre, à Paris. Je n'ai pas de motifs particuliers pour en douter, pas de raisons, même vagues et indéterminées, pour le nier. Cependant, parce que vous l'affirmez, parce que vous le confirmez, je n'hésite point à déclarer que la lettre susmentionnée ne se trouve pas, ne peut pas se trouver aux Archives du ministère de la guerre, à Paris.

Pour parler ainsi, il faut avoir une connaissance bien certaine, bien intime des maladresses du Père Theiner. Il faut l'avoir pratiqué en dehors et en dedans, mais je suis si sûr de mon fait, que sans savoir, que sans voir, je pousse les choses à l'extrême.

Il est bon, il est salutaire quelquefois de déchirer les voiles et d'arracher les masques de ceux qui s'acharnent à pailleter le mensonge. Nous ne pouvons pas toujours laisser ces étrangers, fureteurs d'archives, se prélasser dans leur béate suffisance et éclabousser le pauvre monde de leurs découvertes frelatées. Le Père Theiner nous a cherché; il va nous rencontrer plein de déférence pour ses clients de la dernière heure, mais aussi plein d'une sage méfiance pour les sources qu'il indique.

Le meilleur moyen de lire dans le jeu de son adversaire, c'est de le forcer à abattre ses cartes. Père Theiner, qu'allez-vous répondre à la proposition suivante, beaucoup plus réelle, beaucoup plus tangible que toutes les dépêches dont vous maçonnez votre livre. Cette proposition, la voici dans sa teneur légale avec l'engagement souscrit par moi, et la promesse qui sera remplie aussitôt que la preuve aura été administrée.

« *A M. Boutet, avoué près le tribunal civil de la Seine, rue Gaillon*, 20.

» Mon cher avoué,

» Si vous le permettez, je vais déposer dans votre étude une somme de dix mille francs en billets de banque (10,000 fr.) que mon fils vous porte.

» Voici à quel propos et dans quel but :

» M. Augustin Theiner, ex-oratorien et préfet des Archives du Vatican, publie à la page 41 du premier volume de son Histoire des Deux Concordats un fragment d'une *longue lettre* de l'abbé Bernier, datée du 15 février 1800, et relative à Napoléon Bonaparte, premier consul. Cet écrivain indique et annonce que la lettre susmentionnée se trouve aux Archives du ministère de la guerre, à Paris.

» Je vous prie et je vous charge de remettre dans les vingt-quatre heures cette somme de dix mille francs, dont je vous demande d'accepter le dépôt, à la personne ou aux personnes qui me justifieront de l'existence de la lettre en question.

» Tout à vous,

» J. CRÉTINEAU-JOLY.

» Villa Monmory, à Vincennes, le 8 mai 1869. »

« Je soussigné, Camille Boutet, avoué près le tribunal civil de la Seine, rue Gaillon, n° 20, reconnais avoir reçu de M. Jacques Crétineau-Joly la somme de dix mille francs en billets de banque, aux fins de la lettre qu'il m'a adressée hier.

» BOUTET.

» Paris, ce 9 mai 1869. »

Vous m'avez réduit aux grands moyens; vous voyez, Père Theiner, qu'il ne me répugne pas trop de les employer. Je les emploie carrément et hautement. Je vous défie, je vous somme de vous exécuter. Ce défi s'adresse par la même occasion à ceux qui seraient en position de communiquer l'original de la dépêche de l'abbé Bernier, et qui brouettent leur dévouement à travers tous les régimes. En attendant de leurs nouvelles ou des vôtres, passons à un autre sujet.

Vos metteurs en scène et les personnes qui pourraient se risquer à lire votre ouvrage ont la mesure de vos capacités historiques; nous allons ensemble, et à tête reposée, procéder à l'examen de la thèse qu'en désespoir de cause il vous a plu de soutenir. Les parties sont en présence. Appelez l'affaire Bonaparte contre Consalvi.

L'affaire est très-simple. Seulement, pour l'expliquer et pour la saisir, il ne faut pas, à l'instar de Votre Révérence, courber sa foi devant l'immoralité des faits accomplis et sortir de la boue pour le bien de la patrie. Il ne s'agit que d'avoir un peu de justice au cœur et de ne pas suivre votre exemple, Père Theiner, laboureur imprudent, qui ramassez les gerbes avant que le soleil ait mûri l'épi.

Lorsque, dans *l'Église romaine en face de la Révolution,* ouvrage que je prends la liberté, et pour valables motifs, de recommander à Votre Révérence, j'introduisais Bonaparte et le cardinal Consalvi se mettant à l'œuvre afin d'opérer dans une sublime pensée de salut social la réconciliation de l'Église et de l'État, j'avais écrit une page de cœur et de vérité. Toutes vos indignations de commande, qui paraissent descendre des Lamentations de Jérémie, ne me la feront jamais rétracter. Je disais donc [1] :

« L'homme d'épée et l'homme d'Église vont se

[1] *L'Église romaine en face de la Révolution, par J. Crétineau-Joly,* p. 234 et 235 (3e édition, Plon, éditeur).

trouver face à face. Nous allons voir si, comme dans les saintes Écritures[1], « le patient vaut mieux que le brave, et si celui qui dompte son cœur l'emporte sur celui qui prend des villes. »

» Jeunes encore tous deux, ils ont au suprême degré le génie de la politique, la coquetterie de la femme et la prudence consommée des vieux diplomates. Comme tous les grands esprits italiens qu'apprécia Machiavel, tous deux ne sont pas simples, mais moitié cygnes, moitié renards. Bonaparte est hardi par calcul et audacieux de sang-froid. Avec ses yeux qui lancent des éclairs et ses lèvres chargées du tonnerre, il arrive à la douceur par une feinte brusquerie ou par une violence empruntée. Il menace de la victoire afin de séduire plus sûrement. Sa beauté sévère n'a pas moins d'autorité que de grâce. Il est armé de sarcasmes cuisants comme la pierre infernale. On dirait une mine d'or aimant parfois à se couvrir de pierres fausses.

» Consalvi, insinuant comme un parfum, sait se faire un devoir de ne jamais négliger l'art des complaisances utiles, pourvu qu'elles soient honnêtes. La nature perfectionnée par la plus exquise aménité a tout prodigué pour seconder en lui l'extrême désir qu'il a de plaire à chacun. Dans sa parole comme dans son attitude, on reconnaît le *senatorius decor* du patricien de la vieille Rome. Sa belle tête, qui ne se courbera jamais ni devant la force ni devant

[1] *Proverbes*, XVI, 32.

la haine, rayonne de franchise contenue et de sérénité intelligente. En le voyant, on sent que jamais homme ne montrera une plus sage application de l'habileté dans la vertu et du calcul dans la droiture.

» Avec Bonaparte, il va regarder les petits incidents comme des victimes que l'on doit sacrifier aux grandes affaires. Ils savent admirablement tous deux, quand ils le voudront, prendre l'épi dans son sens ; néanmoins les préoccupations ambitieuses ne feront jamais oublier au prince de l'Église que ce qui se fait bien se fait toujours assez tôt. Quand ces deux hommes vont se trouver en présence, essayant par tous les charmes de l'esprit de diminuer leurs défauts au profit de leurs qualités, nous verrons quel sera celui qui développera le mieux ce tempérament de l'espoir et de la patience, véritable tempérament de l'homme d'État. »

Cette page, publiée depuis dix ans, n'a pas besoin de commentaires. Elle peint les deux hommes qui se proposent d'accomplir, chacun dans la mesure de ses forces chrétiennes ou de ses espérances politiques, l'œuvre la plus prodigieuse et la plus nécessaire du dix-neuvième siècle. Le Concordat de granit va se traiter et s'achever entre eux. Quels que soient les obstacles humains qui surgiront dans cette épineuse négociation, il n'en demeurera pas moins établi et démontré que l'Église catholique et la France, fille aînée de l'Église, doivent bénir éternellement le Cardinal qui représenta le Saint-

Siége, et le général Bonaparte, qui le premier conçut l'audacieuse idée de rendre au Royaume de saint Louis son Dieu et son culte.

Mais, Père Theiner, le parallèle entre Bonaparte et Consalvi ne précède que de très-peu de lignes le récit du ministre secrétaire d'État de Pie VII, et ce récit, — vous pouvez en faire la comparaison, — n'est ni plus ni moins que celui des *Mémoires du cardinal Consalvi*, intégralement imprimés cinq années après, en 1864. C'est la même version, la même traduction, avec les mêmes circonstances aggravantes ou atténuantes. Comment se fait-il que, dès le principe, vous n'ayez pas senti bouillonner dans votre cœur l'indignation qui éclate aujourd'hui dans votre encrier? Est-ce que votre bonapartisme de fraîche date n'était pas encore à point? ou craigniez-vous d'évoquer au Vatican des contradicteurs qui ne vous auraient pas très-probablement accordé la licence de dire que les Mémoires du cardinal Consalvi étaient, selon vos fantaisies, falsifiés, altérés, inventés, ou le fruit des amertumes et des colères de l'exil?

Ils brillaient au premier rang des documents inédits de toute nature contenus dans *l'Église romaine en face de la Révolution*. Ils en formaient le plus précieux joyau; et le Pape Pie IX, qui s'y connaît, daignait m'adresser, le 25 février 1860, un bref dont la lecture, j'en suis certain, ne pourra qu'édifier et charmer Votre Révérence. Permettez-moi donc de vous le déférer comme une pièce au procès :

« *A notre cher fils* Jacques Crétineau-Joly, *à Paris.*

» PIUS PP. IX.

» Cher fils, salut et bénédiction Apostolique. Vous avez acquis des droits particuliers à Notre reconnaissance, lorsqu'il y a deux ans vous avez formé le projet de composer un ouvrage naguère achevé et de nouveau livré à l'impression, pour montrer par les Documents cette Église romaine toujours en butte à l'envie et à la haine des méchants et au milieu des révolutions politiques de notre siècle toujours triomphante. Aussi est-ce avec bonheur que Nous avons reçu les exemplaires dont vous Nous avez fait hommage, et de cette très-affectueuse attention Nous vous rendons de justes actions de grâces. Du reste, les temps qui ont suivi, temps, hélas! si tristes et si cruels, si funestes à ce Siége de Pierre et à l'Église, ne peuvent troubler Notre âme, puisque c'est la cause de Dieu que nous défendons, cause pour laquelle Nos prédécesseurs souffrirent la prison et l'exil, Nous laissant ainsi un bel exemple à suivre. Supplions donc le Seigneur tout-puissant de Nous fortifier de sa vertu et d'exaucer les prières que l'Église, pour dissiper cette affreuse tempête, adresse partout d'un seul cœur. Nous vous confirmons Notre amour tout particulier par la bénédiction Apostolique, gage de toute grâce céleste qu'à vous, cher fils, et à toute votre famille, Nous accordons tendrement dans l'affectueuse effusion de Notre cœur paternel.

» Donné à Rome, près de Saint-Pierre, le 25e jour de février 1860, de Notre Pontificat la XIVe année.

» PIE IX, PAPE. »

Ce bref, la plus belle consécration de l'ouvrage et la plus douce récompense accordée à l'auteur, n'est rédigé, je n'oserais jamais le faire remarquer à Votre Révérence, ni dans la forme usitée, ni dans le langage habituel. Le Saint Père, en m'honorant d'un témoignage de sa paternelle bienveillance, ne me fait pas stéréotyper par son secrétaire des lettres latines que les soins urgents et multipliés du Pontificat suprême l'ont empêché de lire l'œuvre dont il accepte l'hommage. Pie IX a l'insigne bonté de procéder autrement avec moi. Il daigne savoir et rappeler l'époque où je formai, à Rome, le projet de composer cet ouvrage. Il n'ignore même pas que cet ouvrage est de nouveau livré à l'impression, et il fait une allusion plus que transparente aux documents qui s'y trouvent. Ses renseignements sont si exacts, que l'on serait tenté de présumer, — chose impossible et qui ferait l'éternel honneur d'un écrivain, — que j'avais dans les palais pontificaux un collaborateur indirect tenant le Vicaire de Jésùs-Christ au courant de la chose.

Or, Père Theiner, parmi ces documents que le Souverain Pontife signale à l'attention universelle, figurent en première ligne les extraits des *Mémoires du cardinal Consalvi*, que vous signalez à la vindicte publique. Tout est dans ce bref, jusqu'à la prison et à l'exil que subirent les courageux et les forts en Israël; il glorifie même la majesté du malheur. Aussi, Père Theiner, vous qui n'avez des sourires que pour toutes les fortunes, vous êtes-vous empressé de le passer sous silence. Le bref n'en existe que mieux, à condition toutefois qu'il n'entre pas un jour dans vos intempérantes manigances de mettre en suspicion l'acte lui-même, son auguste signataire et l'heureux écrivain qui l'a reçu. Je vous connais de longue date, et je ne serais pas le moins du monde surpris de vous entendre affirmer que je l'ai fabriqué ou imposé.

Cet écrivain que vous tenez à distance et en quarantaine comme un pestiféré, et dont le nom a l'inappréciable avantage de ne pas figurer dans votre lazaret historique, cet écrivain est très-coupable en effet. Il devient si criminel à vos yeux, dès que vous saisissez la plume, qu'à la page 12 vous vous fatiguez l'esprit pour afficher des terreurs qui doivent bien égayer vos patrons et vos complices. « Nous nous attendons, il faut l'avouer, dites-vous avec une componction de martyr surnuméraire, à provoquer, par cette histoire, les susceptibilités, l'opposition et peut-être les antipathies de plusieurs, car la traduction publiée des *Mémoires de Consalvi* a réveillé bien des passions et des préjugés hostiles à Napoléon Ier, surtout en ce qui concerne la négociation du concordat de 1801. Sous l'apparence d'un zèle, d'ailleurs mal déguisé, pour les intérêts de l'Église, l'on n'a pas craint de dénaturer les faits connus et louables, de se permettre des insinuations perfides et d'attaquer à la fois les deux mémoires, intimement liées et comme solidaires, du Pape et de l'Empereur. »

Je ne sais quelle idée vous vous êtes faite de ma personne, mais, Père Theiner, toutes les fois que vous avez intérêt à vous mettre en campagne contre moi, c'est toujours de persécution que l'on entend glousser Votre Révérence. Elle se tient quelquefois à quatre pour ne pas être injuste ou méchante, et elle ne peut s'en empêcher. La Prusse est votre patrie, et on le voit bien, car M. de Bismark ne ferait pas mieux, ne dirait pas mieux. On serait même tenté de croire que Votre Révérence s'est complue à lui tracer sa route, et qu'en disciple bien éduqué il l'a magistralement suivie. En 1852, lorsque vous alliez ensevelir Clément XIV sous la rosée de vos louanges, qui ne sont que poussière, vous preniez déjà cette attitude de souffre-douleur en expectative et vous sanglotiez dans l'*Histoire du pontificat de Clément XIV :* « Quoi qu'il nous en puisse arriver, calomnies ou persécutions, nous les recevrons avec joie, bénissant ceux qui nous les auront préparées et priant pour eux. »

Bismark, un Prussien d'une autre trempe que vous, a jugé de bonne prise cette tactique trop familière à vos pleurnicheries de surérogation. Lui qui est toujours aux petits soins pour déplaire, il l'a élevée à la hauteur d'une machine de guerre; il en a fait un plus formidable engin de destruction que tous ses fusils à aiguille. En 1866, à force de crier au martyre que l'Autriche se préparait à faire subir à la Prusse, à force de dénoncer au monde entier que l'Autriche s'apprêtait à dévorer la Prusse innocente, la Prusse inoffensive, la Prusse persécutée et ne songeant pas même à s'armer, Bismark est arrivé à Sadowa *per fas et nefas*. Il y a dix-sept ans, je vous avais arrêté court à Iéna. Vous n'irez guère plus loin à cette heure-ci, les succès n'étant pas à votre ordre du jour. Qu'il suffise à votre illustration d'avoir donné à Bismark les premières leçons de finesse répréhensible et la manière de s'en servir.

En publiant les *Mémoires de Consalvi*, j'ai donc ameuté beaucoup de passions et de préjugés hostiles à Napoléon Ier. Mais, à votre dire, ce ne serait ni mon seul ni mon plus grand crime. Le réquisitoire qu'accusateur public patenté vous lancez contre moi est disséminé, éparpillé dans votre ouvrage avec un artifice qui appelle le fagot. En votre qualité de membre de la congrégation du Saint-Office, vous dressez à mon intention un bûcher littéraire sur lequel vous ne seriez pas trop fâché de me voir roussir à petit feu. L'eau vous en vient à la bouche; et, afin d'entretenir Votre Révérence dans les joies qu'elle se promet, je me condamne à réunir en faisceau toutes les insinuations, toutes les malveillances, toutes les cauteleuses perfidies dont sont émaillées les pages de votre livre. C'est heureux pour moi et déplorable pour vous.

J'ai toujours eu, Père Theiner, un vague soupçon, — et c'est votre seule excuse à mes yeux, — que vous n'aviez pas connaissance entière de ce que vous écrivez. Votre Révérence s'ingénie trop à peupler de mouches le paradis de ses lecteurs. Aussi serais-je dans un extrême embarras avec eux, — si par hasard vous en aviez, — pour résoudre cette question admirablement embrouillée par vous. Est-ce M. Crétineau-Joly qui, dans son exil à Reims, en 1812, a rédigé ou, mieux, inventé les Mémoires du cardinal Consalvi; ou plutôt, ne serait-ce point le cardinal Consalvi qui, s'échappant du monument élevé à sa gloire dans le Panthéon de Rome, viendrait méchamment falsifier et dénaturer les Mémoires de M. Crétineau-Joly? Je m'examine des pieds à la tête, je sonde mes reins et mon cœur, j'interroge les vents et les étoiles, je demande au ciel et à la terre de répandre sur moi une illumination soudaine. D'autres, dans le même temps, se livrent au même travail. Chacun de son côté, et par toutes les routes praticables, nous arrivons à déclarer le problème insoluble; et vous n'y aurez pas nui.

Jugez-en, mon Révérend Père, et prononcez avec cette merveilleuse absence de clarté, le plus bel apanage de vos écrits. Voici la part que vous assignez au cardinal Consalvi. Elle est maigre, cette part, peut-être même un peu servilement hargneuse, comme celle que tout courtisan, non encore déçu dans ses espérances, réserve au contradicteur de son patron. Au début de votre œuvre, vous déclarez : « Un autre motif, décisif pour nous, a été l'apparition si inattendue des *Mémoires du cardinal Consalvi*. En effet, quelque précieux et importants qu'ils soient, ils laissent malheureusement beaucoup à désirer sous le rapport de l'exactitude et de l'impartialité, conditions si nécessaires pour l'intelligence et l'explication du fond et de la nature des graves questions religieuses qui agitaient alors la France. Il est très-regrettable que ces *Mémoires* aient été rédigés sous l'impression d'une amertume et d'une irritation morales trop visibles. »

Pour une entrée en matière, ce n'est déjà pas si mal, Père Theiner. Dans son testament, que j'ai fait autographier et qui se trouve en tête de l'ouvrage, ce prince de l'Église qu'il vous plaît d'accuser « d'une amertume et d'une irritation morales trop visibles » termine le paragraphe concernant ses Mémoires ou les miens par un mot qui répond à tout. Prêt à paraître devant Dieu et à voir juger une vie sans tache, entièrement consacrée au service de l'Église, le Cardinal s'écrie avec un sentiment de confiance qui rafraîchit l'âme : *Deus scit quod non mentior.*

Dieu savait cela sans doute et il en aura tenu compte. Mais vous, Père Theiner, vous n'êtes pas obligé de le savoir, encore moins de le divulguer, Votre Révérence est de cette école que stigmatise l'honnête Montaigne, quand il dit [1] : « Je veois la plus part des esprits de ce temps faire les ingénieux à obscurcir la gloire des belles et généreuses actions anciennes, leur donnant quelque interprétation vile, leur controuvant des occasions et des causes vaines. »

Pour persévérer dans cette impénitence finale, vous ajoutez à la page IX : « Il y a donc comme une réparation ou un acte de justice à accomplir envers cet illustre prince de l'Église, non moins remarquable par les vertus privées que par son talent diplomatique. La moralité même de son caractère a été compromise par la publication de ses Mémoires, dont l'acrimonie et la partialité contrastent étrangement avec les appréciations calmes et modérées contenues dans ses dépêches. »

Toujours à cette page IX, vous ajoutez encore : « Et pourtant ces Mémoires écrits *ab irato*, comme disent si bien les anciens, forment » etc.

Quand une idée oblitère votre raison et couvre votre esprit d'un nuage intéressé, vous la poursuivez

[1] *Essais de Montaigne*, liv. I, ch. XXXVI.

al fondo, ainsi que Victor-Emmanuel court après sa chimère d'unité italienne de Rome capitale, et de *modus vivendi;* puis, à la page 168, vous avez à l'adresse du cardinal Consalvi des cris de fureur et des objurgations bien propres à faire tressaillir de joie tous ceux qui cherchent, dans un chauvinisme rapetassé, à faire de la légende napoléonienne un dogme politique.

« En retraçant, dites-vous, l'histoire de la négociation de Consalvi à Paris, nous nous en tiendrons presque exclusivement aux dépêches qu'il écrivit au cardinal Doria pendant le cours de sa mission. Ces dépêches, comme de raison et comme Consalvi lui-même l'exige, doivent être considérées comme la source la plus pure, même comme la seule source pour l'histoire de cette négociation. Nous y trouverons, en effet, une mémoire encore toute fraîche des événements, un jugement juste, impartial, qu'on ne doit pas chercher dans ses *Mémoires*, écrits après douze ans et dans un état d'irritation et d'indignation où les souvenirs douloureux des événements plus récents dominaient trop sa pensée. »

Jusqu'à présent le cardinal Consalvi a supporté seul les frais d'éloquence boursouflée que le Père Theiner accumule contre nous avec une rapacité de vieux procureur gratte-papier. Maintenant mon tour d'entrer en scène est venu. Me voilà, de par Votre Révérence, chargé de la responsabilité que le cardinal Consalvi ne l'a jamais, je suppose, autorisée à décliner en son nom. Tout à l'heure ses Mémoires étaient son œuvre, son inspiration et un peu sa vengeance, n'est-il pas vrai, cher et bon Père? Eh bien! soudain, par un changement à vue, par un coup de baguette digne d'une fée de votre ex-Oratoire, je me trouve jeté sur le premier plan du théâtre et Consalvi plongé dans le troisième dessous. J'interviens au débat; un malheureux air de mauvaise foi vous prend aussitôt à la gorge. Le Cardinal, selon vous, ne faisait qu'épancher ses amertumes et ses irritations. Je voudrais bien, entre parenthèses, voir Votre Révérence à la place de Consalvi et parlant, dans l'exil, du proscripteur qui vous ferait expier un courage dont vous saurez toujours vous garer.

Auriez-vous la patience et la dignité qu'il montra? Comme ces treize princes de l'Église, qui luttèrent contre Napoléon et que Napoléon voua au noir [1], auriez-vous le pardon sur les lèvres et dans le cœur? Ces cardinaux, Consalvi lui-même, sont timides en présence de l'Empereur et de ses ministres; mais cette timidité était semblable à celle des Vierges et des Martyrs qui, selon une parole de

[1] Les cardinaux qui, en 1810, refusèrent, Consalvi en tête, d'assister au mariage *religieux* de Napoléon et de Marie-Louise, se virent aussitôt condamnés à l'isolement et à l'exil. L'Empereur leur fit notifier par ses ministres de ne plus avoir à se revêtir de la pourpre et des insignes cardinalices. De là vint qu'on les distingua sous le nom de cardinaux noirs. Ils eurent les respects du monde entier; ils auront bientôt les objurgations du Père Theiner et de la police.

saint Ambroise, affrontaient sans peur tous les supplices et rougissaient sous le moindre regard, *impavidos ad cruciatus, erubescentes ad aspectus.*

En incriminant leur chef, vous les incriminez tous, Père Theiner. Il nous faudra bientôt étudier si le Cardinal a mérité les reproches dont vous salissez sa pourpre et son tombeau; d'autres soins me réclament pour le moment. Vous allez me faire les honneurs de l'œuvre de Consalvi; ne faut-il pas que je me prépare à recevoir ces honneurs avec la miséricorde due à vos élucubrations? Vous avez la parole. Je vous écoute à la page 232. Votre nouvelle version va commencer; suivons-la dans le débraillé de ses inconséquences. Vous débutez ainsi :

« Si l'on compare attentivement et avec calme ce récit de Consalvi avec les détails douloureux dont il accompagne, dans ses *Mémoires*, l'ouverture de la session [1] de la signature, on pourra être tenté de regarder le récit des *Mémoires* comme une petite comédie ou au moins comme un roman. »

A la page suivante, petite comédie ou roman, tout ce qu'il plaira à Votre Révérence d'accommoder au gré de ses lubies, n'incombe plus au proscrit impérial. A la suite de la petite comédie ou du roman fabriqué, bien entendu, pour réveiller les passions, apparaissent les *soi-disant* Mémoires du car-

[1] Le préfet des Archives du Vatican traduit le mot italien *sessione* par session. C'est séance qu'il faut lire. La session comprend le temps durant lequel un Corps législatif ou judiciaire est réuni; le mot de séance ne s'applique qu'à un jour déterminé.

dinal Consalvi, et on peut lire à la page 233 tout ce qu'il y a d'attentatoire dans « la mauvaise foi de l'*auteur* des Mémoires de Consalvi. » Parcourez la page 234, ce n'est plus l'auteur, souligné ou non souligné, qui est en scène; c'est le On primitif, le On qui me désigne et qui me distingue, que vous exhibez avec une recrudescence de zèle. « Comment donc concevoir, vous écriez-vous, qu'on ait pu faire réciter à Consalvi dans ses *Mémoires* la comédie suivante? »

Vous tenez bien, Père Theiner, à toutes les comédies grandes ou petites dans lesquelles vous ne jouez pas de rôle, pour que cette idée de tripot comique occupe ainsi votre intellect. Mais est-ce que vous ne penseriez pas fournir un petit échantillon de vos talents dramatiques en venant frapper d'ostracisme et de proscription à l'intérieur tous ceux que vos malédictions dans le vide rendent impénitents ou insensibles? Vous soulignez à une page ce mot d'auteur pour le réserver, quel qu'il soit, à la juste punition de ses crimes. Nonobstant, à la page 237 il n'en sera plus ainsi. Le soulignement de Votre Révérence marque le coupable au front. Vous l'avez séparé de la communion napoléonienne, il ne vous reste plus qu'à le livrer au bras séculier. Alors, dans votre clémence du Saint Office, vous laissez négligemment tomber de votre plume ces dédaigneuses paroles : « Comme le prétend l'auteur des *Mémoires*. »

Je ne sais si Votre Révérence se flatte d'avoir bien défini, bien détaillé le forfait que le cardinal Consalvi me fit commettre ou que moi j'ai traîtreusement glissé à sa charge; du moins elle peut se vanter, Votre Révérence, d'avoir parfaitement établi la gradation des peines. Pour racheter en tant qu'il est en vous les innombrables erreurs que vous avez été si heureux d'amonceler, pour expier vos péchés d'ambition trompée et vos convoitises cardinalices non satisfaites, vous vous frappez sur ma poitrine; vous m'enduisez de vos *mea culpa*; à telles enseignes qu'on croirait que vous ne voulez pas permettre au reste du monde de vous mépriser tout entier. Après m'avoir préparé un pilori anonyme, vous y traînez en tout bien tout honneur le cardinal Consalvi. La confusion faite et parfaite, vous abandonnez au public le soin de dévider le peloton de vos inadmissibles hypothèses, que vous avez partout et sans paix ni trêve si savamment embrouillé de main d'ouvrier.

Me voilà donc élevé au rang de complice du cardinal Consalvi, qui tantôt a composé, qui tantôt n'a pas composé ses *Mémoires*. Je les ai travestis ou falsifiés, ces Mémoires. J'ai soufflé au cœur du Cardinal, à ce cœur d'une imperturbable mansuétude, toutes mes passions et tous mes préjugés hostiles à Napoléon Ier. Mieux encore peut-être, c'est le Cardinal qui a été mon mauvais génie, mon inspirateur malencontreux, et qui me précipite, pieds et poings liés, sous les anathèmes de Votre Révérence. Mais, cher Père, vous en avez long à raconter quand votre besoin de venger par ordre quelqu'un ou quelque chose prend le mors aux dents. Très-assuré de vous saisir à l'heure opportune en flagrant délit d'affirmation contre vous, je me laisse à votre gré être ou n'être pas tantôt le cardinal Consalvi, tantôt l'abominable Crétineau-Joly qui me paraît fatalement et irrévocablement prédestiné à déjouer tous les tripotages de Votre Révérence.

Par ces préliminaires que vous lancez en tirailleurs avant de procéder régulièrement au siége de la place, le lecteur assez favorisé du ciel pour ne pas connaître vos façons d'agir et d'écrire pourrait à toute force supposer que vous êtes un savant tacticien, bon ménager de ses ressources et ne livrant rien au hasard. Le lecteur se tromperait étrangement, et s'il suit votre manœuvre, il ne tardera pas à s'apercevoir que, général inexpérimenté, vous coupez vous-même à votre armée sa dernière ligne de retraite.

La ligne de retraite, indiquée pour et par le Père Theiner, c'est la tentative de faux dans le Concordat. C'est évidemment pour la battre en brèche que le Père Theiner s'engage volontairement ou qu'il a été enrégimenté à prix débattu. Écartons ces bons vouloirs ou ces arrangements sous le manteau de la cheminée; ils ne font rien à l'affaire. Le vulgaire ne comprend que les dénoûments; arrivons-y, et puisque le Père Theiner se voue d'office ou s'impose pour soutenir et venger la cause de Napoléon Bonaparte, suivons-le pas à pas dans cette carrière qu'il s'ouvre si étourdiment.

Le Concordat de 1801, nous l'avons proclamé dans plusieurs de nos ouvrages, nous le répétons ici, nous le maintiendrons jusqu'au dernier moment de notre vie, « le Concordat fut, selon la belle et très-juste parole de Pie VII [1], un acte chrétiennement et héroïquement sauveur ». Cet acte, qu'à seize ans de distance, le 6 octobre 1817, le Pape glorifiait encore, a défié les injures du temps, la mobilité des esprits, les surprises des révolutions et cet amour insensé du changement qui accuse tant de malaises moraux. Il est seul debout avec la Papauté lorsque tout a été modifié et renversé autour de lui. Il a préparé le magnifique spectacle religieux dont nous sommes les heureux bénéficiaires. Nous devons donc nous incliner pleins de respectueuse gratitude devant les deux hommes qui entreprirent et menèrent à bien une pareille négociation. Mais cette négociation, d'où l'Église catholique en France allait renaître de ses ruines, a été, comme toutes les œuvres humaines, soumise à des tiraillements, à des impatiences, à des incertitudes, à des obstacles. Elle fut entourée à son début et à sa fin de difficultés venant tantôt du caractère des hommes,

[1] *Mémoires du cardinal Consalvi*, page 92 (2e édition), lettre du Pape Pie VII au cardinal Consalvi.

tantôt de la force même des choses ou des événements.

La Providence agissait d'une manière visible. Bonaparte ne voulut pas toujours s'astreindre à la regarder faire.

C'est pour narrer les diverses péripéties dont il fut le témoin et la victime que, dans son exil de Reims, le cardinal Consalvi en a tracé le plus saisissant, le plus véridique tableau. Père Theiner, vous seul sur la terre êtes venu, après dix ans de rancuneuse préméditation, vous inscrire en faux contre ce récit. Voyez à quoi vont servir votre zèle intempestif et cette déplorable manie qui vous tourmente et vous pousse vers l'erreur ou l'imposture comme le cerf vers l'eau.

Saint Augustin, votre patron, dont vous suivez assez mal les préceptes et l'exemple, s'exprime ainsi dans sa *Cité de Dieu* [1] : « Si nous voulions toujours répondre à ceux qui nous répondent, quand finiraient les contestations? Car ceux qui ne peuvent comprendre ce qu'on dit ou qui, le comprenant, sont trop opiniâtres pour se rendre, ceux-là ne se lassent pas de répondre, et, comme il est écrit, ils ne parlent qu'un langage d'iniquité, et leur vanité est infatigable. » Saint Augustin disait cela. Cela retombe sur vous comme une leçon et une épigramme, car vous êtes le batailleur perpétuel ou le panégyriste à tort et à travers. Les querelles d'Alle-

[1] Saint Augustin, *De Civitate Dei*, p. 97.

mand sont votre pain quotidien. Vous entrez dans une discussion sans étude, sans examen préalable; vous la soutenez à tout risque. Lorsque vos exubérances écrivassières ont compromis les vivants ou les morts dont vous vous étiez constitué le bénisseur quand même, on vous voit revenir à la charge et les écraser de nouveau sous un dernier pavé.

Bonaparte, agissant comme inspirateur et arbitre suprême dans la négociation du Concordat de 1801, vous a été livré en qualité de client, et vous avez eu l'intelligence si malavisée qu'au lieu de laisser planer un doute sur cette terrible mémoire, vous vous persuadez d'abord, puis vous essayez de persuader aux autres, que le victorieux était un peu de l'école de cet éphémère empereur Othon dont Tacite a dit[1] : « Il n'avait pas assez d'autorité pour empêcher le mal, et tout ce qu'il pouvait faire c'était de l'ordonner. » Bonaparte n'en était pas là, il n'en sera jamais là. Plaider les circonstances atténuantes en sa faveur, c'est dénaturer son caractère, c'est infliger un démenti à sa vie, c'est le frapper en pleine poitrine d'un ridicule qu'il a toujours pris soin de s'épargner.

Maître de la France par le coup d'État du 18 brumaire, Bonaparte avait des idées de puissance et d'organisation sociale, de ces réveils lumineux et surprenants dont parle le cardinal de Retz. Sur les débris de l'anarchie, il aspirait à comprimer

[1] *Hist.*, IV, p. 75.

l'essor des passions mauvaises. Il voulait rendre à la nation ses droits si longtemps méconnus et ses devoirs si longtemps oubliés. Soldat dictateur n'ayant pour tout aïeul que son épée, il s'attribuait la mission de relever les ruines, de cicatriser les plaies saignantes, de replacer le gouvernement à la tête de la civilisation et de reconstituer la France sur les anciennes bases que les idées démagogiques avaient ébranlées. Il régularisait la violence pour arriver à l'ordre.

Bercé au bruit des apostasies religieuses, élevé au milieu des scandales de toute nature que décrétaient des imaginations en délire, témoin des farandoles échevelées qui saluaient la négation de tout culte, Bonaparte comprit bien vite qu'il y a des choses qui ne meurent jamais, et qu'il n'existe pas de pouvoir stable autre que celui dont la Religion est le fondement. Ramener aux idées de foi et de monarchie ce peuple français, sceptique et railleur, qui, à travers les dépravations humaines les plus étranges, avait tremblé sous l'incorruptibilité de Robespierre et souri aux corruptions du Directoire, c'était une féconde pensée. Bonaparte avait vu obéir si servilement sous le couteau de la guillotine, qu'il s'imagina que commander despotiquement, le sabre au poing, serait toujours chose aisée. Par mépris ou par dégoût des hommes, il se mit à dicter ses volontés, à légiférer alternativement selon la justice ou ses boutades et à régner à sa guise.

De ce Premier Consul n'accordant à personne une place au soleil de sa gloire et croyant qu'il n'y avait plus que César au monde : *omnia Cæsar erat*, savez-vous ce que Votre Révérence a su et osé faire? Il n'y a pas de vieux Géronte de comédie plus turlupiné, plus bafoué par tous les Scapins et les Mascarilles de la valetaille que ce triomphateur de trente-deux ans à peine. Il possède un esprit à faire trembler; et par la rudesse de son front et de sa parole, il intimiderait jusqu'à l'ange de la pitié. Vous avez pris Bonaparte grand homme, Bonaparte persuadé qu'en France la loi et le pouvoir ne sont honorés que lorsqu'ils savent se faire respecter par la crainte. Afin de pallier et d'excuser une faute, vous le réduisez à un rôle absurde. Le cardinal Consalvi ou M. Crétineau-Joly, que vous aimez parfois à lui imposer pour substitut, avaient été, je m'en flatte, mieux inspirés et moins payés que Votre Révérence. L'un avait tout dit, l'autre avait tout traduit. Examinons, Père Theiner, par quelle aberration d'esprit vous arrivez à cacher votre héros sous la casaque bariolée d'un *fantoccio* ou d'un Garibaldi.

Bonaparte a l'instinct des belles choses; mais, enfant gâté de la fortune et de la victoire, il veut, il décrète, il ordonne que ces belles choses s'improvisent à son heure et à son temps. Il n'y a pas de délais, pas d'atermoiements, pas de transactions, pas de réflexions possibles avec lui. Il a jugé opportun et nécessaire de rompre avec l'athéisme légal et de renouer la chaîne des temps. Il y procède comme à coups de canon; il tente d'enlever le Concordat à la baïonnette. Mais à Rome les choses, même les plus désirées et les plus désirables, ne se traitent pas, elles ne se concluent pas au pied levé. L'Église, qui a pour elle l'éternité, étudie et mûrit les questions à tête reposée. Elle en pèse le pour et le contre, le fort et le faible; elle ne dévie jamais de ses lois immuables. Sans se préoccuper outre mesure des sauts et des bonds de ceux qui invoquent son concours toujours offert, toujours prêt à seconder les bonnes intentions, l'Église ne se laisse pas mener tambour battant. Avec cette tempérance de raison qui connaît les limites et les bornes de tout, elle a dominé tant de violentes secousses et comprimé par sa patience tant de brusques saccades, qu'elle n'aime guère à marcher au pas de charge.

Ces lenteurs romaines, dont Bonaparte aurait dû être le premier à imiter la sagesse, irritaient et fatiguaient le maître, homme de spontanéité réfléchie, ainsi que l'a peint le cardinal Consalvi. Aussi heureuse que lui, — mais par des motifs moins humains, — de travailler à la paix des âmes, Rome ne se prêtait pas à tous les replâtrages gallicans, à tous les rêves de ritualisme, à tous les raccords constitutionnels qu'il prétendait faire adopter d'emblée comme lois religieuses. Rome, qui l'acceptait avec une joie paternelle, ne pouvait pas tout à fait oublier que le général Bonaparte avait, en Égypte, proclamé qu'il était Mahométan et ennemi de la Religion catholique. Enfant de la Révolution, il inspirait au Saint-Siége des scrupules et des craintes que son attitude altière et ses brusqueries affectées ne faisaient que corroborer. Par une réserve de tolérance et de bon goût, Rome se gardait bien de lui faire subir un examen de conscience ou de l'obséder par un zèle intempestif. Elle ne l'interrogeait ni sur sa foi ni sur ses principes. Il s'affirmait catholique, il le prouvait par ses œuvres. Rome n'en demandait pas davantage, et Rome était dans le vrai; car, en politique, les prêtres sont semblables à la vigne. Ils ne sauraient se tenir debout ni subsister par eux-mêmes; ils ont besoin d'un appui.

Pour que Bonaparte fût décrété d'indifférentisme et inculpé de n'avoir jamais cru à une religion quelconque, il a fallu qu'un de ses neveux vînt, dans une occasion solennelle, lui jeter à la tête cet opprobre immérité. Le 15 mai 1865, la Corse inaugurait sur la place d'Ajaccio la statue de l'Empereur. Jérôme Napoléon présidait à cette cérémonie de famille, et afin peut-être d'obtenir la faveur de faire gras le Vendredi Saint dans le diocèse et à la table de l'académicien Sainte-Beuve, le César surnuméraire osa proclamer :

« En Égypte, alors qu'il entrevoyait les Indes comme le but de cette guerre, il voulut se servir de la foi musulmane. Ses longues conférences avec les chefs de la foi de Mahomet et ses proclamations en sont la preuve. Devenu consul, un grand désir d'apaisement, de réunion de tous les Français, lui inspire l'idée d'un arrangement avec l'Église; il fait le Concordat.

» Ces conduites si différentes s'expliquent cependant; il avait la conviction de la nécessité des idées religieuses qui moralisent une nation, qui servent de frein aux passions, qui élèvent l'âme des peuples comme celles des individus; mais il n'attachait pas une grande importance aux formes qu'elles revêtent et qui dépendent de motifs si divers.

» Le Concordat ne fut pas l'affirmation de telle ou telle religion; nous le répétons, ce fut un acte d'apaisement.....

» Si un certain doute peut planer sur ses opinions religieuses, que Napoléon n'a nulle part nettement formulées; si l'on peut croire que ses préférences pour telle ou telle religion ont été changeantes, un point sur lequel il n'est pas possible d'avoir le moindre doute, c'est la nécessité de supprimer le pouvoir temporel des papes. Ici les preuves abondent : lettres, discours, déclarations, faits. »

Laisser transformer en fétiche d'incrédulité son oncle impérial n'allait pas, ne pouvait pas aller à l'empereur Napoléon III. Une grande lettre vint d'Alger, le 23 mai 1865. L'héritier de Bonaparte l'adressait à *Monsieur et cher Cousin* le prince Napoléon, et l'Europe entière applaudit à ce désaveu de doctrines frelatées. On lit dans cette lettre :

« Le programme politique que vous placez sous l'égide de l'Empereur ne peut servir qu'aux ennemis de mon Gouvernement. A des appréciations que je ne saurais admettre, vous ajoutez des sentiments de haine et de rancune qui ne sont plus de notre époque. Pour savoir appliquer aux temps actuels les idées de l'Empereur, il faut avoir passé par les rudes épreuves de la responsabilité et du pouvoir. Et d'ailleurs, pouvons-nous réellement, pygmées que nous sommes, apprécier à sa juste valeur la grande figure historique de Napoléon ? »

Ces paroles, expression même de la vérité, ne trouveront jamais de contradicteurs. Bonaparte était catholique. Il l'a toujours été dans sa vie, il le confessera dans son testament et sur son lit de mort. Pourquoi un de ses neveux cherche-t-il à en faire un hypocrite? Mais, en 1801, au sortir de cette Révolution bouillonnante encore qui s'était accouplée aux déesses la Raison et la Liberté, représentées par deux prostituées de bas étage, le doute et l'incertitude devaient être permis à Rome. Des méfiances fondées, des soupçons légitimes pouvaient alarmer et troubler les esprits. Bonaparte ne se mit peut-être pas assez en devoir de les rassurer. A votre témoignage irrévocablement partial, Père Theiner, il risqua même l'opposé de ce qu'il fallait réaliser. En mesurant les jours et les heures, en improvisant de menaçants délais qu'il abrégeait ou prolongeait à son gré, en n'accordant ni au Pape ni au Sacré

Collége le temps de la réflexion, Bonaparte, il faut bien que Votre Révérence en convienne à son insu, semait la perturbation et la terreur dans les âmes.

Les hauts personnages qui se firent un plaisir et sans doute un devoir de vous présenter les clefs de nos Archives vous ont ouvert la bouche. Vous allez répandre la lumière sur ces mystérieuses négociations; vous introduisez l'abbé Bernier, vous citez de lui une dépêche au cardinal Consalvi. Aussitôt l'œil le moins exercé entrevoit que cette dépêche est un piége, un outrage et un triste moyen d'intimidation. Voici comment.

La France avait alors pour ambassadeur près le Saint-Siége un loyal Breton, dont le cardinal Consalvi ne cesse de chanter les louanges dans ses *Mémoires* ou dans les miens, et vous-même, quoiqu'il fût sincèrement honnête, vous paraissez, chose étonnante! le tenir en certaine estime. Cacault connaissait si bien et de si longue date le général Bonaparte qu'il s'était permis de le surnommer le petit tigre. Le petit tigre, qui avait de bons moments, et qui, ne pouvant plus tromper avec les mains, ne se serait pas fait scrupule de tromper avec les pieds, se servit de ce ministre plénipotentiaire pour se rendre maître de la situation.

Le 14 avril 1801, un courrier nommé Livio, attaché à l'ambassade de France et au cabinet consulaire, doit partir de Rome pour porter à Paris de graves consultations et des résolutions élaborées par les cardinaux Antonelli et Carandini. Bonaparte attend ce courrier avec ses impatiences habituelles. Il compte les jours, il compte les minutes; mais en vain. Livio n'arrive point; et le général éclate et sa colère déborde sur le cardinal Consalvi. Consalvi est, selon lui, l'auteur du retard à peu près comme je suis l'auteur de ses *Mémoires*. Consalvi le gêne parce que sans doute il a lu dans son jeu, parce qu'il s'est peut-être aperçu que le grand homme aimait mieux au besoin amasser les nuages que les dissiper. Consalvi doit être sacrifié.

Jusqu'à cette heure ce point curieux de la négociation était resté très-obscur. Personne n'avait expliqué le retard de Livio, et moi dont les passions et les préjugés sont, d'après vos insidieuses suppositions, si hostiles à Napoléon Ier, j'hésitais encore pour résoudre ce problème. Vous prenez la parole, Père Theiner; l'écaille tombe de tous les yeux. C'est Cacault qui de son chef, rien que de son chef, bien entendu, s'est imaginé de garder Livio à Rome plus de vingt jours, sous prétexte, avouez-vous à la page 128, « de pouvoir instruire à temps Bonaparte et de le disposer à accueillir favorablement les amendements faits dans le projet de Concordat; mais malheureusement, plus par étourderie que par malice, il avait oublié d'écrire à ce sujet à Paris. »

Il faut être, mon Révérend Père, doué comme vous d'une incommensurable dose de complaisance et de crédulité pour n'en pas voir, pour n'en pas demander davantage. Comment! en déchirant le voile, vous ne vous êtes pas aperçu qu'il enveloppait une trahison ou une perfidie? Vous n'avez pas compris que Cacault, incapable d'étourderie et encore moins de malice, n'aurait jamais imaginé, jamais perpétré un pareil acte, s'il n'eût reçu l'ordre péremptoire, l'ordre direct de le commettre? Si, sans motifs apparents ou plausibles, il eût pris sous sa responsabilité ce retard de vingt jours, est-ce que le Premier Consul, enfin averti, n'aurait pas — et avec raison — fulminé contre son ambassadeur? Pensez-vous qu'avec son caractère, il l'aurait laissé une seconde trahir à Rome les intérêts de la France ou se permettre de faire attendre ce Louis XIV de la démocratie? Dans toute cette affaire, Cacault n'eut qu'un reproche à s'adresser. L'obéissance passive commençait à être de rigueur comme l'habit de cour, et de force ou de gré il s'est attelé au joug. Il avait obéi; il fut pardonné dans un sourire de satisfaction intime, car le plan du Premier Consul réussissait au delà de ses espérances. Le cardinal Consalvi se voyait ostensiblement chargé d'un retard qui était le fait même, l'acte prémédité de Bonaparte.

Le cardinal secrétaire d'État du pape Pie VII, son confident, son ami et presque son fils d'adoption, n'entrait pas assez avant dans les combinaisons de Bonaparte; Consalvi lui faisait obstacle. Pour le dompter ou pour se débarrasser de lui, pour effrayer à coup sûr le Souverain Pontife et l'amener de guerre lasse ou de haute lutte à se séparer du Cardinal, Bonaparte avait employé la ruse afin d'arriver à l'intimidation. L'intimidation se fait jour. L'abbé Bernier, Séjan ecclésiastique, va s'y atteler sans scrupule.

Votre Révérence s'est mise depuis longtemps au régime de tendre la main à tous les mépris et à tous les méprisés. Comme elle ne veut plus savoir que toute lâcheté déshonore, elle vient couvrir de sa banale protection un prêtre dont les fautes furent encore plus éclatantes que les talents. Ce prêtre, à l'ambition duquel ne suffisait pas l'évêché d'Orléans, a eu, comme vous, la passion de la pourpre sacrée, la *febbre porporina,* qui sévit aussi bien à Paris qu'à Rome.

Le désespoir l'a tué à l'âge de quarante-deux ans. Il est mort en 1806, abandonné par l'empereur Napoléon, plus abandonné encore par le Souverain Pontife. Le Vatican et les Tuileries l'avaient enfin connu, enfin jugé. Il était jeté aux Gémonies sans avoir jamais pu monter au Capitole. Vous étiez tout naturellement prédestiné à le prendre sous votre égide. Aussi vous hâtez-vous, à la page 88, de l'embaumer de vos éloges. « C'est, dites-vous, l'homme qui, après Pie VII et Bonaparte, a le plus contribué à la conclusion et au succès du Concordat : c'est lui aussi qui, pour toute récompense de la part de la postérité, n'a encore recueilli que les fruits de la plus inique calomnie qui, de nos jours surtout, s'acharne sur sa mémoire. »

Vous affichez une tendresse de frère pour cet abbé Bernier, qui a pas mal de crimes et de trahisons à se faire pardonner. Vous l'exaltez par anticipation, comme si la postérité avait quelque chose à attendre de Votre Révérence pour distinguer le bien du mal, le devoir de l'intrigue et l'honneur de la bassesse. Vous l'amnistiez sans vergogne, puis, par une de ces inconséquences qui vous sont familières, au même moment vous exhibez une lettre qui le flétrit. Cette lettre, que vous supposez « remarquable » à la page 128, et qui, pour tout homme d'intelligence ou de cœur, est et sera éternellement répréhensible au premier chef, était, dans les plans de Bonaparte, le couronnement de l'affaire Livio. Le retard de ce courrier avait été préparé et ménagé afin de faire peur; Bernier servait d'instrument, de complice et d'écho à la menace. Ce prêtre est l'huissier qui vient signifier à bref délai le schisme, l'hérésie et tout ce qu'il plaira à Bonaparte de substituer à la Religion catholique, apostolique romaine.

« Paris, 13 mai 1801.

» Monseigneur,

« Je vais au nom du gouvernement français parler à Votre Éminence le langage de la franchise. La politique est étrangère aux affaires du ciel. La foi qui sauve les hommes est étrangère à ses calculs. La vérité seule préside aux discussions de l'Église.

» J'écrivais à Votre Éminence, le 12 avril, que le Consul voulait un terme aux longs délais qu'éprouvaient les affaires ecclésiastiques de France. J'ajoutais, en donnant cet avis officiel, que je croyais être assuré du départ du courrier Livio avant l'arrivée de ma lettre. — Je m'étais trompé, — rien n'a paru. Une seconde lettre est partie plus pressante que la première; son effet a été le même.

» La décision demandée pour l'époque des ratifications, espérée pour Pâques, attendue ensuite du 20 au 25 avril, puis promise officiellement pour le 30, puis enfin différée jusqu'aux premiers jours de mai, ne nous est pas plus connue (aujourd'hui 13) que si elle n'eût jamais existé.

« Irrité de ces délais et plus encore des promesses faites et restées sans effet, le Consul nous a mandés hier à sa maison de campagne. Il nous a témoigné, à Mgr Spina et à moi, de la manière la plus expressive, son mécontentement, non pas de notre conduite personnelle (Dieu nous est témoin que nous n'avons dit et annoncé que ce qu'on nous promettait), mais des inconcevables délais qu'on oppose au succès d'une affaire plus importante qu'aucune de celles qui sont maintenant déférées au Saint-Siége. . . . .

» Il nous a enfin ajouté que, si ces vues ne pouvaient convenir au Saint-Siége, ou s'il en résultait de nouveaux délais, il finirait, quoique à regret, par prendre un parti quelconque en matière de religion, et travaillerait à le faire adopter dans tous les endroits où la France étendait son influence ou sa domination.

» S'il en coûte à mon cœur pour faire à Votre Éminence une pareille déclaration, il ne nous a pas été moins pénible de l'entendre. Elle n'a été adoucie que par l'assurance que nous a donnée le Consul, qu'il était convaincu de nos efforts mutuels pour le bien de la Religion, et par l'espoir que nous concevons encore qu'un heureux succès viendra enfin les couronner.

» Des délais après des promesses peuvent quelquefois avoir lieu entre particuliers, mais de puissance à puissance, sur un objet majeur, ils sont impolitiques et toujours désastreux. On paraît ne vouloir autre chose que gagner du temps. Le soupçon naît du retard, les obstacles s'élèvent, et le succès, que la célérité garantissait, devient impossible.

» Pesez donc ces réflexions, Monseigneur, et agissez, mais *sans délai, sans ajournement quelconque*. La France appelle sa religion, l'Italie veut la conserver, l'Allemagne désire la protéger, les États du Saint-Siége réclament un soulagement, le Souverain Pontife un accroissement de territoire, la Chambre apostolique une décision sur les domaines acquis. Les prêtres français gémissent dans l'exil, ils veulent tous rentrer dans le sein de leur patrie. Eh bien! Monseigneur, rien de tout cela ne pourra s'effectuer sans la décision du Saint-Siége, et elle n'arrive pas! Que d'utiles occasions perdues! que d'âmes on eût sauvées! que de maux on eût évités! que de bien on eût fait! que d'obstacles on aurait vaincus avec plus de célérité!... »

Cette inqualifiable signification, que vous puisez aux Archives du ministère des affaires étrangères et que l'on vous laisse recueillir sans en apprécier la douloureuse importance, sans même prévoir les révélations qu'elle provoquera, devait amener une réponse du cardinal Consalvi. Elle est écrasante. Par une simple date, elle déjoue, elle démasque les machinations de Bonaparte. C'est le 13 mai 1801 que Bernier écrit de Paris au cardinal Consalvi, c'est le même jour, 13 mai, qu'ordre est enfin intimé au courrier Livio de partir de Rome. Cette coïncidence ne vous a pas sauté aux yeux, Père Theiner. La chercher n'était pas dans votre rôle; elle n'en existe pas moins. Ne démontre-t-elle pas jusqu'à l'évidence que l'iniquité se mentait à elle-même ou qu'elle prenait ses précautions trop à son aise?

Bernier avait favorisé la supercherie — et ce n'est ni la première ni la dernière fois qu'il aura de ces complaisances — mais Bernier et Bonaparte ne s'attendaient pas à trouver dans le cardinal Consalvi « une âme frappée à la vieille marque », selon l'expression de Montaigne. Consalvi répond le 21 mai;

à son calme si transparent et à sa modération si étincelante de fermeté, on s'aperçoit bien vite que la dignité vient toujours de la grandeur de l'esprit.

« Rome, 21 mai 1801.

» MONSIEUR,

» Je reçois à l'instant la lettre que vous venez de m'écrire, datée du 13 du mois courant. Je l'avouerai avec ma franchise assez connue, mon cœur n'a pu qu'y être très-sensible. Je croyais, monsieur, être au-dessus de tout soupçon en matière de duplicité de caractère, soit par ma conduite constante, soit par les preuves que j'avais données particulièrement à l'égard des affaires de France. Le fait a déjà répondu pour moi : le même jour que vous m'avez écrit, monsieur, votre lettre (le 13 mai), le courrier Livio était parti de Rome; ainsi ce qu'il a apporté à Paris ne pourra pas être regardé comme l'effet de votre lettre. Vous aurez vu tout ce qui a été fait pour les affaires de France. *Rien n'a été refusé par Sa Sainteté, si l'on regarde à la substance de la chose*. Il n'y a eu que des changements dans les formes et dans les expressions. Ce sont les lois de l'Église qui l'ont exigé, et c'est heureux de devoir vous parler ce langage; on le parle sans doute à celui qui est dans le cas de l'entendre. Il y a lieu à espérer que l'on en aura été très-satisfait. Je dois dire un mot sur le délai. Je vous prie, monsieur, de réfléchir qu'on a employé environ quatre mois à

Paris pour faire la rédaction de la pétition. Il semble que dans une affaire la plus importante qui fut jamais, on puisse s'attendre à quelque indulgence, si l'on a eu besoin de deux mois pour conclure. Je vous observerai, monsieur, que dans des affaires qui sont bien au-dessous de celle-ci, vous ne trouverez pas d'exemple d'un plus court délai. Dieu m'est témoin de tout ce que m'en coûte l'accélération. Le Saint-Père n'a appelé que douze cardinaux au lieu de tous pour faire plus vite. On s'est occupé de cette affaire unique du matin au soir tous les jours. J'en connaissais, monsieur, toute l'importance; ainsi ne croyez pas que d'autres affaires d'administration ou bien d'autres objets en aient détourné mon attention pour un quart d'heure : soyez-en sûr sur ma parole. Mais l'importance même de la chose, sa difficulté, les moyens de s'y prendre ont exigé ce délai, qui nous a coûté plus de peine, j'en suis sûr, qu'à vous-même. Avec tout cela, je le dirai franchement, le courrier serait parti vingt jours plus vite sans M. Cacault. Il demanda à être instruit de la réponse que ce courrier vous portait. Ce fut avec une candeur peut-être sans exemple que je lui lus tout loyalement la teneur de la réponse. Elle était, comme elle l'est encore, parfaitement conforme à la pétition dans la substance. Mille difficultés s'élevèrent sur les formes et sur les expressions : difficultés qui ne se présentaient pas par vos lettres, ni par celles de Mgr Spina. Le vif désir d'assurer le succès les fit prendre en considération sans en oublier aucune. Je ne dirai pas combien il en coûta de conformer ces matières aux exigences de la théologie.....

« J'en ai dit assez, à ce qu'il me semble, pour vous prouver, monsieur, d'où provient le retard. Il est inutile, j'espère, après tout ceci, de vous marquer que la politique et le désir de gagner du temps n'y sont entrés pour rien. Mais je dois à mon honneur, je dois à celui du Saint-Père de vous en dire un mot. Oui, monsieur, cette persuasion-là est bien éloignée de la vérité; c'est bien nous faire tort que de le soupçonner. Le caractère du Saint-Père est assez connu par lui-même. Je m'étais flatté que Mgr Spina aurait donné une idée plus exacte du mien, qui m'aurait mis au-dessus de tout soupçon de ce genre. J'en appelle aussi à tous les Français qui ont eu affaire avec moi. Je n'en dirai pas davantage. Le gouvernement français lui-même a vu si le Saint-Père a mêlé rien de temporel dans la négociation des affaires ecclésiastiques. Ainsi je ne puis ne pas être sensible à ce que je lis dans votre lettre, que tout délai ultérieur *me serait personnellement imputé*. J'y suis sensible, monsieur, parce que je ne puis me reprocher (je vous l'assure) de n'avoir pas rempli très-exactement mon devoir, et de n'avoir pas tâché toujours de faire de mon côté tout mon possible pour le bien et pour conserver la bonne correspondance et les relations amicales entre les deux gouvernements. Mais si je suis soupçonné du contraire, le bien de la chose exige, monsieur, que je ne reste pas dans la place que j'occupe. Un seul mot suffit pour m'en faire demander la démission. Permettez-moi, monsieur, quoique je n'aie pas le plaisir de vous être connu personnellement, de vous en dire un mot en particulier. Je ne tiens nullement à ma place. Au contraire, je l'abhorre et la déteste plus que la mort. Je l'ai acceptée par obéissance, je la garde par reconnaissance; j'ai pensé que j'aurais tous les torts vis-à-vis de mon bienfaiteur si je lui refusais mes faibles services dans un temps périlleux et dans des circonstances si difficiles. Mais s'il y a une issue par laquelle je puisse sortir sans blesser lesdits devoirs, je me regarderai comme le plus heureux de tous les hommes. Cette issue serait celle sans doute de se démettre, si l'on ne jouissait pas de la confiance qui serait nécessaire au bien réciproque. Soyez bien assuré, monsieur, que je n'en aurais aucun regret, et que je ne cesserais pas pour cela de faire les vœux les plus ardents pour la conservation de la bonne intelligence entre les deux gouvernements, qui se trouve heureusement rétablie, et pour la paix et la tranquillité de la France, à laquelle est attachée celle de l'Europe. Voici, monsieur, mes sentiments sincères.

» Je dois à la vérité une observation sur une expression de votre lettre. En énumérant les différentes choses dont il n'est pas possible de traiter jusqu'à la conclusion de l'arrangement pour la grande affaire, vous parlez d'un accroissement désiré par Sa Sainteté de son territoire. Le Saint-Père n'espère des bonnes intentions du Premier Consul que la restitution des États qui déjà appartenaient à l'Église romaine; il n'a aucune vue de s'agrandir. »

Par l'entremise de son abbé Bernier, Bonaparte, faisant office de tentateur, transportait le pape Pie VII sur la montagne et semblait lui dire : Tout cela vous appartiendra si vous consentez à faire ma volonté. Les mots d'agrandissement de territoire, si imprévus et si fallacieux dans la bouche d'un tel homme, sont glissés à l'oreille du Cardinal. L'effet devait en être immédiat sur l'esprit du Pape. On se flattait de l'amadouer par de vagues promesses et de le garrotter avec des espérances irréalisables. L'effet fut manqué et la tentation repoussée poliment, mais froidement.

Le chef de la France n'avait pas eu raison du secrétaire d'État cantonné à Rome dans sa conscience: il s'imagina de le faire venir à Paris pour exercer personnellement sur lui ses séductions irrésistibles. Cacault a reçu des ordres, il n'a que très-peu d'efforts à faire pour décider le Pape et son ministre à cette suprême tentative. Consalvi, presque enlevé de Rome, arrive à Paris, et les deux hommes d'État sont en présence.

Jusqu'à ce moment, Père Theiner, même d'après vous, qui faites office d'accusateur contre le Saint-Siége et contre son plénipotentiaire, la Cour romaine et Consalvi n'ont aucun tort. Votre phraséologie de commande ne trouve même pas un reproche indirect à leur adresser. Vos injustices de parti-pris ne peuvent prévaloir ni contre la narration du Cardinal, ni contre l'attitude du Sacré Collége imitant la mansuétude de Pie VII et ne se formalisant pas plus que lui des brusqueries étudiées et des incompréhensibles précipitations de Bonaparte. Du 21 juin au 13 juillet 1801, la négociation est cahotée entre de sempiternels hauts et bas; mais les pièces officielles que vous arrachez des Archives françaises et celles des Archives vaticanes que vous produisez suivent de point en point le récit du Cardinal. Elles concordent d'une si merveilleuse façon, qu'on serait tenté de croire que Votre Révérence a pris la peine de les calquer sur lui.

Si ce n'est pas cet éminent personnage, plein de mépris pour les richesses, de courage pour le bien, d'intrépidité contre les menaces, qui a rédigé ses *Mémoires*, et si, depuis quarante-cinq ans qu'il est mort, il a daigné me passer la parole, vous devez, à part vous, mon Révérend, confesser que je suis un bien profond scélérat. J'aurais un talent de prescience fort rare et que vous pourriez m'envier, sans nuire à vos autres qualités, car les documents évoqués par vous et qui m'étaient absolument inconnus viennent, l'un à la suite de l'autre, appuyer tous mes dires. Ils donnent à mes récits d'imagination un cachet d'authenticité auquel un romancier de mon espèce n'aurait jamais osé prétendre. Ce que Consalvi ou l'auteur de ses *soi-disant Mémoires* raconte et affirme, vous le racontez, vous l'affirmez en d'autres termes, il est vrai,—et pour lui comme pour moi c'est un avantage, — mais vous le racontez, vous l'affirmez. Que demander de plus à votre justice titubante et aux impartialités de votre censure acerbe, mais dévouée?

Dom Guéranger, abbé de Solesme, et, je crois, supérieur général des Bénédictins, s'est laissé endoctriner par vos conjectures. Il n'incrimine pas brutalement, ainsi que vous, Dom Guéranger; mais il a d'onctueuses insinuations, des paradoxes soudains passés à l'alambic de l'*Univers* du 13 avril 1869. Nous avons vu se former en France une sorte de franc-maçonnerie entre quelques prêtres, croyant avoir intérêt à s'afficher plus bonapartistes que les Bonaparte. Ces prêtres aiment mieux faire des affaires que des conversions; ils remuent donc ciel et terre pour attirer sur eux un regard officiel. Le goupillon d'une main, la férule de l'autre, ils viennent, avant Dieu, juger les vivants et les morts. Dom Guéranger n'est pas sans doute affilié à cette secte; il échappe à la flamme, mais il n'en sent pas moins la fumée. Enfin il a bien, lui aussi, ses moments de ténèbres.

Malgré le fonds de vénération qu'il déballe à votre profit, on s'aperçoit qu'il vous a lu et que votre livre n'a pas son entière approbation. L'*Univers du 13 avril* contient en germe ces réserves qui vous agréeront assez peu; mais Dom Guéranger vous offre tout à coup une fiche de consolation à laquelle vous serez certainement fort sensible. Il blâme à mots couverts le traducteur des *Mémoires du cardinal Consalvi*, et il dit : « Quant à l'incident rapporté par Consalvi, dans ses précieux Mémoires, à propos de la signature du Concordat, il est tellement étrange en lui-même, qu'on éprouve une certaine difficulté à l'accepter.

» L'autorité d'un homme aussi intègre incline assurément à faire admettre tous les faits qu'il rapporte par cela seul qu'il les rapporte; mais ces Mémoires n'ont pas été publiés dans leur langue originale, et ils sont restés longtemps ignorés. »

C'est évidemment d'après vous que Dom Guéranger pense et s'exprime ainsi sur la tentative de faux. Les déclamations de Votre Révérence ont éveillé les soupçons de l'abbé de Solesme. Il désire, il veut avoir le cœur net de l'imputation lancée contre Bonaparte, et il désire et il veut cela par la seule raison que « ces Mémoires n'ont pas été publiés dans leur langue originale. »

Il l'aura et vous aussi, Père Theiner. En attendant, apprenez donc, je vous prie, au docte Bénédictin en quelle langue furent écrites les dépêches que, de Paris, le cardinal Consalvi adressait à la Chancellerie romaine? A coup sûr, ces dépêches que vous exhumez sont en italien, et vous les avez traduites ou fait traduire en français. Dom Guéranger, vous accordant la dispense du *Clericus clericum non decimat*, professe pour ces dépêches une foi inaltérable. Il les accepte de confiance, et pourtant pas plus que les Mémoires de Consalvi ces dépêches n'ont été publiées dans leur langue originale. En fait d'honneur et de probité, vous qui, au su et au vu de tous, inventez ou fabriquez des Jésuites comme le Père de la Vrillière ou des lettres comme celles du cardinal Giraud, nonce à Paris en 1773, qu'avez-vous de plus que moi pour que Dom Guéranger vous absolve, quand il me refuse justice? S'il n'a pas, comme j'aime à me le persuader, deux poids et deux mesures, il conviendra bien que ses scrupules à mon égard et sa sécurité sans motif et sans limite envers vous ne laissent pas d'être regrettables et surtout assez mal fondés.

Enfin le grand jour arrive, le Concordat va être signé. Par une assez bizarre réminiscence des anniversaires démagogiques, c'est le 14 juillet, jour de la prise de la Bastille, que Bonaparte choisit pour annoncer au populaire que, sous le tranchant de son sabre, la Révolution va reprendre le chemin de l'Église. Le cardinal Consalvi, Mgr Spina et le Père Caselli d'un côté, Joseph Bonaparte, le conseiller d'État Crétet et l'abbé Bernier de l'autre, sont assemblés. Consalvi retrace dans ses *Mémoires* la scène qui se passa.

Ce sont ces trois pages, absolument ces trois pages, rien que ces trois pages, qui déterminèrent Votre Révérence, vieille femme de chambre de l'histoire, à tricoter sa paire de volumes. Je commence où elle commence, je finis où elle s'arrête. Je reproduis la relation telle que je l'avais traduite, telle que vous la citez à votre tour. Mais afin de ne pas accorder un échappatoire à vos subtilités d'archiviste bon à tout faire et de thuriféraire enrégimenté, je vous offre en autographe le manuscrit original. Il ne vous sera plus permis de prétexter cause d'ignorance et de vous retrancher derrière certaines dénégations ou à l'abri d'un silence qui deviendrait la preuve la plus tacitement éloquente. Et je fais tout cela sans exiger de vous la moindre compensation, sans attendre de vous que vous exhibiez la lettre de l'abbé Bernier du 15 février 1800, lettre qui, d'après vous, est au dépôt des Archives du ministère de la guerre et pour la communication de laquelle un officier ministériel, Me Boutet, tient dix mille francs à votre disposition et à la disposition de quiconque.

Vous connaissez, vous lisez l'écriture du Cardinal; il vous sera donc facile de comparer le texte italien avec la traduction française. Chacun pourra procéder à la même expertise[1]. De la sorte, Père Theiner,

[1] Les deux astérisques que le lecteur trouvera au feuillet 13 et

me sera remis mon péché d'auteur ou de falsificateur des *Mémoires*, que vous tenez tant à me faire expier. Ce compte apuré et qui, j'en ai peur, ne sera pas précisément du goût de Votre Révérence, je vous laisse, moi indemne, en face du ministre de Pie VII.

Votre tête d'Allemand n'avait jamais pu concevoir que les manuscrits du Cardinal étaient en ma possession. Vous vous étiez trompé, vous vous étiez persuadé qu'il n'était pas supposable que, pour me complaire à votre préjudice, on se fût dessaisi à Rome des Mémoires de Consalvi. Je ne devais, je ne pouvais tout au plus qu'en avoir une copie dérobée, une copie apocryphe, ou des fragments cousus bout à bout pour éblouir la foi publique. Rome est avare de ses trésors; elle ne les prodigue jamais. Vous le saviez; c'est cette idée au fond très-admissible qui inspira et dirigea toutes vos manœuvres. A force de me tirailler aux jambes et à la tête, vous espériez m'acculer jusqu'au moment où il vous irait de réclamer à grands cris d'aigle la production des documents originaux.

Ce que vous n'aviez jamais accompli, ce que Votre Révérence n'accomplira jamais, elle se vantait de me l'imposer un jour. Ce jour, je le devance, Père Theiner; et si vous en témoignez le moindre désir, si Dom Guéranger ou les autres ne sont pas sa-

au feuillet 14 du manuscrit indiquent où commence et où finit la narration incriminée du cardinal Consalvi.

tisfaits de la preuve décisive que j'administre, ils peuvent, en toute tranquillité d'esprit, me demander communication des Mémoires originaux du cardinal Consalvi. A l'instant même tout sera étalé sous leurs regards, et, si le jeu leur plaît, je suis en mesure d'aller plus loin.

Peu, très-peu d'historiens sont assez favorisés pour s'exécuter aussi péremptoirement; mais puisque cette chance m'a été accordée, puisqu'il m'a été donné d'associer mon humble nom au glorieux nom de ce prince de l'Église qui, malgré vos dires outrageants, Père Theiner, n'a pas cédé une seule minute aux mauvaises joies de la vengeance, je me trouve en quelque sorte hors du débat. Je ne serai plus désormais suspect d'être suspect, même à vos yeux prévenus. Lui, tout seul, quoique mort, est de force à se défendre contre de misérables insultes. Si, par impossible, la vérité faiblissait, Votre Révérence saurait bien lui prêter son concours involontaire.

Maintenant que tout vous fait défaut à la fois, maintenant que vous vous êtes embourbé dans vos trames ou que vous avez menti avec un tel aplomb qu'on n'osera même plus croire le contraire de ce que vous affirmerez, Votre Révérence concevra-t-elle, pour emprunter son langage, « qu'on ait pu faire réciter à Consalvi dans ses Mémoires la comédie suivante[1] :

[1] Page 234.

« Un peu avant les quatre heures de l'après-midi, Bernier arriva, un rouleau de papier à la main, rouleau qu'il ne développa point, mais qu'il dit être la copie du Concordat à signer. Nous prîmes la nôtre, ainsi qu'il était convenu, et nous allâmes ensemble à la maison du citoyen Joseph (comme on disait alors), frère du Premier Consul.

» Il me reçut avec les plus grandes marques de politesse.

» Quoiqu'il eût été ambassadeur à Rome, je n'avais pas eu l'occasion de lui être présenté, n'étant encore que prélat. Dans le peu de jours que je restai à Paris, je ne l'avais pas rencontré, en lui faisant une visite d'étiquette comme au frère du chef du gouvernement, car il se retirait assez souvent à la campagne. Ce fut donc la première fois que nous nous vîmes. Après les premiers compliments, il nous engagea tous à nous asseoir à la table qu'on avait préparée à cet effet, et il dit aussi lui-même, comme avait fait l'abbé Bernier : « Nous en finirons vite, n'ayant rien autre chose à faire que de signer, puisque tout est déjà terminé. »

» Assis autour de la table, on consacra un moment à la question de savoir qui signerait le premier. Il semblait à Joseph Bonaparte que cet honneur lui était dû comme frère du chef de l'État. Je lui fis remarquer, de la manière la plus douce et avec la fermeté nécessaire en cette rencontre, que ma qualité de Cardinal et de représentant du Pape ne me permettait pas de prendre le second rang dans les signatures à apposer; que dans l'ancien gouvernement de France, comme partout, les Cardinaux jouissaient d'une préséance non contestée, et que je ne pouvais pas céder en un point, ne regardant pas ma personne, mais la dignité dont j'étais revêtu. Je rends à Joseph cette justice, qu'après quelques difficultés, il fit retraite de fort bonne grâce, et me pria de signer le premier. Il devait signer le second, puis le prélat Spina, le conseiller Crétet, le Père Caselli, et enfin l'abbé Bernier.

» On mit donc la main à l'œuvre, et j'allai prendre la plume.

» Quelle fut ma surprise quand je vis l'abbé Bernier m'offrir la copie qu'il avait tirée de son rouleau comme pour me la faire signer sans examen, et qu'en y jetant les yeux, afin de m'assurer de son exactitude, je m'aperçus que ce Concordat n'était pas celui dont les commissaires respectifs étaient convenus entre eux, dont était convenu le Premier Consul lui-même, mais un tout autre! La différence des premières lignes me fit examiner tout le reste avec le soin le plus scrupuleux, et je m'assurai que cet exemplaire non-seulement contenait le projet que le Pape avait refusé d'accepter sans ses corrections, et dont le refus avait été cause de l'ordre donné à l'envoyé français de quitter Rome, mais, en outre, qu'il le modifiait en plusieurs endroits, car on y avait inséré certains points déjà rejetés comme inadmissibles avant que ce projet eût été envoyé à Rome.

» Un procédé de cette nature, incroyable sans doute, mais réel, et que je ne me permets pas de caractériser, — la chose, d'ailleurs, parle d'elle-même, — un semblable procédé me paralysa la main prête à signer. J'exprimai ma surprise, et déclarai nettement que je ne pouvais accepter cette feuille[1] à aucun prix. Le frère du Premier Consul ne parut pas moins étonné de m'entendre me prononcer ainsi. Il disait ne savoir que penser de tout ce qu'il voyait. Il ajouta qu'il tenait de la bouche du Premier Consul que tout était réglé, qu'il n'y avait plus qu'à signer. Comme je persistais à soutenir que l'exemplaire contenait tout autre chose que le Concordat arrêté, il ne sut que répondre qu'il arrivait de la campagne, où il traitait des affaires d'Autriche avec le comte de Cobentzel; qu'étant appelé précisément pour la cérémonie de la signature du traité, dont il ne savait rien pour le fond, il était tout neuf, et ne se croyait choisi que pour légaliser des conventions admises de part et d'autre.

» Moi, je n'oserais pas, aujourd'hui, affirmer avec certitude s'il disait vrai ou s'il disait faux. Je ne sus pas le reconnaître alors davantage; mais j'ai toujours incliné, et j'incline encore à croire qu'il

[1] Dans le manuscrit original que l'autographie a reproduit ici, on lit *quel foglio*, cette feuille, ce papier. Le Père Theiner, je ne sais pourquoi, a modifié le sens et la traduction fidèle de ce mot; il y a substitué *cette rédaction*.

était dans une ignorance absolue de ces choses, tant il me parut éloigné de toute dissimulation dans ce qu'il fit durant cette interminable séance, et sans jamais se démentir. Comme l'autre commissaire, le conseiller d'État Crétet en affirmait autant, et protestait ne rien savoir, et ne pouvoir admettre ce que j'avançais sur la diversité de la rédaction jusqu'à ce que je la leur eusse démontrée par la confrontation des deux copies, je ne pus m'empêcher de me retourner vivement vers l'abbé Bernier.

» Quoique j'aie toujours cherché, dans le cours de la négociation, à éviter tout ce qui aurait tendu à suspendre la discussion et à fournir prétexte à l'irritation et à la mauvaise humeur, je lui dis que nul mieux que lui ne pouvait attester la vérité de mes paroles : que j'étais très-étonné du silence étudié que je lui voyais garder sur ce point, et que je l'interpellais expressément pour qu'il nous fît part de ce qu'il savait si pertinemment.

» Ce fut alors que, d'un air confus et d'un ton embarrassé, il balbutia qu'il ne pouvait nier la vérité de mes paroles et la différence des concordats qu'on proposait à signer; mais que le Premier Consul l'avait ainsi ordonné, et lui avait affirmé qu'on est maître de changer tant qu'on n'a point signé. Ainsi, continua Bernier, il exige ces changements, parce que, toute réflexion faite, il n'est pas satisfait des conventions arrêtées.

» Je ne détaillerai pas ce que je répliquai à un si

étrange discours, et par quels arguments je démontrai combien cette maxime, qu'on peut toujours changer avant d'avoir signé, était inapplicable au cas actuel. Ce que je relevai bien plus vivement encore, ce fut le mode, la surprise employés pour réussir; mais je protestai résolûment que je n'accepterais jamais un tel acte, expressément contraire à la volonté du Pape, d'après mes instructions et mes pouvoirs. Je déclarai donc que si, de leur côté, ils ne pouvaient pas ou ne voulaient pas souscrire celui dont on était convenu, la séance allait être levée. »

L'unique pièce au procès est sous les yeux de tous en autographe, afin que personne ne puisse prétexter cause d'ignorance ou d'incertitude. Quand pour la première fois cette révélation entra par mon fait dans le domaine de la publicité, il faut convenir qu'elle obtint un immense retentissement. Il ne s'est point affaibli; bien au contraire. Bonaparte, ayant l'abbé Bernier pour intermédiaire, était accusé par Consalvi d'une tentative de faux en écriture diplomatique; mais il n'y avait qu'un seul témoin déposant contre lui et incriminant son agent principal. Ce témoin était grave sans doute et dans les conditions les plus essentielles pour inspirer confiance, mais le Cardinal lui-même n'était qu'un homme sujet à l'erreur comme tous les autres hommes.

Au lieu d'épiloguer et d'ergoter sur un fait aussi

brutal qu'un coup de canon, savez-vous ce qui restait à entreprendre, Père Theiner? Nier crânement la chose et ne chercher ni à l'expliquer, ni à l'excuser, ni à la pallier, puisque tout cela soulevait d'insurmontables difficultés. Ne pas répondre est si facile et nier a tant d'avantages, que je suis encore à me demander dans quel but vous avez été chargé de maquignonner cette question. Vous n'avez pas pu, vous n'avez pas daigné contraindre à un silence prudent votre tapageuse loquacité, brevetée avec ou sans garantie du Gouvernement. Tourmenté du prurit de l'écritoire, vous êtes venu obscurcir le débat par votre bagage de contradictions habituelles.

Il n'y avait qu'à laisser couler l'eau et le temps; mais vous brûliez de rentrer dans l'arène pour des espérances que vous caresserez toujours en vain. Le cardinal Consalvi était seul à affirmer la tentative de faux; vous avez reçu mission de broyer cette affirmation sous votre plume. Vous paraissez, vous parlez, vous écrivez, vous empilez documents sur documents, et il se trouve qu'à votre insu peut-être vous produisez contre Bonaparte un témoignage décisif et irrécusable. Votre aveu est aussi explicite qu'opposé à vos prémisses; mais cet aveu véritablement singulier doit faire palpiter de joie tous les ennemis du grand homme. Je ne l'enregistre qu'avec un regret dont je n'ai pas besoin d'attester l'amertume.

« Sans doute, s'écrie Votre Révérence à la page 232, sans doute ce fait qu'on avait porté, dans la session de la signature, un concordat tout différent de celui qui avait été conclu entre Consalvi et Bernier, et approuvé privativement par le Premier Consul lui-même, est incontestable. »

Alors que contestez-vous, Père Theiner? et dans quel abîme d'incertitude plongez-vous ceux dont la placide et loyale parole du Cardinal n'avait pu ébranler la foi? Il existe encore quelques invalides du sentiment bonapartiste, fidèles attardés de la légende napoléonienne. Eh bien! ces derniers survivants d'un autre âge faisaient mieux dans cette occurrence que saint Thomas. Saint Thomas demandait à voir et à toucher pour croire. Eux, ils voyaient, ils touchaient le manuscrit même de Consalvi, — ce manuscrit dont je vous offre l'autographe et la communication, pour dissiper vos mauvaises pensées à mon égard, — et ils refusaient d'ajouter foi. Le Cardinal ne les avait pas convaincus. Ne faudra-t-il pas qu'en face de votre déclaration si traîtreusement explicite, ils se sentent forcés de renoncer à leur système d'incrédulité?

Ah! le fait d'un concordat tout différent de celui qui avait été conclu entre Consalvi et Bernier et approuvé privativement par le Premier Consul, ce fait est incontestable, avouez-vous. Il ne reste donc plus à Votre Révérence qu'à le nier. C'est ce qu'elle va s'arranger pour faire avec un abandon de logique qui, suivant la parole d'un vieil historien, devrait faire pleurer le papier. La tentative de faux matériel n'offre plus l'ombre d'un doute. Consalvi la dénonçait dans ses *Mémoires*. Le Père Theiner la certifie *ex cathedra* dans son ouvrage, destiné à battre en brèche celui de Consalvi. Votre Révérence était préposée pour l'apothéose, Votre Révérence tombe dans l'accusation. Elle y tombe de tout le poids de ses faux-fuyants et de ses hypothèses. Le fait capital est avéré même par vous : voyons avec quel art vous essayerez de mettre des menottes à la vérité.

Bonaparte, qui ne détestait pas d'attiser le feu avec l'épée, et qui, par respect des corps constitués, délibérants et légiférants, venait au 18 brumaire de faire sauter par les fenêtres de l'Orangerie de Saint-Cloud le conseil des Cinq-Cents, le gouvernement républicain et tout ce qui alors était et représentait la loi et l'État, Bonaparte, ce jour-là, eut une idée dont la rareté a quelque chose chez lui de phénoménal. « En sa qualité de premier consul, narrez-vous à cette même page 232, et surtout au début de sa carrière, Bonaparte ne pouvait pas et n'eût pas même osé confirmer un acte semblable sans le consentement du gouvernement de la République. »

Voyez-vous d'ici Bonaparte, le Bonaparte du 18 brumaire et de Marengo, sollicitant le bon plaisir de son tribunat et attendant le placet de son sénat pour ratifier des actes sauveurs dont l'urgence lui est si parfaitement démontrée? Il est là, ce général devant qui tout le monde tremblait, même lorsqu'il n'y avait pas à trembler, ce général dont vous-même, à la page 89, dites en termes si vrais : « Et qui est celui, à commencer par les souverains, les ministres, les ambassadeurs, qui ait pu se soustraire à l'empire irrésistible de cet homme extraordinaire, encore moins l'affronter? »

C'est avec juste raison qu'à la page 89 vous posez cette question. Mais comment se fait-il que tout à coup, et seulement pour une circonstance déterminée, ce Premier Consul, que souverains, ministres et ambassadeurs redoutent d'affronter, se montre, d'après votre version, d'une si puérile timidité? Pourquoi se laisse-t-il tromper et jouer par des subalternes avec une candeur qui fait hausser les épaules? Il règne sur tous et partout. Sa phrase de fer respire le commandement. Il a modifié pour son usage personnel la parole des anciens : Entendre, c'est obéir. Ce n'est plus entendre qu'il faut dire, Bonaparte a changé tout cela. Deviner et deviner même avant la conception du désir, c'est ce qu'il exige. Et voilà l'homme que vous vous mettez à la peine pour rapetisser au niveau de vos mesquines combinaisons, l'homme que vous emmaillottez dans toute espèce de basses intrigues et à qui vous n'accordez que la faculté d'être dupe!

Cette faculté dérisoire ne s'arrête pas. Il faut que

le Premier Consul boive jusqu'à la lie le calice de fourberie ou de pusillanimité dont vous ne permettez même pas que l'histoire lui fasse grâce. Il entre dans vos calculs d'expliquer à tout prix la tentative de faux, mais ce ne sont plus des subalternes désignés et nommés qui agissent. On, le pronom indéfini si cher à votre besoin de ténèbres, fait une nouvelle apparition dans vos récits. Vous minutez donc à la page 215 : « On rédigea dans la même secrétairerie d'État, en toute hâte, dans la journée du 12 au 13, un nouveau projet de concordat, et on obligea en quelque sorte le Premier Consul de le présenter comme *ultimatum* de la République aux commissaires du Saint-Siége pour la signature, sous la menace ou de l'accepter tel qu'il était ou de renoncer pour toujours à toute négociation sur ce sujet. »

Afin de justifier Bonaparte d'un acte injustifiable, d'un acte dont l'authenticité est admise et confirmée par Votre Révérence elle-même, vous réduisez cette colossale figure, qui avait toutes les grandeurs, celles du génie comme celles du crime, à un rôle effacé et risible. Sa qualité de Corse n'excluait ni la finesse ni la duplicité, bien au contraire. Il ne lui aurait pas trop répugné, je présume, de s'ouvrir les portes du paradis avec des fausses clefs, et il n'aurait pas craint de perpétrer une savante tricherie envers le bon Dieu afin de n'être pas trop mal dans les papiers du diable.

Ces concessions faites à Votre Révérence suffiront-elles pour expliquer ce qu'il y a d'inexplicable, de matériellement et moralement impossible dans vos burlesques suppositions? Un faux concordat est présenté à la signature. Interrogé et pressé de répondre, l'abbé Bernier balbutie que Bonaparte l'a ainsi ordonné, parce que tant qu'un acte n'est pas signé il n'a pas force de loi et de convention, et que l'on est toujours libre de le modifier à son gré. Le Cardinal trouve très-élastique cette théorie autorisant une des parties contractantes à bouleverser tout un traité, à en changer la valeur et les termes, puis à le faire subrepticement signer par l'autre partie, à laquelle on s'est empressé de cacher le texte du nouvel acte.

Les sentiments qu'éprouve Consalvi et qu'il décrit, tous les hommes les éprouvent au même degré. Tous sont susceptibles et impressionnés de la même façon, tous jugent les questions d'honneur, de délicatesse et de probité à la même enseigne, tous répéteraient avec Consalvi : Vaut mieux mort que remords. Vous, Père Theiner, vous vous êtes accommodé pour l'occasion une nouvelle méthode et une autre conscience. Vous déclarez à la page 237 que « cette maxime — la maxime professée par l'abbé Bernier au nom de Bonaparte — est légitime et de droit commun, lorsque, comme dans le cas présent, les circonstances ont complétement changé dans l'intervalle de la rédaction à la signature. »

Par conséquent, modifions à notre guise les circonstances, ou prétendons à tort ou à raison qu'elles ont changé dans l'intervalle de la rédaction à la signature, et, de notre autorité privée, sans crier gare, sans rouvrir la discussion, il nous sera loisible d'abuser de la confiance des autres et d'altérer tous les actes et contrats à notre bénéfice. Escobar, l'Escobar de Votre Révérence n'aurait pas mieux dit; mais je me flatte qu'il n'aurait pas conformé sa manière d'agir à votre manière de voir.

Loin de moi la pensée, cher Père, d'incriminer vos principes de morale et de délicatesse. On vous a donné une mauvaise cause à soutenir, vous la défendez par de mauvais arguments. Vos subterfuges sont flagrants; ils sautent aux yeux. Vous n'en poursuivez pas moins imperturbablement votre petit chemin. Dans le but de glorifier ou d'excuser en Bonaparte même ce qui est inexcusable, vous vous jetez à fond de train dans un dédale inextricable d'assertions vertigineuses ou de sophismes théologiques mal digérés et encore plus mal présentés. Emboîtons votre pas, si c'est possible, et essayons de répandre un peu de lumière sur les ténèbres que vous suez tant pour épaissir.

Comme le Cardinal, vous admettez la tentative de faux. Lui ne l'explique pas; il la détaille avec cette indulgente sérénité que Votre Révérence dramatise et transforme en irritation et en amertume. Vous, vous n'acceptez cette tentative que sous bénéfice d'un concert de louanges banales et préventivement corsées. Vous parliez tout à l'heure de roman et de comédie que le Cardinal ou moi avions préparé et joué au détriment de Bonaparte. Le roman s'enchevêtre, la toile se lève sur la comédie, et c'est Votre Révérence qui se blottit dans les coulisses sous le manteau d'Arlequin. Spectateurs attentifs, laissons se dérouler le drame dont votre féconde imagination va faire tous les frais.

Bonaparte si puissant au dehors, si maître au dedans, s'est emparé du pouvoir. Au 18 brumaire, toutes les lois étaient contre lui; mais, ainsi que s'exprime Florus [1], « la vertu guerrière couvrit le parricide, et le forfait de l'accusé se perdit dans les rayons de sa gloire ». Grâce à l'imbroglio de Votre Révérence, il se trouve mis en tutelle, pour ainsi dire en retenue comme un écolier. Il a de mauvais points à se faire pardonner, ce pauvre Premier Consul, et vous les énumérez sans réticence aucune.

Bonaparte est le seul en France qui veuille le Concordat, et qui en fasse un cas de vie ou de mort pour son gouvernement et pour la société ; mais tout le monde autour de lui s'efforce de faire échouer la négociation. Elle va néanmoins aboutir. Talleyrand, un reste de boue du dix-huitième siècle dans un bas de soie de l'Empire, Talleyrand, qui avait bien certaines raisons personnelles pour ne pas s'opposer

[1] *Sed abstulit virtus parricidam, et facinus intra gloriam fuit.* (Florus, lib. I, cap. III.)

à l'œuvre de réconciliation, est parti pour les eaux, et, « pendant ses bains », comme vous le dites à la page 217 avec une élégance toute prussienne, il a laissé le soin des affaires à ses chefs de division. Caillard a les pleins pouvoirs ostensibles, d'Hauterive, le « fameux comte, alors citoyen Blanc d'Hauterive », selon votre expression, jouit de la confiance la plus entière. « C'est lui, peut-on lire à la page 216 de votre livre, qui avait été chargé par Talleyrand de faire un rapport officiel sur le projet de Concordat amendé à Rome, rapport qui fit échouer ce projet, quoiqu'il eût d'abord été favorablement accueilli, comme Consalvi et Bernier l'attestent. C'est encore lui qui fut chargé, nous ne saurions dire avec certitude par qui, de faire un rapport sur la dernière rédaction du Concordat, faite le 11 juillet, par Consalvi, de concert avec Bernier et remise par celui-ci à l'approbation du Premier Consul. C'est probablement Maret, secrétaire d'État, à qui Bonaparte avait envoyé cette rédaction pour expédier sur-le-champ les pleins pouvoirs relatifs à la ratification, qui avait chargé M. d'Hauterive de ce travail. Ce rapport combattait le Concordat avec une telle violence que Consalvi, sous les yeux duquel Bernier le mit un instant, en fut effrayé et émerveillé que Bonaparte n'eût pas cédé à des remontrances qui étaient presque des menaces. »

Admirez-vous d'ici, Révérend Père Theiner, M. Caillard et M. d'Hauterive, deux diplomates en sous-ordre aussi méticuleux, aussi craintifs qu'instruits, se coalisant au fond de leurs bureaux pour adresser à Bonaparte des remontrances qui sont presque des menaces ? Ils avaient leur chemin à faire et leurs éperons à gagner. Ils savaient mieux que personne que l'idée d'un Concordat avec Rome était l'idée dominante, l'idée fixe du Premier Consul, et ces deux hommes, que d'un regard il aurait fait rentrer sous terre, osent presque le menacer ! Mais M. Faugère, votre ami et votre compère, remplit, à cette heure, aux Archives dont il vous prête la clef, des fonctions identiques à celles de Caillard et d'Hauterive. Demandez-lui donc si, en semblable occurrence, même avec la distinction à établir entre le caractère des deux princes, il irait s'aviser de résister à un désir bien nettement exprimé de l'empereur Napoléon III, et s'il se sentirait la témérité d'aller jusqu'à la menace.

Vous ne sauriez pas dire avec certitude par qui d'Hauterive fut chargé de ce rapport si hostile, affirmez-vous, au Concordat. Ne savoir pas dire par qui implique un témoignage d'ignorance que vous essayez d'atténuer en vous rejetant sur Hugues Maret. Mais vous vous hâtez de le couvrir d'un *probablement,* comme si, en face de M. le duc de Bassano, son fils, grand chambellan aux Tuileries, vous auriez besoin d'un lénitif. Hugues Maret, Caillard et d'Hauterive ne sont pour rien, ne peuvent être pour rien dans cette affaire que vous prenez à tâche d'embrouiller. S'ils ont agi, — et vous n'en fournissez aucune preuve, — ils n'ont agi que par ordre de Bonaparte. S'ils furent consultés, — ce dont il est permis de douter, car vous ne vous étayez que sur des on ne sait par qui et des probablement, — s'ils furent consultés, ils répondirent dans le sens du maître. Ils savaient trop bien d'où soufflait le vent de la faveur pour ne pas le suivre.

Et puisque nous en sommes à l'apurement du compte de ce malheureux d'Hauterive inopinément transformé en bouc émissaire, je demande à Votre Révérence la grâce de relever encore une de vos mille erreurs. Vous lui attribuez à la page 217 une apostille de sa propre main, ni signée, ni datée, mais que, pour les nécessités de la cause, vous placez au moment de la signature. Cette apostille, qui aurait fait naître beaucoup de réflexions dans l'esprit de Bonaparte, commence ainsi : « Le projet de convention que propose M. le cardinal Consalvi fait rétrogader la négociation vers l'époque de ses premières difficultés. » Or voyez, Père Theiner, avec quelle légèreté vous procédez en si grave matière! Le Cardinal rédige ses *Mémoires*, ou, si vous le désirez, il écrit sous ma dictée, et par une coïncidence qui échappe comme d'habitude à votre perspicacité, il raconte le même fait. Néanmoins, ce n'est plus M. d'Hauterive qui annote « pendant les bains de Talleyrand », c'est Talleyrand lui-même, et seulement le 22 juin 1801. « M. de Talleyrand, lit-on dans

Consalvi[1], écrivit lui-même à la marge de la première page du Mémoire que j'avais rédigé pour le Consul, ces mots que je vis plus tard moi-même, lorsque ce document passa entre les mains de l'abbé Bernier : « Le Mémoire du cardinal Consalvi fait reculer la négociation beaucoup plus loin que tous les écrits qui l'ont précédé. »

Père Theiner, en y réfléchissant un peu, est-ce que, dans ce rapprochement si curieux et où les dates et les hommes sont par vous si témérairement intervertis, on ne verrait pas une de ces savantes confusions que vous pratiquez avec tant d'imprévoyance et toujours selon la formule ?

Bonaparte, que vous peignez tiraillé par les uns, menacé par les autres, veut soumettre son œuvre de prédilection à l'approbation finale du gouvernement. Puis, page 233, vous expliquez d'une manière incompréhensible ce tour de gobelet législatif ou ministériel ; car, que Votre Révérence daigne le remarquer, sans être poëte, elle marche sur des charbons ardents. Il n'est donc pas très-surprenant qu'elle se brûle un peu les pieds.

Du 12 au 13 juillet, vingt-quatre heures doivent s'écouler. Bonaparte, d'après vous, veut remettre le Concordat à l'approbation finale du gouvernement. Qu'était-il alors ce gouvernement ? Est-ce le Sénat, le Tribunat, le Conseil d'État, le Ministère, ou tout cela ensemble ? Mais, pour consul-

[1] *Mémoires du cardinal Consalvi*, t. I, p. 358 (2e édition).

ter tout cela, il faut le réunir. Afin de notifier leur avis, les grands corps de l'État s'assemblent, ils discutent, ils délibèrent à huis clos ou publiquement. Vous qui avez nos Archives françaises sous votre main d'Allemand, y avez-vous trouvé trace de cette séance que vous n'improvisez point, mais que vous signalez en passant pour démontrer de quels beaux sentiments de libéralisme Bonaparte était animé ? Cette consultation n'a pas eu lieu ; l'idée même n'a jamais pu en venir au Premier Consul. Ce qui ne vous empêche pas de verser une plus étrange invraisemblance sur toutes les invraisemblances que vous entassez comme à plaisir.

Poussé par votre besoin de trouver des coupables que vous vous gardez bien de chercher, vous faites semblant de tout savoir et métier de ne rien dire. Il y a eu un faux Concordat préparé. Par qui ? Vous feignez de l'ignorer; mais en revanche vous élevez votre cœur et vos bras vers le Ciel, et avec cette indignation que vous prodiguez à tant la ligne, vous vous écriez, page 218 : « Peut-on imaginer duperie plus effrontée ? Rien ne prouve mieux la conspiration impie et redoutable qui s'était ourdie au sein des membres mêmes du gouvernement contre la conclusion définitive du Concordat. Comment croirions-nous, surtout sans preuves, que le Premier Consul eut part à cette déloyale manœuvre ? N'était-ce pas plutôt une batterie dirigée contre lui pour l'intimider dans sa généreuse entreprise ? »

Dans l'espace de ces vingt-quatre heures où votre baguette d'enchanteur réunit un monde de fonctionnaires innommés, formant ce que vous appelez le Gouvernement, il n'y eut ni séance, ni délibération, ni conseil. Cependant, toujours à cette fatale page 233, vous déclarez : « On n'osa pas rejeter directement, ouvertement le Concordat, afin de ne pas irriter le Premier Consul, auquel tenait à cœur la prompte signature de cet acte. Mais on fabriqua à la hâte un autre Concordat qu'on était sûr que les négociateurs du Saint-Siége refuseraient de signer. Le triomphe des ennemis du Concordat aurait été ainsi assuré et complet, et le Saint-Siége regardé comme l'unique cause de cette rupture. Cette manœuvre doit être attribuée au Ministère, comme l'apostille de M. d'Hauterive, que nous avons reproduite, le prouve clairement. Ils voulaient jouer Bonaparte; mais celui-ci, plus sagace qu'eux, les joua à son tour d'une manière plus habile, qui le mettait à couvert de toute responsabilité et de tout danger. Il fit donc porter, à la session de la signature, ce malheureux Concordat qui devait détruire pour toujours toute négociation avec Rome à ce sujet; mais il fit avertir confidentiellement Consalvi de ce triste contre-temps. Bernier donna à ce dernier, tant de bouche que par un billet confidentiel, dans la matinée de ce jour, des assurances que l'affaire réussirait tout de même. Il lui renouvela ces assurances par un second billet. »

Dans ce jour que le Seigneur avait fait comme celui de la Rédemption, voilà donc le cardinal Consalvi et l'abbé Bernier qui jouent aux Petits-Papiers. Pour ne leur céder en rien, Bonaparte s'amuse à Cligne-musette ou à Colin-maillard, mais au plus fin, avec les grands corps de l'État. Le jeu en valait bien la chandelle, Père Theiner; pourtant ce roman ou cette comédie, dont le scenario laisse à désirer moins d'obscurité et plus de noms propres, est-ce que vous ne trouvez pas vous-même qu'il pèche un peu par la base? La base, ce seraient tous ces billets confidentiels échangés entre le cardinal Consalvi et l'abbé Bernier se portant fort pour Bonaparte, qui se met si cauteleusement, mais si drôlatiquement à couvert de toute responsabilité et de tout danger. Les menaces de ses commis des relations extérieures ont tellement terrifié le Premier Consul que, pour remercier le ciel d'avoir échappé à tout danger, il fonde à perpétuité, mais mentalement, un *Te Deum* que Votre Révérence chante encore.

Cependant à ce *Te Deum* il doit y avoir un correctif. Ce correctif est plein de mélancolie. Les billets confidentiels sur lesquels repose tout le drame sont invoqués; vous les sollicitez d'apparaître pour remplacer les feux de Bengale du dénoûment. Les billets font défaut. La douleur dans l'âme, vous venez, Père Theiner, l'annoncer au public : « On ne saurait assez déplorer, ajoutez-vous, la perte de ces billets, échangés en cette occasion entre Bernier et

Consalvi, lesquels auraient mis dans un jour plus grand encore la mauvaise foi de l'*auteur* des Mémoires de Consalvi. »

Ils sont donc perdus ces billets dont Votre Révérence se faisait une arme si terrible afin de mettre dans un jour plus grand encore mon insigne mauvaise foi. Je le regrette très-vivement pour vous d'abord, et aussi un peu pour moi, qui me suis bien gardé d'agir aussi vilainement envers Votre Révérence. Mais, Père Theiner, à qui vous en prenez-vous d'une catastrophe aussi imprévue? Vous êtes préfet des Archives secrètes du Vatican. Les billets de l'abbé Bernier, si précieux et si probants, disparaissent sous vos yeux et peut-être sous votre main! M. Faugère, ministre plénipotentiaire, est directeur des Archives à Paris. Par une coïncidence dont je ne tirerai nulle conclusion, — car il eut beaucoup de prédécesseurs et de féroces visiteurs dont il n'est pas responsable, — les billets du Cardinal, qui doivent se trouver dans les papiers relatifs au Concordat, sont, eux aussi, égarés ou anéantis. Comprenant votre embarras et ne voulant aggraver les torts de personne, je ne vous demande pas un compte indiscret de votre gestion; mais qu'aviez-vous besoin de faire tant de bruit de ces billets, puisqu'en résultat vous êtes forcé d'avouer qu'ils n'existent plus, s'ils ont jamais existé? Vouliez-vous offrir au Saint-Siége une preuve de votre vigilance? Le Saint-Siége, qui vous a vu à l'œuvre, doit la connaître depuis longtemps votre vigilance, et en vérité je m'étonne que M. Faugère n'ait pas eu sur votre esprit assez d'amicale influence pour vous soustraire tous deux aux sifflets de la galerie.

Ces billets perdus — et je ne vous en fais pas un péché irrémissible, Père Theiner — vous verrez qu'il faudra un jour que je les déniche et que je vous les restitue, afin de me mettre peu ou prou dans les papiers de deux archivistes d'une activité si exemplaire. J'y arriverai, si Votre Révérence a la bonté de ne pas s'en mêler. Dans cet espoir, continuons l'examen de la tentative de faux.

Grâce à Consalvi qui, même devant Bonaparte, n'a pas reculé d'une semelle, qui a maintenu haut et ferme les prérogatives et la dignité de l'Église, la France et la mémoire du Premier Consul ne seront pas chargées d'un crime. Mais si comme Votre Révérence le prétend et l'affirme, Bonaparte n'a ni inspiré ni soufflé l'idée de changer les articles du Concordat à la dérobée et par surprise, s'il n'a jamais voulu escamoter la signature du plénipotentiaire pontifical et substituer un traité de sa façon au traité convenu, pourquoi donc éclate-t-il en invectives aussitôt qu'il aperçoit Consalvi s'avançant au milieu des salons des Tuileries? Pourquoi cette colère, signalée même par vous et qui, votre roman admis, ne serait qu'un pitoyable enfantillage? Pourquoi n'avoir pas fait bonne et sévère justice de ces audacieux subalternes ou de ces farouches innommés qui compromettaient son honneur? Pourquoi s'acharner sur Consalvi innocent, mais inflexible, et lui reprocher d'avoir, par sa fermeté, déjoué une manœuvre aussi bien dirigée contre le Saint-Siége que contre Bonaparte lui-même? On l'avait abusé, répondez-vous. Pourquoi, au lieu de s'applaudir de voir les trompeurs trompés, prend-il fait et cause en leur faveur? Pourquoi venir, dans un langage au moins inconvenant, insulter à ce courage d'un Cardinal qu'il aurait béni en secret et jeter un os à ronger à tous les Brutus d'antichambre qui l'obsédaient et le menaçaient?

Ce sont ces points d'interrogation qu'il fallait lui épargner. Vous vous êtes bien gardé de le faire; mais afin de les légitimer, vous avouez à la page 221 : « Consalvi essuya, à son tour, la colère du Premier Consul, au grand dîner de ce jour, auquel il était invité, et dont il ne pouvait s'exempter sans laisser soupçonner que le Concordat avait échoué. »

En votre qualité de préfet des Archives secrètes du Vatican, vous avez, Père Theiner, un respect inné pour toutes les paperasses diplomatiques. Ainsi que le langage étudié des Chancelleries, ces paperasses sont articles de foi. Vous ne voyez, vous ne cherchez l'histoire que dans les pièces officielles. Vous n'apprenez rien au spectacle de la comédie humaine auquel Votre Révérence ne déteste pas de se mêler comme acteur, lorsque son ambition ou ses rancunes la poussent sur le théâtre. Avec votre idée bien arrêtée de ne jamais lire entre les lignes et de dire *Amen* à tous les *Credo* que, du soir au matin, les diplomates se plaisent à improviser, vous avez fouillé dans les Archives; et professeur émérite de plat-ventre, vous nous offrez le fruit de vos labeurs. Consalvi, en rédigeant ses Mémoires sur le Concordat, dix années après la conclusion de ce traité religieux, en réfère deux ou trois fois comme de droit et de raison à ce qu'il a dû officiellement écrire. Dans son exil de Reims, livré à ses seuls souvenirs, le Cardinal agit en homme avisé.

Tandis que j'ai ses *Mémoires* en ma possession, que je les montre à qui en manifeste le plus léger désir et que je vous livre en autographe les pages mises en suspicion, vous avez, vous, sa correspondance chiffrée que vous cacherez à tous les yeux, à ceux mêmes de Dom Guéranger, car cette correspondance, vous pourriez très-bien ne pas l'avoir lue, encore mieux ne pas l'avoir comprise. Le chiffre diplomatique ne vous réussit pas, cher Père. Il vous entraîne à des expédients qui jurent avec votre robe, votre science et votre probité, et je ne la cautionne que sous bénéfice d'inventaire. Il vous induit même à fabriquer des Jésuites. Comme le Père de la Vrillière vous est resté sur les bras, depuis que je vous ai prouvé qu'il n'avait jamais existé [1], vous

[1] Dans la seconde lettre adressée au Père Theiner, le lecteur trouvera l'invention de ce Jésuite la Vrillière et les preuves les plus irréfutables et les plus claires de l'ignorance du préfet

me permettrez bien, n'est-ce pas, Père Theiner, de n'accorder qu'une confiance limitée à votre parole, à vos chiffres et à votre traduction.

C'était pour vous une bonne fortune que cette correspondance; vous l'avez gaspillée, sans même avoir su en tirer parti. Tout en grillant de la mettre sur un mot ou sur un autre en désaccord avec les récits du Cardinal, désaccord qui ravirait Votre Révérence en extase, mais qu'il vous sera impossible de signaler, vous n'avez pas plus pris soin de la parcourir que de la méditer. Vous malmenez assez souvent Consalvi et le Saint-Siége; mais ce Consalvi vous a légué, à vous et aux autres, des modèles et des leçons dont vous feriez bien de profiter.

Nul mieux que lui n'a mis plus de sérénité dans la force, plus de douceur dans la discussion, plus de délicatesse dans les affaires, plus de grâce dans la vertu, plus de charme dans le génie. Ce qui n'empêche pas que, comme tous les véritables hommes d'État, il possède à un haut degré l'art de ne rien dire et de tout faire dire. Il savait admirablement prendre ses précautions, choisir ses mots et les trier sur le volet. C'est ce que ferait dans les mêmes conditions tout diplomate; c'est ce que tous s'autorisent à faire dans des circonstances moins scabreuses. Le Cardinal jouait double jeu. En voulez-vous une preuve, Père Theiner? C'est vous qui me la fournirez

des Archives Vaticanes sur le chiffre diplomatique et sur bien d'autres chiffres.

sans l'avoir pressentie. Cette preuve, elle est encore plus significative qu'apparente. Le 21 juin, même quand il n'a pas pris langue, — car il est arrivé de la veille, et tard, — Consalvi écrit au cardinal Doria, son intérimaire à Rome. Une recommandation lui échappe au débotté[1] : « Il faut user, mande-t-il, d'une grande mesure d'expressions, même dans les dépêches chiffrées, parce que les chiffres sont assez connus. »

Père Theiner, si le cardinal Consalvi vous avait eu pour préfet des Archives secrètes du Vatican, il ne se serait jamais avisé de prendre une précaution aussi nécessaire contre les autres, aussi inutile avec vous. Mais cette simple phrase glissée dans le courant de sa première dépêche, datée de Paris, donne la mesure de ses appréhensions. On ne lui a pas encore notifié les conditions arbitraires auxquelles il devra se soumettre. Il ne sait pas que l'envoi d'un courrier particulier ne sera autorisé pour lui dans aucune circonstance[2] ; il ignore que, pour correspondre avec son gouvernement et avec le chef de la Chrétienté, il ne pourra que se servir des postes françaises ou des courriers de Bonaparte lui-même. Ce qui facilitera d'autant la besogne du cabinet noir et permettra au Premier Consul de pénétrer dans les

[1] Voir pages 170 et 171 du premier volume.

[2] On lit dans les *Mémoires de Consalvi* (t. I, p. 360) : « Il ne me fut jamais permis d'envoyer un courrier pour informer et consulter le Pape, sous prétexte que l'on devait nécessairement signer le lendemain. »

secrets de son adversaire. Et l'adversaire mande, le 1er juillet, au pro-ministre d'État : « Le peu de sécurité de la poste, qui égare souvent les lettres, m'empêche, » etc.

Consalvi ne manque ni d'adresse ni de perspicacité; il se conforme aux règles assez tyranniques qu'on lui impose. Il n'écrit donc qu'avec une réserve vraiment exemplaire. Il ne sort de cette réserve que pour tomber en ravissement devant le Premier Consul, sous les yeux duquel passeront ses dépêches chiffrées ou non chiffrées. L'abbé Bernier a reçu l'ordre de l'effrayer, de lui persuader qu'à Paris les révolutionnaires sont capables de tout et que Bonaparte est le seul à vouloir cette réunion. Pour abonder dans le sens du Premier Consul, le Cardinal simule la crainte que Bernier et la nouvelle cour ont mission de lui infuser goutte à goutte. Cette crainte n'est combattue dans son esprit que par les heureuses dispositions dont il juge Bonaparte animé; et c'est avec une profusion de parenthèses et de soulignements, afin sans doute de mieux fixer l'attention, qu'il s'étend sur ce sujet. (*Le Premier Consul a véritablement bon cœur.*)

Toutes ses dépêches sont coulées dans le même moule. Elles sont saturées du même encens, comme si elles devaient toutes passer au même lazaret. Elles ne disent rien de plus que ses *Mémoires* ; elles en apprennent beaucoup moins. En se reportant aux hommes et aux choses du temps, cette discrétion n'a pas plus besoin d'explications que d'excuses. Le 3 juillet, il s'adresse à son ami, à son confident le cardinal di Pietro et il lui mande : « Soyez sûr qu'il faut ici considérer les choses comme si nous étions dans les trois premiers siècles, et faire ce que l'on peut, mais non ce qu'on désire. Le Premier Consul me l'a dit clairement; on pourrait peut-être dire *qu'il est le seul qui veuille la chose*; c'est lui qui la veut le plus efficacement de tous. Déchirez cette lettre. »

Dans une dépêche du 16 juillet au cardinal Doria et où l'historique de la tentative de faux est arrangé et édulcoré avec les précautions méticuleuses commandées par la prudence romaine et par la subtilité italienne se sentant sous l'œil inquisitorial du Consul (*qui du reste a vraiment bon cœur*), le grand Cardinal ajoute [1] : « Que Votre Éminence soit bien persuadée que tout pouvait arriver, quelque assurance du contraire que pût donner la politique humaine. De vive voix je pourrai mieux vous expliquer cette *vérité très-vraie.* »

Ce de vive voix si profondément instructif et qui, dans sa concision, révèle tant de choses, a évidemment inspiré les Mémoires du cardinal Consalvi. Ils ont été rédigés pour suppléer à sa correspondance officielle. Sans jamais s'écarter du fait vrai, du fait indiqué dans ses dépêches, ils vont beaucoup plus loin qu'elles et mettent bien mieux les points sur

[1] Page 227.

les *i*. Ce qu'il y a de saillant ou de caractéristique dans le récit est gazé dans les dépêches ou touché avec des ménagements si infinis qu'on éprouve certaine difficulté à s'en rendre un compte bien net. Vous n'avez pas osé saisir cette différence si adroite et si palpable, votre siége était fait. Pour l'acquit de votre conscience bonapartiste, ne fallait-il pas honorer d'une flétrissure imméritée le Cardinal et ses *Mémoires*, « écrits, blasphémez-vous, après douze ans et dans un état d'irritation et d'indignation où les souvenirs douloureux des événements plus récents dominaient trop sa pensée. »

Père Theiner, les Romains sont habitués aux prodiges, et par le temps qui court il s'en manifeste d'aussi splendides que leur soleil. Mais pouvaient-ils s'attendre à voir un prêtre qui se croit vénérable, un prêtre investi de hautes fonctions, leur payer un aussi monstrueux spectacle? C'est toujours un vilain oiseau que celui qui souille son propre nid. Lorsque vous essayez de jeter un peu de votre boue à l'intrépide exilé qui seul tint tête à Bonaparte et à l'empereur Napoléon, qui seul le maîtrisa au nom de la sainte Église et de la dignité humaine, savez-vous bien ce que vous faites?

Vos vertus ont le germe des passions; vous êtes un prince de tumulte et de bruit, et vous prouvez plus que jamais que les courtisans sont la pire espèce d'ennemis. *Pessimum inimicorum genus, laudantes.* Tacite l'avait dit; dans quel but sortez-vous du

Vatican, encore plein du gracieux et majestueux souvenir de Consalvi, pour vous nourrir de misère et d'espérance?

Au milieu de ce dix-neuvième siècle, qui a le sublime du frivole et de l'oubli, vous prêtre, vous préfet des Archives secrètes, vous venez insulter dans sa gloire un cardinal revêtu des armes de lumière, et ce Cardinal eut des sentiments aussi élevés que le rang où Dieu l'avait mis. Vous vous accrochez à son immortalité comme la toison des brebis s'accroche aux ronces du chemin. Votre phrase, étincelante de bile appointée, couvre sa pourpre de souillures dévotes, et ce Consalvi qui fut l'amour et l'orgueil des Romains, ce Consalvi qui porta dans ses relations publiques et privées la plus infatigable aménité, ce Consalvi, puissance toujours active et toujours radieuse, vous le présentez au monde chrétien qui l'admire comme un être vindicatif et sans foi. Ah! Père Theiner, laissez-moi en toute humilité, mais en toute franchise, appliquer à Votre Révérence un mot cruel de Saint-Simon [1] : « Vous montrez bien à votre air de quelle boutique vous êtes balayeur. »

Dans cette boutique, où celui même qui a la vocation du balai ne fait pas toujours ses frais, Votre Révérence se livre à d'autres négoces aussi ruineux pour l'âme. Dans le but de s'entretenir la main, elle a d'anodines excuses à développer en faveur du

[1] *Mémoires du duc de Saint-Simon*, tom. IX, p. 166.

clergé révolutionnaire. Les intrus ou jureurs, ainsi que le peuple les surnommait, les évêques ou curés constitutionnels, comme ils se désignaient eux-mêmes, reçoivent d'elle leur prébende de gracieusetés. Ouvertement et sciemment, ce clergé, composé de prêtres mariés, apostats ou relaps, et jetant à la voirie la Religion et le Sacerdoce, a résisté aux conseils, aux prières, aux ordres du Pape Pie VI. Il brave les adjurations de Pie VII; mais il recueille de vous, Père Theiner, des témoignages de bienveillance saupoudrés d'affectueuse gronderie. De temps à autre même vous professez à leur égard une estime dont le Saint-Siége et l'Église de France auraient quelque lieu de s'étonner.

Ce n'est pas sur la tête de ces intrus que vous brandissez les foudres de votre éloquence; vos coups droits portent sur l'Épiscopat émigré et sur l'armée de Condé. Comme si, par une fidélité sans bornes à ses principes religieux et monarchiques, par un courage surhumain et par des souffrances chrétiennement endurées, cette armée de Condé n'avait pas racheté les plaisirs et les fautes de sa jeunesse, vous lui jetez à la tête le trop plein de votre indignation. Vous caressez les préjugés de tous les gobe-mouches de père en fils, et vous prodiguez l'insulte au malheur et à la gloire.

L'empereur Napoléon, — pas celui de vos rêves, mais celui de l'histoire, — fut plus juste que vous, Père Theiner, en parlant de cette sublime folie qui, avec nos idées d'un égoïsme si positif, ne se renouvellera plus. Il écrivait donc[1] : « Les émigrés étaient salariés de nos ennemis, cela est vrai; mais ils l'étaient ou auraient dû l'être pour la cause de leur roi. La France donna la mort à leur action et des larmes à leur courage. Tout dévouement est héroïque. »

Votre Révérence n'en est pas là. Sans vous souvenir ou en vous souvenant trop peut-être que les descendants de la noblesse émigrée ont formé le noyau des Zouaves de Mentana et qu'ils en sont encore l'élite, vous ne craignez pas d'avancer à votre page 451 : « L'armée de Condé, dite de l'émigration, composée de la fleur de l'ancienne noblesse, n'édifia les Allemands ni par ses mœurs, ni par son attachement à la religion. Et pourtant combien cette armée ne se vantait-elle pas de vouloir sauver l'autel et le trône ! »

Autrefois, Père Theiner, j'ai eu pour curé, — était-ce bien autrefois? — un brave prêtre qui, pour faire mon bonheur, me disait avec une rare ingénuité :

— J'ai été de votre parti, monsieur Crétineau, j'ai pris les armes dans l'Ouest en 1832; mais ce que j'ai vu de choses horribles sous le drapeau blanc m'a fait changer d'opinion.

— Et quelles choses horribles avez-vous donc vues?

[1] *Mémoires de Napoléon*, tom. II, p. 340.

— Ah ! reprenait-il en se voilant la face comme pour ne pas assister à ce spectacle, tous les jeunes gens couraient après les jeunes filles, et...

— Et vous vous êtes fait bonapartiste pour ne plus assister à pareils scandales ? Vous pouvez vous vanter, monsieur le curé, d'avoir la main diablement heureuse.

Ce bon pasteur n'en demandait pas, n'en savait pas plus long; mais vous, Père Theiner, n'est-ce point une pierre d'attente que vous lancez dans mon jardin ? Ces deux ou trois lignes ne cachent-elles point dans leur sous-entendu le germe d'une nouvelle guerre contre moi et pour laquelle vous irez vous faire armer chevalier dans toutes les Archives de l'Empire ? Le pain du mensonge est doux à votre bouche ; est-ce que vous ne finirez pas par vous en rassasier ?

Il y a deux ans, par un concours d'événements dont il est absolument inutile d'entretenir Votre Révérence, la correspondance intime et familière des trois derniers princes de la maison de Condé m'était offerte et remise à condition d'écrire sur ces pièces inédites et authentiques les luttes héroïques de l'Émigration et la fin à jamais lamentable de cette branche de la famille de Bourbon que nos aïeux appelaient à si juste titre la Branche de laurier.

Cet ouvrage a paru [1], Père Theiner, et j'ose me

[1] *Histoire des trois derniers princes de la maison de Condé*, (2 vol., Amyot, éditeur).

flatter qu'il n'a pas échappé à votre attention. Vous l'aurez lu. Qui sait si maintenant que vous avez piteusement vengé Bonaparte des *romanesques* inventions du cardinal Consalvi ou des miennes, vous n'allez pas entreprendre une croisade historique en faveur de Napoléon? En cherchant bien, en inclinant les faits et les caractères à votre fantaisie, est-ce qu'il ne serait pas possible à Votre Révérence d'intervertir un tant soit peu les rôles? Ne prouverait-elle pas, comme elle prouve habituellement, que le duc d'Enghien s'est fusillé lui-même afin de compromettre Bonaparte, et qu'il a soulevé la terre dont il fut couvert dans le fossé de Vincennes pour torturer sur son rocher de Sainte-Hélène l'homme de Waterloo? Et ce vieux Condé qui, dans les désespoirs de l'exil, eut tous les courages du sacrifice et de l'abnégation, et qui, sans pain, sans abri pour lui comme pour les autres, écrivait : « Après tout, nous trouverons bien quelque part un coin de terre où fourrer notre honneur, » est-ce que vous ne pourriez pas en faire le complice ou l'instigateur de ces sicaires imbéciles qui, chaque matin, étaient soupçonnés de mettre en péril la vie du Premier Consul?

Ces Condé, ces gentilshommes, dont vous n'aurez jamais l'honneur d'interpréter les splendides dévouements, sont Français par leurs vertus comme par leurs passions, par leurs qualités comme par leurs défauts. Ils possèdent cet esprit à brûle-pourpoint et cette séve nationale qui firent d'eux tous, de génération en génération, des Diables à quatre doublés d'un Vert-galant. Est-ce qu'à l'instar de mon curé d'autrefois vous passeriez au camp bonapartiste avec l'espérance de ne trouver que des Vestales dans les salons officiels et des Capucins sous le drapeau?

Sans nul doute il serait plus beau aux princes ainsi qu'au peuple, aux nobles comme aux vilains des régimes passés, présents et futurs, de donner l'exemple de toutes les vertus et de se sanctifier mutuellement. Sans aucun doute il vaudrait mieux prier et jeûner que de brûler un encens profane à l'autel de la galanterie et de la volupté. Il serait évidemment plus sage de ne pas céder à « ce hennissement des cœurs lascifs » que signale Bossuet. Mais, Père Theiner, puisqu'à dater du jour de sa création le monde est ainsi fait, puisque très-probablement il en sera toujours ainsi jusqu'à la consommation des siècles sur tous les globes connus et particulièrement en France, pourquoi tant de sévérité à l'égard des uns et tant d'indulgence envers les autres? Vous semblez prendre du champ pour recommencer le duel où vous ne cessez de vous enferrer vous-même, et moi je ne crains pas d'indiquer à Votre Révérence les points vulnérables. Il y a quelque chose à tenter sur ces points; vous y viendrez avec le temps.

Cette *Histoire des trois derniers princes de la*

Maison de Condé m'attira quelques éloges et pas mal d'injures. Je vous fais grâce des éloges, qui auraient peu de charmes pour Votre Révérence; mais les injures ne pouvant que réjouir votre cœur, je vais en entremets vous servir M. Armand, comte de Pontmartin.

C'est un gentilhomme qui daigne écrire comme ce bon monsieur Jourdain de Molière daignait vendre du drap à ses amis et connaissances. Il est né, celui-là, ou du moins il s'en targue. Je ne sais pas s'il remonte aux Croisades; mais à coup sûr, son zèle et sa foi ne l'y auraient jamais poussé.

Si vous découvrez sur l'asphalte des boulevards un long roseau qui marche, emmaillotté dans des vêtements d'homme, si vous entendez son aigrelet soprano piailler entre des ossements collés l'un après l'autre, ne détournez pas la tête, cher Père. Autrement vous verriez toutes les femmes sourire de pitié ou rougir avec de petits cris de pudeur effarouchée, comme si de loin elles apercevaient le grand eunuque noir. Ce gentilhomme fait dans la littérature industrielle et dans le roman provençal, le roman qui sent beaucoup l'ail et peu l'huile. Il commerce de tout et ne gagne sur rien; puis, chaque soir, il va déposer sa copie au mur des journaux à images. Il passe du blanc au bleu, du bleu au rouge, sans savoir encore si, après avoir fané les lis, il grignotera une crête orléaniste de coq gaulois ou s'il goûtera au miel des abeilles napoléoniennes.

Évincé du faubourg Saint-Germain, tenu en suspicion au faubourg Saint-Honoré, on le voit flotter dans ses incertitudes politico-religieuses, cherchant partout à placer son fonds de haine ou son reliquat d'encens, puis ne tombant en arrêt que devant les biceps des autres, objet permanent de son envie. Il n'a qu'un culte, mais il l'a bien. Puisque la production est pour lui le fruit défendu, M. le comte, qui a des chevrons, se pose en candidat honteux à l'Institut. Il voudrait planter ses choux sous la coupole Mazarine. Avec d'agaçantes caresses prodiguées indistinctement à tout ce qui a voix au chapitre, il gratte fort discrètement à l'huis académique et demande par signe quand il lui sera permis de s'asseoir, côté des ducs, sur le fauteuil traditionnel, qui, après tout, n'est qu'une banquette très-vulgaire. Durant quinze ans et plus M. Cuvillier-Fleury et lui ont été condamnés à se faire la courte échelle et à jouer sur tous les modes, l'un dans le *Journal des Débats,* l'autre dans la *Gazette de France* ou ailleurs, la scène de Vadius et de Trissotin. M. le comte n'a jamais su tenir la corde. Leur commerce de minauderies interlopes, mais peu littéraires, amusait les désœuvrés, et, à chaque coup d'encensoir réciproque dont se saluaient ces deux jurés priseurs de diphthongues, les désœuvrés murmuraient avec le poëte satirique :

Saint-Lambert, froid auteur dont la muse savante
Fait des vers fort vantés par Voltaire qu'il vante.

M. le comte Armand de Pontmartin en était là et moi aussi, lorsqu'il fut amené à rendre compte dans la *Gazette* de l'*Histoire des derniers princes de Condé*. Par respect pour le journal, qui très-certainement n'aurait point autorisé ou toléré une censure côtoyant l'injustice ou le mauvais vouloir, le feuilletoniste patenté se contint et ne laissa passer que le bout de l'oreille. Mais, en prévision de son hypothétique immortalité, le feuilletoniste travaille à se créer un bagage académique. Il assemble bon an mal an ses bribes mensuelles, hebdomadaires ou quotidiennes, puis il aligne ces petites choses à la queue les unes des autres, en ayant bien soin de glisser en notes toute sorte de fielleuses perfidies jurant avec le texte, mais servant de débouché aux rancunes du monsieur. Ces notes, qui se vendent, mais ne s'achètent pas, chez Michel Lévy, voudraient être assassines; elles ne sont que grossières et ne peuvent que faire frissonner dans leurs tombeaux les ancêtres de M. Armand, s'il a eu des ancêtres.

Dans la correspondance des trois derniers Condé, il se trouvait une lettre de M. le duc de Bourbon au prince son père. Cette lettre, datée de Londres, 18 février 1800, relate et détaille tous les pourquoi et les comment de la réconciliation sollicitée par les d'Orléans et du pardon qui leur fut octroyé par les frères du roi Louis XVI. Le duc de Bourbon nommait incidemment le marquis de Grave comme l'intermédiaire de Louis-Philippe d'Orléans, et il disait :

« M. de Grave, qui est un scélérat de la première classe. » Or, cher Père, savez-vous ce qu'était ce M. de Grave? Ni plus ni moins que le grand-oncle de M. le comte de Pontmartin. Je ne soupçonnais pas plus que vous leur degré de parenté; car je n'ai que faire de l'armorial héraldique; mais il me fallut expier la sentence assez sévère, quoique parfaitement motivée, portée par le père du duc d'Enghien. Il me fallut subir un air de Chauvinisme *national* joué sur les pipeaux de M. Armand, troubadour français; puis du haut de son blason, ce Gringalet talon-rouge me prit à partie. Après m'avoir chanté de sa voix de cigale :

Vils roturiers,
Respectez les quartiers
De mon grand-oncle le marquis de Grave,

il m'écrasa de son mépris. Ne trouve-t-on pas à chaque coin de rue des gens qui se croient nobles lorsqu'ils ne sont qu'insolents? Je suis donc, je resterai donc à perpétuité pour le petit-neveu de son grand-oncle: « Un très-lourd et très-pitoyable écrivain [1]. »

C'était bien fait, n'est-il pas vrai, Père Theiner? M. de Pontmartin a donc tous les titres à vos bénédictions de premier choix. Vous les lui accorderez à belles baisemains, j'en suis sûr; mais en le serrant sur votre cœur, pas de mouvement trop vif. N'allez

[1] *Nouveaux samedis*, par A. de Pontmartin, p. 242 (1867).

pas le casser en quinze ou vingt morceaux, il est si fragile!

Voilà à quoi aboutit le besoin de faire entrer l'histoire dans les voies nouvelles qu'ouvrent les documents inédits. Vous me flagellez de la préface à la fin de vos ouvrages. Pour me punir de ce que S. A. R. le duc de Bourbon minuta son jugement contre un marquis orléaniste, écumeur de révolutions, deux superlatifs bien emmanchés suffisent à M. de Pontmartin : il me cloue à son pilori. Vous en avez un, vous aussi, Père Theiner; mais vous n'y exposez que ceux dont vous accaparez l'éloge. Votre Révérence, qui, dans un cas pressant, pourrait arranger les choses de telle sorte que le Christ serait encore crucifié et Barabbas délivré, Votre Révérence est toujours armée d'un dard, qui blesse ses amis l'un après l'autre. L'abbé Bernier en est frappé; le cardinal Caprara ne s'en relèvera jamais.

Il compte parmi ses aïeux les Montecuculli et les Caprara, et il trouve tant de titres de noblesse dans sa double famille, qu'au lieu de les augmenter il ne songe qu'à les faire tomber en déshérence. Bonaparte a voulu se fournir d'un légat *à latere* pour rehausser le prestige des Articles additionnels qu'il coud au Concordat, malgré l'Église et le Saint-Siége; et il choisit, et il impose Caprara comme une condition de rigueur. Il a su que ce cardinal avait, en sa qualité de grand seigneur italien et de nonce apostolique, dévoré sa fortune dans un luxe d'ostentation. Caprara était criblé de dettes, mais peu désintéressé. Bonaparte l'exige pour légat; à force d'obsessions il en arrache la promesse au Pape.

La plus grande des faiblesses est de craindre trop de paraître faible. Caprara ne se contente pas de le craindre; dès les premiers jours, il affiche une reconnaissance allant jusqu'à la servilité. L'argent avait toujours coulé comme l'eau entre ses doigts, Bonaparte se fit généreux pour assurer à ce vieil enfant prodigue la paix de ses derniers jours. Il l'entretint avec splendeur, il le combla de ses largesses publiques et privées, d'archevêchés et d'hôtels; il lui infligea même son argent de poche.

Pour cet ambassadeur extraordinaire, venant au nom du Saint-Siége traiter avec le Premier Consul les plus graves questions de droit ecclésiastique et de politique sacrée, Bonaparte ou Napoléon Ier fut un Père qui n'est pas au ciel, dont le règne arrive, dont la volonté doit être faite sur la terre et qui lui donne son pain quotidien et quelque chose avec. Il y a dans la *Correspondance de Napoléon Ier* des lettres qui sont accablantes et qui n'accordent même pas un échappatoire au doute. Lisez seulement dans cet implacable dossier celle du 23 mars 1806 adressée au prince Eugène. «..... J'achèterai volontiers à Caprara son palais de Bologne, quand il me coûterait quelques centaines de mille francs de plus. J'en ferai le sacrifice pour retirer Caprara de l'abîme où il est. Chargez mon intendant de traiter de cet achat que je ferai payer en plusieurs années, en donnant des sûretés aux créanciers. Je connais tous les défauts de Caprara ; je vous le recommande. »

Douze jours auparavant, le Cardinal-légat avait, à l'insu de Pie VII, accordé son approbation au fameux catéchisme de l'Empire ; la peine suivait de près le péché. Caprara ne savait pas, n'osait pas résister, et traînant sa vieillesse dans les salons des Tuileries, il essayait de se mettre à l'abri des coups de boutoir consulaires ou impériaux derrière le fauteuil de Madame Mère. Il souriait à tous et à tout, il s'humiliait pour ne pas trop se rapetisser à ses propres yeux. Tantôt, avec de douces paroles, il cherchait à saisir le défaut de la cuirasse du Premier Consul ; tantôt, avec des admirations extatiques ou de séniles coquetteries, il faisait entrevoir des paradis sans serpent aux sœurs et aux belles-sœurs de Bonaparte, ce qui, hélas! n'était pas le plus doux rêve de ces dames.

Mis en servage et devenu l'homme-lige du souverain auprès duquel il était accrédité pour défendre l'Église et discuter les droits inaliénables du Saint-Siége et de la justice, Caprara ne s'occupait qu'à se montrer conciliant jusqu'à l'abandon de ses devoirs de légat, d'évêque et de prêtre. Ce fut involontairement une pierre d'achoppement, le plus pénible obstacle qui surgît entre le Vatican et les Tuileries. Les concessions qu'il s'arrachait à lui-même afin d'en faire hommage au Premier Consul et à l'Empereur étaient une honte pour Rome, une amertume de toutes les heures pour l'âme désolée de Pie VII. Aussi, dans ses dépêches naguère publiées par fragments [1] trouve-t-on souvent des aveux qui inspirent encore plus de pitié que de colère. Le 13 juin 1802, Caprara, qui, selon son usage, a cédé plus que jamais sous l'impérieux regard de Bonaparte, s'excuse auprès de Consalvi et implore grâce et merci du Pape.

Consalvi a toutes les sortes d'intrépidité et de désintéressement; c'est un vaillant et généreux cœur. Caprara est timide et besoigneux, reculant sans cesse devant l'accomplissement d'un ordre pontifical, et se prêtant à main tendue aux exigences de Bonaparte ébranlé par l'enivrement du pouvoir, et aux effronteries des évêques jureurs et constitutionnels. De concert avec l'abbé Bernier, ces évêques se plaisent aux choses défendues. Au lieu de se réconcilier avec l'Église, selon leur devoir et leurs promesses, ils se jouent de la débilité du Cardinal-légat, qui, la faute commise et sanctionnée, écrit à Consalvi :

« Votre Éminence croira sans peine que ma résolution a été guidée par les intentions les plus droites et par la croyance que je ne blessais pas ma conscience. Mais, si, par malheur, je m'étais trompé, je supplierais le Pontife de vouloir bien, dans sa

[1] L'*Église romaine*, etc., t. I, pag. 491.

bonté, tranquilliser mon âme, et se persuader que nul autre motif ne m'a induit à une pareille démarche que la perspective du bienfait de l'unité et de la paix publique. »

Avec la malheureuse passion que vous affectez pour les faiblesses, il était tout naturel, Père Theiner, de vous voir glorifier le Cardinal-légat au préjudice de la Papauté et du cardinal Consalvi. Votre Révérence s'est bien gardée de s'épargner cette faute attendue. Aussi est-ce sans surprise aucune qu'on lit à la page 316 : « Devenu presque aveugle, et, depuis 1808, presque toujours infirme, il (Caprara) mourut le 21 juin 1810 à Paris. Napoléon pleura amèrement la mort de ce grand homme qu'il avait honoré de l'affection la plus filiale, et ordonna, par un décret impérial, qu'il serait inhumé dans le temple des grands hommes de la patrie, dans le Panthéon. »

L'abbé Bernier déguisé par vos soins en sauveur de la Religion, le cardinal Caprara érigé en grand homme, voilà, Père Theiner, le résultat de vos découvertes historiques et de votre croisade littéraire à travers les Archives de l'Empire. Dom Guéranger, qui s'est un peu improvisé pour vous et par vous trompeur, trompé et trompette, Dom Guéranger ne s'est pas senti le courage d'amnistier tant de misérables erreurs conçues et produites dans un but plus misérable encore. L'abbé de Solesme n'a pas osé accepter devant l'Église la responsabilité de pareils jugements, et dans *l'Univers* du 13 avril 1869, le docte Bénédictin fait en ces termes la leçon à Votre Révérence : « Peut-être le Père Theiner met-il trop d'insistance à relever la réputation de l'abbé Bernier, qui ne jouissait pas en France d'une réputation parfaitement intacte. »

Plus loin Dom Guéranger règle ainsi le compte du Cardinal-légat et celui de Votre Révérence :

« Il semble aussi que le Père Theiner traite avec une bienveillance exagérée le caractère et le rôle du légat Caprara. Il y aurait de l'injustice à blâmer en tout ce personnage, qui s'est trouvé aux prises avec les plus terribles difficultés; mais on aurait bien de la peine à démontrer qu'il fut toujours à la hauteur de sa mission. Généralement, une connaissance assez approfondie des faits relatifs à l'Église de France a trop manqué au Père Theiner. »

Au dire de Dom Guéranger, qui, lui du moins, ne sera pas accusé de réveiller les préjugés et les passions hostiles à Napoléon Ier, Votre Révérence ne connaît ni les faits ni les hommes qu'elle s'est chargée de raconter ou de peindre. Je me suis permis de le prouver aux autres et de vous en convaincre surtout, Père Theiner. Avec cette assurance qui fait votre force, mais qui fait aussi celle des adversaires que vous provoquez, vous êtes entré, la tête haute et le cœur plein de convoitises, dans le *sanctum sanctorum* des Archives. Sans savoir qu'il ne faut en user que comme des vases conquis sur les Philistins et que les Hébreux purifiaient avant de les consacrer aux autels, vous vous êtes imaginé qu'une conséquence par vous développée à tort ou à travers allait détruire une vérité. Ne prenant pas garde, selon la parole de saint Luc, « que la lumière qui est en vous n'était que ténèbres, » vous essayez de rallumer un éclair. Puis ne pouvant rien contre l'Histoire, qui, dans sa simplicité sévère et dans son sobre bon sens, est le fondement de toute justice, vous vous êtes affaissé sur vous-même et perdu dans le labyrinthe de vos dithyrambes impériaux.

Mieux inspiré que vous-même pour le bonheur et la mémoire de Napoléon, son persécuteur et le geôlier de son souverain le pape Pie VII, Consalvi, en dehors de ses manuscrits historiques, que vous n'oserez plus nier, a laissé deux lettres où la reconnaissance des services rendus à la Religion par le Premier Consul et l'Empereur absout toutes les misères de la puissance et fait grâce à toutes les exagérations du despotisme. C'est un double pardon, accompagné de paternelles effusions d'âme, qui tombe du cœur des victimes et qui va, comme une bénédiction céleste, consoler sur le rocher de Sainte-Hélène le grand inconsolable. Ce double pardon l'a couvert de pourpre dans la mort.

Ces deux lettres, que Votre Révérence elle-même ne lirait pas sans émotion et que j'ai eu le bonheur de recueillir[1], sont le plus touchant corollaire de

[1] Les deux lettres dont il s'agit, l'une du pape Pie VII au car-

l'œuvre de Consalvi. Elles renversent tous vos échafaudages de calomnieuses hyperboles; elles vous laissent seul dans les déceptions de votre pensée, et, comme l'abbé Bernier, abandonné à vos remords pour avoir voulu trop servir. L'abbé Bernier en mourut; tâchez d'en vivre le plus longtemps possible, Père Theiner.

En ne me laissant jamais aller au courant qui mène à la fortune et aux honneurs, j'ai préféré lutter contre le flot et mériter l'estime des autres et mon propre respect. Les années, qui viennent sans faire de bruit, n'ont pas modifié mes principes religieux, pas altéré ma foi politique. N'osant point être à moi-même ma propre autorité, je n'ai jamais fait un pas en avant, sans avoir réfléchi où ce pas devait me conduire; et aujourd'hui que je vois la terre se mettre en insurrection contre le ciel, je reste toujours fidèle.

Par des motifs qu'il me répugnerait de scruter et que vous seul, Père Theiner, pourriez révéler, vous avez cherché à me rendre hostile à l'Église et à la Papauté. Mais ce que Cicéron disait de la République romaine, je puis — et avec justice — le répéter pour l'Église catholique, apostolique romaine. « Je l'ai défendue dans ma jeunesse, je ne l'abandonnerai pas dans ma vieillesse : *Defendi adolescens, non deseram senex.*

dinal Consalvi, l'autre du cardinal Consalvi à la duchesse de Devonshire, se trouvent à la fin du présent volume.

N'ayant plus rien à espérer sur la terre, il ne reste à Votre Révérence qu'à solliciter de la bonté infinie de Dieu une dernière faveur. Bien persuadé que vos intentions sont encore moins mauvaises que vos ouvrages, je fais, moi aussi, des prières pour que cette commisération ne vous soit pas refusée. De science certaine, et malgré vos outrages et vos suggestions, vous n'êtes ni sérieux ni méchant. On vous plaint, et au jugement des hommes sensés, Votre Révérence ne doit, ne peut occuper qu'une place. Il faut la reléguer, Votre Révérence, dans les limbes, à côté des enfants.

FIN DE BONAPARTE, LE CONCORDAT DE 1801
ET LE CARDINAL CONSALVI.

Autographe du texte des Mémoires manuscrits du cardinal Consalvi relatif à la signature du Concordat

13. sottoscrizione d'un atto così grande, e così interessante; in uno (secondo quel...)
era il mio albergo, (Ciò dimoravo con gli altri due all'Hotel de Rome)
mi fu premura il Sr. Console lo desiderava, di condurmi coi miei com-
pagni all'abitazione del di lui fratello Giuseppe Bonaparte. Data da me
senza alcuna difficoltà di non necessaria eccitato la risposta affermativa,
egli disse che sarebbe passato egli stesso a prenderci alquanto prima delle
4: pomeridiane, per condurci alla abitazione anzidetta, dove, soggiunse,
ci fissaremo in un punto d'ora, non essendovi altro da fare, che le sei
sottoscrizioni, le quali, compresi anche i complimenti, non potevano
prendere ~~altro~~ tanto spazio di tempo. Egli ci mostrò in quella occasione
il Moniteur di quel giorno, in cui il Governo aveva fatto annunzio
al pubblico (prima di questa circostanza), la conclusione dell'affare
con le parole = Le Cardinal Consalvi a reussi dans l'objet, qui
l'a amené a Paris =, e ci soggiunse che nel dì seguente
che era il giorno della gran festa che allora si celebrava in Francia,
cioè il 14 luglio, voleva il Sr. Console nel gran pranzo in pubblico di
300: e più persone (a cui noi pure eravamo invitati), dare la lieta
nuova della eseguita sottoscrizione di sì gran trattato, che per la im-
portanza del ristabilimento della Religione in Francia dopo il naufragio della
rivoluzione senza esempio che era accaduta, valeva assai più che
il Concordato di Francesco I con Leone X

** Quel giorno dunque alle 4: pomeridiane egli tornò, avendo in mano un Rotolo che non dis-
piegò, ma che disse essere la Copia del Concordato da sottoscriversi. Noi

prendemmo la nostra, secondo il concertato, e insieme con lui andammo alla Casa dell'allora Cittadino Giuseppe, fratello del Primo Console.

Egli mi ricevè con le maggiori dimostrazioni di gentilezza. Benchè egli fosse stato Ambasciatore in Roma, io, che allora ero semplicemente Prelato, non avevo mai avuta la occasione di presentarmegli, e siccome nei pochi giorni della mia dimora in Parigi (stando egli assai spesso alla sua Campagna di Mortefontaine) non lo avevo trovato quando ero stato a fargli varie visite di dovere come fratello del Capo del Governo, così fu quella la prima volta che ci parlammo. Dopo i primi complimenti, egli disse che potevamo tutti assiderci al tavolino già preparato per fare le sottoscrizioni reciproche, e come aveva detto l'ab. Bernier, disse anch'egli presto ci sbrigheremo, non essendovi altro da fare che sottoscrivere, giacchè tutto è già convenuto.

Posti a sedere intorno al tavolino, nacque per un momento qualche questione sopra chi doveva sottoscrivere il primo, sembrando a lui che come fratello del Capo del Governo, a lui toccasse il primo posto. Con la più dolce maniera, ma con la fermezza che era necessaria in quella occasione, gli feci rilevare che nella mia qualità di Cardinale e di rappresentante del Papa, mi era impossibile di prendere il secondo posto nella sottoscrizione di essi, e gli feci osservare che nell'antico Governo in Francia, come dappertutto, i Cardinali avevano la precedenza non contrastata, onde non poteva io cedere in una cosa che non riguardava la persona, ma la dignità di un carattere. Devo rendergli la giustizia che dopo alcune difficoltà, si arrendè di buona grazia e mi disse che io avrei dunque sottoscritto il primo, ed egli per secondo, indi il Prelato Spina, [redacted], e poi il Consigliere Cretet, indi il Fratello Console, e poi l'Abb. Bernier.

Si prese dunque la penna alla mano ed io presi la penna per sottoscrivere. Ma qual fu mai la mia sorpresa, allorchè vedendomi presentare dall'Ab. Bernier la Copia che egli estrasse dal suo rotolo, quasi come per incominciare da quella, piuttosto che dalla mia, e avendo io gettato l'occhio sulla medesima per assicurarmi della conformità, mi avvidi che il Concordato che andava a sottoscriversi, non era quello, su cui [redacted] si era convenuto non solamente fra i rispettivi Commissarj, ma dallo stesso Primo Console, ma che anzi n'era affatto diverso. La diversità [redacted] delle prime linee avendomi fatto con la più gran diligenza osservare tutto il rimanente, venni in cognizione, che quell'Esemplare non solamente conteneva quel progetto medesimo, che il Papa non aveva voluto ammettere senza le sue emende, e che aveva dato causa all'ordine della partenza da Roma dell'Inviato francese per effetto del rifiuto del Papa, ma lo rincariva anche di più in alcuni punti, essendovi inserite alcune di quelle cose che anche prima della trasmissione a Roma di quell'altro progetto erano state ricusate come inammissibili. Un tratto di tal natura, incredibile, ma vero, e che io non mi permetterò di caratterizzare, parlando la cosa da se medesima, come mi paralizzò la mano che si era accinta alla sottoscrizione, così diede luogo all'espressione della mia maraviglia, e alla dichiarazione decisiva che non potevo sottoscrivere quel foglio in verun conto. Parve che [redacted] ciò udire non fosse minore la maraviglia del fratello del Primo Console, il quale disse che non sapeva persuadersi di quel che udiva da me, avendogli detto il Primo Console che tutto era convenuto, e che non altro rimaneva da fare che sottoscrivere, e siccome io persisteva in dire che l'Esemplare conteneva tutt'altro che il Concordato convenuto, così

non altro egli seppe replicare, se non che era trovato dalla sua Congregazione, dove
era col Conte di Cobenzel trattando gli affari dell'Austria, chiamato apposta
per la ceremonia della sottoscrizione del Trattato, di cui in fondo nulla sa-
pava, giungendogli tutto nuovo, e credendo di non essere stato chiamato a
fare, altro, che a sottoscrivere ciò che era già stato da ambo le parti concordato.
Ed io non oserei nemmeno in essi affermare con certezza se egli in
così dire diceva il vero, o fingeva, come non seppi congetturarlo allora,
ma io inclinai, ed inclino a credere ch'egli veramente fosse ignaro di
tutto; tanto gli mi parve alieno da simulazione tutto ciò che disse, e fece
in tutto il corso di quella lunghissima sessione, senza smentirsi mai. E siccome le stesse
cose affermava l'altro Commissario, cioè il Consigliere Cretet, il quale
protestava egualmente di nulla sapere, e che non potevano indursi a credere
ciò che io diceva sulla diversità dei due esemplari, ad onta che io la dimostrassi
col confronto del mio, così non mi potei fare a meno di rivolgermi con viva-
cità (col quanto io cercassi sempre di non dare in tutto il corso della trattazione
alcuna presa, né somministrar pretesti di irritamento, o rancore)
all'Ab. Bernier, dicendogli che niuno più di lui poteva attestare la
verità dei miei detti, e che io era infinitamente meravigliato del suo
dirotto silenzio, in cui vedeva ch'egli tenevasi sull'oggetto, e che lo inter-
pellava espressamente a dire ciò che gli era tanto noto. Egli allora con
volto confuso, e quasi mortificato, e con stentate parole disse che non poteva negare la verità di ciò che io diceva, e la diversità del Concordato, che
si proponeva a sottoscrivere, ma che così aveva voluto il Primo Console, il quale
aveva detto che finché non si è sottoscritto si è sempre padroni di variare,
così gli dettava quella variazione, perché, fatte migliori riflessioni non era contento della

cosa convenuta. Io non riferirò qui in dettaglio tutto ciò che io esposi e [redacted] nell'ultima specialmente delle
singolarmente di questo, e ciò che rilevai [redacted] in ogni mia e nuove ... di
(cioè) sterminazione finchè non si è sottoscritto, allo stato in cui era la cosa, e molto più
sul modo, e sulla sorpresa, con cui ciò facevasi, ma dirò solamente, che riso-
lutamente protestai che [redacted] io non avrei mai sottoscritto
un tal [redacted] Concordato, espressamente contrario alla volontà del Papa e alle
mie istruzioni, e poteri, e che perciò, quando per la loro parte non si ritirasse,
e non si volesse sottoscrivere quello [redacted] un mese era già convenuto, potevano sciogliersi la
sessione. Il fratello del Primo Console prese allora la parola, e con il
più premuroso impegno si pose a dimostrare le terribili conseguenze dalla scon-
clusione della trattativa non meno per la Religione, che per lo Stato, e non
meno per la Francia, [redacted] porzione sì grande del Cattolicismo, che per tutti
i Paesi dove la Francia nello stato presente delle sue tanto preponderanti
forze avesse influenza: disse, che bisognava fare tutti i tentativi possibili
per non farsi noi [redacted], che ivi eravamo, responsabili di mali sì grandi: che
bisognava provarsi d'intenderci, e accostarci insieme per quanto fosse possibile:
che bisognava farlo in quello stesso giorno, perchè la conclusione del Concordato si
trovava già annunziata nei pubblici fogli, e doveva pubblicarsi la stipulazio-
ne nella occasione del gran pranzo del dì seguente: che il volerla poi
a comprendere [redacted] qualche segno, e (disse anche) fumo avrebbe [redacted] luogo
cioè avrebbe preso un carattere non avverso a ritenersi di alcun pericolo, (come era quello del suo fratello,) se avesse
dovuto comparire agli occhi del pubblico come annunziatore nei suoi propri fogli
di una falsa notizia in sì grande oggetto; che perciò mi scongiurava di prestarmi
almeno a cercare se si potesse di combinare lì stesso la cosa, e che giunti vedevamo [redacted]
in una tanto inflessibile renitenza [redacted] intraprendere a disputare il primo con-

Article du testament autographe du cardinal Consalvi relatif à ses MÉMOIRES.

Lettera S

io Erede fiduciario (e doppo lui gli Amministratori della mia Eredità che gli succederanno) avranno una cura particolare dei miei propri scritti sul Conclave tenuto nel 1799, e 1800 in Venezia, sul Concordato del 1801, sul Matrimonio del già Imperatore Napoleone con l'Arciduchessa ... d'Austria, sulle Epoche della mia vita, e sul mio Ministero. Questi cinque scritti (alcuni dei quali sono già avanzati, e agli altri mi propongo di porre mano) non devono essere consegnati almeno finchè vivono le principali persone che vi figurano, o vi sono nominate, per non dar luogo a contestazioni, e quali benchè false (tutto il contenuto nei suddetti scritti essendo la verità la più esatta) potrebbero però nuocere alla stessa verità delle cose, e agli interessi della S. Sede, per cui tali scritti si compilarono, se si vedesse uscire alla luce altri scritti in contrario, i quali non potrebbero essere confutati dal già defonto Autore dei primi scritti. Gli scritti sul Conclave, sul Concordato del 1801, sul Matrimonio, e sul Ministero, indicati di sopra, appartenendo in un modo più particolare alla S. Sede, e al Governo Pontificio, il mio Erede fiduciario avrà cura di presentarli al Sommo Pontefice che sederà allora sulla Cattedra di S. Pietro. Gli supplicherà il S. Padre di far gelosamente custodire detti scritti nell'Archivio Vaticano. Essi potranno servire alla S. Sede in più d'una occasione, e specialmente se accadrà che si scriva qualche istoria sugli avvenimenti che ne formano l'oggetto, ovvero che debba confutarsi qualche racconto. Quanto poi allo scritto sulle Epoche della mia vita, estinguendosi in me la mia famiglia, a cui uno tale scritto avrebbe potuto interessare, rimanendo esso scritto in possesso del mio Erede fiduciario, e dei suoi successori Amministratori della mia Eredità (passerà poi anch'esso all'Archivio Vaticano se si crederà che valga la pena di conservarlo), desiderando io dall'arbitrio del mio Erede fiduciario, e delli Amministratori suoi successori una sola cosa, ed è quella che scrivendosi da qualcuno, come è probabile, nella successione dei tempi, la continuazione delle Vite dei Cardinali, si diano essi la premura di usare qualche vigilanza su di ciò, e prendendone in cognizione ... il mio scritto all'Autore della suddetta continuazione, o altra opera che mi riguardasse, acciò non si dicano sul mio conto cose non vere, al che non posso non esser sensibile per quella cura del buon nome, che lo stesso Oracolo delle Divine Scritture ci impone. — Quanto alla verità delle cose contenute nelli indicati miei scritti, mi basta dire solamente, che Deus scit quia non mentior.

Roma 1. Agosto 1811.

Ercole Cardinal Consalvi

LETTRES

AU

RÉVÉREND PÈRE THEINER

PRÉFET DES ARCHIVES SECRÈTES DU VATICAN

SUR

LE PAPE CLÉMENT XIV

9

PREMIÈRE LETTRE.

MON TRÈS-RÉVÉREND PÈRE,

Je ne vous connaissais pas lorsqu'en 1845 je me trouvais heureux de dire de vous dans le cinquième volume de l'*Histoire de la Compagnie de Jésus :*

« A Breslau, un des élèves du Père Kœhler, Augustin Theiner, qui deviendra un écrivain distingué, offre en 1833 à son vieux maître cet hommage aussi juste que touchant : « Je dois, dit Theiner, l'éducation de ma jeu- » nesse à ce Kœhler, si connu de tous les habitants de » la Silésie, qui a eu la gloire d'être le premier à intro- » duire dans cette province l'étude solide des langues » orientales. Kœhler a rendu à l'instruction publique en » Silésie des services que reconnaissent les Catholiques » et les Protestants. D'après la connaissance que j'ai » acquise maintenant des Jésuites, je puis certifier que » Kœhler est digne de son ordre illustre. Je jouissais » souvent quand je l'entendais avec la plus aimable sim- » plicité exprimer le pieux désir de mourir, s'il était » possible, dans l'habit de son Institut. »

Je ne vous connaissais pas davantage quand, au sixième volume de cette même *Histoire de la Compagnie de Jésus,* racontant votre séjour et votre conversion à la maison de retraite de Saint-Eusèbe, fondée à Rome par les Jésuites, j'écrivais : « En 1833, Augustin Theiner, l'un des plus brillants écrivains de l'Allemagne, y entra poursuivi par ses doutes et par ses incertitudes en matière de religion. »

Je ne pense pas avoir l'honneur d'être personnellement connu de Votre Révérence, et néanmoins dans son ouvrage intitulé : *Histoire du Pontificat de Clément XIV*, dont le premier volume vient de paraître, traduit en français avant même d'être publié en allemand, votre langue maternelle, vous parlez de moi en termes qui ont dû bien coûter à votre charité.

Ce n'est ni pour me plaindre ni pour récriminer que je m'adresse à vous. J'en aurais plus que le droit, je ne veux pas en chercher le temps. Les questions personnelles sont toujours irritantes, elles portent avec elles des passions et des colères qu'il est de la dignité d'un honnête homme d'écarter d'un débat sérieux.

Avec Frédéric Ancillon, une des plus belles intelligences de votre Allemagne, j'ai cru que « le seul rôle qui pût convenir à la majesté de l'histoire, le seul qui pût lui conserver sa magistrature sainte et nécessaire, c'était de juger les actions en elles-mêmes et de les approcher toujours des éternels principes du juste ».

Votre Révérence ne me fera pas sortir de cette réserve.

En 1847, quand je publiai le *Clément XIV et les Jésuites*, il s'engagea à Rome, à Paris, à Bruxelles, à Munich et à Londres, une de ces polémiques qui laissent après elles de profondes blessures. J'étais attaqué avec virulence ; je répondis de façon à mettre les rieurs et les gens raisonnables de mon côté. Cette réplique, qui avait pour titre : *Défense de Clément XIV*, ne vous est peut-être pas tout à fait inconnue. Je ne la prendrai pas pour guide en vous répondant. A diverses reprises vous protestez, en termes éloquents, de votre justice, de votre charité chrétienne. Je ne mets en doute aucune de ces vertus; je suis même convaincu que vous croyez en avoir offert un parfait modèle dans ce dernier livre. Seulement je vous demanderai la liberté de pratiquer d'une autre manière cette charité qui faisait dire à l'apôtre saint Paul : « Si je n'ai pas la charité, je ne suis rien. »

Vous l'avez, et surabondamment, n'est-ce pas, Père Theiner? Aussi vous êtes consulteur de l'Index, consulteur du Saint-Office, préfet des Archives secrètes du Vatican, et mon critique plein d'indulgence.

Depuis que le livre de *Clément XIV et les Jésuites* a paru, de grands, de terribles événements ont effrayé et bouleversé l'Europe. De justes expiations ont courbé les têtes des aveugles ou des coupables qui avaient préparé ces événements. Nous avons vu, comme dit Tacite, tout ce qu'il y avait de plus extrême dans la liberté, tout ce qu'il y avait de plus extrême dans la servitude. Un nouvel ordre d'idées et de faits a surgi, et je ne vous cacherai pas, mon Révérend Père, que je vous aurais cru occupé d'autres soins que de cette interminable question des Jésuites. Mais puisque vous la réveillez encore, puisque, comme vous le proclamez, « ce sera toujours pour vous une consolante pensée d'avoir été trouvé digne de venger l'innocence la plus auguste qu'il y ait sur la terre, celle d'un Pape, et d'un Pape aussi grand et aussi pur que le fut Clément XIV », vous ne serez pas trop étonné, j'espère, de me voir vous suivre dans la lice que vous me rouvrez.

Vous ne parlez pas en votre nom seul, et si je m'en rapportais, Dieu m'en garde! aux quelques mots empruntés par moi à votre introduction, vous seriez l'avocat d'office pour Ganganelli. Cet honneur, qui, contre toute probabilité, me viendrait d'une main à laquelle les autres hommes n'ont que des bénédictions à demander, aurait tout droit de me surprendre [1]. Est-ce bien en effet pour raviver cette polémique, ensevelie depuis cinq ans dans les limbes des bibliothèques, que vous saisissez la verge qui s'imagine châtier?

C'est un doute, un simple doute, que je soumets à votre appréciation; car avec vous, qui ne paraissez vous apercevoir du feu qu'après l'incendie et qui croyez à la terre promise avant le passage de la mer Rouge, il m'en coûterait trop d'aller plus loin. Mais si ce doute, né dans mon esprit, prenait dans le monde une apparence de malheureuse réalité, serait-ce vous ou moi qu'il faudrait accuser? La tête inclinée sur ce papier où ma plume court, je m'interroge sans colère et sans haine, et Dieu me garde de vous soupçonner d'un pareil calcul! On vous a donné, prétendez-vous, un Pape à défendre et un écrivain à attaquer. Vous avez poussé à l'ennemi qu'on vous livrait, et si j'osais exprimer ici toute ma pensée, savez-vous, cher Père, que je serais tenté de vous bénir et de vous remercier de toutes les malédictions que vous répandez sur ma tête?

Vous êtes habitué aux luttes de l'esprit. Comme tous les Allemands, vous aimez la polémique pour les beaux

[1] Afin de mieux m'égratigner de ses anathèmes, il avait plu au Père Theiner d'annoncer partout et de faire répandre le bruit que le Pape Pie IX l'avait choisi pour réhabiliter la mémoire de Clément XIV. Le préfet des Archives vaticanes, fort de son titre, prétendait même que le Saint-Siége avait contribué de ses subsides à l'impression et à la diffusion de l'*Histoire du Pontificat de Clément XIV*. Quand mes deux lettres furent publiées, il m'a été prouvé et démontré à Rome que le Père Theiner s'était beaucoup trop avancé, et que le Pape répudiait de la manière la plus formelle l'œuvre de l'Oratorien et surtout le but diffamatoire que le susdit Oratorien s'était proposé.

yeux de la polémique, et, comme tous les moines qui ont la consigne du couvent, vous vous enivrez du vin de vos doctes colères. Vous êtes prêtre, vous êtes oratorien, vous êtes prédicateur. Vous écrivez, vous parlez presque toujours *ex cathedrâ*. Vos paroles sont comme vos écrits : elles tombent de la chaire de vérité; on les écoute avec recueillement, componction et fruit. Ces sentiments, que je suis souvent fier de partager, vous inspirent la conviction d'une espèce d'infaillibilité morale. Cette espèce d'infaillibilité vous procure sans contredit beaucoup d'avantages; mais elle a aussi ses petits inconvénients. Le revers de la médaille, — et ce n'est pas moi, je le jure à Votre Révérence, qui serai assez téméraire pour vous le montrer, — le revers de la médaille apparaît quelquefois. Alors ce polémiste, qui s'élançait, bonnet carré sur l'oreille et plume au vent, dans l'arène de la discussion, y reste quelquefois blessé, confus et pantelant sous les volumes qu'il avait regardés comme une cuirasse impénétrable.

Ce triste sort ne vous est pas réservé, mon Père, ne craignez rien. Pour répondre dignement aux attaques dont vous m'honorez, j'ai des armes mieux trempées que l'ironie, que le sarcasme et la violence.

Tout comme un autre j'ai puisé dans cet arsenal, et, sans vanité, je puis bien, n'est-ce pas? vous l'avouer en cachette, je me suis quelquefois laissé dire que je ne me servais pas plus mal qu'aucun de mes adversaires de ces poignards à double tranchant. Aujourd'hui le sanglier se métamorphose en agneau, mais en agneau qui ne se laisserait pas tondre sans avoir donné un dernier coup de boutoir.

Avec vous, que le zèle égare et que peut-être le désir de faire triompher sa cause emporte involontairement au delà des bornes, cela ne serait pas possible. Je crois, et je vous en demande bien pardon, je crois que l'impartialité dont vous vous faites trophée a, malgré elle, condamné Votre Révérence à l'injustice. Je suis persuadé que vous n'avez cherché ni à me tuer ni à me blesser, et de fait, après vous avoir lu, je me trouve aussi calme, aussi indifférent qu'auparavant. Savez-vous d'où provient ce sentiment qui peut-être vous étonnera? Je suis honteux de vous le dire, et cependant il faut que vous l'appreniez. Il faut qu'à contre-cœur je mette le Père Theiner en parallèle avec les obscurs pamphlétaires qui, à Rome, en 1847, sur les marches mêmes du trône de Pie IX, donnaient à leur successeur en violence contre moi un exemple que je regrette profondément de vous avoir vu suivre.

S'il est vrai que chaque homme doive faire dans sa vie une part pour les passions, comme en Espagne et en Italie ceux qui voyagent font une bourse pour les voleurs, je m'estimerai heureux, mon Révérend Père, d'avoir développé ces passions jusqu'au paroxysme, plus heureux encore si ce débordement de bile se contente de me prendre pour victime.

Clément XIV et les Jésuites, cet ouvrage qui a soulevé autour de lui tant de poussière d'éloges enthousiastes et de critiques pleines de fiel, cet ouvrage venait de paraître. Ce n'est pas à moi de raconter dans quelles circonstances et pour quel besoin j'avais voulu le lancer dans le monde chrétien. Ces circonstances et ce besoin sont assez déplorablement expliqués par les événements de 1848 et par le caractère des hommes qui s'étaient flattés qu'à force de concessions ils arriveraient à dominer le mouvement dont leur faiblesse créait une partie de la puissance.

Je ne procède que par allusions, car je ne veux pas envenimer la guerre que vous me déclarez et vous confirmer dans la croisade entreprise contre moi. Une polémique ardente, implacable, et aussi féconde en récriminations qu'en iniquités, s'engagea sur le tombeau de Clément XIV, fermé depuis soixante-dix-huit ans. J'avais évoqué l'histoire, on y répondait par des injures. Ces injures sorties des officines dans lesquelles se manipulaient la révolution de Rome et ses sacriléges attentats, ces injures sont maintenant pour moi un titre de gloire.

Avant de reproduire les vôtres, qu'il me soit permis de donner la priorité à ceux qui vous précédèrent dans cette voie. Ce n'est point une comparaison que je cherche à établir entre ces misérables et Votre Révérence, qui fut, dit-on, leur collaborateur ou tout au moins leur Égérie encapuchonnée, c'est un simple rapprochement que je crois devoir faire. Vous aimez à prodiguer les leçons; vous en avez donné souvent qui ont porté des fruits salutaires. Vous êtes trop humble pour ne pas profiter de celle que je vous offre sans timidité et sans témérité.

Voici en quels termes, mon Père, un journal romain, *la Speranza* du 2 décembre 1847, parlait de l'auteur de *Clément XIV et les Jésuites :*

« Crétineau-Joly est un nom qui exprime toute la puanteur et l'audace impudente de tout ce que la vénalité, la mauvaise foi, la scélératesse et l'humaine hypocrisie peuvent former pour rendre la plus fidèle personnification de leur nature. Bayle et Voltaire avec leur école firent preuve de la plus scandaleuse impudence mal couverte d'un infatigable ridicule pour bafouer à tort et à travers tout ce que l'homme a de plus cher et de plus vénérable. Et cependant ils montraient plus ou moins à découvert leur but et avouaient ce qu'ils avaient dans la pensée. Jamais ils ne se couvrirent des armes de la religion pour soutenir tout ce qu'il peut y avoir de plus irréligieux et de plus abject dans le monde. A côté de Crétineau-Joly, ils furent des modèles de loyauté et de bonne foi. Nous pensions qu'un Giovio et un Arétin, d'exécrable mémoire[1], pouvaient difficilement être égalés par le folliculaire français dans les ouvrages déjà connus du public et pour la composition desquels il s'est inspiré de ces tristes auteurs. Nous ne voulions pas croire que la nature française pût jamais atteindre celle de ces Italiens, étrange et supérieure en toutes choses, même dans les mauvaises, aux siècles passés. Mais quelle fut notre surprise en nous voyant convaincus par le fait qu'un Giovio et un Arétin sont laissés bien loin en arrière par les excès incomparables de M. Crétineau-Joly, qui ose défendre et donner comme authentiques par de misérables ignominies certains mauvais livres que la nation française ne nomme qu'en se couvrant la face des deux mains.

» La pénible et volontaire apologie d'un ouvrage cou-

[1] Giovio, plus connu en France sous le nom de Paul Jove, était évêque de Nocera et auteur de plusieurs ouvrages historiques fameux. Il vendait au plus offrant ses éloges ou ses blâmes. Il fit à l'Arétin, le poëte de l'obscénité, l'épitaphe suivante :

Quì giace l'Aretin poeta tosco
Che d'ognun disse mal fuor di Dio,
Scusandosi col dir : Io nol conosco.

L'Arétin riposta par ces deux vers :

Quì giace Paolo Giovio ermafrodito,
Che vuol dire in volgar moglie e marito.

D'après *la Speranza,* je suis Bayle et Voltaire, Paul Jove, l'Arétin et Cagliostro ressuscités; d'après le Père Theiner, je serai bien autre chose encore.

pable, non-seulement de lèse-majesté et vérité, mais d'outrage au genre humain, pouvait-elle être autre chose qu'un *Pandemonium* de pharisaïsme? . . . .

. . . .

» Avec de pareilles prérogatives, voilà qu'il se déchaîne comme un furieux contre ceux qui ont cru devoir rappeler au public que M. Crétineau-Joly ne cesse d'écrire pour qui le paye plus grassement, à tel point que si jamais à ses innombrables mensonges il se mêle quelque chose qui ressemble même de loin à la vérité, lui-même, tout en les proférant, entraîné comme un furieux par son mauvais génie, n'y ajoute aucune espèce de foi. Misérable! il fait métier d'écrire uniquement pour seconder de son mieux quiconque le fait vivre splendidement à la barbe des sots, et puis il s'emporte au moindre signe de celui qui ose le lui dire en face. Mais quand il se rue sur la personne de ses adversaires, aveuglé par la haine, il ne sait plus où il frappe : et alors au milieu des fureurs d'une colère impuissante il éclate en exclamations qui trahissent tout à fait ce qu'il a dans l'âme. En voulez-vous une preuve? Tout son livre vous la donne ouvertement. Lisez-le, partout où se montre le plus son talent, au commencement, au milieu, à la fin, partout se laissent voir sa haineuse perfidie, sa déloyauté manifeste, sa maladroite mauvaise foi et l'avidité de gagner de l'argent, foulant aux pieds l'honnêteté personnelle, le respect des citoyens, la droiture des intentions, la sainteté des mœurs, l'honneur et la majesté des plus éminentes dignités chrétiennes. Je tiens cet écrivain pour le plus fameux Cagliostro de la littérature moderne.

. . . .

» O Crétineau-Joly! si tu n'étais pas dégradé par tes

basses passions, je te proclamerais le prodige de l'hypocrisie humaine. Sois donc toujours digne de compassion, ô l'Arétin ressuscité! On ne reconnaît plus en toi l'auteur de la *Vendée Militaire*, depuis qu'à la place de la loyauté et de la vérité tu t'es mis à protéger les plus détestables causes. »

J'ai traduit littéralement, mot à mot, cette avalanche d'injures. Afin de trouver l'acte de naissance d'un pareil écrivain, il faudrait descendre dans les égouts. Ai-je besoin de vous dire que je n'y descendrai jamais, même à votre suite? Ce n'est point par orgueil, daignez bien en faire la remarque, mon Révérend Père, que je vous rappelle, après cinq années d'intervalle, des outrages qui ont dû laisser quelque trace dans votre mémoire. D'autres journaux romains et italiens affichèrent, comme vous le savez, la même exubérance de haine. On me maudissait au Quirinal, on m'anathématisait dans le cloître. Sur les places publiques on me brûlait en effigie et on livrait aux flammes des auto-da-fé, bûchers que des religieux à la façon du Père Ventura bénissaient comme des arbres de la liberté, l'ouvrage qui venait déjouer des projets fort habilement conçus. Des clameurs insensées, des cris de *Mort à Crétineau!* retentissaient à tous les carrefours de la ville sainte, qui avait perdu le bien de l'intelligence. On mêlait ces cris aux hymnes de gloire et aux sonnets de gratitude qu'on prodiguait à la mémoire de Clément XIV, destructeur immaculé des Jésuites.

Cette parodie de haine traînant en laisse une parodie d'amour et de vénération était l'œuvre des ces révolutionnaires cosmopolites qui trouvent leur patrie partout où ils peuvent construire une barricade. Elle avait pour but de faire contre-signer à Pie IX, en 1847, le bref arraché à Clément XIV en 1773. A Rome j'avais suivi le complot dans toutes ses ramifications, je le déjouai à Paris. J'avais bien mérité de la révolution. Les mirmidons qu'elle fagotait en grands hommes me payèrent sa dette par un dévergondage de fureur qui n'excita que ma pitié, sans parvenir même à éveiller mon mépris. A Rome alors, la civilisation chrétienne semblait marquée du sceau de la bête; elle tombait dans le bourbier du matérialisme. Comme un vieillard décrépit, le peuple s'enfonçait peu à peu dans la mort ou prenait solennelle possession de l'opprobre. Il croyait marcher à la gloire en s'appuyant sur la double béquille de la trahison et de la misère.

Je serais désolé que Votre Révérence pût un seul instant croire qu'un pareil sentiment lui sera réservé dans mon esprit. Vous avez bien par-ci par-là, il est vrai, dans les jugements que votre indignation arrache à votre charité, de ces paroles où le vinaigre fait tourner l'huile de l'amour évangélique. On sent que parfois la colère, presque toujours aussi mauvaise conseillère que la faim, vous emporte comme elle emportait *la Speranza* et le *Contemporaneo,* aux jours sinistres de 1848. Mais, quel que soit le langage dont Votre Révérence ait cru devoir flageller mon audace, soyez convaincu que je ne vous confondrai jamais avec ces prostitués de la raison publique qui poussent dans les ruines faites par les révolutions. Je regrette seulement, et dans votre intérêt, que vous vous soyez laissé aller à sanctionner par votre exemple de pareils égarements. Étaient-ils donc nécessaires à la cause de Clément XIV?

La justice, la sévérité même envers les méchants est un acte de miséricorde pour les bons. J'ai vu des princes et un pape semblables à ces bergers dont parle le Prophète qui dormaient quand le troupeau se trouvait en danger, et qui, sentinelles avancées, s'assoupissaient pendant que l'ennemi donnait l'assaut à la forteresse. J'ai poussé le cri d'alarme. Ce cri n'a pas été sans écho, même dans ce temps de lâchetés et de fausse prudence où l'on tremble plus d'une vérité dite que d'une vérité niée.

Voyons, Père Theiner, entre nous, le besoin d'imiter la *Speranza* se faisait donc bien vivement sentir dans l'Oratoire, pour que, assis en face de votre crucifix, vous ayez pu, cinq grandes années de réflexion écoulées, vous livrer à une pareille intempérance d'amour envers Clément XIV? Après avoir entendu mon nom mêlé à toutes les farandoles de la démagogie cosmopolite, étais-je donc assez abandonné de Dieu pour tomber sous votre plume de malédiction en malédiction? Est-ce que le passé redeviendrait l'avenir? et quand je regardais ce livre entré dans le domaine des faits accomplis, devais-je, sans provocation aucune de ma part, voir ressusciter les accusations dont, en 1848, il plaisait aux ennemis de l'Église et des monarchies de charger mes épaules? Vous savez mieux que moi ce qui se disait alors dans l'effervescence du progrès social qui a conduit si vite au sac du Quirinal, à l'heureuse fuite de Pie IX, à tous les ridicules ou sanglants excès du Mazzinisme ayant pour traîne-sabre Garibaldi, un Sganarelle non imaginaire. Voilà ce que vous écrivez aujourd'hui dans le calme de votre cellule, dans le silence du cabinet :

« Mais personne n'avait encore dépassé les limites de la modération, de la charité et de la justice d'une manière aussi odieuse que l'a fait M. Crétineau-Joly dans son ouvrage intitulé *Clément XIV et les Jésuites*. Depuis le commencement jusqu'à la fin, cet ouvrage n'est qu'un tissu de calomnies indignes dans lequel l'auteur cherche à flétrir tous les actes du pontificat de Clément XIV, depuis son avénement jusqu'à son dernier soupir, et à déshonorer le Sacré Collége tout entier, qui, par les secrets desseins de la Providence, l'avait élevé sur la chaire infaillible de vérité et constitué le chef de tout le troupeau du Seigneur. Cette œuvre, stigmatisée d'une ineffaçable souillure dans le domaine de la littérature ecclésiastique, demeurera toujours l'objet de l'indignation des Catholiques sincères et de tous les amis de la vérité, à quelque croyance qu'ils appartiennent. »

Vous comprenez, mon Révérend Père, tout ce qu'il y a de pénible pour moi à replacer sous vos yeux une aussi triste page, que je voudrais croire échappée à des préoccupations d'auteur trop plein de son sujet. Mais cette pensée, qui se fait jour ici en termes que je ne me permettrai pas de caractériser, car l'envie de blesser est aussi loin de mon cœur que le besoin de flatter, se représente à chaque ligne de votre *Histoire du Pontificat de Clément XIV*.

Ici je suis un audacieux et un orgueilleux, là un sacrilége. Je blasphème quelquefois, plus souvent encore, selon vous, je tombe dans un excès de folie, pour ne pas dire d'impiété. Je donne à l'Église d'inexprimables scandales. Je me transforme en artificier, en charlatan qui ne manque pas de certaines naïvetés historiques. C'est toujours le Cagliostro de *la Speranza;* néanmoins vous me faites grâce de l'Arétin. Mais je suis possédé d'une passion si persévéramment aveugle contre ce grand pape, qu'elle arrive presque jusqu'aux proportions de la haine. Vous voulez que je sois un historien perfide et sans conscience, d'une malice exquise, et j'ai donné le dernier coup de la mort au pape Clément XIV, qui repose depuis plus d'un demi-siècle, sous le marbre de Canova, dans l'église des Saints-Apôtres de Rome.

Je n'ai cherché qu'à glaner dans les diverses appréciations que vous faites de ma personne ; que serait-ce donc si j'avais voulu moissonner? Quand j'ai eu à parler de vous, je vous ai salué comme un écrivain brillant et distingué; vous, vous épuisez contre moi le dictionnaire de l'outrage. Je suis à vos yeux ce que vous venez de lire, et, dans ce double jugement, savez-vous ce qui pourrait venir à l'esprit de beaucoup de lecteurs? C'est que nous nous sommes trompés tous les deux.

Vous me dites cela et bien d'autres choses encore, Père Theiner. Hélas! *la Speranza* l'avait dit avant vous; mais vous avez pris une initiative à laquelle personne n'avait songé. Quoique je me sente assez fortement trempé pour dédaigner les insultes et sourire aux calomnies, je ne cacherai pas à Votre Révérence qu'elle a trouvé le secret de me faire monter la rougeur au front. Et ce n'est pas en me prodiguant, peut-être à votre insu, toutes les aménités que je viens d'accumuler en dix-sept lignes, que vous avez réussi à m'émouvoir. Ce n'est pas en me tirant cinq cent soixante-six pages de mitraille scolastique que vous m'avez fait éprouver le plus léger sentiment de trouble. Non, non, Père, rassurez-vous.

J'ai lu mot par mot, j'ai étudié syllabe par syllabe tout votre ouvrage. Si à tête reposée, là, dans l'examen de votre conscience, vous vous surpreniez à regretter l'amertume et l'iniquité de vos paroles, n'en ayez que juste le repentir nécessaire à la paix de votre âme. J'ai tout oublié, tout, excepté une comparaison. Je ne vous la pardonnerai jamais que comme chrétien.

Qu'ai-je fait à Votre Révérence, qu'ai-je fait à Dieu et aux hommes, pour qu'il vous plaise de me confondre avec l'abbé Gioberti, qui mentait comme les autres hommes respirent? De quel droit, la comparaison une fois inventée, tâchez-vous de m'écraser sous le poids de sa gloire anticatholique?

« Les blasphèmes de M. Crétineau-Joly, dites-vous, contre cet auguste chef de l'Église avaient déjà provoqué dans notre âme une indignation telle, que nous croyions dès cette époque que c'était pour nous un devoir sacré de le démasquer à la face du monde. Nous avions déjà presque achevé ce travail, lorsque vint à commencer contre la Société de Jésus cette guerre inique et impie, à la tête de laquelle se mit l'abbé Vincenzo Gioberti, guerre que nous détestons autant que celle plus abominable encore déclarée par M. Crétineau-Joly à la mémoire de Clément XIV. Ces deux auteurs, qui sont tombés dans les extrémités les plus fatalement opposées au sujet de la Compagnie de Jésus, marchent néanmoins, à nos yeux, sur un pied d'égalité parfaite, excepté sur deux points. Quant au talent, nous sommes obligé de reconnaître au malheureux auteur italien une supériorité incontestable; mais en revanche, quoiqu'ils soient tous les deux animés d'une même haine et d'une même fureur insensée, et qu'ils combattent avec les mêmes armes détestables, nous n'hésitons pas à affirmer que M. Crétineau-Joly dans sa diatribe contre le Pape est mille fois plus coupable envers l'Église et plus blessant pour les amis de la vérité, que ne l'est dans ses attaques contre la Société de Jésus son confrère d'Italie, puisque celui-ci ne blesse qu'un membre, quoique respectable et saint, de ce corps sublime du catholicisme, et que l'autre frappe tout entier, sans en excepter les Jésuites eux-mêmes, dans la personne auguste de son saint chef. Nous aimons à croire même que cette agression scandaleuse causera une douleur plus profonde et plus vive à ceux à l'occasion et en faveur de qui elle a été entreprise. »

Puisque vous le prenez avec moi sur le ton de l'objurgation, il ne me sera sans doute pas interdit de vous répondre en vous offrant quelques conseils d'ami. Eh bien! cher Père, j'oserai vous le confesser en toute sincérité, vous êtes un peu trop diffus, *sermonis nimius*, selon Tacite, pour ne pas vous abuser de temps à autre. Je me permettrai à l'occasion de vous le murmurer à l'oreille; mais ici je veux, je dois vous adresser à haute voix un reproche de partialité en ma faveur.

De toutes les accusations dont je me suis vu l'objet, cette comparaison seule pouvait inquiéter ma conscience. Vous sentez qu'entre nous il s'agit peu du talent de l'abbé Gioberti mis en parallèle avec le mien. Pour le monde auquel vous vous adressez, ce jugement était forcé; j'y souscris, en m'inclinant devant votre faillibilité. Ce n'est donc point là où gît la difficulté que je soulève non pas pour moi, mais à cause de vous. Vous êtes naturellement impartial, vous le proclamez bien haut, et ce n'est pas moi qui oserais contrarier Votre Révérence. Néanmoins, vous l'avouerai-je? cette fatale comparaison m'a donné lieu de suspecter une impartialité qui est l'apanage de votre génie, et je vous accuse de m'avoir été trop favorable! Savez-vous pourquoi? C'est que vous avez fait pencher de mon côté la balance que vous tenez au nom du Siége romain. Si ce n'était pas un tort, et un tort immense de votre part, vous comprenez que je vous en témoignerais toute ma gratitude.

Quoi! mon Père! je cite vos propres expressions comme toujours : « M. Crétineau-Joly dans sa diatribe contre le Pape est mille fois plus coupable envers l'Église et plus blessant pour les amis de la vérité, que ne l'est dans ses attaques contre la Société de Jésus son confrère d'Italie. » Comment! la guerre que je fais à la mémoire de Ganganelli est plus abominable encore que cette guerre inique et impie que l'abbé Gioberti a déclarée aux Jésuites, et l'Église ne m'a pas frappé de ses foudres!

Au milieu des titres ecclésiastiques dont se pare votre humilité sur la couverture même de cette histoire, vous vous proclamez consulteur des sacrées congrégations de l'Index, du Saint-Office et des Évêques. Vous avez voix, et voix prépondérante au chapitre; cela est bien dû à votre science et à votre équité. Il n'y a pas six mois écoulés que l'Index romain proscrivait tous les ouvrages de Gioberti l'un après l'autre, et qu'il les proscrivait aux applaudissements de la Catholicité. Et moi, plus coupable que lui à vos yeux, j'ai jusqu'à cette heure échappé à une flétrissure que vous ne m'épargnez guère, la plume à la main.

Que se passe-t-il donc? Mon *Clément XIV et les Jésuites* est une ineffaçable souillure imprimée au règne d'un Pape que vous présentez comme un modèle de justice, de force, de vertu et de piété. D'après vous, je l'ai déshonoré dans sa vie, dans son pontificat, dans ses œuvres, dans sa mort; et à Rome, où se conserve si pieusement le souvenir des Papes courageux et constants dans leur foi, à Rome, où tout ce qui a trait à la religion, à la morale et à l'honneur des vicaires de Jésus-Christ est jugé en dernier ressort par l'auguste tribunal dont vous êtes une des lumières, il n'est pas sorti un décret pour tirer vengeance d'un pareil attentat? Vous, mon Révérend Père, qu'on aurait constitué le défenseur patenté de Clément XIV, vous qui avez si charitablement analysé et développé tous les motifs qui m'ont amené à écrire ce livre, vous n'avez pas trouvé dans votre conscience une proposition tendant à me faire moralement expier mon crime ?

J'ai pu pendant cinq années pervertir l'opinion publique, et je l'ai si bien pervertie que vous en convenez vous-même en ces termes : « Depuis que M. Crétineau-Joly a si indignement outragé la mémoire de Clément XIV, tous, amis et ennemis de l'Église, ont à l'envi marché sur ses traces, chacun dans un but différent, avec une effroyable industrie. »

Et à l'aspect de ces maux, votre cœur n'a pas bondi? Et vous et vos collègues avez reculé devant cette punition que vous infligiez à Gioberti et dont vous daigniez me faire grâce.

Membre de la congrégation de l'Index, il faut se soumettre à ce dilemme : Ou vous n'avez pas fait votre devoir, ou mon livre n'est pas aussi coupable que Votre Révérence essaye de se le persuader à elle-même, afin de jeter cette conviction dans les âmes. Vous êtes établi juge en Israël, juge de la science, de la bonne ou mauvaise foi, de la moralité de tout homme qui pense et écrit dans le monde. Vous prononcez vos décrets sans appel ni recours, et, pour tous les fidèles, pour moi principalement, ils deviennent, après être sanctionnés par le Siége Apostolique, des arrêts immuables. Qui donc, Père Theiner, a pu vous déterminer à prendre une voie oblique pour me frapper, quand vous êtes à mes yeux un représentant, une émanation de la loi et des prophètes? Par quel concours de circonstances inouïes n'êtes-vous pas arrivé à dénoncer du haut de votre tribunal ce livre pernicieux et détestable qui ne trouve une obscure condamnation qu'au fond de votre encrier? Condamnation qu'il m'est licite de discuter et que je discuterai, avec votre permission, car ici c'est l'historien qui s'attaque à l'historien; c'est, pour ainsi dire, l'homme qui, avec toutes les erreurs de l'humanité, prend à partie un autre homme.

Vous aviez un rôle plus simple, plus digne à jouer, et je crois que vous avez été mal inspiré de ne pas le tenter. Que vous coûtait-il, en effet, de traduire à la congrégation de l'Index cet ouvrage qui, à Rome, au milieu de l'effervescence des passions de 1847, ne provoquait autour de lui que des colères ou des menaces? La police l'arrêtait aux frontières des États ecclésiastiques comme une œuvre de contrebande. On ne l'achetait, on ne le lisait que sous le manteau de la cheminée. Il n'avait les honneurs de la publicité que pour être traîné sur le bûcher. Alors il ne tuait pas Clément XIV, il le ressuscitait dans sa philosophique populacerie du dix-huitième siècle. Et, témoin de ce spectacle, dont tous les journaux italiens ne cessaient de faire trophée, la congrégation de l'Index n'a pas cru devoir informer contre un attentat qui courait les rues. Par ce seul fait, elle serait devenue populaire auprès de toutes les sectes antichrétiennes et antisociales, et il n'eût pas manqué de ville révolutionnaire pour lui offrir une bannière, la *bandiera* du progrès social, comme un souvenir de fraternité et un hommage de gratitude.

En vérité, mon Révérend Père, cette contradiction, qui par malheur semble avoir échappé à votre sagacité ordinaire, me trouble et me confond. Je m'interroge pour chercher par quels motifs vous êtes si sévère à mon égard dans votre livre et si bénin sur votre tribunal. Plus je me creuse la tête, moins je parviens à pénétrer ce mystère, qui un jour se découvrira peut-être, comme celui de la destruction des Jésuites.

Après m'avoir donné le pas sur l'abbé Gioberti, vous avez compris qu'une réparation m'était due. Vous l'avez accordée avec une grâce charmante dont je ne pourrai jamais assez vous remercier. L'authenticité des documents qui servirent à élever à la justice le monument que vous tentez de saper dans sa base, avait toujours, même contre l'évidence, et malgré le dépôt des pièces inédites et des manuscrits originaux, été niée par les hommes pour qui le mensonge est un besoin, un calcul et un but. Ce pauvre abbé Gioberti, qui ajoutait une foi si tenace à toutes les fables flattant ses passions, s'était échauffé jusqu'au délire pour prouver en vingt endroits de ses ouvrages que j'étais tantôt le plus audacieux et le plus habile, tantôt le plus maladroit faussaire de toutes les littératures.

D'autres, pour qui l'auteur du *Primato* et du *Gesuita moderno* faisait planche, d'autres qui auraient été les Christophe-Colomb de la calomnie, si la calomnie n'eût pas été inventée, avaient renchéri sur ses différentes versions. On avait trouvé commode de tout nier, afin de n'avoir rien à discuter. Des catholiques même, à la conscience timorée, à l'esprit étroit ou à la piété se blessant d'un simple soupçon, se retranchaient derrière cette négation comme à l'abri d'un dernier rempart. Il leur plaisait d'ignorer que tous ces documents avaient été déposés pendant quatre-vingt-douze jours chez mon éditeur; que là tous les intéressés et tous les curieux avaient été admis comme le demandait M. Charles Lenormant (de l'Institut de France), à voir des yeux, à toucher de la main ces pièces originales qui tranchaient enfin une des plus curieuses, une des plus tristes questions de l'histoire. Aujourd'hui, grâces en soient rendues à la force de la vérité, le doute ne sera plus possible, et, sans le vouloir, c'est vous qui aurez porté à Clément XIV le coup le plus funeste.

Que dit en effet Votre Révérence lorsque, en s'évertuant à infirmer mon jugement sur Ganganelli, elle cède à la nécessité d'affaiblir les preuves qui l'accablent? On nous répondra peut-être, — c'est vous qui parlez, vous qui déclarez avoir été trouvé digne de parler, — que l'ouvrage de M. Crétineau-Joly repose uniquement sur des documents authentiques; nous ne le nions pas. » C'est à la page 4 de l'introduction que vous vous exprimez avec tant de lucidité; à la page 11, vous déclarez que les documents publiés par moi « sont tous originaux ». Dans plus d'un endroit, vous corroborez ces déclarations.

Cet aveu est un acte, car non-seulement vous avez l'honneur d'être membre des sacrées Congrégations des évêques et réguliers, du Collége théologique, de l'Académie archéologique pontificale, mais vous êtes encore consulteur de l'Index et du Saint-Office. A tous ces titres, sans compter celui d'honnête homme, de prêtre aussi pieux que savant, vous en joignez un autre qui, dans la matière présente, est du plus grand poids.

Vous êtes préfet coadjuteur des Archives secrètes du Vatican. Ainsi donc quand il s'agit de monuments historiques, ecclésiastiques ou manuscrits, vous avez mission pour prononcer. Votre parole doit faire autorité.

Rome, d'après vous, accepte comme vraies, comme originales, comme authentiques, toutes les pièces que j'ai produites dans *Clément XIV et les Jésuites*. C'est une réparation dont j'avais fort peu besoin pour mon compte personnel; mais elle m'était due, elle était due aux Jésuites et à l'histoire. Puisque maintenant l'incertitude ne sera plus permise sur ces documents, nous pouvons très-bien entrer un peu en discussion sur leur importance et sur le sens plus ou moins coupable qu'il plaît au lecteur de leur attribuer.

Et d'abord, pour mieux dégager la voie, afin d'arriver au fond même de la question, vidons encore, mon Père, une de ces petites querelles d'Allemand que vous êtes assez bon pour ne pas m'épargner.

Votre curiosité a été éveillée avec celle de beaucoup d'autres, et comme nous accusons plus facilement que nous ne pardonnons, je me garderai bien d'en faire un crime à Votre Révérence. Elle cherche à pénétrer le mystère qui enveloppera longtemps encore la découverte faite par moi de tant de documents ignorés. Sans vous laisser aller aux suppositions des uns et des autres, sans même entrer dans le dédale d'hypothèses religieuses, diplomatiques et politiques, au milieu duquel M. Artaud de Montor s'est perdu dans son *Histoire des souverains pontifes romains* [1], vous semblez, Père

[1] M. Artaud de Montor s'exprime ainsi au septième volume de son histoire :

« Avant de détailler maintenant les événements qui ont suivi, nous dirons ici ce que nous pensons des choses qui ont amené la publication du livre dont il vient d'être parlé plus haut, et qui est intitulé *Clément XIV et les Jésuites*. Nous n'avons pas assez d'informations pour bien instruire le lecteur, et nous nous bornerons à lui communiquer des conjectures qu'il a peut-être déjà faites lui-même. Selon notre habitude, nous avons éloigné tout esprit de récrimination, d'accusation et de mauvaise humeur. Assuré comme nous le sommes de l'innocence complète des membres du Conclave de 1769, sans exception, et de leur profond respect pour *la probité humaine,* nous n'avons pas à nous écarter d'un ton de douceur et de franchise polie. Tout homme qui a une conviction forte et raisonnée parle ferme, sans parler bien haut.

» Voici ce qu'on a pu recueillir sur l'apparition de ces révéla-

Theiner, vouloir resserrer la question dans un cadre assez étroit. Pour vous, elle ne prend pas des proportions fabuleuses, ainsi que pour ce digne et crédule écri-

tions qui ont tant occupé l'opinion publique à Rome, à Paris, à Vienne, à Madrid et à Londres.

» Outre l'auteur qui se nomme, et qui est connu par des succès incontestés dans la défense de la religion et de l'ancien trône, on désigne, comme ayant contribué à cette publication, des chancelleries étrangères, des Pères de la Compagnie autres que ceux de Paris et de Rome, et des hommes ardents d'un parti qui s'est distingué par sa courageuse fidélité, et qui possède plus d'un cinquième des capitaux accumulés dans notre riche royaume de France.

» Je n'ai rien à dire à l'auteur, avec qui je ne veux entreprendre aucune polémique. Tout homme qui publie un livre, et qui le signe, doit être mis à part, et le temps de le réfuter vient toujours.

» Quant aux trois autres dénominations inculpées, il est difficile de croire que des chancelleries étrangères soient entrées dans ces querelles; je sais bien qu'il y a un parti de chancelleries étrangères à présent dans chacun des pays où ne règne pas une entière concorde; mais toute chancellerie a ses secrets, et pour qu'on les respecte, il convient qu'elle respecte ceux des autres. Dans les débats les plus funestes, et même au moment où Thugut publiait contre la France ces manifestes si terribles, et lançait ces traits forgés par Pellenc, ancien secrétaire de Mirabeau, qui lui avait laissé une partie de son éloquence, une sorte de pudeur arrêtait au passage des expressions mortifiantes pour des hommes qui pouvaient être bien plus que mortifiés, puisqu'ils répandaient le sang : il y a toujours eu de chancellerie à chancellerie une guerre courtoise. Cette première supposition est fausse, l'allié est ailleurs.

» Veut-on parler de quelques membres de la Compagnie? Mais que désiraient-ils? Une odieuse insulte, suscitée par Pombal, a frappé leurs Pères; une éclatante réparation a effacé l'injure. Sont-ce ceux qu'on a appelés les *fidèles du Saint-Siége* qui doivent se permettre d'accréditer des accusations et le bruit d'une simonie imaginaire que *beaucoup* d'esprits justes et observateurs ne croient pas? Le dépôt de la vénération nécessaire pour honorer la religion n'est-il pas confié aussi aux soins de ces Pères, à leur zèle, qui ne doit jamais dormir? Et les combats manquent-ils à leur courage? Ces Pères ont été proclamés, même dans l'arrêt qui voulait les éteindre, les meilleurs instituteurs de la jeunesse. Des milliers de chefs de famille attendent leur coopération pour conserver intacte

vain. Vous désirez trouver un coupable, et bien que je ne veuille pas me permettre d'appliquer au Père Theiner ce passage de Salomon : « Il mord par derrière comme le serpent, il pique comme le basilic, » je crois néanmoins de bonne guerre de vous emprunter quelques-unes de vos charitables appréciations.

Vous faites à votre manière l'historique de ces documents; c'est un droit que je ne discute pas. Vous vous étendez avec complaisance sur ce point fécond en calomnies, puis vous ajoutez : « La figure de Clément XIV apparaîtrait plus noble encore si une grande partie des pièces concernant son pontificat n'avait été perdue. Quelques-unes même le furent par son imprévoyance; il avait la coutume de garder dans son cabinet plusieurs de celles qui avaient trait aux affaires courantes, et de

la pureté de leurs fils, qu'on amènerait dans des écoles éprouvées; sans rien avilir, sans rien condamner, on sollicite pour ces instructeurs savants et habiles un droit de concurrence qu'il sera difficile de leur refuser, et qu'ils obtiendront par suite de ces capitulations dont aucun gouvernement n'est avare aujourd'hui. Et n'est-ce pas encore sur ces mains croisées si souvent pour prier Dieu que le pontife doit compter pour conduire au port la barque mystique? Il n'y a pas de Jésuites dans cette affaire.

» J'arrive à ces rangs pressés d'hommes qui prient aussi notre Dieu, mais qui sont en même temps préoccupés de sentiments qu'aucune loi et aucune violence ne peuvent punir, et qui savent bien que ce n'est qu'au pied des autels et dans les appels de la pénitence ordonnés de Rome qu'ils peuvent puiser leur résignation et la persistance de leur patiente affection.

. . . .

» Si on avait nommé d'autres intéressés, j'aurais offert, sans peur, les mêmes réflexions, les mêmes plaintes, et encore, je l'espère, d'aussi naturelles justifications. D'ailleurs ici je n'ai parlé qu'avec prudence. Pour moi, il n'y a que des malentendus dans cette publication ; pour *moi, auteur, chancelleries, religieux et partisans des grandeurs renversées*, tous me semblent n'avoir point pensé à détruire d'abord le culte catholique, ensuite la probité politique, puis le devoir du subordonné et du soldat de la croix,

les confier aux soins du Révérend Père Bontempi, son confesseur, du même ordre que lui, qui possédait toute sa confiance. A la mort du Souverain Pontife, ces documents ne furent point portés aux Archives secrètes du Vatican, comme cela doit se faire et se fait ordinairement, mais déposés par Bontempi dans celles de son ordre, au couvent des Saints-Apôtres, dans lesquelles ils restèrent jusqu'au commencement de ce siècle. L'Espagne fit à cette époque des démarches auprès du chef de l'ordre, qui eut la lâcheté de les lui céder. Ils passèrent donc dans les Archives de Madrid, mais ce fut pour peu de temps; M. le comte Alexis de Saint-Priest les y chercha en vain lorsqu'il s'occupait de son ouvrage sur la suppression de la Compagnie de Jésus.

. . . .

que la satisfaction reçue doit rendre plus ami; enfin, la dignité de ces sentiments qu'un siècle n'absorbe pas toujours, et qui résistent avec magnanimité, en Écosse, aux lois imprudentes et aux violences systématiques. Il me paraît à présent que tout doit être mieux entendu. Diverses personnes ont voulu qu'on leur rendît compte de son opinion : comme on dit aujourd'hui, voilà le *compte rendu*. Je ne dirai plus qu'un mot aux derniers inculpés. Ce n'est pas quand on veut se plaindre d'un revirement d'autorité qu'on forfait soi-même à des serments volontaires. Ces serments, on se les impose dans cette plénitude de tenue, de volonté et de force, qui est le propre de la conscience de tous les hommes, et surtout de celle des chrétiens qui ont le bonheur de vivre sous les lois bienfaisantes et imprescriptibles des doctrines de Rome, cette conductrice qui ne doit errer jamais.

» Pour en finir, Dieu veuille que ce ne soit pas un quatrième parti qui ait compromis les autres et l'auteur, en prenant leur allure habituelle et en paraissant défendre leur intérêt présumé! »

C'est à ce terme qu'ont abouti toutes les investigations de M. le chevalier Artaud, qui fut pendant très-longtemps chargé d'affaires de France à Rome, à Florence et à Vienne. On voit que s'il n'a pas éclairci la question, il a laissé du moins à ses successeurs, dans les recherches et dans les hypothèses, au Père Theiner lui-même, un vaste champ pour semer les suppositions.

» La perte de ces documents ne serait pas si sensible si les voleurs avaient au moins eu la conscience de les conserver tous, tant ceux qui sont favorables que ceux qui peuvent être interprétés d'une manière désavantageuse au Pape ; car il est impossible qu'il n'y en ait pas eu quelques-uns de la première espèce. Mais on a mis une si rare habileté à les faire disparaître, qu'on peut présumer avec apparence de raison qu'ils ont été détruits, et qu'on n'a conservé absolument que ceux qui peuvent servir à flétrir la mémoire de Clément XIV. Les pièces publiées par M. Crétineau-Joly démontrent avec évidence qu'on n'a voulu employer que ces derniers ; mais la sage Providence de Dieu a déjoué cette fois encore la malice des hommes pour venger l'innocence à l'heure déterminée par la justice. »

Raisonnons un peu, s'il est possible, et tâchons de répandre la lumière sur le chaos qu'on vous croirait destiné à féconder. Lorsque vous vous êtes investi de la charge de réfutateur en titre de mon ouvrage, si, au lieu de ne consulter que la première édition, vous eussiez eu recours à la seconde et à la troisième, qui parurent, elles aussi, en 1847, Votre Révérence se serait évité la peine de traîner sur la claie le Père Bontempi, le confesseur, l'ami intime de votre client Clément XIV. En vous servant d'une édition corrigée et augmentée, vous eussiez fait acte de droiture de cœur. Ainsi que cela arrive parfois, cette droiture vous eût été comptée comme une prudente habileté.

Vous parlez de voleurs que vous ne connaissez pas, que vous désignez encore moins ; mais aux transparences du style, aux coups de pinceau jetés dans l'ombre, vous espérez bien, n'est-il pas vrai, que personne ne s'y méprendra ? Vous n'avez en rien pris Tacite pour modèle. Comme lui, vous ne vous êtes pas supposé le courage de *privata odia publicis utilitatibus remittere*. J'emprunte à l'annaliste romain son propre langage, parce que

Le latin dans les mots brave l'honnêteté,

et qu'il y a des sentiments qu'il ne faut pas trop scruter, pour ne point désespérer de l'espèce humaine. Or, s'il y a un voleur dans toute cette affaire, savez-vous, Père Theiner, où il se trouve?

Auprès même de Clément XIV, dans son intimité, dans celui-là même qui était le guide de la conscience pontificale, et qui ferma les yeux au Pape défunt. Vous jetez sur la scène le cordelier Bontempi. Vous ignorez donc que je l'avais évoqué avant vous, et que, dans une lettre autographe d'un certain Joseph Gavazzi, secrétaire du fameux cardinal Malvezzi, dont j'espère que nous aurons à parler plus amplement, cet ami, ce confesseur du pape Clément XIV, est accusé d'avoir dérobé les documents de Ganganelli mort? Cette lettre est datée de Bologne, le 29 septembre 1774, sept jours après le décès du Pontife. Elle est écrite à Nicolas Pagliarini, secrétaire du marquis de Pombal à Lisbonne, et elle contient une accusation que vous ne confirmez qu'implicitement. Car enfin attribuer à un Pape un fripon pour directeur de sa conscience et de sa politique, ne serait-ce pas avouer que ce Pape s'entourait de personnages assez compromettants? Ne serait-ce pas offrir de ses habitudes, de son caractère, de ses tendances et de sa perspicacité un témoignage qui, à coup sûr, ne viendrait pas corroborer les éloges que vous êtes chargé de lui prodiguer?

Or voici ce que Gavazzi, complice du cardinal Malvezzi, complice lui-même de Clément XIV, écrit du cordelier Bontempi : « Cet indigne Père Bontempi, le confesseur de Sa Sainteté, a fui emportant avec lui les papiers qui appartenaient au Saint-Père. Mais s'il est caché à Rome, on saura prendre les mesures convenables. »

Si Votre Révérence était curieuse, si elle daignait me faire l'honneur de me demander comment cette lettre, pleine de révélations et d'enseignements inattendus, et que j'ai cru devoir faire autographier dans la dernière édition, m'est tombée entre les mains, vous m'embarrasseriez beaucoup, je vous jure. Je ne m'en tirerais même pas en vous racontant une anecdote.

Un jour, dans ce même hiver de 1847 où je composai *Clément XIV et les Jésuites*, j'arrive à la chancellerie de l'Église, dans le salon du cardinal Bernetti, qui avait pris l'habitude de me recevoir tous les matins. Autour de sa petite table de travail, il y avait au moins quatre ou cinq ambassadeurs réunis. Je m'arrête au milieu de l'appartement, et m'appuyant sur ma canne : « Comment se porte Votre Éminence? m'écriai-je avec la joie expansive partagée par tous ceux qui avaient le bonheur de voir de près cet homme d'audace, de réflexion, de courage et de bon conseil. — Approchez, approchez, me répond le cardinal Bernetti sans se déranger, il n'y a pas de papiers sur la table. »

Dans ce temps-là, je venais, et seulement alors, d'avoir à ma disposition, quoi qu'en pense, quoi qu'en dise Votre Révérence, les documents qu'aujourd'hui vous reconnaissez enfin pour authentiques, tous, moins la lettre trop instructive de Joseph Gavazzi. Si je vous affirmais qu'elle m'est parvenue avec le timbre de Lisbonne, sans aucune explication, je suis persuadé que votre première idée serait un doute. Pourtant c'est ainsi qu'elle m'est arrivée. J'ignore qui l'avait conservée; j'ignore qui me l'adressa; mais cette lettre est tellement explicite, que c'est à elle inévitablement que je dois votre répugnance presque instinctive à vous servir des nouvelles éditions de *Clément XIV et les Jésuites.*

De votre part je conçois cette répugnance. Je me serais bien gardé d'en parler, si vous-même ne m'y aviez presque autorisé en vous abritant derrière le nom d'un voleur. Vous en aviez un sous la main, un qui était pris en flagrant délit, un qui friponnait la mort après l'avoir confessée, crime qu'aucune loi divine ou humaine n'a encore prévu. Et c'est à ce moment même qu'il vous convient de parler d'escroquerie et de détournement de pièces originales. A votre place, Père Theiner, je ne vous tairai pas que j'aurais voulu être mieux avisé.

Voici donc ce qui résulte de votre dire, ainsi que du mien. C'est que ce pauvre Clément XIV fut aussi mal entouré à son lit de mort que durant sa vie. Nous instruisons tous deux son procès quand depuis près d'un siècle il a comparu devant le tribunal de Dieu, nous le citons à celui de l'histoire; voyons quel parti vous tirez de cet ensemble de faits.

Les voleurs que vous suivez à la piste, mais que vous ne désignez nulle part, m'ont livré, selon vous, toutes les pièces qui accusent Clément XIV; et ils ont eu l'art de faire disparaître celles qui pourraient le justifier. Ces voleurs, quels sont-ils? car, en dehors de l'opinion que Votre Révérence a été trouvée digne d'émettre ostensiblement contre mon livre, je suis convaincu que ce n'est pas à moi qu'elle fera remonter le larcin dont vous vous plaignez. Ce larcin est grave; je ne serais tout au plus inculpé que de recel; mais, pour satisfaire l'ardeur de ma curiosité, j'avoue que je me résignerais volontiers à la peine qui doit m'atteindre. Cette curiosité est vivement excitée ; et moi qui, Dieu merci, n'ai jamais compris de quoi l'on pouvait être ambitieux dans un siècle où rien ne dure, je ne vous cacherai pas que j'ai l'ambition de connaître les voleurs.

Vous affirmez le vol. Où sont les parties plaignantes? possédez-vous leurs preuves? avez-vous leurs pouvoirs? connaissez-vous leurs témoignages? savez-vous dans combien de lieux différents se trouvaient ces documents qui, de toute évidence, devaient appartenir aux Archives de France, d'Espagne, de Portugal, des Deux-Siciles et de Rome elle-même? Quoique vous soyez un pieux oratorien, vous n'en êtes pas moins un procureur quelque peu retors. Vous m'avez adressé beaucoup de questions et vous voyez si je prends plaisir à y répondre. Moi, je ne vous en fais qu'une. Pouvez-vous mettre un nom propre, le nom d'une société religieuse ou d'un individu quelconque sur l'étiquette du sac?

Si cela ne vous est pas possible, — et je serais assez tenté de le croire, — à quel institut de voleurs de documents voulez-vous avoir affaire? est-ce aux Cordeliers ou aux Jésuites? Aux Augustins ou aux frères de l'Ordre des Prêcheurs? arrangez-vous pour cela ; demandez avis à qui de droit. Vous connaissez mieux que moi les saintes Écritures. Vous les appliquez avec toute l'autorité d'un caractère sacré, et, comme elles, vous pouvez dire : « Le méchant écoute la méchante langue ; le trompeur écoute les lèvres trompeuses. » Suivez donc le conseil de l'Ecclésiaste, « ne tournez pas à tout vent et n'entrez pas en toute voie. » Mais n'oubliez pas que, historien, vous me devez une réponse historique, c'est-à-dire une réponse basée sur les faits. C'est là que je vous attends pour continuer ma démonstration.

Si vous étiez un autre homme, mon Révérend Père, si vous aviez notre habileté de main et nos préjugés, si vous n'étiez point par état détaché des biens et des passions de ce bas monde, je pousserais certainement plus avant mes investigations. Mais vous n'y répondriez que le moins possible, et je me sens assez fort pour vous éviter cet embarras. Occupons-nous donc d'une chose qui évidemment vous suscitera peu de difficultés.

J'ai eu, j'en conviens, l'art diabolique d'évoquer des correspondances dont l'existence était un mythe, ou qu'on croyait ensevelies au plus profond de l'oubli. Ces correspondances, dues à des cardinaux, à des ambassadeurs ou à des ministres à portefeuille, ont vivement intéressé la curiosité publique. Toutes, en effet, portent avec elles un enseignement déplorable. Toutes nous apprennent que dans le Conclave d'où le cardinal Ganganelli sortit Pape sous le nom de Clément XIV il fut articulé plus d'une proposition simoniaque. Il y fut question de plus d'un marché scandaleux.

Les cardinaux honnêtes, c'est-à-dire le plus grand nombre, — et vous voyez, Père Theiner, que, malgré vous, je maintiens mon dire, même de la première édition, de cette édition *princeps* que vous adoptez, — les cardinaux honnêtes reculèrent devant une ignominieuse spéculation. Mais cette probité, que j'ai toujours reconnue et proclamée, n'en a pas moins été mise à l'épreuve par les ambassadeurs des puissances qui s'acharnaient contre la Société de Jésus. C'est à ce résultat que je me suis arrêté.

L'homme croit naturellement, a dit Pascal. Cette consolante pensée, jetée à l'humanité par un génie morose, ne vous a pas séduit. Aujourd'hui vous doutez de tout, excepté des affirmations sans preuves que vous débitez. Vous vous élancez dans la lice après cinq longues années de travail et de réflexion, puis Votre Révérence parle en ces termes : « Si les dépêches des ambassadeurs comprennent une période historique déterminée, comme il arrive dans le cas présent, c'est pour l'historien un devoir sacré de les examiner d'abord avec une fidélité scrupuleuse, de les suivre pas à pas, de discerner attentivement les époques où leurs opinions et leurs appréciations varient, et de n'attribuer d'importance qu'aux jugements portés après que leur opinion est définitivement formée et appuyée sur des faits accomplis. Lequel, en effet, des ambassadeurs actuellement existants, soit près de la cour de Rome, soit auprès de n'importe quel gouvernement, consentirait volontiers à voir toutes ses dépêches passer pêle-mêle dans le domaine de l'histoire et servir de base pour former l'opinion publique sur la personne du souverain près duquel il est accrédité? Lequel d'entre eux ne demanderait pas, au contraire, que la plus grande partie de ces mêmes dépêches ne vît jamais le jour? Si c'est un devoir sacré de justice de prendre cette sage précaution au sujet des lettres des ambassadeurs vivants, pourquoi en serait-il autrement quand il s'agit des dépêches d'ambassadeurs morts? La mort de ces derniers a-t-elle donné à leurs actes une valeur nouvelle et un caractère d'infaillibilité? C'est donc une mauvaise action historique que de s'en servir contre l'intention de leurs auteurs eux-mêmes, et c'est là pourtant ce que M. Crétineau-Joly ne cesse de faire à chaque page de son récit. »

La thèse historique que vous avez entrepris de soutenir exige de pareils arguments ; à l'œil malade la lumière nuit. Ces arguments sont les besoins de la cause, vous les plaidez ; et ce n'est pas votre faute, après tout, s'ils tombent l'un sur l'autre comme des capucins de carte. On vous a trouvé digne, proclamez-vous avec une certaine ostentation qui naturellement engendre le doute, de vous jeter dans un guêpier; vous vous y précipitez tête baissée. Vous êtes enfant d'obéissance, et je suis toujours tenté d'admirer un dévouement qui ne raisonne ni les périls ni les sacrifices d'amour-propre. Mais parce qu'on vous arme à la légère au moment d'ouvrir une campagne sérieuse, ce n'est pas tout à fait un motif pour que je me laisse diriger par vos conseils et que j'aille choisir mon bouclier au même arsenal que vous. Un fait vraiment providentiel a mis à ma disposition des correspondances inconnues, officielles, et qui jetaient la plus vive lumière sur un des événements les plus controversés de l'histoire moderne.

La chute des Jésuites a occupé toute la dernière moitié du dix-huitième siècle; elle retentit encore dans le nôtre à des époques pour ainsi dire climatériques. Quand les ennemis de la société chrétienne veulent tirer un nouveau coup de canon à la pierre sur laquelle Dieu a bâti son Église, quand ils essayent de savoir si les portes de l'enfer ne prévaudraient pas enfin contre elle, vous les voyez toujours commencer les hostilités par une attaque en bonne et due forme à la Compagnie de Jésus. Ce sont les Jésuites qui essuient les premiers assauts. Ce sont les Jésuites qui résistent au centre de bataille. Qu'il y ait victoire ou défaite, s'il reste un dernier boulet à lancer, soyez bien persuadé, cher Père, qu'il ira de lui-même faire trou dans les murailles du Gesù. C'est toujours le coup de vent qui emporte la branche morte et durcit la branche vivace.

Vous savez cela mieux que moi, n'est-il pas vrai? car vous avez vécu plus longtemps que moi à Rome, dans cette atmosphère cléricale où deux ou trois douzaines de Montecchi et de Capuletti de couvent se transmettent de génération en génération des haines confites et des jalousies dévotes. Vous avez trop de charité pour les partager, Père Theiner. Vous êtes animé d'un sentiment trop pur pour les exprimer, mais Votre Révérence a dû plus d'une fois les entendre bouillonner autour d'elle. A votre insu, on sent que ces haines fermentent, qu'elles percent comme un abcès, qu'elles se font jour à travers les circonlocutions ou les sous-entendus de votre langage. L'air vicié que les meilleurs tempéraments respirent ne finit-il pas à la longue par empoisonner les natures les plus fortement trempées?

Après la crise que l'Institut de saint Ignace venait de traverser en France et par contre-coup dans toute l'Europe, après cette formidable levée de boucliers contre les Jésuites, qui, de 1843 à 1846, tint le monde attentif et fit de l'existence de quelques pauvres religieux une immense question sociale, nous arrivions à un nouveau pontificat, à une rénovation dans les hommes et dans les idées.

Pie IX était acclamé comme le sauveur de la terre, comme le Moïse qui allait faire entrer l'Italie et la Chrétienté tout entière dans le Chanaan de la liberté. Les proscrits pardonnés et non repentants, ces héros de contrebande qui mettent la main partout où ils trouvent à placer le pied, race sans principes, sans foi, sans rougeur dès la jeunesse, monnaie de petits Catilina, génération d'airain qui veut de l'or, assourdissaient le Quirinal de leurs cris d'indépendance. Ils marchaient sous la bannière de Pie IX à la conquête de la fraternité universelle. Mais il fallait que Pie IX, de gré ou de force, se rendit à leurs vœux, ne se traduisant encore que par des élans d'amour filial ou par des menaces révolutionnaires.

Ces vœux souvent disparates, plus souvent encore impossibles par leurs exagérations mêmes, se réduisaient en fin de compte à un seul, que peu à peu on s'était habitué à manifester tout haut.

Les proscrits de la veille éprouvaient le besoin de proscrire à leur tour le lendemain. Ils invoquaient l'humanité les mains couvertes de sang; ils fabriquaient d'emphatiques périodes sur l'amour de la patrie tout en la déchirant; et ils professaient, ils glorifiaient les droits du peuple tout en outrageant la liberté des individus.

Les amnistiés des Sociétés secrètes frappaient d'ostracisme la Société de Jésus. On levait contre elle le drapeau de toutes les insurrections, et — ce n'est pas sans regret que je le dis, mais la vérité est comme la noblesse, elle oblige, — une partie du clergé régulier et séculier, la moins nombreuse, mais la plus remuante, fut à Rome assez lâche pour s'associer sournoisement à la guerre contre les Jésuites. Ces quelques prêtres avaient oublié la recommandation de saint Paul à Timothée : ils n'étaient plus des ouvriers irréprochables, sachant traiter droitement la parole de vérité, et ils ne montaient plus au saint autel pour orner et honorer l'habit qu'ils portaient.

Ce fut dans ce moment où presque tous les cœurs défaillaient en présence de la Révolution triomphante que les pièces originales relatives à la destruction des Jésuites m'arrivèrent comme un défi. Pour les mettre en œuvre, il fallait remonter le courant de la popularité, dévouer son repos, son nom, sa vie peut-être, à des calomnies, à des persécutions qui pouvaient aussi bien sortir de la sacristie que d'un club, du cloître que d'un tribunal ou d'une assemblée politique. Il y avait à braver quelques dangers, à affronter plus d'un péril.

Ici on mettait en jeu le nom du Saint-Père s'opposant de toutes ses forces à la publication; là on me signalait dans le lointain le nuage noir qui se formait au-dessus du Quirinal comme un précurseur de tempêtes. On inventait des fables absurdes, on colportait de sanglantes menaces ou de ridicules impostures. On prétendait, — et deux ou trois cardinaux alors amants du progrès, et que si vous étiez curieux je pourrais très-bien vous nommer sans scrupule, ne craignaient pas de me l'affirmer à moi-même, — on prétendait que, vrais ou faux, ces documents ne seraient jamais acceptés à Rome comme authentiques. On allait plus loin. Des voix mielleuses et caressantes assuraient que la Société de Jésus avait fait son temps, qu'elle expirait sous le poids de son impopularité, et qu'elle était morte. Monseigneur Corboli Bussi, le confident libéral de Pie IX, me tenait le même langage. A les écouter, la Compagnie n'attendait plus que le fossoyeur pontifical qui allait, d'une main plus sûre que celle de Clément XIV, jeter à ce cadavre la dernière pelletée de terre.

J'avais sous les yeux toutes les correspondances officielles et inédites, toutes les relations intimes qui racontaient par le menu cette honteuse conspiration des rois, de leurs ministres, de leurs ambassadeurs et de quelques hauts dignitaires de l'Église contre les enfants de saint Ignace. J'étudiais le complot dans ses détails, je le suivais dans ses ramifications, je le développais dans son terrible ensemble. Je consacrais à ce travail l'intelligence que le Ciel m'a départie et l'ardeur qui anime toujours un écrivain, lorsqu'il sent que son ouvrage est destiné par sa nature même à un succès de vérité, de scandale par conséquent. J'avançais à pas mesurés, comme un soldat qui marche sur une mine. Je ne m'effrayais ni du bruit qui se faisait autour de moi, ni des orages que j'allais provoquer, ni des menaces saintes ou constitutionnelles dont j'étais l'objet. Je n'avais qu'un but, c'était de déchirer sur la figure des hommes de 1847 le masque dont s'étaient affublés les grands coupables de 1769 et de 1773.

Pour l'atteindre plus sûrement, il ne fallait pas laisser à l'objection le moindre prétexte ou à la mauvaise foi la plus légère place. Entouré de tous les documents, je voulais me faire un rempart des précautions les plus minutieuses, être aussi inattaquable dans d'imperceptibles détails que vrai et consciencieux dans la reproduction des pièces et dans les jugements qui en résultaient.

Beaucoup d'autres sont venus avant vous, épiloguant, ergotant, critiquant, blâmant et maudissant. Ces censures ont disparu, elles sont oubliées et le livre est encore debout. Vous les avez pendant cinq ans réchauffées dans votre sein comme un enfant maladif; vous leur avez donné des vêtements neufs, une savante parure, une auréole de vertu et de piété. Vous les présentez de nouveau à l'univers chrétien comme le dernier mot de la question. Je l'accepte et je relève le gant que vous me jetez. Mais il faut que vous m'autorisiez à me disculper avant tout d'un grief que, comme tous les reproches un peu graves que vous avez la bonté de m'adresser, je recueille ici avec un soin pieux.

Je me suis permis de supposer que des cardinaux et des ministres au moins d'un âge mûr en 1769 pouvaient peut-être bien n'être plus de ce monde en 1847. Dans cette hypothèse, je n'ai pas jugé à propos de les consulter. J'irai plus loin; s'ils eussent vécu, je ne vous cache pas que j'aurais publié, sans demander leur consentement, des correspondances officielles ayant trait à un grand événement et l'expliquant de la manière la plus inattendue. Que les archives d'État aient leur cabinet noir, ce n'est pas mon affaire. Mais une fois que les documents sont sortis de ces archives par un moyen ou par un autre et qu'ils deviennent des épaves historiques, je ne me ferai jamais scrupule de les employer. Et ce qui me confirmerait dans l'idée que je ne suis pas aussi coupable à vos yeux que vous essayez de le persuader aux autres, c'est que vous-même, mon doux juge, vous avez suivi l'exemple donné.

Vous vous efforcez d'appuyer vos dires sur des correspondances du cardinal Orsini et du cardinal de Bernis; vous en appelez, comme moi, au témoignage du duc de Choiseul. Comme moi encore, quoique vous m'en fassiez un reproche, vous ne reproduisez ces correspondances que par fragments, car sans cela, votre livre, ainsi que le mien, aurait pris des proportions colossales. Vous avez exécuté tout ce que j'ai entrepris; et je ne vois nulle part dans votre œuvre trace de cette approbation que vous me blâmez de n'avoir pas sollicitée à des tombeaux.

Je suis convaincu que vous n'avez jamais songé à avoir deux poids et deux mesures. Pourquoi donc me vitupérez-vous quand vous vous glorifiez? Vous avez, il est vrai, eu communication de toutes les dépêches des nonces apostoliques près les cours de la maison de Bourbon. Je n'avais pas demandé cette faveur, qui probablement m'aurait été refusée. Je remercie Dieu de ne pas avoir eu besoin de l'obtenir, car c'eût été rendre à l'Église et à la dignité du Saint-Siége un fort mauvais service. On vous a trouvé digne, prétendez-vous, de lancer ce nouveau pavé à la tête de Clément XIV. Je le regrette autant pour la mémoire de Ganganelli que pour celle des nonces et pour vous-même, mon Révérend Père.

Afin d'épuiser la question personnelle, je dois appeler en toute humilité votre attention sur un autre point encore plus délicat. « On se tromperait grandement, — ce sont vos propres expressions que je copie, — et l'on nous méconnaîtrait étrangement, si l'on croyait que notre but ait été de nuire à la Société de Jésus. Une telle pensée est aussi loin de nous que le ciel l'est de la terre, et nous rejetons cette supposition avec toute l'indignation d'un cœur d'honnête homme ; des liens tendres et sacrés nous unissent et nous attacheront toujours à cette respectable et sainte corporation religieuse. Nous avons passé près d'elle les plus doux moments de notre vie, et nous eussions été fier de lui appartenir, si la volonté du Seigneur ne nous eût appelé, par un trait de sa divine providence, au sein d'un autre institut religieux. Nous avons, dans beaucoup de nos ouvrages, payé à cette illustre compagnie le légitime tribut de notre respect et de notre amour, et nous aurons toujours à cœur, lorsque plus tard nos occupations littéraires nous en fourniront l'occasion, de ne pas passer sous silence ou de méconnaître une seule des pages où elle brille si souvent, et d'un éclat si vif, dans les annales de l'histoire ; mais, par ces mêmes raisons, nous saurons aussi dévoiler ses faiblesses quand nous croirons devoir le faire sans les couvrir d'artificieuses excuses, et sans les déguiser, parce que la vraie affection réprimande quelquefois, mais ne flatte jamais. »

Vous devez, en effet, beaucoup aux Jésuites, mon Révérend Père, et le monde catholique leur doit presque autant que vous. Votre retour à la Religion n'est-il pas leur ouvrage? Vous acquittez cette dette en termes pleins de respectueuse déférence et que je suis heureux de reproduire; mais, en vérité, pensez-vous qu'il suffise de prendre une fois pour toutes certaines précautions oratoires dans le coin d'une préface, et d'accuser, d'incriminer, de soupçonner, de blesser dans tout le cours du livre les hommes pour lesquels on prétend professer la plus reconnaissante admiration? Vous paraissez aimer et respecter les Jésuites *in globo*. Vous les confondez tous dans un même sentiment de justice et de charité. Le baiser de paix tombe de vos lèvres.

Par quel singulier effet d'optique, dès qu'un Jésuite parle ou agit, cet amour, ce respect et ce sentiment d'équité se changent-ils tout à coup en un blâme sévère, en des insinuations dont la malveillance transparente ne demande pas mieux que de s'égarer sur les limites de la haine? Pourquoi n'avez-vous que des paroles amères pour les défenseurs de la Compagnie qui, en même temps, vouaient leurs talents, leur zèle ou leur fortune au service de l'Église, tandis que les adversaires les plus perfides, les plus audacieux de l'Institut de saint Ignace, qui se proclament en même temps les ennemis les plus acharnés du Saint-Siége, sont à peu près sûrs de glaner chez vous une excuse et quelquefois même un éloge?

C'est de l'impartialité, vous écrierez-vous. Oui, c'est de l'impartialité; mais des esprits chagrins ne seraient-ils pas tentés d'y voir une bonne dose de fiel délayée dans un peu d'eau bénite? Et, puisque vous l'affirmez, vous devez comprendre que j'ai toute raison pour avoir confiance en votre parole. Mais enfin cette position faite par vous aux Jésuites, et à laquelle ils sont assez habitués, ne pourrait-elle pas sembler un peu étrange à des cœurs inquiets et qui ne sauraient pas comme moi jusqu'où le Père Theiner pousse la charité évangélique?

Les Jésuites acceptent les humiliations comme une faveur de la Providence; ils savent que dans l'âme de quelques prêtres la jalousie est dure comme l'enfer. Ils se laissent accuser et juger avec un abandon qui serait de la bêtise, — pardonnez-moi le mot, — si ce n'était le plus sublime et le plus magnifique témoignage de leur force. Les Jésuites ne se préoccupent guère des provocations et des attaques dont ils sont l'objet. Leurs ennemis passent ou disparaissent broyés dans le tourbillon; quelquefois même ils viennent tomber à leurs pieds pour confesser des haines injustes, des tentatives coupables, des erreurs que le premier remords efface. En agissant ainsi, la Compagnie, qui sent renouveler sa jeunesse comme celle de l'aigle, et qui n'ignore pas que le passant ne jette la pierre qu'aux arbres en fruit, la Compagnie subsiste, marche et progresse.

Elle a des ennemis patents ou secrets, mais ces ennemis sont encore une condition de son existence, et contre eux elle a inévitablement son jour de pardon, c'est-à-dire de victoire. Il n'en peut pas être ainsi pour les hommes isolés et courageux. Ceux-ci aspirent à faire triompher la vérité par la prière ou par la publicité. Ils se précipitent dans la mêlée, parce qu'ils espèrent y apporter un dévouement et une énergie dont l'Église militante a toujours besoin, et dont elle aurait bien pu, même par votre bouche, mon Révérend Père, savoir quelque gré à leur ferveur. Or, par ce blâme incessant qui découle de votre œuvre comme la goutte d'eau et qui mine aussi sûrement qu'elle, ne craignez-vous pas d'attiédir la foi des uns, de désoler la piété des autres, d'énerver le courage de tous?

L'Église quelquefois nous appelle au combat. Dans ses jours d'épreuves, l'Église nous réunit autour d'elle afin de nous exciter à la lutte. Elle a des cantiques d'allégresse, de reconnaissance ou de douleur à faire entendre sur les victoires que nous remportons, sur les défaites que nous essuyons. De quel droit venez-vous donc, Père Theiner, passer tous nos actes au crible de votre impartialité? Et qui êtes-vous donc, après tout, pour juger sans pitié les bons, pour accorder aux méchants un sauf-conduit d'impunité ou l'excuse des intentions? Dans quel ordre d'idées avez-vous puisé cette doctrine qui ne tend à rien moins qu'à déshonorer le zèle catholique pour réhabiliter la malice des incrédules ou exalter le talent équivoque des ennemis du Siége romain? Vous avez voulu faire comme la cognée, ne vous attacher ni aux feuilles ni aux branches, mais à la racine. La racine tiendra bon.

Je sais bien qu'en parcourant ces pages, vous allez vous fâcher. Votre Révérence se plaindra d'être mal comprise ou diffamée par moi. Dieu m'est témoin, et elle aussi, que je n'ai pas usé de cette dernière ressource. Cependant me serait-il donc impossible, en reprenant une à une toutes vos insinuations, de les réunir dans un faisceau et d'en faire sortir une de ces bonnes calomnies selon la formule de Basile? Je ne cherche pas de récriminations, pas de guerre avec Votre Révérence. J'ai appris des Jésuites à vous honorer; je désire rester à cette école. Mais ce que je veux par-dessus tout, c'est vous rassurer complétement sur des craintes qui paraissent beaucoup trop vous obséder.

« Nous avons, ainsi parle Votre Révérence, entrepris l'ouvrage que nous livrons aujourd'hui à la publicité, sans nous soucier des attaques envenimées et des soupçons auxquels il pourra peut-être nous exposer de la part de plusieurs. »

Dans un autre endroit, vous revenez sur cette pensée qui vous tourmente, et vous écrivez ces paroles pleines de résignation : « Quoi qu'il nous en puisse arriver, calomnies ou persécutions, nous les recevrons avec joie, bénissant ceux qui nous les auront préparées et priant pour eux. »

Le nom de l'auteur de *Clément XIV et les Jésuites* était certainement au bout de votre plume lorsque ces mots en tombaient. Vous m'avez déjà, et assez durement, fait expier un de mes péchés historiques. Comme je ne compte pas avec les personnes que je dois me contraindre à respecter, je veux bien être béni par vous. Je serais heureux de savoir que vous priez pour moi; néanmoins ce ne sera jamais dans les conditions que vous tracez à vos bénédictions et à vos prières.

Je ne vous ferai pas subir des attaques envenimées; je ne vous dirai même pas que les passions ne viennent jamais seules et qu'elles se donnent la main comme les Furies. Je ne vous soupçonnerai pas, je ne vous calomnierai pas, je ne vous persécuterai pas. Je n'en ai guère le pouvoir; je ne saurais en avoir la volonté.

Mais enfin, puisque vous appelez le martyre sur votre tête, il faut pourtant bien s'entendre même avec les bourreaux. Or, où sont-ils ces farouches inquisiteurs toujours prêts à torturer les ennemis de la Compagnie de Jésus? où se trouvent leurs auto-da-fé? quelle plante recèle les poisons de ces Locustes en soutane? dans quels cachots ténébreux ensevelissent-ils leurs victimes? à quelle pierre affilent-ils leurs poignards? sur quel rivage inhospitalier souffrent leurs proscrits?

Vous n'en savez rien, je suppose, mon Révérend

Père; et moi, qui pourrais avoir un peu le droit de dire que j'ai pénétré dans les secrets de l'Ordre, croiriez-vous que je n'en sais pas davantage?

J'ai bien vu dans l'histoire que ceux qui, de près ou de loin, touchèrent à la Société de Jésus, ainsi qu'à la hache, ont, un jour ou l'autre, éprouvé sur la terre d'étranges vicissitudes. Sans remonter très-haut, et nous contentant de prendre seulement nos contemporains comme point de comparaison, savez-vous, Père Theiner, que vous n'auriez peut-être pas trop grand tort de vous préparer au martyre ou tout au moins à une bonne petite persécution?

Par la pensée, faites avec moi le dénombrement des adversaires sérieux que les Jésuites ont comptés dans ces derniers temps. Louis-Philippe d'Orléans s'est ingénié à les disperser. Il a eu son 24 février 1848 et il est allé mourir en exil, sans être poursuivi, sans être suivi, abandonné de tous, et s'abandonnant lui-même. Charles-Albert a trahi au dernier moment leur cause, la cause du droit et de la liberté. Cette *spada vittoriosa* que l'Italie invoquait comme son palladium s'est brisée dans les champs de Novare; et le roi révolutionnaire, Judas Machabée présomptif transformé en Varus du Piémont, a fui jusqu'en Portugal, où le désespoir l'attendait dans la mort.

Pour ne pas citer de plus augustes exemples, rabattons-nous sur la plèbe des orateurs, des avocats, des écrivains, des professeurs qui tous ont guerroyé contre les Jésuites. Il n'y a pas encore huit ans que ces hostilités commençaient. Alors M. Cousin, qui s'imaginait être pair de France, s'écriait à la tribune au milieu des rires de l'Assemblée [1] : « Remarquez bien que je ne suis

[1] *Moniteur* du 15 avril 1845, p. 976.

pas l'ennemi de ces religieux pris individuellement; mais je n'hésite pas à me déclarer l'adversaire de la corporation. Il en arrivera ce qu'il pourra. »

Et M. Thiers, grand homme qui vient à la taille d'un sifflet [1], et l'abbé Gioberti, et M. Sue, et M. Rossi, et MM. Michelet et Quinet, les frères Siamois de la déraison, et M. Libri, et M. Dupin, et tous leurs adhérents, s'amusaient à trembler devant la persécution absente et à reculer d'effroi en face des poisons dont ils faisaient escompter par le public la saveur nauséabonde.

La persécution n'a pas tardé à atteindre ces martyrs sauveurs qui prenaient la batte d'Arlequin pour l'épée de Roland. M. Cousin a perdu l'une après l'autre toutes ses sinécures; M. Thiers a subi la prison et l'exil; l'abbé Gioberti, contrefaçon d'Aristide, a renoncé à sa patrie pour venir s'éteindre obscurément dans un faubourg de Paris; M. Sue émigre comme un Père Ventura; M. Rossi est assassiné à coups de stylet démocratique; MM. Michelet et Quinet sont voués au silence; M. Libri se voit, par arrêt de cour d'assises, flétri comme escroc; et M. Dupin, l'inflexible Dupin, le Dupin de toutes les libertés gallicanes, se trouve enfin dans la cruelle nécessité de garder un dernier serment.

Or, Père Theiner, dans cette nomenclature, que je pourrais indéfiniment étendre, — car ce ne sont ni les noms ni les enseignements qui me manquent en Italie et ailleurs, — je vois bien des persécutés, mais j'éprouve pour vous une certaine contrariété à le dire, je ne sais pas trop où pêcher les persécuteurs dans la Société de

[1] Pour conserver à cet écrit le cachet de l'époque, nous n'avons pas voulu modifier cette ligne sur M. Thiers, mais nous sommes heureux de dire ici que, depuis plusieurs années, M. Thiers a glorieusement fait oublier son passé par les services qu'il rendit et rend encore à la religion et à l'ordre social.

Jésus? Mettons-nous d'accord pour un moment, si vous daignez y consentir. Marchons de conserve, ainsi que deux compères qui ont intérêt à surprendre un Jésuite ou un de leurs amis en flagrant délit. Ne précipitons rien; sondons le terrain avec les précautions exigées par le martyrologe susmentionné, et tâchons de saisir la main d'un enfant de Loyola préparant une de ces expiations qui, coup sur coup, sont venues frapper leurs adversaires les moins mal famés ou les plus dangereux.

Dans tous ces mirages de noms propres, d'exils, de mort subite, de flétrissure et d'oubli éternel que je fais scintiller à vos yeux, est-ce que par hasard Votre Révérence n'aurait pas pu arrêter au passage la dextre de quelque Jésuite? Si nous cherchions bien, nous serait-il tout à fait impossible d'appréhender au corps un héros de février 1848, un invalide civil qui aurait banqueté au nom de la Compagnie de Jésus pour usurper sur un usurpateur? Est-ce que nous ne pourrions pas à toute force trouver dans les juges de M. Libri, dans les commissaires qui arrêtèrent M. Thiers, dans le chef de l'État qui eut le bon sens de faire taire un Michelet et un Quinet, dans les gendarmes qui conduisirent complaisamment jusqu'à la frontière M. Sue, le Juif errant de la littérature antijésuitique, dans les quarante assassins de M. Rossi, dans les hommes qui privèrent M. Cousin de toutes ses prébendes universitaires, dans la mort subite qui précipita inopinément devant Dieu l'âme de ce malheureux abbé Gioberti; est-ce que nous ne pourrions pas avec un peu de savoir-faire glisser quelque mixture de Jésuite? Tout bien pesé, serait-il donc impossible de tourner à mal contre eux ces revirements de fortune, ces abandons de la Providence que les uns appellent des crimes et les autres des remèdes?

En voici des persécutés, mon révérend Père! en voilà des martyrs! Tous, chacun dans l'ordre de ses idées, ils avaient pris à partie la Société de Jésus. En parlant des tribulations qu'ils affrontaient, tous, et je n'en fais aucun doute, relevèrent la tête avec une sécurité encore plus grande que la vôtre. Où sont-ils maintenant? Ce n'est pas à la Compagnie de Jésus, encore moins à vous qu'il faut le demander. Ils ont été enlevés comme le vent du désert emporte la paille sèche. Ils ont disparu parce qu'il vient un jour d'expiation où les finesses, où les supercheries, où les attentats à la pensée et à la dignité humaine, où la calomnie cachée sous le masque de la charité doivent enfin recevoir un dernier salaire.

Ces princes, ces ministres, ces écrivains dont le nom a probablement plus d'une fois retenti à vos oreilles, ils avaient voulu proscrire tout en se dévouant à la proscription, et ils sont persécutés à leur tour. Idoles d'un moment, héros de journal, d'athénée, de tribune ou de livre, qui allaient exhumer dans le cimetière de l'histoire des momies embaumées et empaillées pour les faire marcher au milieu des générations vivantes, ils avaient projeté d'accabler les Jésuites sous le poids d'une factice, d'une constitutionnelle réprobation. Le poids s'affaisse sur le trône de juillet. Il l'aplatit, il le brise en éclats, et dans cette tempête universelle dévorant les hommes et les choses, les fortunes et les princes, savez-vous ce qui surnage, ce qui, sans efforts et sans lutte, devient populaire?

La Compagnie de Jésus dont on invoque l'appui, la Compagnie de Jésus à laquelle tous les pères de famille veulent confier l'éducation de leurs enfants, la Compagnie de Jésus qui ne peut suffire à remplir tous les vœux, à satisfaire toutes les demandes des populations, libres enfin de manifester leurs vœux. La pierre que ces rhéteurs d'État, de tribune ou de club avaient rejetée en bâtissant est devenue, comme dit le Psalmiste, la pierre angulaire. Depuis que Dieu laisse les nations aller dans leurs voies, les nations reviennent à la Compagnie qui se multiplie par la chasteté et par la mort. L'épreuve avait chez elle produit l'espérance. Après avoir passé par l'eau et par le feu, elle entre dans un lieu de rafraîchissement.

C'est à ce dernier terme qu'aboutissent tous les martyres que les Pères de l'Institut de Loyola font subir à leurs proscrits. Vous n'avez donc rien à redouter des Jésuites, rien à redouter de moi. Si un jour il y a entre nous deux un patient, que Votre Révérence daigne prendre la peine de se rassurer; ce ne sera pas elle qui probablement aura été condamnée au supplice de se répondre.

Nous avons entièrement ou à peu près épuisé la question personnelle; il nous reste, mon Révérend Père, à étudier ensemble la question religieuse et la question historique. Je ne vous cacherai pas que je désirerais ardemment vous voir mieux inspiré sur les dernières que sur la première.

« Vous avez été trouvé digne, selon vos expressions, de venger l'innocence la plus auguste qu'il y ait sur la terre, celle d'un pape, et d'un pape aussi grand et aussi pur que le fut Clément XIV. » C'est-à-dire, vous affirmez avoir été choisi pour réhabiliter, si faire se pouvait, la mémoire de ce Souverain Pontife. Franchement, c'est un honneur que je ne serai jamais tenté de vous envier. Vous vous êtes aussi chaleureusement que possible dévoué à cette tâche. Il fallait qu'elle fût bien aride et bien ingrate, puisque vous n'êtes pas parvenu à infiltrer la conviction dans les âmes. Contre quels obstacles avez-vous vu se briser la force de votre dialectique? Qu'y a-t-il donc au fond de cette cause de Clément XIV, portant malheur à tous ceux qui entreprennent de la défendre?

De nos jours, Gioberti l'a soutenue avec le prisme de sa téméraire loquacité, et il a succombé à la peine. Vous vous immolez à la même œuvre, et votre logique, jusqu'à ce moment si limpide, s'obscurcit comme si, par une permission céleste, les ténèbres se faisaient autour de vous. Votre Révérence erre ainsi qu'un aveugle qui a perdu son conducteur. Elle cherche un guide, et pour essayer de le rencontrer, à Clément XIV toujours faible, toujours rampant, toujours humilié aux pieds des rois et de leurs ambassadeurs, elle s'imagine de sacrifier Clément XIII, ce Rezzonico qui lutta jusqu'à son dernier soupir pour l'indépendance et l'honneur du Saint-Siége.

C'est une étrange idée de prendre comme type d'énergie, de constance et de grandeur d'âme, un renard enveloppé dans la peau d'une brebis qui toujours bêle ou pleurniche, et de l'opposer à un vieux lion couvert de glorieuses blessures, acculé par toutes les puissances, mais résistant encore et dominant ses ennemis tantôt par son inébranlable fermeté, tantôt par la sublimité de ses prières. Je vous avoue, mon Révérend Père, que plus d'une fois je m'étais pris à admirer ce saint Pontife, ce Clément XIII, le plus beau modèle de la suavité dans la force. Mais je ne l'ai jamais autant admiré, jamais trouvé si magnifique de courage et de résignation que dans le portrait que vous êtes contraint d'en faire. Je connaissais, mais tout le monde ne connaissait pas ces lettres pleines de la véritable éloquence du cœur que ce Pape adresse à l'impératrice Marie-Thérèse, aux rois de France, d'Espagne, de Naples et de Portugal. Soyez béni pour les avoir publiées. Soyez béni encore pour avoir, malgré vous, rehaussé la tiare sur la tête de Clément XIII, lorsque vous alliez être obligé d'excuser, de pallier, de glorifier même ses abaissements, quand elle pèsera sur le front de Clément XIV.

Il n'y eut certainement pas dans tout le dix-huitième siècle un spectacle plus sublime que ce combat de larmes, de menaces saintes, de prières, de vigueur, d'amour paternel et de touchante résignation qui remplit les onze années du règne de Clément XIII. Votre âme, catholique par les Jésuites, s'est souvent émue au récit de ce long martyre pontifical. Vous avez pris part aux humiliations qui descendaient du trône des rois pour aller contrister l'auguste vieillard assis sur la Chaire apostolique. Dans un élan de piété filiale qui se fait jour presque à l'insu de Votre Révérence exaltée par la force de la vérité, vous ne pouvez vous empêcher de dire : « Quoi qu'il en soit, la mémoire de Clément XIII est pure et immaculée. Son nom sera grand dans l'histoire et son souvenir vivra toujours dans la vénération des siècles à venir. Il était digne d'un meilleur temps. »

Afin de préparer cette vénération des siècles, savez-vous ce que vous faites, Père Theiner? Vous vous efforcez, par toute sorte de malveillantes insinuations, de l'affaiblir au cœur de vos contemporains. Il ne vous en coûte pas trop de jeter quelques louanges banales à ce vieux lion vénitien qui semble respirer encore sur son tombeau, chef-d'œuvre de Canova. Vous rendez hommage à ses vertus, à sa constance, à son zèle; mais vous êtes en quête d'une victime de propitiation à offrir aux défaillances de Ganganelli; et c'est Rezzonico que vous lui sacrifiez. Rezzonico a de hautes qualités. Il faut bien laisser cette fiche de consolation à l'Église; mais comme les rois et leurs ministres qui ont ouvert la tombe de Clément XIII; comme Louis XV, de voluptueuse et insouciante mémoire; comme Charles III d'Espagne, le plus obstiné et le plus aveugle des monarques; comme Joseph Ier de Portugal, comme Ferdinand des Deux-Siciles, l'incurie et la lâcheté sur le trône; comme Choiseul[1], d'Aranda, Pombal et Tanucci,

[1] Le Père Theiner, à la page 558 de son œuvre, « se réjouit, à ce qu'il prétend, d'avoir été à même de contribuer quelque peu à réhabiliter le grand nom et l'honneur du duc de Choiseul dans l'histoire. » Nous ne voudrions pas troubler les joies innocentes du Père Theiner; mais il nous semble qu'à cette page 558 il oublie un peu le jugement mérité qu'il porte sur ce même duc de Choiseul à la page 372. Le premier ministre de Louis XV va parler de Clément XIV au cardinal de Bernis, et le Père Theiner, qui est venu pour réhabiliter le grand nom et l'honneur de Choiseul, juge ainsi son protégé : « Il s'exprime, dans cette lettre, avec une dégoûtante légèreté et une irritation extrême, autant sur les sentiments des autres cours bourboniennes que sur ceux du Pape lui-même. C'est la première fois qu'il met de côté tous les égards envers Clément XIV. »

Il nous sera bien permis, après le Père Theiner, de reproduire les expressions dont se servait le duc de Choiseul :

« Je ne serais pas étonné, mande-t-il à Bernis le 7 août 1769, que le Pape, tenant beaucoup de la moinerie, embarrassé d'ailleurs des circonstances où il se trouve, avec la crainte pusillanime d'être empoisonné, n'ait entamé une petite négociation sourde avec le moine confesseur du roi d'Espagne, à qui je ne serais pas étonné qu'il eût fait entrevoir la calotte rouge. »

Quelques lignes plus bas, Choiseul ajoute :

« Nous anéantirons les petites finesses romaines, et nous saurons à quoi nous en tenir bien décidément sur les sentiments du Saint-Père, dont je me méfie beaucoup, car il est bien difficile qu'un moine ne soit pas toujours un moine, et encore plus difficile qu'un moine italien traite les affaires avec franchise et honnêteté. »

Le Père Theiner, l'apologiste de Clément XIV, et moine italien lui-même, peut, en sûreté de conscience, nous parler de sa charité chrétienne. Il en donne une belle preuve en se *réjouissant d'avoir*

ces ministres de votre cœur, les suppôts du philosophisme, vous déplorez « que de si hautes qualités aient été en grande partie perdues pour l'Église, moins par sa faute que par les conseils de ceux qui l'entouraient et le dirigeaient dans le maniement des affaires, et auxquels malheureusement manquait ce coup d'œil juste qui fait comprendre le présent et prévoir l'avenir. »

C'est avec de pareilles armes, mon Révérend Père, qu'on arrive à tuer dans l'histoire les réputations qui écrasent par la comparaison. Un Pape dont on veut atténuer le caractère, un Roi qu'on cherche à renverser, possède bien quelques-unes de ces vertus inoffensives qui servent de prétexte oratoire aux révolutions et aux écrivains conspirateurs. Mais ce Pape, mais ce Roi aura toujours un fatal entourage, une camarilla qui le poussera à tous les excès, qui ne cessera de lui tenir un bandeau sur les yeux et de fermer ses oreilles aux justes vœux des peuples. Alors toutes les bonnes qualités, assez maladroitement proclamées, s'effacent et disparaissent dans le cours du règne, comme la neige des Alpes sous les rayons d'un soleil de juin. Ce Pape est un grand homme à l'exorde et à la péroraison du livre; dans le courant de l'ouvrage, il se rapetisse peu à peu sous la main de l'historien. En fin de compte il arrive à n'être plus pour le lecteur superficiel qu'un vieillard sans conséquence, toussant son dernier soupir entre deux faiblesses.

Clément XIII a fait, selon vous, Père Theiner, plus « d'un songe innocent, mais insensé ». C'est à la page 97 de votre histoire qu'un religieux, qu'un oratorien, qu'un membre des sacrées Congrégations de l'Index, du Saint-

été à même de contribuer quelque peu à réhabiliter le grand nom et l'honneur du ministre qui jetait de pareilles injures à la tête du Pape et des Ordres religieux.

Office et des Évêques, qu'un préfet coadjuteur des Archives secrètes du Vatican, ose manifester dans les murs de Rome une semblable opinion. Je ne la juge pas, mon Père, je ne vous accuse pas. Ici même je rougirais de vous rappeler que je pourrais très-bien n'être plus tout seul un écrivain audacieux, perfide, sans conscience et artificier; mais j'ai pris le parti de ne jamais trop triompher de vos erreurs toujours involontaires. Je ne récrimine donc pas contre Votre Révérence.

Ainsi il est acquis à l'*Histoire du Pontificat de Clément XIV*, dont vous vous pavanez d'avoir l'entreprise, que Clément XIII poursuivait la réalisation de songes innocents, mais insensés. Il faisait cela, ce pauvre Pontife, mais il ne faisait pas ses bulles. C'est tout au plus, selon vous, s'il était autorisé à les signer, puis à les lire.

Lorsque, dans son bref de destruction de la Compagnie, Clément XIV essaya de pallier cette monstrueuse injustice et cette solennelle ingratitude, il disait que la célèbre Constitution du 7 janvier 1765, *Apostolicum pascendi*, avait été plutôt extorquée que demandée[1] à son auguste prédécesseur. C'était une misérable excuse que Ganganelli se préparait encore plus devant les hommes que devant Dieu. La postérité ne lui en a pas tenu compte. Mais Votre Révérence n'a pas été si bien inspirée que la postérité, et vous racontez :

« Le Sacré Collége n'eut aucune connaissance de cette Constitution, et ne fut pas peu surpris lorsqu'elle fut rendue publique. Le cardinal Torregiani lui-même, l'ami le plus ardent de la Société, compatriote, parent et pénitent de son général, et le plus intime confident du Pape, n'en sut pas plus que les autres. Il apprit son

[1] *Extortæ potius quam impetratæ.*

existence seulement le jour où Clément XIII la signa et la livra à l'impression. Elle fut rédigée, dans le secret le plus profond, par le général des Jésuites et quelques prélats influents qui lui étaient entièrement dévoués, et présentée ensuite à la signature du Pape. Longtemps celui-ci résista à l'importunité de leurs prières unies; il se laissa vaincre enfin, mais non sans avoir le pressentiment de ce qui devait bientôt s'ensuivre. »

Le savez-vous, Père Theiner, ce qui s'ensuivit? Il y eut des cris et des grincements de dents, des outrages inouïs à la majesté du Pontife, des actes royaux d'une brutalité sans exemple. Mais, en réservant la participation anonyme des Jésuites à cette œuvre magnifique, participation que vous seul affirmez et sur laquelle nous reviendrons, est-ce que par hasard, sans la bulle *Apostolicum*, les sophistes qui régentaient le dix-huitième siècle auraient désarmé? Pensez-vous que Pombal aurait suspendu ses sanglantes exécutions et rouvert ses cachots? Les Parlements de France et les apôtres de l'incrédulité, qui, dans les boudoirs et dans les ruelles, manipulaient une révolution, se seraient-ils donc laissé attendrir par l'inexplicable mansuétude du Souverain Pontife? N'auraient-ils pas continué la guerre acharnée qu'ils avaient déclarée à la Compagnie de Jésus?

La peur est toujours le commencement de la barbarie, car la Providence n'a point attaché la paix à l'oubli de tout courage, ni la sécurité à l'effroi. Alors la peur était le mobile de tous les orgueils. On pâlissait devant ces sectaires qui flattaient bassement le pouvoir. On inondait de faveurs, on accablait de caresses les grands coupables, les utopistes, les poëtes, les colporteurs et les saltimbanques du philosophisme qui, au milieu du dévergondage des mœurs et de la pensée, engendraient cette génération d'hommes sortis de l'obscurité de leurs crimes pour passer à la splendeur de leurs vices, fils adoptifs de l'échafaud qui ont un complot pour aïeul et la prostitution pour mère. En ce temps-là, l'Église, enveloppée, harcelée par des ennemis implacables, ressemblait à une escadre suivie par des requins. Sous peine de mort, le pilote devait conjurer le danger.

Par sa bulle *Apostolicum*, Clément XIII déchira le voile qui cachait encore à quelques yeux prévenus la tourmente dont l'Église était menacée. Il sentit que la barque de saint Pierre était exposée aux tempêtes, qu'elle pouvait sombrer, et, nautonier vigilant, il fit entendre le cri d'alarme. Ce cri était un hommage rendu aux Jésuites, dont le Souverain Pontife glorifiait les services passés. C'était un encouragement à des dévouements nouveaux, un témoignage pour les siècles. Ce témoignage, que vos paroles irréfléchies tendent à infirmer, que, par une préoccupation indigne de votre foi, vous essayez d'atténuer à force d'hypothèses injurieuses pour le Siége romain, savez-vous ce qu'il est devenu mis en parallèle avec le bref de suppression promulgué par Clément XIV?

Ce n'est pas ce dernier Pontife qui a eu le malheur d'imposer et de rédiger le bref *Dominus ac Redemptor,* sous lequel périt la Société de Jésus. Vous désignez vous-même et à diverses reprises les prélats qui contribuèrent à cette œuvre. Mais enfin, bulle et bref, justice et iniquité, louange et blâme, Rezzonico et Ganganelli, Clément XIII et Clément XIV, tout cela subit le jugement de Dieu; tout cela est entré depuis longtemps dans le domaine de l'histoire. Or, voyez ce qui arrive.

Le bref de destruction, qui était dans le cœur et dans la pensée de Clément XIV même avant son élévation sur le Siége romain, ce bref que tous les impies ont salué commé l'acte régénérateur, comme le précurseur de la réconciliation du Sacerdoce et de l'Empire, ce bref que vous-même acceptez avec des hymnes de gratitude, ce bref a été désavoué, méconnu par tous les successeurs de Clément XIV, depuis Pie VI jusqu'au Pape aujourd'hui glorieusement régnant. La résurrection des Jésuites opérée et protégée par tous ces Pontifes est la sentence la plus terrible qui ait pu lui être infligée. Cette condamnation étend, immortalise et promulgue à chaque avénement la bulle *Apostolicum,* contre laquelle vous vous inscrivez en vain.

Cette bulle ne porte pas bonheur à Votre Révérence, et les pensées qu'elle lui suggère sentent toutes un peu le fagot. Il y eut des ministres et des cours judiciaires qui, comme Pombal, Tanucci et les parlements de France, la déclarèrent entachée de fanatisme jésuitique. Ils la firent brûler en place publique par la main du bourreau. C'est probablement par respect pour la Chaire de Pierre que vous vous délectez dans ces récits, par respect encore que vous énumérez l'un après l'autre tous les affronts que subit la bulle. Ces affronts, — vous prenez le soin assez cruel de le répéter, — n'étaient pas seulement l'œuvre des prédicants d'incrédulité, des parlements qui les protégeaient et des rois ou de leurs ministres qui, en secouant le joug de Rome, ne comprenaient pas qu'ils brisaient la couronne sur leur tête ou qu'ils préparaient dans l'esprit des peuples l'avilissement de l'autorité. Cette idée ne vous a pas arrêté, lorsque votre main traçait cet odieux tableau. Un Pape avait osé résister par la prière et par la raison à des haines aveugles, à des préventions inqualifiables. Votre Révérence, qui nourrit à l'encontre de l'Ordre de Jésus une passion malheureuse, redresse pour Clément XIII le calvaire sur lequel les sophistes du dix-huitième siècle le firent monter. Elle va plus loin, Votre Révérence; elle triomphe en supputant combien d'évêques dans la Chrétienté refusèrent d'accueillir avec un pieux hommage la décision rendue par le Siége romain. « De tout l'univers chrétien, s'écrie le Père Theiner, vingt-trois évêques seuls répondirent au Pape au sujet de cette constitution[1]. »

Vingt-trois! c'est un chiffre modeste; mais, ainsi que doit faire toute créature raisonnable, comptons pour peu les suffrages, pesons-les. Et puisque les évêques du dix-huitième siècle se sont permis de juger le Pape, est-ce que par hasard nous ne pourrions pas nous autoriser de cette conduite pour juger à notre tour nos pasteurs? Les prélats de ce siècle n'étaient pas tous des saints. Quelques-uns avaient l'ambition des richesses, des honneurs ecclésiastiques et des plaisirs défendus. La main de plusieurs était toujours prête à bénir celui qui disposait de la feuille des bénéfices. Leur voix aurait entonné un *Te Deum* pour tous les gouvernements qui montent, avec la même facilité qu'elle eût fait éclater un *Dies iræ*

[1] Nous n'avons pas besoin de dire que nous raisonnons ici dans l'hypothèse du Père Theiner, hypothèse que nous sommes bien loin d'accepter, parce qu'elle est entièrement contraire à la vérité. Le plus grand nombre des évêques, en France surtout, était favorable aux Jésuites. En 1760, des lettres de plus de deux cents évêques qui plaidaient auprès du Saint-Siége la cause de la Compagnie de Jésus, furent adressées à Clément XIII. Si, en 1765, le Pape ne reçut que vingt-trois lettres d'adhésion à sa bulle, même en supposant vrai ce fait que le Père Theiner aurait besoin de prouver, on ne peut rien en conclure, car, d'après les meilleurs théologiens, le silence des évêques sur une bulle du Souverain Pontife équivaut à une acceptation. C'est au Père Theiner à nous citer un prélat qui se soit inscrit contre, ou qui seulement ait réclamé.

sur le cercueil de toute dynastie qui tombe. De ces évêques flairant le vent de la fortune et se mettant bien en cour contre le droit et la justice, Brantôme, le malin chroniqueur, aurait encore pu écrire ce qu'il écrivait d'un prélat de son temps : « Aucuns le disent un peu léger en créance et guère bon pour la balance de monsieur saint Michel, où il pèse les bons chrétiens au jour du jugement. »

Ce sont vos alliés du quart d'heure, Père Theiner. Les Jésuites vous les abandonnent très-volontiers. Vous avez le nombre ; cela suffirait-il à votre conscience? Le nombre, dans certaines occasions, vaudrait-il mieux que le temps, qui n'a jamais rien fait à l'affaire? Clément XIII vit les évêques courtisans et les impies s'insurger contre sa bulle qui dérangeait beaucoup de calculs, mais en revanche ce grand Pape eut la consolation d'entendre les saints, les forts, les intrépides en Israël applaudir à son œuvre.

Tenez, mon Révérend, parlons à cœur ouvert comme deux amis sincères. Vous êtes catholique, vous appartenez par l'âme et par les entrailles à cette Église romaine à laquelle les Jésuites ont eu le bonheur de vous rendre. Eh bien! là, entre nous, l'esprit dégagé de tout sentiment d'hostilité littéraire, d'acrimonie cléricale ou de jalousie conventuelle, est-ce que vous n'aimeriez pas mieux pour votre histoire l'approbation d'un saint que le dédaigneux silence d'une multitude de corrompus? Est-ce que saint Alphonse de Liguori vous bénissant d'un acte de courage n'immortaliserait pas plus votre nom dans le ciel et sur la terre que toutes les vanités épiscopales se mettant à la peine pour infirmer ce même acte? Or donc, lisez cette lettre que, le 19 juin 1765, Alphonse de Liguori adressait au Pape Clément XIII.

« Très-Saint Père, la bulle que Votre Sainteté vient de donner à la louange de la vénérable Compagnie de Jésus et pour sa confirmation a rempli tous les gens de bien d'une joie à laquelle, moi, misérable, je m'honore spécialement de participer. Je suis pénétré de la plus profonde estime pour la Compagnie, à cause du bien immense que font ces saints religieux, par leurs exemples et leurs travaux continuels, dans tous les lieux où ils se trouvent, dans les écoles, dans les églises et dans les oratoires de tant de congrégations qu'ils dirigent, soit par les confessions et les prédications, soit par les exercices spirituels qu'ils donnent, aussi bien que par les fatigues auxquelles ils se livrent pour sanctifier les prisons et les galères. Je puis rendre moi-même témoignage de leur zèle, que j'ai été à même d'admirer lorsque j'habitais la ville de Naples. Le Seigneur, dans ces derniers temps, a voulu qu'ils fussent éprouvés par diverses contradictions et traverses ; mais Votre Sainteté, qui est le chef de l'Église et le Père commun des fidèles, les a consolés et nous a consolés aussi, nous tous qui sommes vos enfants, en publiant solennellement partout les louanges et les mérites de la Compagnie. C'est ainsi que vous aurez fermé la bouche aux malveillants qui ont cherché à noircir non-seulement les personnes, mais encore l'Institut. Pour nous, pasteurs des âmes, qui trouvons dans le zèle et les travaux de ces Pères un si grand soulagement pour le gouvernement de nos ouailles, et moi tout particulièrement qui suis le dernier de tous les évêques, nous rendons à Votre Sainteté de très-humbles actions de grâces pour ce qu'elle vient de faire, et nous la supplions très-instamment de protéger toujours ce saint ordre, qui a donné à l'Église tant de dignes ouvriers, à la foi tant de martyrs, et qui a fait au monde entier tant de bien pour le salut des âmes, non-seulement dans les pays catholiques, mais aussi chez les infidèles et les hérétiques, et à qui il est réservé sans doute, comme nous devons l'espérer de la bonté divine, qui humilie et relève, de produire encore plus de bien pour l'avenir. C'est dans ces sentiments que, prosterné humblement aux pieds de Votre Sainteté, j'implore sa sainte bénédiction[1]. »

Ah! Père Theiner, à votre dire ce vieux Rezzonico, chargé d'années et succombant sous le poids des tribulations, fut mal inspiré quand il vint soutenir de son bâton pastoral les ouvriers évangéliques que l'incrédulité chassait de la vigne du Seigneur. Il eut tort; il compromit l'Église; il abaissa la tiare en ne courbant pas la tête sous les humiliations, sous les caprices, sous les exigences de toute sorte que des rois aveugles, que des ministres audacieusement coupables s'acharnaient à faire subir au Saint-Siége. Vous eussiez désiré sans doute, — et je serais ravi de vous entendre démentir cette assertion qui ressort de votre œuvre, — vous eussiez désiré que Clément XIII ne résistât pas plus que son successeur aux haineuses prétentions des puissances du siècle, car, selon la parole de Cicéron, y a des gens qui ne conseillent que ce qu'ils croient pouvoir imiter.

Mais à ce compte-là, que fait donc l'Église, que fait donc l'histoire, quand elles proposent à l'admiration des siècles Léon le Grand arrêtant Attila, saint Ambroise repoussant de sa basilique l'empereur Théodose couvert du sang de ses sujets? Si les Papes ne sont pas les protecteurs-nés de l'innocence et de la faiblesse, s'ils ne doivent pas aux rois comme aux peuples les libres en-

[1] *Mémoires sur la vie et la congrégation de saint Alphonse de Liguori*. Paris, 1842, t. II, c. 25, p. 195.

seignements de la conscience, déchirons donc ensemble, je le veux bien, ces savantes Annales de l'Église auxquelles, après le célèbre cardinal Baronius, vous travaillez avec tant d'amour et de succès. Puis alors nous pourrons tous deux, aveugles et ingrats, immortaliser Clément XIV et conspuer Clément XIII. L'un, à force de lâchetés, aura bien mérité du philosophisme vainqueur de l'Église; l'autre, obstiné dans sa vertu, ne bénéficiera que d'une parole de banale pitié constituant un blâme sévère.

Pour que Clément XIII trouvât en effet grâce devant vos jugements, il faudrait qu'il eût renoncé, selon vous, « aux vues étroites et à la complète ignorance des besoins de son temps. »

Pombal et Voltaire, Choiseul et d'Alembert, Tanucci et Diderot ne tiendraient certainement pas un autre langage, et c'est avec une profonde douleur que je me trouve dans la nécessité de le relever. Lorsqu'on est si disposé à sacrifier aux besoins de son temps — le Pont-aux-ânes de tous les ambitieux, de tous les niais et de tous les traîtres, — et que ce temps est le dix-huitième siècle avec ses courtisanes sur le trône et leurs proxénètes dans tous les emplois, on agit comme Clément XIV. On souffre, on fait souffrir et l'on meurt fou. Rezzonico n'eut pas ce désolant courage. Il voyait la décadence littéraire organiser la corruption; la moquerie prodiguer l'insulte et le blasphème à toutes les gloires patriotiques, à tous les souvenirs religieux, à tous les dévouements, à toutes les vertus. Il osa entreprendre une lutte qui devait accélérer sa mort.

Il lutta, il mourut; mais ce long martyre de la dignité pontificale et de la magnanimité chrétienne ne fut pas perdu. Clément XIII compte sur le trône sept Papes qui régnèrent après lui. Clément XIV est le seul qui n'ait pas marché dans sa voie, le seul qui n'ait pas exalté son courage en suivant ses exemples. Car c'est de ce Rezzonico que l'on peut dire avec le livre de la Sagesse : « Le Seigneur lui avait donné la science des saints. Il n'eut de zèle que pour le bien. Ses pieds marchèrent constamment dans la voie droite. C'est pourquoi Dieu rendit ses longs travaux vénérables aux yeux de tous, et il le couronna d'une dernière couronne d'honneur. »

Père Theiner, acceptez l'histoire ou ne l'acceptez pas, mais vous ne l'empêcherez point de proclamer que Clément XIII est une de ces grandes figures à part dans les respects de la postérité et dans le musée des gloires chrétiennes.

Il vous faut un Pape qui connaisse les besoins de son temps. En 1769 comme en 1846, tel fut le mot d'ordre qui se donna et auquel le Sacré Collége se rendit. Je ne veux point ici faire d'allusions qui pourraient rouvrir une vieille blessure. J'ai eu ce malheur dans la première édition de mon *Clément XIV et les Jésuites.* Vous me l'avez fait expier, et je ne vous tairai pas cependant qu'il eût été de bon goût au Père Theiner de se rappeler que pour répondre à un désir du Souverain Pontife, cette allusion avait disparu dans les éditions suivantes. Vous n'avez pas jugé à propos d'être équitable même sur ce point. J'aime à penser que des motifs plus chrétiens qu'un sentiment de vengeance ont forcé votre charité à une injustice dont je me garderai bien de vous tenir rancune. Mais enfin puisque besoins du siècle il y a, voyons de quelle manière « ce génie puissant » que vous appelez Ganganelli sera élu. Sachons comment il va régner et apaiser les orages que Clément XIII a si malencontreusement soulevés.

« L'Église, c'est vous qui parlez, mon Révérend Père, l'Église avait besoin d'un ange de paix pour sauver ceux qui étaient en danger de périr, pour guérir les plaies du monde social, rétablir la concorde et réconcilier l'Église avec les peuples et les rois; Dieu le lui envoya dans la personne de Lorenzo Ganganelli, — Clément XIV. »

L'horoscope des Papes et des princes montant sur le trône, c'est toujours une flatterie sujette à révision, une flatterie que la postérité n'accepte que sous bénéfice d'examen. Mais ici le cas n'est pas tout à fait le même, et j'ose espérer que le Révérend Père Theiner ne se formalisera pas trop si par hasard je prends la liberté grande de ne point me trouver de son avis.

Je n'ai jamais aimé ceux qui triomphent. Les grands succès ôtent quelque chose au bon sens, ils enivrent.

J'ai toujours éprouvé une répulsion d'instinct pour les hommes, quels que soient leurs titres ou leur naissance, qui s'en vont mendier la popularité et se mettre en quête du suffrage des sots, dont le nombre est toujours infini, selon l'Écriture sainte. Ce n'est pas une belle autorité pour la sagesse qu'une multitude de fous, et j'ai bien souvent remarqué que ce désir effréné de hâtive célébrité cache en lui une indulgence vraiment coupable pour le forfait social, indulgence née d'une philantropie malsaine, qui est le plus grand des crimes contre l'humanité et le signe infaillible de la décadence. La mission du génie est de conserver quand il vient trop tard pour créer, et l'homme qui a la faiblesse de se laisser imposer la popularité ou qui s'élance à cette éphémère conquête n'est destiné par ses meneurs ou par ses enthousiastes qu'à préparer la destruction.

Ce sont là les principes élémentaires de l'histoire de

toutes les nations et de tous les temps. Si vous ne nous aviez pas placés tous deux dans une position difficile, je suis certain que ce serait de votre bouche que j'entendrais sortir ces graves enseignements. Vous ne pouvez pas les appliquer aujourd'hui. La cause que vous soutenez s'y oppose trop radicalement; mais plus tard, nous nous retrouverons sur le même terrain de vérité. Alors j'écouterai avec la déférence qui vous est si légitimement due les leçons de votre expérience. En attendant, je continue à regret la lutte à laquelle vous m'avez provoqué.

Aux applaudissements de tous les incrédules, au témoignage de tous les hérétiques et de tous les écrivains qui aspirent à déshonorer l'Église dans la foi ou dans les œuvres, Clément XIV est un Pape immortel. Votre vertu a le malheur d'être par hasard et sur ce seul point en contact avec les haines, avec les crimes, avec les apostasies de toute espèce composant le cortége d'admirateurs dont Ganganelli marche entouré, cortége impie qui forcerait les vieux Pontifes ensevelis dans la basilique de Saint-Pierre à briser du crâne le marbre de leurs sépulcres. Ce rapprochement, que j'aurais voulu éviter à Votre Révérence, ne m'empêchera cependant pas d'exprimer ma pensée.

Les impies du monde entier, d'accord en cela avec les mauvais prêtres de tous les centres catholiques, ont pris à tâche depuis 1769 d'élever un piédestal à Clément XIV. Ce piédestal, je l'avais déjà un peu ébréché. Contre votre intention, vous venez de le renverser tout à fait. Avec d'autres idées et un but différent, vous êtes arrivé au même terme que moi, et quoique vous vous fatiguiez à proclamer Ganganelli un génie sauveur, il n'en reste pas moins démontré par vous qu'il eut toutes les faiblesses que je me suis cru autorisé à lui attribuer.

Procédons par ordre, et vous verrez que nous arriverons sans peine à cette conclusion.

Vous comprenez que je ne veux pas, que je ne puis pas vous suivre pied à pied dans le labyrinthe d'événements que Votre Révérence se plaît à accumuler comme pour dérouter l'attention. Vous avez cherché à me piquer, à m'exciter pour me faire ressembler à un taureau furieux fourvoyé dans un magasin de porcelaines. Tout habile qu'elle était, une pareille tactique échouera. C'est moins pour le public que pour vous que j'écris cette lettre. Je n'aurai donc besoin que de m'arrêter aux lignes capitales, aux points essentiels, en laissant de côté les détails oiseux ou les aperçus qui n'apprendraient rien. Ce que je désire, c'est de hâter une solution. Elle commence à se produire, ne jugez-vous pas bon et utile qu'elle aille jusqu'au bout?

Quoi que vous fassiez, Votre Révérence aura toujours sur moi dans ce débat un désavantage que je chercherais en vain à dissimuler. Elle s'annonce elle-même comme choisie pour réfuter mon œuvre. Ce mot, vrai ou faux, pèse plus ou moins sur l'impartialité que le lecteur est en droit d'attendre d'un historien. Cet inconvénient, auquel vous n'avez fait aucun effort pour vous soustraire, donne à votre style des airs de dédain, à votre pensée des formes acerbes certainement peu en harmonie avec la sainteté de votre état, et bien loin de vos intentions. Vous croyez avoir mission d'inventer un Pape digne de tous les éloges, parce que moi j'ai eu le malheur de montrer ce même Pape à peu près digne de toutes les compassions.

Dans ce but, et par une ruse de guerre jugée par

vous fort adroite, — tout le monde ne sera peut-être pas de cet avis, — vous essayez de réhabiliter les coupables de simonie en dehors du Conclave, les coupables d'ambition ou de perfidie au dedans. Vous irez même jusqu'à prêter une honorable énergie, une vertueuse indépendance à cet escadron d'indécis par timidité, d'indulgents par calcul, qui ne savent ni ce qu'ils pensent ni ce qu'ils veulent, parce qu'ils n'ont pas la moindre idée de ce qu'on doit penser et vouloir.

Pour mener à bien l'entreprise, vous vous êtes rué sur les documents qu'une position exceptionnelle de préfet des Archives secrètes du Vatican vous offrait. Vous avez cru faire merveille en vous imposant un seul devoir, celui de me constituer en exagération, en folie, en audace, en haine ou en blasphème. Vous marchez à votre but comme un soldat s'avance au combat, sans regarder ni devant, ni derrière, ni à côté. Cette méthode aurait du bon si elle ne laissait pas une large voie aux contradictions. Votre tact habituel ne vous a pas permis de l'éviter, et je n'en veux pour preuve qu'un exemple.

Ainsi voilà de pauvres religieuses espagnoles qui regrettent la suppression des Jésuites. Elles se sentent orphelines depuis que le roi Charles III a fait enlever d'une manière si férocement implacable les directeurs de leurs consciences. Vous qui êtes oratorien, Père Theiner, et qui sans doute avez assez de vertu pour être digne de conduire dans le chemin du ciel des âmes de vierges, des cœurs d'épouses de Jésus-Christ, vous devez saisir mieux que moi, profane, de pareilles délicatesses. Ces religieuses se désolent; leurs lamentations prennent un accent de prophétie!

Vous intervenez alors avec l'autorité du sacerdoce, et, chose étrange! ce n'est pas le taciturne proscripteur qu'un prêtre catholique ose blâmer, c'est la victime. Relisez plutôt ces paroles écrites par vous-même : « Cette perte leur semblait néanmoins toujours grande et sensible. Leur imagination irritable et facile à s'enflammer s'échauffa, et leurs espérances se manifestaient tantôt par de divines relations qu'elles prétendaient avoir reçues, tantôt par des prophéties qu'elles croyaient avoir entendues d'en haut. Elles prédirent sur l'Espagne de grands et terribles événements, la chute de la maison de Bourbon, et même la ruine totale de la religion. On pouvait néanmoins, selon elles (c'était la conclusion ordinaire des prophéties), calmer la colère de Dieu et éloigner le châtiment suspendu sur les têtes, en rappelant en Espagne la Compagnie de Jésus. Ces divagations firent le tour de l'Espagne, dérangèrent bien des esprits, occasionnèrent de grands désordres, et provoquèrent partout un grand mécontentement contre le roi et son gouvernement. »

A la fin de l'année 1767, ces religieuses prédisaient sur l'Espagne de sanglantes catastrophes et la chute de la maison de Bourbon. Dans le commencement du dix-neuvième siècle, en 1808, il y a eu des jours et des décrets napoléoniens qui pouvaient très-aisément rendre probables ces hypothèses de la douleur. Dans cette ère de révolution où les méchants ont cherché à se fortifier sur la terre, parce que, au témoignage du Prophète, ils ne font que passer d'un crime à un autre crime, la main de Dieu a paru se fatiguer à élever et à abaisser. Le dernier mot de la branche cadette d'Espagne n'est peut-être pas encore dit [1]. Celui de Clément XIV l'est à jamais.

[1] Le 29 septembre 1868, ce dernier mot, ce mot de la fin, a été prononcé, et la reine Isabelle II, qui, durant un règne de plus de

Or, vous, mon Révérend Père, afin de couronner votre Ganganelli de toutes les auréoles à la fois, vous ne craignez pas, après avoir fait le procès aux religieuses de Tarragone, de tomber dans l'excès que vous reprochiez tout à l'heure et assez durement à ces saintes filles. Elles devenaient des commères de superstition en criant malheur à la royale famille d'Espagne! elles cédaient à de vils et indignes artifices, dites-vous. Ce ne sera pas le cas des Cordeliers lorsque, dans les désœuvrements du cloître, ils feront miroiter la tiare sous le capuche du jeune frère Laurent Ganganelli et qu'ils entretiendront ses sourdes, ses lentes convoitises, aboutissant à la papauté et au désespoir.

Toujours est-il qu'à la page 88 de votre panégyrique vous dédaignez de croire aux prédictions des religieuses de Tarragone, prédictions qui se sont quelque petit peu réalisées, et qu'à la page 272 du même livre vous ajoutez foi entière, foi exclusive aux rêves de deux ou trois Franciscains. A toute force et d'avance, les Cordeliers avec vous tâchent de faire accepter Ganganelli comme un prodige. Racontez, mon Père, je vous cède la parole. Ce dernier récit, qui ne manque point d'un certain parfum de crédulité, mettra mieux en lumière votre méthode historique :

« Un jour qu'il (Ganganelli) se trouvait à Iési, il s'ouvrit à l'un de ses anciens amis, le Père Antonio Sandriani, qui mourut saintement peu de temps après, et lui manifesta la résolution qu'il avait prise de quitter Rome et de finir ses jours à Assise, au tombeau de saint François, dans une retraite entière. Mais ce vénérable

trente-quatre années, s'était vue à la merci de toutes les conspirations militaires, a été obligée de s'exiler et de fuir devant une émeute de caporaux soudoyée par un d'Orléans, son beau-frère.

vieillard, inspiré de Dieu, le détourna de ce projet en lui disant : « Dieu te veut à Rome, mon fils, et te des- » tine dans cette ville à de grandes choses. »

« Dans la ville sainte, il cherchait de préférence les endroits les moins fréquentés pour se reposer des affaires et élever plus librement son âme vers son créateur. Ses promenades favorites étaient les jardins isolés des pères Capucins, sur le mont Pincio, et de messieurs de la mission de Saint-Vincent de Paul, à San-Giovanni et Paolo, sur le mont Celio, au centre de la grandeur de l'antique Rome, en face des palais ruinés des Césars, du Colisée et de l'arc de triomphe de Constantin. Une fois, tandis que, plongé dans une méditation profonde et ne s'entretenant qu'avec ses pieuses pensées, il se promenait dans le jardin des Capucins, le révérend Père Giorgio, de Viterbe, qui était vénéré dans la ville de Rome, où il a laissé une réputation de haute sainteté, se jeta à ses pieds et lui dit : « Bénis-moi, je t'en conjure, par la » vertu de ce caractère que tu revêtiras un jour. » Paroles prophétiques qui annonçaient sa future élévation sur la chaire de saint Pierre. »

Quand Votre Révérence est livrée à ses seules impressions, elle se garde bien de commettre de pareilles injustices. En homme sensé que vous êtes habituellement, je suis persuadé que vous ne triomphez pas des fautes ou des erreurs d'une grande société religieuse à la façon des hiboux, qui se réjouissent d'une éclipse de soleil. Vous déplorez, comme par exemple à la page 24 de votre histoire, « la guerre sauvage qui fut à cette époque déclarée à la Compagnie de Jésus », et pour vous c'est un événement des plus douloureux. Trop de passions impures étaient en jeu. — Je vous laisse la parole en me contentant d'admirer. — « L'incrédulité, qui, sous le nom de tolérance et de philosophie, avait envahi toutes les classes de la société et infesté jusqu'aux sommités sociales elles-mêmes, et le Jansénisme, poussé jusqu'à ses plus violents excès, quoique animés l'un contre l'autre d'une haine mortelle, s'unirent cependant dans une étroite et impie alliance pour travailler à la destruction de la Compagnie de Jésus. »

La phrase n'est pas très-claire, mais l'idée ne laisse rien à désirer. On sait maintenant, et par vous, les causes qui militaient contre les Jésuites. Dans la capitale du monde chrétien, ils rencontraient d'autres éléments de perte. « On désirait généralement à Rome leur sécularisation, c'est vous qui faites ce déplorable aveu à la page 113, parce que le Pape (Clément XIII), guidé par les plus nobles sentiments d'humanité, conférait les emplois ecclésiastiques à ces infortunés exilés, au détriment du clergé séculier. »

Ainsi guerre sauvage d'un côté, cupidité personnelle de l'autre. La ménagerie de sophistes, d'apostats et de ministres que les Rois lançaient sur les Jésuites pour arriver plus sûrement à dévorer l'Eglise, étourdissait le monde entier de ses rugissements. On avait ameuté contre les enfants de Loyola toutes les passions; on conduisait toutes les haines anticatholiques à l'assaut du Saint-Siége. Clément XIII avait été humilié jusqu'à l'ignominie, on finit par le menacer de le faire garder à vue par une armée de Napolitains qui devaient tenir garnison en face du château Saint-Ange. Le marquis de Tanucci et le cardinal Orsini donnèrent même à entendre à d'Aubeterre, ambassadeur de France, que c'était au duc de Choiseul qu'était due une pareille initiative. Choiseul s'indigne, et, le 4 octobre 1768, il écrit au marquis d'Aubeterre : « Je vous avoue mon étonnement de l'attention trop sérieuse que vous donnez aux plates supercheries de M. de Tanucci et de M. le cardinal Orsini, et aux impostures maladroites dont ils font usage auprès de vous. Des ministres de cette espèce ne sont assurément pas faits pour traiter les grandes affaires, et il faut se borner à mépriser les petits moyens de leur basse et artificieuse politique. »

C'est à Votre Révérence que nous devons cette lettre, dont vous ne publiez qu'un fragment; mais c'est Votre Révérence aussi qui s'ingénie à ramasser dans le bourbier et à coudre les uns après les autres tous ces moyens d'une politique que Choiseul lui-même stigmatise des épithètes de basse et artificieuse. Les Jésuites sont traqués sur tous les points du globe. On les calomnie dans leur institut, dans leur vie, dans leur enseignement, dans leurs missions. Partout où il est possible de leur susciter un adversaire, les monarques et leurs ministres se font un devoir de l'évoquer, de le soudoyer, de l'encourager et de le patroner.

Ces religieux, naguère si puissants par l'association, sont dispersés, errants sur les mers, jetés au fond des cachots ou sur la première terre qui consent à leur offrir une hospitalité dérisoire. Les Barabbas du dix-huitième siècle les ont livrés comme le Christ aux moqueries de la multitude. On les abreuve de fiel et de vinaigre, on invente à leur charge des impostures qui, après avoir fait reculer d'horreur les contemporains, font sourire de pitié la postérité. Ces martyrs d'une civilisation, en grande partie leur ouvrage, ne trouvent d'appui que dans un vieillard dont la lutte a quelque chose de saintement homérique. Ce vieillard, qui est un Pape, voit sa mémoire passer sous les fourches caudines que vous dressez à son inébranlable magnanimité.

Comme tous ceux que frappe le malheur, les Jésuites ont perdu leurs clients, leurs amis des jours fortunés. Il ne leur reste qu'un certain nombre de fidèles, troupe dévouée qui se précipite tête baissée sur tous les champs de bataille et qui livre chaque jour un nouveau combat, bien persuadée d'avance qu'elle subira une dernière défaite. Ces gladiateurs de l'Église, arrivant dans l'immense colisée où les attendent les sarcasmes des hommes, le dédaigneux sourire des femmes et l'avidité des prêtres coupables, passent et repassent devant les Césars qu'ils saluent. Ils connaissent le sort qui leur est destiné. Ils savent qu'ils vont mourir sous le ridicule, cette mort qui répugne le plus au cœur humain, et ils meurent. Leurs ossements ont enfanté des vengeurs ; mais, après les dures épreuves que ces écrivains, que ces évêques, que ces chrétiens fervents voulurent éviter à l'Église, vous arrivez, Père Theiner, et Votre Révérence fait pour les rares amis de la Compagnie de Jésus persécutée ce qu'elle a eu le déplorable courage de faire pour Clément XIII humilié. Vous accusez, et malheureusement vous accusez sans preuves.

« Ce fut ainsi, racontez-vous, que dans ces tristes jours les amis peu intelligents des Jésuites provoquèrent en Portugal, comme en Espagne, comme en France, comme en Italie, par leur imprudence, les lois les plus oppressives et les plus humiliantes et des persécutions non-seulement contre ces religieux, mais encore contre l'Église elle-même. »

Les ambassadeurs des puissances catholiques infestaient Rome et la Chrétienté de pamphlets obscènes ou impies, les deux à la fois le plus souvent. Le cardinal André Corsini, l'ami de Clément XIV, recevait une pension de Pombal, afin de les introduire sous son couvert dans la capitale du monde chrétien [1]. On avait même trouvé plus expéditif d'y établir une imprimerie clandestine. Tous ces faits, dont vous n'osez parler, sont démontrés jusqu'à l'évidence dans *Clément XIV et les Jésuites*.

La virulence des attaques autorisait l'énergie des réponses. Il y en eut de passionnées, d'acerbes, de maladroites peut-être. Mon Dieu! la vertu elle-même n'est pas toujours habile; je ne dirai pas que vous en êtes une preuve, mon Révérend Père. Mais enfin, après soixante années de révolutions qui ont trempé les hommes dans le crime, pensez-vous qu'il soit bien loyal de venir instruire à neuf un scandaleux procès, et de l'instruire de telle manière que c'est toujours, dans votre bouche, le coupable et le bourreau qui doivent avoir raison sur l'innocent et le persécuté?

Ainsi vous vous arrangez pour dire à la page 68 que les Jésuites « furent même jusqu'à tourner en ridicule les ministres de Charles III dans des pamphlets anonymes en vers et en prose aussi spirituels que mordants. » A la page 382, vous continuez : « Les Jésuites firent, vers ce même temps, secrètement publier à Pesaro un opuscule intitulé : *Réflexions sur la conduite des cours bourboniennes au sujet des Jésuites*. Ce petit ouvrage est l'un des plus amers pamphlets publiés contre ces cours. » La même dénonciation se présente à chaque ligne de votre œuvre. Vous ne savez pas, vous ne pouvez pas savoir, mais vous affirmez : *Credat Judæus*.

[1] Parmi les mauvais livres que Pagliarini, secrétaire du marquis de Pombal, envoyait de Lisbonne à Rome pour que le cardinal Corsini les répandît, se trouvait la fameuse *Deductio chronologica et analytica*, ouvrage schismatique et impie. (Voir *Clément XIV et les Jésuites*, p. 69 et 382.)

Ces pamphlets anonymes que vous poursuivez avec tant d'acharnement et dont la trace vous échappe toujours, car vous n'avez jamais, il me semble, eu de vocation pour travailler au dictionnaire des anonymes, ces pamphlets ripostant à d'autres pamphlets ne méritaient ni cet excès d'honneur, ni cette indignité. Je les ai lus pour mes péchés, comme je suis condamné à lire et à réfuter tant de choses; et je vous assure que, comparés aux innombrables brochures et aux lourds in-folio que cette guerre fit éclore, ils me paraissent d'une candeur et d'une prud'homie dont votre pudeur elle-même serait édifiée.

Ce qui ne veut pas dire, entendons-nous bien, que je saisisse comme vous dans ces œuvres la main de quelque Jésuite. Les Jésuites, Père Theiner, ne reçoivent de leurs ennemis l'investiture de malice et d'habileté que lorsque ces mêmes ennemis ont besoin de les attaquer. Hors de là, et ce ne sera pas à vous que je l'apprendrai, les Jésuites n'ont jamais su qu'à de rares intervalles soutenir une guerre de plume ou d'intrigue. Ils ne connaissent rien à la tactique des personnalités, rien à la perfidie des insinuations, rien à la vigueur d'une haine, rien à la puissance d'un bon sarcasme emmanché dans la logique, rien au bonheur d'une médisance acérée comme un poignard. Je les ai toujours vus, au fort de la tempête, se faire un devoir de pratiquer en silence à l'égard de leurs adversaires la loi de charité que votre bouche leur prêche. Comme aux *Actes des Apôtres,* ils connaissent les temps et les moments que le Père a mis en son pouvoir.

Votre Révérence veut à toute force leur imposer plus de malice qu'ils n'en ont en réalité. Chez vous, c'est un parti pris. Ils rédigent la bulle *Apostolicum*, ils fabriquent tous les écrits de polémique inspirés par leur chute. Au besoin ils seraient même de force à s'entendre avec Clément XIV pour glisser quelques mots de leur cru dans son bref de suppression. Les voilà maintenant qui dictent par insinuation au cardinal Torregiani les lettres qu'il écrit.

Ici vous ne procédez pas affirmativement. La réputation de talent dont jouit encore dans le monde catholique et littéraire le ministre de Clément XIII paralyse un peu votre tendance à la crédulité. Vous vous contentez donc de dire : « Nous avons de cet illustre homme d'État une idée trop haute et trop grande pour penser que cette réponse vienne de lui. C'était avec des illusions pareillement absurdes que les Jésuites semblaient avoir l'habitude de couvrir et de justifier leurs défauts. »

Certainement ces réticences ne démontrent pas qu'un Jésuite a guidé sur le papier la main qui traça la lettre dont il s'agit; mais que veulent-elles dire? je vous le demande, mon Révérend Père. Les principes appellent toujours leurs conséquences. Quelles conséquences tirez-vous de ce principe?

Le Sacré Collége est réuni en conclave; les portes sont closes et murées, tout doit se passer dans le plus religieux silence. Mais puisque les ennemis des Jésuites y ont droit perpétuel d'entrée et de sortie; puisque, d'après vous, on écoute aux portes des Éminences favorables à la Compagnie; puisque vous et moi nous avons entre les mains les correspondances illicites des cardinaux et des ambassadeurs, leurs complices du dehors, nous pouvons bien, n'est-il pas vrai, faire un peu comme tout le monde? Entrons donc à notre tour au Conclave. J'avais pris les devants, Père Theiner, et vous voyez ce que m'a coûté cette précipitation. Elle me vaut les anathèmes de Votre Révérence et les objurgations de sa partialité.

Néanmoins, en dehors de ces petites misères de la vie littéraire, il reste, pour me consoler, une pensée que l'*Histoire du pontificat de Clément XIV* ne fait que confirmer dans mon esprit. Sans vouloir déduire ici les motifs qui me poussèrent à ce parti, dont les violences de 1847 n'ont plus besoin d'invoquer d'excuse en 1852, — car ce serait à Gaëte qu'il faudrait aller la chercher, — je vous confesserai, mon Père, que je n'ai jamais été mieux inspiré, et que si je ne m'applaudissais pas depuis cinq ans de mon œuvre, la vôtre donnerait à mon audace l'orgueil qu'il vous plaît de me reprocher. J'ai soulevé un coin, un large coin du voile; votre main l'a déchiré tout à fait. Clément XIV était incriminé, jugé par moi. C'est vous, bon Père, qui exécutez la sentence. Les apologistes par ordre, que Salluste désigne en disant : *Satis loquentiæ, sapientiæ parum*, n'en font jamais d'autre.

Nous sommes tous les deux au Conclave de 1769; vous, rangé d'avance sous la bannière des cardinaux des couronnes; moi, inventoriant les caractères, cherchant de bonne foi la vérité et la trouvant au milieu des immondices épistolaires que ce célèbre Conclave entassa sur mon bureau. C'est cette vérité qui vous a froissé, et, je vous le demande en toute franchise, m'auriez-vous de sang-froid et avant d'avoir un parti pris, conseillé d'agir autrement?

Il y avait autour du Vatican des ambassadeurs qui hurlaient la honte de l'Église, qui infligeaient la simonie à ses princes, et qui osaient écrire à l'un d'eux cet incroyable blasphème que vous avez été assez prudent pour passer sous silence. Le 25 avril le marquis d'Aubeterre mandait donc au cardinal de Bernis : « J'aurais aussi fait mettre de Rossi parmi les indifférents. Ce n'est pas que je le croie un sujet de premier ordre, mais je crois le voir tel qu'il est, c'est-à-dire sans scrupule, ne tenant à aucune opinion et ne consultant que son intérêt. Je pense qu'un Pape de cette trempe aurait pu convenir aux couronnes [1]. »

Tel était le Souverain Pontife qu'à cette époque de flétrissure universelle les ambassadeurs du Roi Très-Chrétien, fils aîné de l'Église, du Roi Catholique et de Sa Majesté Très-Fidèle, allaient demander à Rome sur le cadavre de la Compagnie de Jésus.

Ce vœu sacrilége et qui, par sa brutalité, fait tache même au milieu de ces boues, m'avait tristement impressionné. Il m'importait au point de vue historique, il importait encore plus à l'honneur de la Catholicité de savoir s'il s'était trouvé une majorité de cardinaux assez avilie pour l'exaucer. C'est sous l'obsession d'une pareille crainte que j'ai entrepris de suivre et d'étudier toutes les phases du Conclave. Quoi que Votre Révérence puisse en dire, ce ne fut pas sans bonheur que j'arrivai à démontrer d'abord à moi, ensuite aux autres, que Dieu, même dans ces terribles jours, n'avait pas entièrement abandonné son Église.

Vous voulez que j'aie dit le contraire. Une affirmation de plus ou de moins ne vous convaincrait pas, vous que trois éditions successives et la *Défense de Clément XIV* n'ont pu faire renoncer à une idée préconçue. Vous étiez forcé de me trouver coupable, et je suis aux regrets que cette contrainte ait été un piége dans lequel Votre Révérence a trop donné. Je n'inclinais ni du côté des cardinaux des couronnes ni du côté des cardinaux zelanti. Comme tout homme qui réfléchit, j'avais mes répu-

[1] *Clément XIV et les Jésuites*, 3e édit., p. 236.

gnances et mes affections engagées; mais je m'arrêtais à la limite qu'une sage impartialité trace à tous les historiens. Cette limite, vous la franchissez du premier bond comme un homme qu'un remords entraînerait vers le précipice. Vous ne cherchez pas à vous éclairer pour dissiper les ténèbres dont l'esprit des autres est obscurci; il faut à votre œuvre des innocents et des coupables. Les innocents sont les meneurs d'intrigues et les sophistes qui aspirent à tout prix à renverser la Compagnie de Jésus. Les coupables pullulent dans cette Compagnie ou parmi les Cardinaux qui la défendent.

Malheur donc à tous ceux qui ne trempent pas dans le complot que vous niez et sur lequel, à votre corps défendant, vous répandez une si triste lumière! Tant il est vrai, comme dit le poëte Lucrèce, « qu'une force secrète se joue des entreprises humaines, aime à briser les haches consulaires et foule aux pieds l'orgueil des faisceaux. » Car, daignez le remarquer, mon Père, jusqu'à présent Votre Révérence n'a couvert du manteau de sa charité que des ennemis de l'Église. Votre Révérence n'a maudit que des dévouements au siége de Pierre.

A cela vous me répondrez, avec l'autorité de votre science et de votre vertu, que vous avez peut-être bien quelque raison pour agir ainsi. Vous comprenez que j'en suis parfaitement certain d'avance. Ce serait donc un converti à vos dires que vous prêcheriez, mais ce converti soupçonne que tout le monde n'est pas d'aussi facile composition que lui. Pour enchaîner les incertitudes, il voudrait quelque chose de plus positif qu'une parole, même venant de vous. Il ne la trouve que dans votre œuvre; or cette œuvre est la confirmation la plus explicite de ses soupçons.

On sent qu'elle perce à chaque mot; et tenez, mon Révérend Père, voyez jusqu'où va mon abandon, je vous en fais juge vous-même, parlez : « La Société, — c'est vous qui prononcez, — avait assurément dans le Sacré Collége de grands et chauds partisans et bien peu d'ennemis, ou, pour mieux dire, elle n'en avait aucun, à moins que l'on ne veuille considérer comme tels ceux des cardinaux, si éclairés pourtant et si illustres, qui étaient d'opinion et qui désiraient même que le Pape, pour reconquérir la tranquillité de l'Église, adhérât aux demandes des princes en leur accordant la suppression de cet ordre, requise par eux comme une condition indispensable à la paix. Nous avons indiqué plus haut que sous cette demande importune des princes, au sujet de la suppression, étaient cachés les desseins de la Providence, provoqués peut-être par la direction que la Compagnie de Jésus, dans une illusion, pure assurément de toute intention mauvaise, mais incontestable, avait commencé à suivre quelque temps déjà avant sa chute. Telle était du moins la conviction de tous les cardinaux qui conseillaient la dissolution de cet ordre. »

Les Jésuites, vous venez vous-même de l'avouer, n'avaient que très-peu et pas même d'ennemis dans ce Conclave. Les cardinaux, ces dieux des Romains que l'on ne fait pas avec toute sorte de bois, si j'osais me servir de l'expression profane d'Apulée, arrivaient avec de louables intentions. Mais les uns désiraient complaire aux rois de l'Europe; les autres n'aspiraient qu'à suivre l'impulsion de leur conscience. Il y avait les politiques et les zélés, les fanatiques et les habiles, les cardinaux qui tenaient leur chapeau rouge du droit de leur talent ou de leur vertu, les cardinaux qui devaient la pourpre à une intrigue de ministère ou à un caprice de prostituée. C'était toujours la querelle du cardinal de Bernis et du vieil Albani, querelle dont j'emprunterai le récit au *Clément XIV et les Jésuites :* « Les deux Albani, lit-on à la page 221 de cet ouvrage, et leurs adhérents demandaient qu'on spécifiât les imputations, qu'on les appuyât sur d'honorables témoignages, qu'on établît d'une manière logique la culpabilité des Jésuites. Ces cardinaux détruisirent pièce à pièce l'échafaudage de promesses et de terreurs que bâtissaient les trois cours. Ils défendirent la Compagnie de Jésus avec éloquence et fermeté; ils se plaignirent de voir les droits et l'indépendance de l'Église offerts en holocauste à d'inqualifiables préventions. Accablé sous leur reproche, Bernis cherche à se relever en mettant en jeu une question de personnes, et il dit : L'égalité doit régner parmi nous; nous sommes tous ici au même titre.

» A ce mot, le vieil Alexandre Albani soulève sa calotte rouge, le *berrettino* des cardinaux, et d'une voix pleine d'autorité : « Non, Éminence, s'écrie-t-il, nous ne sommes pas tous ici au même titre; car ce n'est pas une courtisane qui m'a placé ce berrettino sur la tête. »

Bientôt vous en aurez un sans doute sur la vôtre, Père Theiner, et je suis persuadé d'avance que vous ne l'accepteriez pas des mains d'une marquise de Pompadour, quoiqu'il vous plaise de ne pas signaler cette femme aussi âpre qu'on la montrait à la curée des Jésuites. Vous n'avez point avec elle, j'en suis convaincu, de ces petites galanteries sourdes que le cardinal de Bernis s'accuse d'entretenir avec le cardinal Ganganelli, le futur Clément XIV. Mais madame de Pompadour ne manquait pas d'un certain bon : elle détestait les Jésuites. Pour vous, dans l'occasion, c'est une qualité qui a bien son prix.

Aussi voyez avec quelle ardeur vous flagellez ces malheureux zelanti. Ils restent impassibles aux tentations; ils se contentent de protester par leur attitude pleine de dignité, et ni vous ni moi n'avons encore pu déterrer la moindre trace de leur écriture dans un Conclave où tous les cardinaux des couronnes, aveugles errants au grand jour, semblent être tourmentés du prurit épistolaire. Nous avons scruté dans les archives, nous avons dépouillé une à une ces correspondances. Jamais un billet émané d'un zelante n'est venu frapper mes regards. Cette reflexion n'a pas dérangé vos calculs. Vous n'aviez pas d'écrits à produire de cette catégorie de princes de l'Église; vous avez remplacé les écrits par des insinuations. Ces cardinaux sont coupables, parce qu'ils n'ont pas accepté la paix plâtrée que l'incrédulité offrait dérisoirement à l'Église.

La paix dans de pareilles conditions, la paix pour opprimer la vertu, la paix pour préparer l'anéantissement du Siége romain, la paix pour renverser les bases de la société, était dans les vœux des hommes de sac et de corde qui s'imposaient aux admirations du siècle. Mais pouvait-elle dominer au même degré ce sénat de *porporati* qui conservaient dans leur sein les plus vénérables traditions? Devaient-ils se condamner à ressembler à ces patriciens de la vieille Rome qui offraient leurs quatre membres aux esclaves des Césars et avaient le courage de la mort sans avoir le courage de la vie. Le comte Alexis de Saint-Priest, un des alliés de Votre Révérence, l'a dit avec toute raison : « Les Jésuites n'étaient qu'une occasion; en eux résidait la forme et non le fond du débat [1]. »

Les zelanti l'avaient aussi sainement entrevu que cet

[1] *Histoire de la chute des Jésuites*, p. 87.

écrivain. Ils étaient de ce petit nombre d'hommes dont parle Tacite, « de ces hommes distinguant par leurs seules lumières ce qui honore et ce qui dégrade, ce qui nuit et ce qui sert. » Ils ne se prêtaient pas avec d'inutiles complaisances à des discussions, à des transactions qui ne pouvaient aboutir qu'à les déshonorer. Ils furent un prodigieux modèle de patience. Tout en se morfondant en leur propre impuissance, ils restèrent calmes et impassibles au milieu des corruptions qui se disputaient la palme. Elles auraient longtemps agi et réagi sur elles-mêmes si un Ganganelli ne s'était pas détaché du centre pour venir se livrer à une des ailes, et prêter main-forte à quelques jeunes insensés qui n'avaient pas d'expérience, à quelques vieux fous qui perdaient la mémoire.

Ici, chaque parole prononcée par Votre Révérence est un démenti à l'histoire, comme il n'est permis qu'à vous ou à moi de l'écrire sur un point aussi délicat. Nous avons en main les preuves; et si nous voulons agir tous deux sans dol et sans fraude, soyez persuadé que la lumière sera bientôt faite. Ganganelli pointe à l'horizon. Aussitôt je vous entends murmurer le mot infamant de marché et de simonie.

Ce mot, qui en effet se trouve dans la première édition, avait été mal interprété et encore plus mal appliqué. Dans la pensée et dans l'esprit de l'auteur, il ne frappait que ceux qui avaient osé croire qu'un pareil marché fût proposable à un membre du Sacré Collége. Il a disparu dans la seconde édition, il n'est pas rétabli dans la troisième. La *Défense de Clément XIV* [1] explique surabondamment ce mot.

[1] En 1847, je disais à la page 36 de cette brochure : « A mes yeux, et par les documents que j'ai publiés, le pape Clément XIV

Vous l'avez conservé pour les besoins de votre attaque.

Ganganelli apparaît sur le premier plan. Il doit être disculpé des crimes qu'il n'a pas eu l'intention de commettre, puisqu'il va être jugé sur les vertus qu'il ne prit jamais la peine d'acquérir.

Que Votre Révérence le veuille ou ne le veuille pas, qu'elle tourne infructueusement autour de la vérité ou qu'elle se décide à l'accepter comme cas de force majeure, il reste constant, démontré, évident, que la simonie a heurté à toutes les cellules du Conclave, qu'elle s'est assise en habit brodé d'ambassadeur à côté de plus d'un cardinal qu'elle a tenté de séduire, et qu'à l'oreille elle leur a dit en montrant l'univers catholique à gouverner :

« Je vous donnerai toutes ces choses si, en vous prosternant devant moi, vous m'adorez. »

Dans l'ouvrage que vous censurez comme écrivain et que vous avez été obligé d'approuver en restant, malgré vous peut-être, les bras croisés dans la Congrégation de l'Index, j'ai établi ce point, capital au débat, avec une audace toute mathématique. Cette audace a si bien réussi qu'elle porte la conviction jusqu'au fond de votre âme. « Sans doute, — c'est vous qui écrivez, — sans doute Azpuru [1] et d'Aubeterre conseillèrent aux cardinaux des couronnes de recourir aux moyens illicites et odieux de la séduction et de la violence, afin de tenir en échec leurs adversaires et de prévenir ainsi une élection

n'a jamais été entaché du crime de simonie proprement dite ; il serait impossible de trouver dans l'ouvrage une accusation directement émanée de l'auteur et qui constaterait ou seulement tendrait à insinuer ce forfait. »

[1] Azpuru était à Rome l'ambassadeur du roi Charles III d'Espagne.

désagréable aux cours, mais avec quelle dignité ceux-ci ne s'opposèrent-ils pas à de si indignes tentatives! »

Ce n'est pas moi qui nierai cette dignité. Avant vous j'en ai proclamé les effets chez les cardinaux zelanti, et chez certains tièdes regardés par les ministres des cours comme plus accessibles que d'autres à la tentation. Mais enfin, puisque vous êtes contraint d'avouer *les moyens illicites et odieux de la séduction et de la violence,* il faut bien confesser encore que le marquis d'Aubeterre était l'ami du cardinal Ganganelli et qu'en écrivant à Bernis le 11 avril il lui disait : « Je sens bien que je ne suis pas fait pour être le casuiste de Votre Éminence; mais qu'elle s'en ouvre confidemment au cardinal Ganganelli, un des plus célèbres théologiens de ce pays-ci, et qui n'a jamais passé pour avoir une morale relâchée, j'espère que peut-être il se rapprocherait de mon sentiment. Il ne s'agit ici d'aucune temporalité, mais absolument d'une pure spiritualité. Rien de plus douteux que ce que fera un Pape, quel qu'il soit, quand il sera élu, si on ne l'a pas lié auparavant. »

C'était toujours la parole du prophète Osée qui se vérifiait : « Dans leurs sillons ils ont semé l'impiété, et ils recueillent l'injustice. »

Vous déclarez que tous les documents découverts par moi sont authentiques, c'est très-bien; mais pour les besoins de votre cause vous êtes obligé de n'en faire aucun usage. Car alors comment accommoderiez-vous la gloire immaculée dont vous gratifiez Clément XIV avec ces conseils si transparents que d'Aubeterre souffle à Bernis et dans lesquels le nom du cardinal Ganganelli ressort si traîtreusement enchâssé? D'Aubeterre pousse ouvertement à la simonie, c'est-à-dire à l'opprobre de l'Église. Azpuru, le ministre d'Espagne, est son complice, quelquefois son maître en violence. Savez-vous ce qui arrivera lorsque Ganganelli aura ceint la tiare? D'Aubeterre se verra comblé de tous les témoignages d'une vieille et reconnaissante affection; Azpuru sera nommé archevêque de Valence par ce même Ganganelli.

Durant son cardinalat, le Cordelier n'avait eu dans le monde que deux amis. L'un était ce marquis d'Aubeterre à qui il faut un Pape sans scrupule et ne consultant que son intérêt; l'autre fut don Manuel de Roda, ancien ambassadeur d'Espagne près le Saint-Siége et alors ministre du roi Charles III. Deux lignes de sa main le réduiront à sa juste valeur. Le 17 avril 1767, ce Roda, qui a tué les Jésuites dans la monarchie de Philippe V, et dont Votre Révérence oublie de reproduire les lettres comme celles de tous les ministres espagnols, écrit en post-scriptum au duc de Choiseul[1]: « Succès complet! L'opération n'a rien laissé à désirer. Nous avons tué l'enfant, il ne nous reste plus qu'à en faire autant à la mère, notre sainte Église romaine. »

Des rapports d'intimité avec des hommes qui forment de pareils vœux seraient un opprobre moral pour toute âme chrétienne. Que penser d'un religieux, d'un prêtre, d'un cardinal, d'un pape qui couvre ces hommes du manteau de sa tendresse?

Il est cruel pour un catholique d'avoir à faire de pareils rapprochements. Vous avez cru devoir vous en dispenser. J'en félicite beaucoup plus votre respect pour Clément XIV que votre impartialité d'historien. Mais enfin à ce trésor de documents vous avez bien été forcé d'emprunter par ci par là quelques bribes, les moins compromettantes, selon vous, plus d'une menace et pas mal de moyens illicites. Vous avouez donc que l'ambas-

[1] *Clément XIV et les Jésuites*, p. 297 (3e édit.).

sadeur de France, d'accord en cela avec l'Espagne et les Deux-Siciles, écrivait : « Que toute élection qui n'aura pas été concertée auparavant avec les cours n'en sera pas reconnue. »

Et en présence de cette intimidation qui, après avoir tué Clément XIII, pose le pied sur la gorge du Conclave afin d'en faire sortir un Pontife sans scrupule, ne tenant à aucune opinion, et ne consultant que son intérêt, vous, prêtre, vous vous inclinez devant ces turpitudes. Vous mettez votre esprit à la torture pour les amoindrir, vous prenez mille voies détournées pour dérouter le lecteur. Vous n'approuvez pas, il est vrai; néanmoins vous ne vous sentez pas le courage de flétrir. J'en demande pardon à Votre Révérence, mais si à ses yeux il y a des coupables dans tout ceci, ce ne sont pas les cardinaux qu'on a jugés assez ambitieux pour être séduits, c'est le parti des *fanatiques*.

Ces fanatiques ou zelanti, qui couvraient de leurs poitrines, qui défendaient pied à pied le trône pontifical assiégé par les rois de la Chrétienté; ces fanatiques qui, au milieu de la tempête excitée contre l'Église, préféraient qu'elle succombât glorieuse plutôt que de la voir vivre avec les stigmates de la honte; ces fanatiques qui, dans ce Conclave, se montrèrent immuables comme la foi, purs comme la vertu, inaltérables comme le dogme, et que le cardinal Ganganelli, faux comme l'eau, finit par tromper, n'ont laissé après eux aucune trace de leurs combinaisons, aucun souvenir de leur lutte.

Le Père Theiner, quoique préfet coadjuteur des Archives secrètes du Vatican, n'a pas été plus favorisé que moi. Il nous est impossible de citer le moindre fragment de correspondance échappé durant le Conclave aux impatientes révoltes d'une conscience honnête. Depuis ce vieil Albani si majestueux sous la pourpre, jusqu'aux cardinaux Chigi, Colonna, Borromeo, Spinola, Castelli, Torregiani et Rezzonico, chefs des zelanti, pas un n'a violé la loi qui interdit au Sacré Collége toute communication avec le dehors.

Ils se sentaient dominés, asphyxiés par cette multiplicité d'intrigues qui trois fois par jour s'étalait au plein soleil du Vatican. L'espionnage le plus abject ne leur laissait pas même la liberté du vote. Captifs volontaires, on les parquait, on les resserrait dans leurs cellules [1], et pas une plainte ne s'en est échappée, pas un mot d'écrit ne vient attester à la postérité les souffrances morales qu'ils eurent à endurer. Ah! comme dirait Sénèque, j'honore ces grands noms et je ne les entends jamais prononcer sans me trouver plus grand.

Cela n'empêche pas Votre Révérence de les trouver seuls dignes de blâme. « La vérité, vous écriez-vous, fut gravement violée de part et d'autre, mais principalement du côté des soi-disant zélés. » Puis, afin d'atténuer ce que ce jugement, rendu en parfaite ignorance de cause, aurait de blessant pour votre conscience sacerdotale, vous consignez à la même page une de ces contradictions qui, hélas! sont plus que familières à l'*Histoire du Pontificat de Clément XIV*. « Nous ne pouvons trop déplorer, dites-vous, que les princes et une minorité de cardinaux, grâce à Dieu, imperceptible, se soient crus autorisés, par une fatale complication de circonstances, à exercer une influence toujours déplorable et

[1] Le Père Theiner, à la page 210, raconte jusqu'où allait cet espionnage, et il le raconte sans exprimer le moindre blâme sur les *habiles conclavistes* de ce cardinal Orsini, qu'il grandit outre mesure : « Orsini, dit-il, savait ainsi presque tout ce qui se passait chez Albani au moyen de ses habiles conclavistes, qui, à pas de loup, passaient et repassaient devant la chambre de ce dernier. »

odieuse sur ce Conclave, et par conséquent sur l'élection du chef suprême de l'Église. »

L'influence déplorable et odieuse des princes que j'ai le premier mise dans tout son jour et sur pièces désormais incontestables, grâce à vous, cette influence est avouée, reconnue, manifeste. N'en parlons plus que pour mémoire. Mais il se rencontre dans le Conclave une imperceptible minorité de cardinaux qui, selon Votre Révérence, pèse de tout le poids des couronnes sur les électeurs sacrés. Ce sera cette minorité, marchant sous les ordres de Bernis, d'Orsini, de Malvezzi et de leurs alliés, qui finira par triompher.

Ce n'est pas un Pontife éclairé, courageux, pacifique, ami des lois et de la justice que les princes de la maison de Bourbon demandent par l'organe de leurs cardinaux et de leurs ministres, formant une ligue étroite, se serrant les uns contre les autres comme sur le corps du dragon l'écaille est jointe à l'écaille. Le 21 avril 1769, Azpuru, écrivant au comte d'Aranda, ne laisse aucune incertitude sur le programme qu'on impose au candidat à la papauté : « Plus heureuse que le gouvernement du Roi Très-Chrétien, ainsi parle Azpuru, Votre Excellence n'a pas eu besoin de torturer les faits et la loi pour frapper la Compagnie de Loyola. Sa Majesté a prononcé, et l'arrêt a été exécuté sans appel. Le silence vaut mieux pour nous que toutes les procédures, car Bernis s'embarrasse pour les défendre, et moi je n'ai besoin que de me taire. L'accusation muette se traduit de toutes les manières. La France a eu tort de dire son dernier mot sans apporter de preuves. On les demande dans le Conclave; nous, nous pouvons empêcher toute discussion, et cela est préférable. En effet, nous n'avons pas à démontrer la culpabilité des Ignatiens sur tel ou tel point. Le secret du Roi répond à tout, et il pose la mort des Jésuites comme une condition *sine qua non*. Peu importe que le crime soit ou ne soit pas prouvé, si l'accusé est condamné. On résistera, mais enfin on arrivera à consommer le sacrifice. »

Le consommateur du sacrifice, c'était dès le principe le cardinal Ganganelli. Les puissances avaient les yeux fixés sur lui. Lui, par une attitude pleine de discrétion italienne, et par les avis qu'il se faisait demander en secret sur la manière de confectionner théologiquement le pacte exigé, ne craignait pas de se laisser deviner.

Clément XIV n'idolâtrait pas les Jésuites, — c'est vous qui faites cette naïve révélation, — et il le leur a bien prouvé. Mais serait-ce à cette non idolâtrie qu'il faudrait seulement attribuer le choix persistant qui fut fait de lui? Non, Révérend Père, et la question est plus haut. Ganganelli était un de ces caractères qui, d'après Diderot, ne sont jamais faux pour peu qu'ils aient d'intérêt d'être vrais, jamais vrais pour peu qu'ils aient d'intérêt d'être faux. Son âme était fermée comme une forteresse sans meurtrières, et une insatiable ambition, excitée par des prophéties que vous patronez, avait été pour lui la source de tous les maux.

Les rois et leurs ambassadeurs l'adoptèrent pour candidat, parce que ce Cordelier, avec ses vanités presque féminines, avec sa soif de populacerie, avec ses faiblesses déguisées sous le titre spécieux de concessions à l'esprit de son temps, était l'homme que rêvaient sur le trône pontifical ceux qui espéraient renverser ou avilir la chaire de Pierre. Ganganelli et ses promoteurs, ainsi que ses apologistes de tous les siècles et de toutes les sectes, n'avaient oublié qu'une chose, c'est qu'en fait d'autorité on ne regagne jamais le terrain perdu par les concessions. A chaque pas rétrograde que fait le pouvoir, il pose une barrière qui ne s'ouvre plus, quelque effort qu'il fasse. Ganganelli recherchait les adorations de la foule; mais le vulgaire n'apprécie, il n'aime que ce qui lui ressemble, et, dans l'histoire, il n'y a pas une idole du peuple qui ait été véritablement un grand homme.

La destruction des Jésuites fut le prétexte, l'essai, le premier jalon de l'abaissement qu'on préparait à l'Église. Par malheur pour lui, Ganganelli, un de ces esprits qui vont jusqu'au mal sans en avoir la prescience, se trouva dans les conditions désirées. Arrivé au pouvoir suprême, il les a toutes remplies et au delà. Comment y est-il parvenu? C'est au Père Theiner que je vais le demander.

Le Père Theiner n'est pas comme moi un audacieux, un blasphémateur, un artificier et un charlatan aux naïvetés historiques, mais le Père Theiner a les siennes, lui aussi, et je vous en fais juge. « D'Aubeterre exerçait incontestablement, — c'est le Père Theiner qui parle, — la plus grande influence sur ce Conclave, lequel, suivant les expressions dont il se servait justement lui-même dans sa lettre du 6 février 1769 au cardinal de Bernis, s'annonçait comme devant être un des plus importants qui aient eu lieu depuis longtemps dans l'Église. Il le dirigeait, si l'on peut se servir de cette expression, à l'intérieur et à l'extérieur : à l'intérieur, par son étroite liaison avec le cardinal Orsini et les cardinaux des cours qui lui étaient unis; à l'extérieur, par un semblable concert avec les ambassadeurs des autres cours catholiques, lesquels, par la volonté expresse de leurs souverains, dépendaient de lui comme représentant le chef de la maison et des puissances bourboniennes. »

Or que voulait cet ambassadeur du Roi Très-Chrétien? Vous le savez, mon Révérend Père, il avait établi la simonie en permanence aux portes du Conclave. Pour lever les derniers scrupules de ses créatures et de ses agents dans cette auguste assemblée, il leur recommandait chaque jour de consulter Ganganelli, qui possédait la panacée théologique. D'Aubeterre veut que le futur Pape s'engage par écrit à détruire la Compagnie de Jésus. Charles III est dans les mêmes intentions, et vous le constatez aussi naïvement que possible. Vous écrivez en effet (page 217), que « l'ambassadeur d'Espagne et le chevalier d'Azara avaient depuis longtemps conçu le projet de demander par écrit au futur Pape, même avant son élection, qu'il accordât toutes les demandes déjà faites antérieurement par les cours bourboniennes. »

Passons à pieds joints sur les intrigues secondaires dont le palais apostolique fut le théâtre. Ne nous occupons ici ni de ce spirituel chevalier d'Azara que vous métamorphosez, et pour cause, en un misérable espion, ni de cet étourdi de cardinal de Bernis qui vous tombe des nues, ni de cet Azpuru qui vous gêne tant par ses exigences pleines de compromission, ni de ce cardinal Orsini, l'ambassadeur de Naples, dont la correspondance est un dernier pavé qui vous écrase. Laissons de côté tous les détails auxquels, sans le vouloir, votre livre vient après le mien apporter une éclatante confirmation. Ce qui est bon pour l'histoire n'offre aucun aliment, aucun charme à la polémique. De cet ensemble de ruses de guerre, de captations, de promesses, d'intrigues et de roueries, il surgit un fait principal. Serrons donc la question et pressons ce fait jusque dans ses conséquences suprêmes.

Il est avéré par vous et par moi que ces puissances et

leurs ministres avaient décidé qu'un Pape ne sortirait pas de l'élection sans qu'auparavant il ne leur eût signé les garanties que vous savez. Ganganelli, dont les hypocrisies préparatoires en face de chaque scrutin avaient fait fermenter l'ardente convoitise, Ganganelli, dont les aspirations tendaient à la satisfaction d'un désir longtemps comprimé, Ganganelli a été élu. Ganganelli avait-il eu la téméraire lâcheté de céder à d'ambitieuses visées? A-t-il osé offrir aux couronnes le prix honteux qu'elles exigeaient?

Puisqu'il a été nommé, puisqu'il a détruit la Compagnie de Jésus, puisque, de concession en concession, il en est venu sous les voûtes du Vatican où commanda Sixte-Quint, — un cordelier d'une autre trempe, — à pleurer comme un enfant sous l'étreinte de Florida Blanca qui le torturait, à obéir en aveugle à toutes les volontés, à tous les caprices, à toutes les exigences des ennemis de l'Église, je n'aurais pas d'autres preuves à administrer. Celles-là seules suffiraient pour condamner Clément XIV, car ce n'était pas avec un pareil aviron que l'on pouvait espérer d'échapper au déluge. Mais je craindrais de vous paraître trop tranchant, il vaut donc mieux aborder franchement le fait.

Votre Révérence m'y provoque en termes tels qu'il ne m'est pas possible de reculer. Relisez vous-même les inqualifiables paroles tombées de votre plume. « Cette grave accusation (de simonie) fut soulevée immédiatement après l'élection de Clément XIV par quelques esprits pervers du parti des Jésuites; elle s'est traditionnellement propagée dans et par ce même parti sous les apparences d'une probabilité trompeuse; elle a été des uns crue avec une joie cachée et méchante, et des autres timidement mise en doute; elle ne fut réfutée jamais. Il était réservé à nos jours de trouver un auteur qui osât ériger cette accusation en certitude et essayer d'en donner des preuves. M. Crétineau-Joly n'a pas craint d'assumer cette responsabilité terrible, et de se présenter au tribunal de Dieu revêtu de cette audace impie. »

L'indignation de Votre Révérence me touche fort peu, et si je ne craignais pas de me montrer trop insensible à ses malédictions, je vous dirais, mon Père, que toutes ces accumulations de fureur ne valent pas une bonne raison. Je vais essayer de vous en offrir quelques-unes.

Quand des cardinaux, des ambassadeurs et des ministres consacrent trois mois de leur vie à intriguer, à marchander, à tarifer les consciences, afin d'arriver à un résultat dont leur fortune et leur existence politique dépendent; lorsque, pendant ces trois mois, ils s'écrivent chaque jour afin de se tenir les uns les autres au courant de leurs duplicités, il faut s'avouer qu'ils n'ont aucun intérêt à se tromper. On doit même rester convaincu que malgré eux ils se trouvent dans la nécessité d'être vrais. Car alors ils feraient fausse route, ils arriveraient au but qu'ils ne veulent pas atteindre. Bernis et d'Aubeterre, Choiseul et d'Aranda, Azpuru et Orsini, les uns en dedans, les autres en dehors du Conclave, enfreignent impudemment les décrets pontificaux prescrivant le plus inviolable secret dans l'élection des Papes. Et pensez-vous, mon Révérend Père, que ces complices si bien d'accord et qui n'agissent que dans l'espoir de plaire à leurs souverains, se permettraient de fournir de fausses indications ou de présenter des renseignements qu'ils sauraient inexacts? Je suis persuadé que vous allez vous-même vous empresser de déclarer qu'une pareille supposition est impossible. Admettons cela, et poursuivons.

Le cardinal de Bernis ne peut retirer aucun avantage d'une imposture aussi prolongée. Je sais parfaitement que comme moi vous tenez en très-petite estime ce prince de l'Église, que Frédéric II de Prusse avait surnommé Babet la bouquetière, et que Votre Révérence appelle un étourdi. Quand vous avez besoin de son témoignage, Bernis, à deux mois d'intervalle, acquiert à Rome « la même haute confiance que celle dont son prédécesseur avait joui avant lui. Et qui pourrait nier qu'il la méritât? vous écriez-vous. Il était sans doute l'homme le plus capable, le plus spirituel et le plus éminent du corps diplomatique d'alors. »

C'est cet homme dont Votre Révérence vient de tracer le portrait que j'ai interrogé dans les plus intimes replis de sa conscience. Il s'est livré à moi avec l'élégant dévergondage de ses aveux. Ses aveux étaient consignés dans sa correspondance secrète durant le Conclave. Cette correspondance est si bien d'accord avec les événements qui s'y passèrent ou qui le suivirent, que, bon gré, malgré, il faut l'admettre comme vraie ou renoncer à toute recherche de vérité historique.

Bernis, apprécié par vous, à quelques mois de distance et d'une manière si différente, n'a nul intérêt à déshonorer le futur Clément XIV, dont il deviendra l'ami et le conseiller. A-t-il pu être abusé sur un point aussi capital, sur un point où tous les témoignages concordent avec une désolante uniformité? C'est ce qu'il sera bien difficile, même au Père Theiner, de persuader à des lecteurs attentifs. Le cardinal de Bernis était, il devait être dans le vrai. Votre Révérence l'a si bien senti, qu'elle n'a trouvé qu'un moyen de disculper Ganganelli, c'est d'altérer la correspondance du cardinal de Bernis.

Vous prétendez avoir eu à votre disposition tous les documents originaux, toutes les minutes sur lesquelles j'ai basé mon ouvrage. Si vous ne l'affirmiez pas aussi péremptoirement [1], quoique vous écriviez à Rome et que je les aie encore à Paris sous la main, quoiqu'ils aient été déposés par moi en 1847 chez mon éditeur, je serais tenté de croire que vous avez fait une savante confusion. Car, selon l'expression du vieux Montaigne, « c'est un subiect merveilleusement vain, divers et ondoyant que l'homme. Il est malaysé d'y fonder jugement constant et uniforme ». Mais j'aime mieux penser que vous êtes convaincu de la vérité d'une aussi prodigieuse assertion. Votre Révérence assure qu'elle possède mes minutes; je n'invoquerai pas le jugement de Salomon contre le Père Theiner. Je me contenterai de le prier de faire comme moi, et, pour constater cet admirable don d'ubiquité, de les déposer à Rome, quand ici je les tiendrai à ses ordres.

Votre Révérence a eu, elle a en sa possession mes pièces originales, soit.

Alors vous devez être assez équitable pour proclamer que je n'ai falsifié, que je n'ai dénaturé aucun texte. Cette justice, dont implicitement vous ne pouvez vous empêcher de m'estimer digne, je ne puis pas, à mon grand regret, vous la rendre. Voyez en effet dans quelle alternative vous me placez. J'ai transcrit une lettre du cardinal de Bernis racontant comment les cardinaux espagnols ont mené l'intrigue pontificale et finissant par

[1] Le Père Theiner s'exprime ainsi, page 6 : « Nous aussi, nous avons eu à notre disposition les mêmes documents, et non par fragments, comme M. Crétineau-Joly, mais dans leur série non interrompue, depuis le premier jour du Conclave jusqu'à la mort de Clément XIV. »

ces mots : « Ils se sont simplement arrangés avec Ganganelli, lequel est devenu riant et accueillant. Il dit partout qu'il ne veut pas être proposé; nous le proposerons malgré lui. »

Cette modestie à crochets, ainsi que parlerait saint François de Sales, a pris dans l'écritoire de Bernis un *vis comica* qui n'échappe à personne, à vous moins qu'à tout autre, mon Révérend Père. Vous avez vu où le coup portait. Afin de l'affaiblir, votre perspicacité s'est mise en frais.

Contre son habitude, elle vous a inspiré une mauvaise pensée et une mauvaise action; et quoique plus que personne vous ayez le droit de parler avec autorité, vous dont la vie n'est exposée à aucun mépris, soyez condamné au supplice de vous relire :

« L'élection de Clément XIV fut uniquement faite par l'immédiate inspiration du Saint-Esprit, et non-seulement sans le concours des puissances, mais encore à leur insu. Quant à Ganganelli, il repoussa humblement cette dignité sublime, et déclara hautement au Sacré Collége qu'il s'en réputait indigne, en priant ses vénérables collègues de ne pas penser à lui. Bernis lui-même est forcé d'en convenir dans sa dépêche du 17 mai à M. d'Aubeterre; il ajoute : « Mais nous le proposerons malgré lui [1]. »

[1] Le Révérend Père Theiner a des préoccupations et des procédés qu'il ne nous convient pas d'imiter. Nous ne nous faisons même pas le juge de sa bonne foi, et en reproduisant en note cette page d'une si curieuse charité, nous ne nous croirons autorisé à aucune représaille. Certainement si les Jésuites étaient consultés, ils seraient de mon avis. Après avoir cité le Père Theiner, nous serons tous assez vengés. Il a la parole :

« C'est donc, nous le répétons de nouveau, une intention malicieuse de M. Crétineau-Joly, lorsqu'il affirme que Ganganelli non-seulement convoitait la tiare, mais encore qu'il trompait tour à

Cette élection uniquement faite, d'après vous, par l'immédiate inspiration du Saint-Esprit et qui a besoin, pour se soutenir devant la postérité, que le Père Theiner se résigne à une fraude indigne de son caractère, cette élection n'est pas encore pleinement éclaircie. Et cependant vous n'êtes pas le premier, mon Révérend Père, à qui il soit arrivé, toujours afin de sauvegarder l'honneur si compromis de Ganganelli, d'altérer les pièces originales que j'ai produites. M. le chevalier Artaud de Montor, un vieux diplomate blanchi sous le harnais, vous avait donné l'exemple. Oubliant comme vous qu'il

tour, par de honteux artifices, les cardinaux de tous les partis au Conclave, afin de se frayer un chemin à la papauté. Voici les propres paroles que cet écrivain place dans la bouche de Ganganelli : « Leurs bras sont bien longs, disait-il en parlant des princes de la » maison de Bourbon ; ils passent par-dessus les Alpes et les Py- » rénées. » Aux cardinaux qui n'immolaient pas les Jésuites sous de chimériques accusations, il répétait avec un accent plein de sincérité : « Il ne faut pas plus songer à tuer la Compagnie de Jésus qu'à renverser le dôme de Saint-Pierre. »

» De semblables historiettes sont bonnes, tout au plus, pour enrichir des almanachs, et toute personne de bon sens les rejettera avec mépris. Ganganelli n'était pas homme à descendre à de pareilles jongleries. M. Crétineau aura probablement exhumé ces fables, comme tant d'autres du même aloi, de ce *grand arsenal des saintes traditions,* qui, selon lui, encore de nos jours, se conservent secrètement à Rome, non pour justifier, mais pour diffamer la mémoire de Clément XIV, et duquel de temps en temps on enlève quelque impure fusée pour la remettre entre les mains de je ne sais quel charlatan historique qui la tire joyeusement ensuite, à la plus grande gloire de je ne sais qui, et aux dépens de l'honneur de ce grand Pape. L'ouvrage de *Clément XIV et les Jésuites* est tout un feu d'artifice de cette triste espèce *. »

* Ce feu d'artifice d'*historiettes* ne m'appartient pas en propre. Le Père Theiner, en sa qualité d'annaliste, doit bien le savoir. On les trouve partout, et à la page 108 de son *Histoire de la chute des Jésuites,* M. de Saint-Priest les rapporte comme des paroles qui peignent l'homme. Je les ai empruntées à cet écrivain de l'école philosophique. Qu'a donc à faire ici le *grand arsenal des saintes traditions,* dont le Père Theiner se réjouissait peut-être d'avoir si cauteleusement indiqué la porte?

est inutile de se fâcher contre les choses, parce que cela ne leur fait absolument rien, M. Artaud aussi s'ingéniait à ne pas croire à la culpabilité de Clément XIV. Tout en citant mes documents, il les accommodait à votre manière.

Quand le cardinal de Bernis était rentré dans vos bonnes grâces et que vous faisiez de lui l'éloge que vous connaissez, il écrivait, le 28 juillet 1769, au duc de Choiseul : « Il y a longtemps qu'on se défie de moi en Espagne. Les cardinaux de Solis et de la Cerda, avant d'entrer au Conclave, avaient dit assez imprudemment qu'ils ne seraient pas la dupe des Français. Ils ont voulu que nous fussions la leur. Le contraire est arrivé. L'écrit qu'ils ont fait signer au Pape n'est nullement obligatoire. Le Pape lui-même m'en a dit la teneur. Sa Sainteté craint le poison; elle se défie de tout ce qui l'entoure et ne se fie à personne. »

M. Artaud, qui vous ressemble et qui, comme vous, incline l'histoire à ses fantaisies, emprunte ce document à mon ouvrage. Votre Révérence n'avait saisi au vol que la fin d'une dépêche, lui ne prend que le commencement d'une autre. Il s'arrête juste aux paroles qui incriminent, à *l'écrit qu'ils ont fait signer au Pape;* puis il s'écrie : « On accusait un des pontifes de Rome : il est disculpé. »

En vérité, en vérité, je vous le dis, mon Révérend Père, tous ceux qui se présentent dans la cause de Ganganelli semblent suscités de Dieu pour la perte de Clément XIV, et je finirai par croire que je porte malheur aux avocats et au client, puisque les uns ne peuvent se donner un petit air de victoire qu'en mutilant ou qu'en omettant sciemment au profit de l'autre les pièces produites par moi. Si c'est avec de semblables armes qu'on espère protéger et sauvegarder la mémoire de Ganganelli, si c'est avec un pareil levier qu'on croit pouvoir abattre le monument que, dans la mesure de mes forces, j'ai consacré à la justice, il faut convenir que ces armes ne pourront guère l'ébranler.

Car avant comme après le Conclave, que vous le vouliez ou que vous ne le vouliez pas, le cardinal de Bernis écrit : chaque mot de sa main amie est une inculpation contre Clément XIV. Les cardinaux espagnols ont insidieusement mené la négociation avec Ganganelli. Bernis avait eu une espèce de remords, un retour sur sa dignité épiscopale, se refusant à un marché. Les Espagnols enlevèrent l'affaire de haute lutte; ils obtinrent cet écrit dont il est si souvent question, et, le 17 mai, Bernis, qui a encore des soupçons même contre Ganganelli, mande à d'Aubeterre : « Quand on fait de certaines lettres, il n'en coûte rien de faire des contre-lettres, et l'on ne doit pas plus se fier aux unes qu'aux autres. » Dans le même billet, ce cardinal poursuit son idée de pacte secret : « Je bénis Dieu de n'être pour rien dans tout cela. Je serais bien fâché de voir ce que je ne puis m'empêcher d'entrevoir. »

Où sera donc la vérité? où l'histoire pourra-t-elle se flatter de la saisir, si de semblables aveux, corroborés par tous les témoignages contemporains et par les faits, doivent être suspectés parce qu'il plaît à quelques écrivains de les altérer?

Mais ici—et c'est là le triomphe du Père Theiner—ici Votre Révérence ne se contient plus de joie. Dans l'*Histoire de la Compagnie de Jésus*, j'ai, en racontant la chute de ce célèbre Institut, publié un fragment de la promesse arrachée au cardinal Ganganelli. Alors, c'était en 1845; je ne connaissais que ce fragment et je le connaissais par le comte Alexis de Saint-Priest, un des compères de Votre Révérence, qu'au besoin vous savez par cœur. M. de Saint-Priest avait en 1844 donné son *Histoire de la chute des Jésuites.*

Comme vous, ce Pair de France était un partisan, un admirateur de Clément XIV. Comme vous encore, il faisait aux disciples de saint Ignace de Loyola une guerre aussi peu généreuse qu'injuste, mais ainsi que vous, il ne poussait pas l'adoration jusqu'au fétichisme. Il était homme du monde avant tout. Ainsi l'écrivain français ne se gênait pas pour dire [1] : « Ganganelli, de son côté, tous les documents authentiques l'attestent, aspirait à la tiare avec ardeur. » Puis il continuait en ces termes :

« Ce dessein était noble, il pouvait toucher une âme telle que la sienne ; mais pour l'accomplir, les moyens qu'il employa furent-ils tous également dignes de lui? Est-il vrai qu'il ait pris des engagements formels contre les Jésuites? Est-il vrai que pour gage de son élection future il ait remis aux Espagnols sur leur sollicitation un écrit signé de sa main qui, sans impliquer formellement la promesse de la destruction de l'Institut des Jésuites, en eût donné l'espérance? Est-il vrai que ce billet ait été conçu en ces termes : « *Je reconnais que le Souverain Pontife peut en conscience éteindre la société des Jésuites en observant les règles canoniques?* » Nous ne nous prononcerons pas. »

Par ses relations diplomatiques, M. de Saint-Priest, vous en convenez vous-même, avait pu s'introduire dans les Archives d'Espagne et y faire les recherches nécessaires au succès de son livre. Il avait pu voir de l'œil et toucher de la main l'écrit de Ganganelli. Il l'of-

[1] *Histoire de la chute des Jésuites*, p. 112 (1848).

frait sous une forme dubitative; mais dans la position qu'il prenait comme apologiste de Clément XIV et adversaire des Jésuites, lui était-il bien loisible de produire officiellement un acte qui devait entacher l'honneur de son client pontifical et donner gain de cause à la Société de Jésus? M. de Saint-Priest a cru tourner la difficulté et, Ponce Pilate de la révélation historique, il s'en est lavé les mains.

Émanée d'un homme qui ne dit pas tout ce qu'il sait, quand cela peut nuire à son thème ou contrarier ses préventions, une pareille déclaration n'était pas sans valeur. Elle avait même une si haute importance que vous la passez complétement sous silence et que c'est à moi que vous venez demander compte de la publication de ce premier fragment.

Je vous réponds avec les faits, avec les dates. Maintenant je vais vous expliquer comment en 1847 je suis arrivé à la seconde partie de la déclaration arrachée à Ganganelli.

Dans *Clément XIV et les Jésuites*, elle est ainsi formulée : « Ganganelli déclare qu'il reconnaît au Souverain Pontife le droit de pouvoir éteindre en conscience la Compagnie de Jésus, en observant les règles canoniques; et qu'il est à souhaiter que le Pape futur fasse tous ses efforts pour accomplir le vœu des couronnes. »

L'écrit que M. de Saint-Priest avait bien vu, avait bien lu en 1844, l'écrit que ses prudentes prédilections pour le Clément XIV de Votre Révérence l'avaient contraint à présenter enveloppé d'une couche saupoudrée d'un doute assez équivoque, il m'était permis de le voir et de le lire en 1847, lorsqu'un hasard providentiel me mit en possession de tous les documents. Trois années auparavant M. de Saint-Priest n'avait publié que le premier membre de phrase de l'engagement adressé au roi d'Espagne. Le courage de l'écrivain n'osa pas déchirer du premier coup la robe d'innocence et d'immaculation que les ennemis de la Compagnie de Jésus et de l'Église offrent à Ganganelli comme la tunique dévorante de Nessus.

En 1845, j'en savais beaucoup moins sur ce fait que l'historien diplomate; en 1847, j'étais aussi avancé que lui. Mais, comme lui, je ne reculais pas devant une seconde proposition, plus explicite que la première. Je publiais alors tout ce qui me paraissait nécessaire à publier. Par respect pour la Chaire apostolique, je m'arrêtais à la limite que, malgré ses provocations, Votre Révérence ne me fera point encore franchir.

Écoutez, Père Theiner, la chose est grave. Il ne s'agit ici ni d'absurdité, ni d'injustice, ni de contradiction, ni de malice rivalisant à l'envi. Ces reproches, qui, dans votre bouche, ne parviennent même pas à m'inspirer un sentiment de vivacité, ne m'entraîneront jamais au delà de mon but. Je n'irai qu'où je voudrai et quand bon me semblera. Mais, puisque avec l'autorité que vous vous attribuez, « vous auriez le droit, si vous n'étiez que juste, de m'accuser d'avoir fabriqué moi-même ces pièces, ou de les avoir reçues des mains bienveillantes d'amis maladroits; » puisque « vous vous croyez obligé en conscience, par amour de la vérité et de l'Église, de déclarer que vous tenez tous ceux, quels qu'ils soient, qui ont cherché ou chercheraient à jeter d'odieux soupçons sur la pureté de l'élection de Clément XIV, pour des faussaires et des calomniateurs du Saint-Siége, également dignes du mépris des hommes et de la malédiction de Dieu », il faut que je vous parle à cœur ouvert. Laissez de côté cette rhétorique de couvent dont les hyperboles d'imprécation n'épouvantent guère les esprits sérieux, et posons nettement, carrément la question.

Tel que je l'ai donné — et je l'ai donné tel qu'il était libellé — l'écrit que le futur Clément XIV a eu l'ambitieuse faiblesse de signer n'est pas, au moins dans sa première proposition, un engagement formel, un engagement direct. C'est une profession de foi, s'il est permis d'appliquer ce mot à cette chose, une espérance offerte. L'esprit de parti peut seul en tirer des conséquences simoniaques.

Dans une pensée honnête, je me suis cru autorisé à m'arrêter au point où la terre me manquait sous les pieds. D'accord avec les éminents personnages dont les conseils me soutenaient et me dirigent encore dans cette grande lutte, j'ai cru qu'il y avait des actes et des promesses qu'il fallait ensevelir à jamais sous la pierre des sépulcres. J'ai eu plus de sainte et respectueuse pitié que vous pour l'honneur si contesté de cet infortuné Ganganelli. Enfant de l'Église, je suis resté enfant d'obéissance.

Aujourd'hui que vos injustices calculées essayent de faire peser sur moi ou sur les mains bienveillantes d'amis maladroits un soupçon que repoussent ma vie entière et l'inaltérable amour de ces amis innommés pour la Chaire apostolique, je me regarde comme dégagé de toute responsabilité. Avec Yves, évêque de Chartres, je viens donc vous dire : « De plus forts pourront exprimer des choses plus fortes, des meilleurs des choses meilleures; pour nous, selon nos faibles lumières, voici ce que nous pensons. »

Vous ne croyez pas à l'existence de l'écrit que les cardinaux espagnols firent signer à Ganganelli, de cet écrit dont vous n'avez peut-être encore que les prémisses. J'accepte votre incrédulité; mais la faisant remonter plus haut, je demande très-humblement si la Cour de Rome la partage, et si, dans ce cas, elle consent à ce que la démonstration aille jusqu'au bout.

J'ai pesé, je connais la valeur des termes, et si la Cour de Rome pense qu'un pareil débat ne doit plus être étouffé, si elle veut que des révélations suprêmes le ravivent, que la Cour de Rome prononce un seul mot. Dieu aidant, il ne me sera peut-être pas tout à fait impossible de compléter ces révélations.

Ce n'est point une menace vaine que je me permets, encore moins un audacieux défi que je porte : un bon fils doit toujours honorer une bonne mère. A quelques épreuves qu'on m'ait réservé, je ne suis jamais sorti, je ne sortirai jamais des bornes que la foi m'a tracées. Les incessantes provocations de Votre Révérence devaient amener une explication, elle est venue et je reste sous les armes.

Pour connaître à fond le cardinal de Bernis, cet étourdi qui vous tombe des nues, mon Révérend Père, mais qui, à coup sûr, ne descend pas du ciel, il n'y a qu'à lire votre ouvrage et le mien. Nous nous appuyons tous deux sur son témoignage, et, chose curieuse! tous deux nous le jugeons de la même manière. Vous ne l'estimez pas plus que moi. Seulement, auprès de vous il a des quarts d'heure de grâce. Vous accordez au décousu de ses affaires le bénéfice des circonstances atténuantes. Je le prends tel qu'il apparaît dans l'histoire. Votre Révérence, elle aussi, l'accepte un peu comme cela; mais Clément XIV, « ce génie puissant » dont vous célébrez à tue-tête la haute intelligence et les qualités supérieures, Clément XIV ne faisait pas fi comme le

Père Theiner de cette Éminence française. Dans un bref adressé en 1772 au cardinal de Bernis, le pape Ganganelli s'exprimait ainsi sur le compte de cet homme d'esprit déguisé en prélat. Père Theiner, écoutez votre Pape glorifiant celui que vous vous acharnez à rabaisser; puis, Pontife et historien du Pontificat, tâchez au moins de vous mettre d'accord. Votre Révérence a flagellé de main de maître ce pauvre cardinal de Bernis; qu'elle admire Clément XIV faisant son apothéose :

« Le souvenir des mérites dignes de toute louange que vous vous êtes acquis auprès de nous et du Saint-Siége apostolique est profondément gravé dans notre cœur et continuellement présent à notre pensée, très-cher fils en Jésus-Christ; nous sommes heureux de voir que chaque jour vous en acquérez de nouveaux, et nous avons la confiance qu'ils se multiplieront encore à l'avenir, par l'excellence de vos conseils et la grandeur de vos œuvres. Déjà nous connaissions parfaitement votre vertu et votre prudence, et cette habileté dans le maniement des affaires publiques qui a acquis à votre nom une gloire immortelle. Mais les œuvres grandes et éclatantes que vous avez faites et accomplies pour nous et pour l'Église sont de telle nature que, bien que nous ayons conçu pour vous la plus haute estime, cependant nous nous sentons maintenant incliné vers vous par des sentiments plus grands encore de bienveillance et d'amour paternel. »

Voilà, mon Révérend Père, ce que Clément XIV, votre Clément XIV, si bon juge des hommes, pensait du cardinal de Bernis, ou tout au moins ce qu'il en écrivait à Bernis lui-même. Je ne vous demande pas de faire concorder vos appréciations si mobiles avec le jugement de Ganganelli, que, sans aucun doute, vous ne taxerez ni de flatterie ni de mensonge. Mais enfin, en face de pareilles contradictions, vous daignerez bien convenir vous-même qu'il y a quelque chose à faire. Puisque Clément XIV proclame les mérites dignes de toute louange, l'excellence des conseils, la grandeur des œuvres, la prudence, l'habileté et la gloire immortelle du cardinal de Bernis, ne trouvez-vous pas tout naturel de supposer que Bernis doit au moins savoir ce qu'il écrit?

Vous le caressez lorsque vous pensez qu'il peut vous être utile; moi, je ne le flatte jamais. Pour moi, c'est le dix-huitième siècle en poudre et en manchettes, le dix-huitième siècle avec ses élégantes corruptions, le dix-huitième siècle marchant et écrivant. Or, ce cardinal de Bernis, que j'ai évoqué comme un spectre, a tant brassé de dépêches qu'après tout ce que j'ai fait surnager de lui, vous trouvez encore moyen, vous préfet des Archives secrètes du Vatican, de perdre Clément XIV par son intarissable faconde.

Oh! que Frédéric le Grand avait raison lorsqu'il s'écriait :

Évitez de Bernis la stérile abondance.

Vous n'avez pas voulu suivre le précepte que ce Roi, votre ancien maître, vous donnait en langue française, et Votre Révérence compromet sa cause. Suivez bien, je vous prie, ce simple raisonnement. Le cardinal de Bernis s'est vu, dans le Conclave, supplanté par les cardinaux espagnols. Les allures taciturnes de Ganganelli ne convenaient pas à cet esprit tout en dehors et qui acceptait pour argent comptant les courbettes et les baise-mains qu'on accordait à sa gloriole et à son désir de plaire. Au moment de l'élection de Ganganelli — Clément XIV,

— il sent qu'il a été dupe. Il se dit cela à lui-même, mais il ne veut pas l'avouer aux autres.

Afin de dissimuler cet échec, qui pourrait lui enlever la riche sinécure qu'il réserve à ses vieux jours, Bernis ne veut pas avoir été battu par les cardinaux espagnols. Il faut qu'il se grandisse aux yeux de son gouvernement, il essaye donc d'affaiblir la victoire remportée par les cardinaux de Solis et de la Cerda. Ces Éminences, qui ont tout obtenu les 16, 17 et 18 mai 1769, se trouvent, dans les dépêches du cardinal de Bernis, à la date des 19 juillet et 30 novembre de la même année, avoir été jouées par leur Clément XIV. Bernis a un intérêt évident à rapetisser leur fatal succès; il s'en donne à cœur joie, et c'est sur ces deux dépêches que vous bâtissez l'édifice de vos trois énormes volumes.

La base m'en semble un peu fragile, car elle repose uniquement sur deux étourderies de Bernis; mais enfin c'est un fait, chose assez rare dans les déductions et les hypothèses de Votre Révérence. Le fait est flagrant; vous m'accorderez bien, j'espère, la liberté de le saisir au collet. Or, dans ces deux dépêches, dont vous argüez avec tant de complaisance, que lit-on? C'est que Clément XIV a signé un engagement dont le cardinal français, espérant d'amoindrir auprès de la cour de France l'intervention des cardinaux espagnols, cherche, autant qu'il le peut, à diminuer la valeur. L'amour-propre de Bernis est intéressé à la chose. Il doit se méfier de tout.

Eh bien! relisez ses dépêches, il ne met pas l'engagement en doute; il le reconnaît et surabondamment. Mais entre ces deux lettres, l'une du 19 juillet, l'autre du 30 novembre 1769, il en existe une du 28 juillet de la même année, toujours du cardinal de Bernis au duc de Choiseul, ministre des affaires étrangères. Celle-là n'est point aux Archives secrètes du Vatican. Elle m'appartient, c'est dire elle est à votre disposition. Je l'ai publiée depuis cinq ans [1] et vous avez jugé prudent de la reléguer dans les limbes de l'oubli. Elle tranche pourtant bien la question, car on y lit : « L'écrit qu'ils (les cardinaux espagnols) ont fait signer au Pape n'est nullement obligatoire. Le Pape lui-même m'en a dit la teneur. »

Les cardinaux de Solis et de la Cerda n'ont obtenu de Ganganelli qu'un écrit, le plus insignifiant de tous les écrits. Clément XIV en parle au cardinal de Bernis, il en discute avec lui les termes et la portée. Tous deux, Pape et prince de l'Église, inclinent à penser qu'il n'est nullement obligatoire. Bernis ne peut s'être abusé comme vous prétendez qu'il a dû l'être au Conclave. Il n'y a plus d'intrigues, plus de dessous de cartes, plus d'habiles conclavistes d'Orsini écoutant aux portes. C'est un archevêque, ambassadeur de France, qui reçoit de pénibles, de suprêmes confidences d'un Souverain Pontife et qui les transmet à sa Cour. Ici tout est sérieux et officiel. Or, Clément XIV deux mois après son élévation sur le trône, avoue que, durant le Conclave, il a signé un écrit adressé au roi d'Espagne et concernant la suppression de l'Ordre des Jésuites.

Ce n'était pas un engagement formel. Mon Dieu! Je le voudrais comme Clément XIV, comme le cardinal de Bernis et comme Votre Révérence. Je ne demande pas mieux; mais puisqu'il y a un écrit, cet écrit, de la part d'un candidat à la Papauté dans les conditions tracées par les puissances, est un engagement. Car pourquoi

[1] *Clément XIV et les Jésuites,* p. 284.

l'auraient-elles exigé? Pourquoi l'aurait-il livré? Que ce billet soit direct, qu'il soit formel, qu'il se contente de laisser entrevoir la plus vague espérance ou d'offrir la plus criminelle des réalités, dès qu'il y a billet, il y a engagement. Nous verrons plus tard si cet engagement constitue la simonie.

Ganganelli écrit au roi d'Espagne; il écrit sur la demande des cardinaux espagnols; il écrit au souverain qui à toute force veut la destruction de la Compagnie. Il écrit, lui qui a déjà été consulté et dont la consultation fait les délices du marquis d'Aubeterre. Il est nommé, quoi qu'en dise Bernis, par la seule influence de l'Espagne. Il faut donc que Ganganelli ait pris vis-à-vis du roi Charles III un engagement quelconque.

Un terrible justicier disait souvent: Donnez-moi deux lignes de la main d'un homme. Cela suffit pour le faire pendre. Au jugement de l'Église, combien faudra-t-il de syllabes pour déshonorer dans tous les siècles un cardinal qui aspire à la tiare et qui arrive au trône pontifical par cette voie?

Je ne pousse pas plus loin aujourd'hui la démonstration, car j'estime que ces deux dépêches du cardinal de Bernis deviennent la charge la plus accablante contre Clément XIV.

Libre maintenant à Votre Révérence de batailler, d'équivoquer, d'appeler à son aide tous les ambages de la scolastique. Le cardinal de Bernis ne se rétracte pas sur ce point capital. Il le confirme en essayant de l'atténuer pour offrir à sa vanité blessée une fiche de consolation. Allons plus loin. Quand bien même, pour un motif ou pour un autre, le cardinal de Bernis démentirait ses actes du Conclave, quand il déclarerait que le futur Clément XIV n'a rien écrit, n'a rien signé, ce démenti tardif n'infirmerait pas ce qui existe. Une négation ne vaudra jamais une preuve. Or, la preuve, elle est partout, elle ressort de chaque fait comme de la nomination même de Ganganelli; et lorsque la cour de Rome voudra cette preuve encore plus complète, la preuve ne se fera pas attendre.

Boileau recommandait même en chanson du bon sens et de l'art. Ce précepte est de toutes les langues et de tous les pays. On croirait que Votre Révérence, qui dans sa vie a dû très-peu faire de chansons, ne veut pas suivre, même en histoire, la loi établie par le poëte français. Je trouve à chaque page de votre livre des traces flagrantes de ce mépris pour les règles; jamais il ne fut plus manifeste que sur le point auquel je m'attache ici. J'avais dit, fort de mes preuves recueillies avec soin et publiées avec conscience, j'avais dit que les Jésuites étaient unanimes dans leurs lettres, dans leurs ouvrages et dans leurs manuscrits pour repousser l'hypothèse d'une transaction de Ganganelli avec les cardinaux espagnols.

Afin de démontrer jusqu'à l'évidence ce fait qui honorait un ordre religieux dans son obéissance, la plus difficile de toutes les vertus, j'avais pris les Jésuites sur tous les coins du globe. En Chine comme à Paris, aux Indes comme à Rome, au milieu des forêts vierges de l'Amérique comme au sein des États de la vieille Europe, partout ils courbaient la tête sans proférer une plainte. J'avais emprunté à leurs correspondances intimes de ces mots qui sont des actes de la plus éloquente soumission. Je m'étais appuyé sur des paroles prononcées dans les chaires de vérité ou relatées dans les œuvres publiées ou inédites des enfants de saint Ignace.

Tout cela, Père Theiner, vous a laissé insensible.

Vous n'avez eu ni une louange à accorder, ni un coin de vos cinq cent soixante-six pages à offrir à ce douloureux sacrifice consommé en bénissant le sacrificateur. Mais il s'est rencontré sur votre route un jésuite qui, après avoir assisté à la dissolution de son ordre en France, était rentré dans le monde, où il courut la carrière des ambassades et des emplois publics. Cet ex-Jésuite s'appelait l'abbé Georgel. Georgel a composé des *Mémoires* sur les événements contemporains; il parle de la chute de la Compagnie, et il en parle avec une certaine vérité non exempte d'amertume. Il inculpe Clément XIV; c'est donc à cet écrivain seul que vous avez recours.

L'abbé Georgel, je me trompe, vous avez bien soin de crier sur les toits : *le Père Georgel!* ne fait point partie de la Société de Jésus depuis 1764. Il a écrit ses *Mémoires* trente ans plus tard, et ils parurent après sa mort, en 1813. Depuis l'extinction de la Société en France il y resta aussi étranger que vous et moi. Les Jésuites n'avaient rien à voir dans ses récits; les Jésuites ne pouvaient ni les accepter ni les répudier, car ceci admis, il faudrait qu'on rendît responsable la Compagnie des brochures de Cerutti en faveur des principes révolutionaires; il faudrait qu'elle prît sous son patronage les feuilletons dramatiques de Geoffroy. Tous deux, anciens Jésuites, se trouvent avec plusieurs autres dans la même situation que Georgel, si tardivement, dirai-je, si méchamment salué par vous du nom de Père.

Mais à ce compte, si les ordres religieux doivent être solidaires du présent et de l'avenir des hommes qui, à tort ou à raison, renoncèrent à la vocation de leur jeunesse, que penseriez-vous, prêtre de l'Oratoire, si je vous proposais d'adopter tous les enfants laissés sur la terre par les Oratoriens qui, dans la tourmente de 1793, jugèrent à propos de contracter des mariages civils? Que me répondrait votre Institut si, usant du procédé appliqué aux Jésuites, je voulais mettre à la charge de l'Oratoire les crimes dont les pères Fouché et Isabeau, deux Oratoriens régicides, se sont souillés durant la Terreur? Quelle sainte fureur enflammerait vous et les vôtres, si j'empruntais l'estampille de l'Oratoire pour en couvrir les œuvres profondément impies du père Daunou, votre frère en religion, auquel vous ne ressemblerez jamais, du moins je me plais à le croire?

Avec cet atticisme de langage qui n'appartient qu'à Votre Révérence, elle s'écrierait sans doute : « Quelle confiance peut-on donc avoir dans les élucubrations historiques de pareils hommes? » Et, après une réponse aussi péremptoire, elle poursuivrait son chemin. Continuons le nôtre, Père Theiner.

Enfin, vous avez donc un pontife selon votre cœur d'annaliste; un pontife sur les vêtements et sur le corps duquel la royauté du Christ devrait être gravée, et par malheur c'est un pontife qu'on loue par l'imposture et qu'on trompe par le mensonge. Il n'a pas fait d'engagement, pas signé de traité, pas conclu de marché. L'inspiration seule du Saint-Esprit l'a porté au trône, il y est monté à son corps défendant. Les cardinaux électeurs ont fait violence à sa modestie, il va régner dans sa force et dans son équité. Vous tirez son horoscope, et cet horoscope est plus chrétien, plus poétique que vrai; mais enfin, c'est une nouvelle pièce au procès fait à votre impartialité; je l'enregistre *ad referendum*. Vous saluez ainsi l'avénement de votre pape :

« Pendant que les passions humaines s'agitaient de part et d'autre avec le plus d'activité, la providence divine prenait mystérieusement l'homme de son choix, et le conduisait par les voies admirables de la justice vers le siége infaillible de la vérité, sur lequel il allait bientôt s'asseoir, et pour lequel il était prédestiné avant l'origine des temps. Bientôt s'approcha le moment heureux auquel l'Église orpheline devait être consolée par l'apparition de son père, son chef, son suprême pasteur, le vicaire de Jésus-Christ sur la terre. »

Ce ne sera certainement pas à lui qu'on pourra adresser les paroles de véhémente justice que saint Thomas de Cantorbéry écrivait au cardinal Albert. « Je ne sais, mandait le grand martyr d'Angleterre [1], comment il se fait que dans votre cour de Rome ce soit toujours le parti de Dieu qu'on sacrifie, de manière que Barrabas se sauve et que le Christ est mis à mort.... Les malheureux, les exilés et les innocents sont condamnés devant vous, par la seule raison qu'ils sont faibles, qu'ils sont les pauvres de Jésus-Christ et qu'ils tiennent à la justice. »

Votre Révérence se cotise avec l'hyperbole pour hisser sur un piédestal le pontife qu'elle veut relever de ses abaissements, ce pontife qui une fois de plus va prouver, d'après le témoignage de Tacite, qu'un empire indignement acquis ne peut être glorieusement occupé. Elle entoure son trône d'une auréole de mots sonores; elle porte armes devant lui, elle sonne de la trompette à chaque pas qu'il fait, mais elle aboutit à se battre dans le vide. Cette première année d'un pontificat si déplorablement fameux se consume à écrire d'humbles lettres de faire part aux souverains et à recevoir leurs altiers compliments. Protocole banal qui ne sortirait pas de la routine consacrée si, au fond de ces dépêches de félici-

[1] *Script. rerum franc.*, t. XVI, p. 426.

tation, la calomnie et l'iniquité ne s'embrassaient point dans une paix qu'une haine inexplicable cimente au détriment de l'Église. L'Église allait subir la funeste doctrine des affaires religieuses mal conduites et des choses politiques mal réglées.

Clément XIV est pape. Le rêve de toute sa vie se trouve accompli. N'avait-il pas, en effet, été obsédé par cette vieille passion de tout temps enracinée au cœur des mortels, la passion du pouvoir? Mais alors ce prince, dont la timidité faisait le fond du caractère, s'effraye de la promesse que l'ambition arracha à sa conscience. Il comprend que l'iniquité est une mère dont les entrailles ne sont jamais stériles, et produisent toujours des enfants dignes d'elle. Il comprend qu'il est père, comme est père celui qui fait lever son soleil et tomber la pluie sur les bons et sur les méchants, qui n'achève point de rompre le roseau déjà brisé et n'éteint pas la mèche qui fume encore.

Ce n'est pas moi qui le juge ainsi, c'est vous, mon Père, vous qui, avant d'évoquer une lettre du cardinal de Bernis au duc de Choiseul, prenez soin de dire: «Bernis justifie Clement XIV d'une manière plus claire encore et plus frappante, dans sa dépêche du 30 novembre. Il a écrit au Roi, le Roi lui a répondu à le mettre au pied du mur. Il est vrai que dans la pénultième audience j'ai trouvé le Pape plus timide sur la destruction de l'ordre des Jésuites et moins décidé qu'auparavant. Il voudrait bien pouvoir sans risques rompre le filet dans lequel il s'est enfermé; il craint, il hésite, il se flatte peut-être de contenter les cours en n'opérant qu'en partie ce qu'il a promis de faire en totalité, du moins il insiste fortement sur la nécessité du concours des autres princes.

» Cette perplexité donne lieu à une question : Le Pape a-t-il jamais voulu et veut-il sincèrement aujourd'hui satisfaire la maison de France sur l'affaire des Jésuites?

» Je réponds à cette question deux choses : la première, qu'il est indubitable que le Pape n'aime pas les Jésuites, et la seconde, que, comme il les craint encore plus qu'il ne les hait, et que sa maxime est de bien vivre avec tous les souverains sans mécontenter les uns en contentant les autres, le Saint-Père serait très-aise que la France et l'Espagne se contentassent d'une extinction partielle de la Société et de l'humiliation et du discrédit où il espère de la réduire dans ses propres États. Mais après les promesses du Pape, lui est-il possible d'en demeurer là? Je réponds encore à cette question qu'il ne pourra reculer si on le serre de près, mais il faudra du temps. »

Vous vous citez souvent, Père Theiner, et toujours sans doute avec un nouveau plaisir pour vos lecteurs. Fort de votre exemple, je pourrais à mon tour vous offrir quelques pages d'histoire tracées par moi, de ces pages qui malheureusement contredisent un peu les allégations de Votre Révérence. Ainsi, pour prouver que Ganganelli n'a jamais convoité le pouvoir suprême, et que la tiare est descendue des cieux sur sa tête, vous écrivez : « Clément XIV est grand, pur et sans tache avant son élection; tel il se montre sur le trône pontifical, il descendit tel dans le tombeau. Il puisa sa force dans la conscience qu'il avait de n'avoir pas fait le moindre pas pour être revêtu de la tiare pontificale. »

Or dans *Clément XIV et les Jésuites,* de la page 279 à la page 282, il se formule une accusation basée sur les faits et sur les documents, accusation qui démontre que chacun a demandé et obtenu le salaire de son avilissement. Les cardinaux d'York, Lante, Corsini, Pallavicini, Negroni, Malvezzi et Branciforte palpent après l'élection des récompenses stipulées auparavant. C'était le jour des intrigants, des besoigneux et des protégés; ce fut aussi celui des persécutions. Deux prélats, Antonelli et Garampi, avaient bien mérité de l'Église. A la demande du marquis d'Aubeterre et du cardinal de Bernis, Ganganelli les proscrit en idée avant même d'être proclamé.

Le *De minimis non curat prætor* est venu en aide à Votre Révérence; elle a dédaigné de s'occuper de semblables détails. Cette mendicité qui sollicite à toutes portes et qui reçoit de toutes mains, c'était de l'histoire aussi évidente que le soleil. Mais raconter tous les événements et en tirer des conséquences logiques n'est pas votre office. Vous avez accepté à forfait l'entreprise des éloges pour Clément XIV. Vous le douez de toutes les perfections.

De votre pleine puissance vous lui accordez même du courage. L'admiration permet tout, souffre tout dans le panégyrique. Mais afin de consacrer cette sainte intrépidité que vous prêtez à Ganganelli, il ne fallait pas le mettre en présence de ses contemporains et de ses complices. Il ne fallait pas surtout évoquer des dépêches semblables à celle que, le 13 août 1770, Choiseul adresse au cardinal de Bernis. Bernis lui a fait part des terreurs qui assiégent cette âme de pape, il a peur d'être empoisonné, et à ces craintes chimériques le duc de Choiseul répond :

« Je ne saurais me persuader qu'il (Clément XIV) soit assez crédule et assez pusillanime pour recevoir avec tant de facilité les impressions de terreur qu'on cherche à lui donner sur les attentats qu'on pourrait former contre sa vie. La Société des Jésuites a été regardée par sa doctrine, son instinct et ses intrigues, comme dangereuse dans les pays d'où elle a été expulsée, mais on ne l'a point accusée d'être composée d'empoisonneurs, et il n'y a que la basse jalousie et la haine fanatique de quelques moines qui puissent l'en soupçonner. Le général de l'ordre de la Passion aurait dû se dispenser de donner à cet égard l'avis indiscret qui paraît avoir contribué aux indispositions dont Sa Sainteté commence à se plaindre et lui avoir inspiré de fausses alarmes. S'il est susceptible de pareil effroi, on ne les lui épargnera pas, et il ne serait pas impossible que les partisans des Jésuites fissent usage en leur faveur de ce moyen de retarder, ou peut-être d'éluder leur destruction. »

Le voilà ce Pape que vous exposez à la vénération des siècles. Le voilà ceint de la tiare, assis sur la chaire de Pierre, commandant par la foi à l'univers entier et tremblant comme une vieille femme à tous les commérages de poison qui sortent des couvents pour effrayer son imagination. Il doit nourrir les peuples des choses du ciel, fortifier les faibles, soutenir les forts, encourager les timides et rassurer les chancelants. Mais en présence de cette moisson de désordres moraux et de révoltes sociales que font germer le philosophisme et l'impiété, ce Pape ne trouve une espèce d'énergie que pour faire constater au monde entier les désespoirs de ses ridicules frayeurs.

Il va courber la majesté du droit et de l'innocence sous les fantaisies de la force brutale. Il fera abdiquer la vérité devant les préjugés de la haine ou de l'ignorance. Pour assurer au peu d'années qui lui restent à vivre dans la crainte quelques jours de popularité et un trimestre de gloire, il se prépare lentement aux iniquités méditées de longue main contre l'Ordre de Jésus, sa victime.

L'infaillibilité, descendue sur sa tête, doit lui montrer dans le lointain cette révolution qui avance, qui grossit comme les trombes, orgie de doctrines, mélange d'erreurs, de fêtes impures et de proscriptions où d'après la vive image de saint Augustin, les hommes se dévoreront entre eux comme des poissons. Ses oreilles, toujours frémissantes au bruit des pas d'assassins imaginaires, pourraient entendre le bruit sourd du marteau qui commence à démolir et qui intronise la lugubre égalité du néant.

Comme le prophète Isaïe, il devrait avoir déjà vu dans les mystérieux décrets de la Providence un peuple entier se ruer homme contre homme, voisin contre voisin, et avec un effroyable tumulte, l'enfant se lever contre le vieillard, la populace contre les grands, parce qu'ils ont opposé leur langue et leurs inventions contre Dieu. Et ce Pape, médecin, qui disserte sur la vie près d'un tombeau, ne voit rien. Il n'entend rien, il n'écoute rien que des soupçons encore plus injurieux pour sa fermeté d'âme que pour la Compagnie de Jésus.

On lui affirmait qu'une fois tuée il serait aussi difficile de relever cette société religieuse de sa chute que de bâtir Saint-Pierre de Rome avec la poussière du chemin. Et lui qui n'avait pas osé savoir qu'on échoue rarement lorsqu'on a l'audace de faire les choses qui ne paraissent pas faisables, lui, plaçait volontairement la barque de l'Église sous la protection des orages. Ses béates aspirations vers un mieux philosophique éloignaient le remède du mal sans éloigner le mal luimême. La parole avait été donnée à ce Pape, ainsi qu'à ses prédécesseurs et à ses successeurs sur le trône, pour interpréter la muette éloquence des œuvres de Dieu. Il avait mission de luire au milieu des peuples mauvais et corrompus, comme étant le luminaire dont le monde doit être éclairé, et il n'avait d'attention que pour recueillir les calomnies des ouvriers en apostasie de la première ainsi que de la onzième heure.

Tous venaient alors se grouper autour du Siége romain. N'était-ce pas de là que devait partir le signal de l'embrasement du monde? N'était-ce pas au pied de cette chaire apostolique, si magnifiquement glorifiée par eux sur tous les continents, que les Jésuites allaient expier leur incommensurable dévouement à l'Église?

Sous ce pontificat, l'Église souffrira autant par les lois que jadis elle souffrit par les crimes. Comme la Révolution dont il est le sinistre précurseur, Clément XIV va rêver un nouveau ciel et une nouvelle terre. Homme qui prend l'astuce pour la force, il sacrifie au Moloch de l'ambition des vertus, des talents et des qualités qui l'auraient fait aimer et estimer partout ailleurs que sur le trône.

Que Votre Révérence achève donc son histoire. Vous l'avez commencée sous de fâcheux auspices. Pour votre dignité de prêtre, pour votre réputation d'historien, je voudrais que cette œuvre pût se terminer dans un sentiment de justice et de probité. Comme les martyrs des temps primitifs, les Jésuites, mis à mort par Clément XIV, n'ont pas crié à Dieu : *Vindica sanguinem nostrum*, vengez notre sang.

Ce qu'ils n'ont jamais eu la pensée de faire contre Clément XIV, ils ne l'essayeront pas contre vous. Quel que soit le sort réservé à votre indigeste factum, les Jésuites sont destinés à lui survivre. Ils en ont vu, ils en verront passer bien d'autres. Multipliez-le en France, en Angleterre, en Italie et en Allemagne par toutes les voies de la presse. Ordonnez à des comparses littéraires, qui ont le malheur d'ignorer et la bonne fortune d'être ignorés, de traduire et de louer en toutes langues[1] cet ouvrage qui plus tard sera un remords pour vous. A quoi aboutiront tant d'acharnements sacrés et les folles prodigalités de la publication?

Je n'ai ni le droit ni le pouvoir de faire un appel à votre conscience. Par le sacerdoce dont vous avez l'honneur d'être revêtu, vous devez connaître, mieux que moi, les obligations qu'impose la charité chrétienne.

A Votre Révérence de s'avouer, dans le calme de la prière et de l'étude, si elle a suivi fidèlement les préceptes qu'elle s'est imposé la peine de me rappeler en termes quelquefois pleins d'une acrimonie assez peu séraphique.

Nous nous retrouverons sur ce brûlant terrain de discussion. Je m'y présenterai avec le même respect pour votre caractère, avec la même franchise, avec la même loyauté, avec la même énergie; car, retenez bien ceci,

[1] L'éditeur du Père Theiner, qui probablement n'est autre que le Père Theiner lui-même, publie les trois gros volumes de l'*Histoire du Pontificat de Clément XIV* dans de si étranges conditions, il y a, sous cette quadruple édition simultanée d'un livre illisible par la faute de l'auteur et par les péchés du traducteur, un si bon petit mystère d'iniquité, que, sans vouloir aujourd'hui l'approfondir, nous nous contentons de mettre sous les yeux du lecteur la note suivante. Cette *note de l'éditeur* se trouve à la première page de l'œuvre du Père Theiner :

« Des traductions du présent ouvrage, en langue italienne et anglaise, paraîtront incessamment dans la même librairie. L'auteur déclare formellement n'accepter la responsabilité d'aucune traduction publiée avant d'avoir passé sous ses yeux et reçu son approbation. L'original allemand est déjà sous presse dans notre maison à Leipsig. »

Père Theiner : c'est un bienfait de la Providence que les choses honnêtes soient aussi les plus utiles et les plus durables.

J. Crétineau-Joly.

Votre Révérence et son traducteur ont daté l'œuvre commune, le traducteur,

De Paris, fête des Saints-Anges Gardiens,
2 octobre 1852 ;

vous, Père Theiner,

De Rome, 2 février 1852, jour de la Purification
de la très-sainte Vierge.

Je vous demande à l'un et à l'autre la permission de suivre votre exemple, au moins une fois, et de placer cette première lettre sous la protection du Saint dont l'Église célèbre aujourd'hui les conquêtes apostoliques.

Paris, 3 décembre 1852, fête de saint François-
Xavier, de la Compagnie de Jésus.

SECONDE LETTRE.

QUELQUES EXPLICATIONS AVANT LA LETTRE.

MON TRÈS-RÉVÉREND PÈRE ,

Au témoignage de Tacite, Rutilius et Scaurus n'en furent ni moins crus ni moins estimés pour avoir écrit leur propre vie. A force de vous occuper de moi et de me placer sur le premier plan de votre *Histoire du Pontificat de Clément XIV,* vous avez si bien fait que vous avez développé jusqu'à la fureur de vertueuses indignations que cinq années de désappointements personnels et de révolutions sociales n'ont pu calmer. Me voilà encore, comme en 1847, livré aux bêtes, et tous les ennemis que mon ouvrage de *Clément XIV et les Jésuites* m'avait attirés se jettent sur moi, dans l'espérance de trouver l'endroit vulnérable.

Quoique je sache très-bien avec Montaigne que le « n'oser parler rondement de soi accuse quelque faulte de cœur », j'ai toujours éprouvé une certaine répugnance à me mettre en scène. On m'y contraint, il faut donc que Votre Révérence ait la bonté de me laisser sous son couvert répondre aux adversaires de plus d'une sorte que je suis heureux d'avoir conquis. Les uns, comme dit Boileau, imitaient de Conrart le silence prudent; les autres avaient trop écrit, et, dans ma *Défense de Clément XIV*, je croyais avoir gravé au front de ces derniers un stigmate qui ne s'efface guère, lorsque tout à coup je me vois surpris et attaqué par ces mêmes hommes dont en 1847 j'accueillais le grâce et merci du vaincu.

J'aurais pu, dans le courant de cet écrit, confondre leurs outrages avec ceux dont Votre Révérence daigne m'honorer, ou tout au moins leur répondre dans un *post-scriptum*, afin de ne pas distraire l'attention du lecteur. Je me permets un *ante-scriptum*, un avant la lettre qui me donnera plus de facilité pour m'expliquer sur les choses et sur les hommes. Quand j'aurai entr'ouvert ma main trop pleine de vérités, je reviendrai à vous, cher Père. Alors, débarrassé des criailleries, nous continuerons l'examen de la grave question que j'avais résolue il y a cinq ans, et qu'aujourd'hui une mauvaise fée de l'Oratoire vous pousse à ressusciter.

Votre Révérence aime à se venger du bien que les Jésuites lui ont fait. Mieux que personne, elle comprendra donc, j'espère, le plaisir que je dois éprouver en remerciant mes censeurs, quelque peu félons et ingrats, du mal qu'ils prétendent me faire. Nous causions tous deux, en mettant le public entre nous, d'une vieille querelle que par malheur vous affirmez avoir été trouvé digne de réchauffer, et voilà que vous ameutez contre moi le ban et l'arrière-ban de toute la littérature dévote. Depuis longtemps elle ne s'était pas trouvée, et pour cause, à pareille fête; vous l'y avez conviée. Avant de me prendre corps à corps avec Votre Révérence, laissez-moi, je vous prie, dire un peu leur fait à tous ces petits bonshommes qui naissent dans les cryptes du journalisme et qui, à travers les révolutions les plus étranges, ne trouvent pas même un quart d'heure d'à-propos pour se créer une réputation éphémère de talent.

Ceux qui, selon vos dires, ont jugé Votre Révérence digne de réhabiliter la mémoire de Clément XIV vous auront rendu ainsi qu'à lui un fort mauvais service. Car, en dehors de votre traducteur, M. l'abbé Paul de Geslin, missionnaire apostolique qui n'a rien évangélisé, mais qui vous passe son patois en avancement d'hoirie et de martyre, je ne vous découvre aucun admirateur, je ne vous déniche aucun panégyriste. On fait bien par-ci par-là quelques concessions à votre vénérabilité qui court plus d'un risque de succomber dans la bagarre, et à certaines vertus incomparables que pour vous l'on ramasse au tas, mais l'*Histoire du Pontificat de Clément XIV* que l'on connaît ne jouit guère d'un semblable privilége. Avant de la publier, vous vous entendiez bombarder de toutes les épithètes les plus sonores, on vous improvisait grand homme, religieux illustre et savant; puis dans tous les cénacles de bas-bleus on décernait à votre nom un brevet d'immortalité. Vous avez vous-même compromis la couronne anonyme que des flatteurs vous préparaient; et le piédestal sur lequel vous dictiez vos arrêts, croiriez-vous que ces mêmes flatteurs veulent le briser sur ma tête? Il ne vous manque plus que de dire avec saint Augustin « en blessant, nous sommes blessés », *percutimus et percutimur*.

Ces flatteurs s'élancent du fond de toutes les sacristies. Les uns ont des accents de sainte colère, les autres des paroles de pitié enragée, tous de foudroyantes menaces contre moi. Ce petit troupeau de possédés du démon de l'envie ne m'a jamais fait peur, même depuis que jusqu'à un certain point vous vous êtes livré à lui en auxiliaire. Leur indignation de commande me laisse aussi indifférent que leurs anathèmes. Je pourrais les braver, je ne veux m'accorder que juste le temps de les mépriser. Car je suis un peu comme Tacite, notre maître à tous, je n'ai besoin ni de vengeance ni de consolation. Mais au milieu de ces tempêtes de récriminations que votre œuvre soulève autour de mon nom, il se rencontre deux ou trois écrivains à qui je n'accorderai pas impunément le droit d'insulte. Le premier en date, ce sera M. Charles Lenormant, qui, à lui tout seul, cumule presque autant de sinécures scientifiques et littéraires que l'humilité de Votre Révérence affiche de titres et de dignités à l'enseigne de son histoire.

Vous n'entendiez pas plus que moi, qu'en dites-vous, Père Theiner? parler du *Correspondant* et de ses atrabilaires rédacteurs. Ainsi que moi, vous le croyiez enseveli sous le benjoin révolutionaire dont un jeune monsieur, nommé, je suppose, Eugène Loudun, l'avait badigeonné dans la tourmente de 1848. Je m'étais laissé dire que ce recueil sans lecteurs avait perdu son pénultième abonné, l'abonné qui fait collection, *vox clamantis in deserto.* D'infatigables archéologues prétendaient même que ce journal restait enterré dans quelque arrière-boutique de libraire sous la vanité de ses Égéries à trois sous la ligne, lorsque tout à coup retentit à mes oreilles la trompette du jugement dernier dont, pour la satisfaction de ses doctes vengeances, M. Charles Lenormant se croit toujours armé.

A ce nom qui me rajeunit de cinq ans et qui me rappelle une de mes meilleures journées de polémique, je m'écrie : *ecce iterum Crispinus,* et, après avoir, comme tout homme équitable l'aurait fait à ma place, demandé pardon à ce pauvre Crispin de la comparaison, je me mets en quête du *Correspondant*. Le *Correspondant*, à Paris, est presque aussi introuvable que le lieu où fut Troie. Vous poseriez plutôt la main sur les ruines de Ninive que sur un des numéros de ce recueil consacré à la seule glorification de ses écrivains, c'est-à-dire de l'inconnu. Un savant de mes amis qui fait profession d'empailler des académiciens et de réunir des fossiles, s'était, à ce double titre, procuré le *Correspondant* du 25 décembre 1852. Moi qui m'étonne de très-peu de choses dans ce bas-monde et qui ne me suis même pas troublé des diffamations de votre charité, savez-vous que je suis resté stupéfait à la lecture de ces paroles de M. Charles Lenormant?

« Lorsque, dans un dessein trop facile à saisir, un libelle plutôt qu'une histoire attaqua Pie IX, sous prétexte de juger Clement XIV, nous fûmes les premiers, on s'en souvient, à percer à jour cette production suspecte, et, quoique réduit aux documents produits par le pamphlétaire, nous n'eûmes pas de peine à démontrer que l'accusation de simonie décernée contre Ganganelli ne reposait sur aucun fondement solide. »

Certainement Votre Révérence n'aurait pas mieux dit que M. Lenormant, et votre traducteur n'aurait pas abusé d'un français plus incorrect pour rendre votre pensée. Mais, Père Theiner, ce ne sont pas les ambages antigrammaticaux de cet allié *in extremis* que je désire soumettre à vos appréciations, c'est M. Lenormant luimême. Quoique vous ayez cru devoir reléguer dans un oubli trop diplomatique la *Défense de Clément XIV* que m'arrachèrent des provocations insensées, je vous suppose encore trop de justice dans le cœur pour ne pas vous prendre comme arbitre entre cet homme et moi. Or voici ce qui arriva.

A l'apparition de l'ouvrage intitulé *Clément XIV et les Jésuites*, M. Lenormant, mu par un de ces sentiments que l'on ne s'avoue peut-être pas à soi-même, mais dont les autres éventent très promptement le secret, M. Lenormant affila sa meilleure plume de critique et partit en guerre. A tous les innocents coups d'épingle dont le thaumaturge du *Correspondant* essayait de me piquer par devant et par derrière, je répondis par un coup de canon. Le boulet fut sans doute assez bien dirigé, il pénétra dans les œuvres vives de M. Lenormant, et, pour me servir d'une de ses expressions, on s'en souvient encore. L'agresseur était resté sur le carreau, lorsque peu de jours après la publication de cette brochure, le Nonce apostolique à Paris, cardinal Fornari, me fit demander un entretien. Je me rendis à l'invitation de cet éminent personnage qui avait pour moi des bontés paternelles que n'oubliera jamais ma respectueuse reconnaissance.

Le Cardinal me fit part de la communication dont il était chargé par le Souverain-Pontife, et, après une conversation qu'il avait eu l'art de prolonger, j'allais prendre congé de lui, lorsqu'on annonça M. le docteur Récamier. En me voyant, M. Récamier me presse dans ses bras, me félicite, avec l'expansion qui lui était naturelle, du courage que j'ai déployé et de la verve satirique que j'ai su mettre au service du bon sens et l'équité; puis, se ravisant tout-à-coup :

— Je vous complimente, mauvais sujet, s'écria-t-il, quand je devrais vous tirer les oreilles jusqu'au sang.

— Eh! pourquoi donc, docteur?

— Pourquoi? reprit-il, parce que vous avez battu et rebattu un de mes parents.

— Votre parent! et quel est-il?

— M. Lenormant, que vos bonnes raisons ont rendu encore plus malheureux que vos sarcasmes.

— Ah! répondis-je avec un sourire de défi, si j'avais su que M. Lenormant eût l'honneur d'appartenir à votre famille, je vous jure, docteur, que j'aurais essayé de frapper encore plus fort.

— Il ne s'agit plus de tout cela, mon cher Crétineau, reprit cet homme dont la loyauté égalait la science et dont la charité surpassait le talent. Je vous apporte la paix et je veux que vous la cimentiez avec M. Lenormant, à ma campagne de Bièvre.

J'ai toujours gardé dans les allures et dans le caractère un peu du Brigand de la Vendée. Je ne déteste pas d'échanger avec les gens qui me provoquent un coup de sabre littéraire; néanmoins, je puis me rendre cette justice, c'est que je n'ai jamais commencé les hostilités, jamais *chouanné* au profit de mon orgueil, jamais attisé le feu pour la satisfaction d'une jalousie ou d'une vengeance. La paix proposée par le docteur Récamier, en présence du cardinal Fornari, ne me coûtait pas plus à signer avec M. Lenormant, académicien des inscriptions et belles-lettres, qu'avec tout autre. Je répondis à M. Récamier qu'après la bataille j'étais toujours prêt à tendre la main au courage malheureux; mais, ajoutai-je, M. Lenormant sera-t-il aussi bien disposé que moi?

— J'en fais mon affaire, et j'ai sa parole, s'écria le docteur.

— Alors, va donc pour une bonne réconciliation, et de ma part elle sera sincère. Mais, j'y pense, repris-je, vous ne savez peut-être pas que je ne connais point M. Lenormant, que je ne l'ai jamais vu.

A ces mots, le docteur Récamier partit d'un fou rire.

— Ah! disait-il, en cherchant dans ses poches, il ne connaît pas Lenormant. Il ne l'a jamais vu, et voyez donc, monseigneur, comme il l'a peint!

Et M. Récamier exhibait un exemplaire de ma *Défense de Clément XIV*, et il lisait : « Des adversaires tels que M. Mœller sont toujours peu dangereux, même lorsqu'ils enfantent des Lenormant. Et pourtant, il faut le dire, ce dernier écrivain ne doit pas subir l'humiliation d'un pareil rapprochement. Il a de la science au service de ses convictions, et de l'esprit préparé qu'il voudrait, de temps à autre, faire accepter comme le clair de lune du génie. Sa faconde de rhéteur, ses formes sévères ou plutôt guindées, ses habitudes claustrales et surtout cette malheureuse manie de n'adopter pour frères d'armes que les précieux ridicules du cénacle où l'on trône, tout cela a fait de M. Charles Lenormant un homme incomplet, c'est-à-dire un académicien des Inscriptions et Belles-Lettres. Ses ouvrages se sont ressentis du milieu dans lequel il passait sa vie. Ils n'avaient obtenu qu'un maigre succès d'estime, il s'est voué tout chrétiennement à décréditer le succès des autres. On l'a persécuté dans sa chaire de Sorbonne; il a repris, dans le *Correspondant*, sa férule exilée. Le martyr s'est transformé en petit bourreau littéraire : bien entendu que ce commerce de blâme s'exerce au nom de la vérité, de la justice, et le plus souvent même pour le triomphe de la Religion.

Et M. Récamier qui avait tourné trois ou quatre pages continuait ainsi :

« Tantôt il procède par voie de mielleuse insinuation, tantôt il se bat les flancs pour essayer de tirer de son encrier un peu d'éloquence indignée. Quelquefois même le béat risque une bonne calomnie qu'il s'efforce de déguiser en médisance. Il affirme, il doute, il commente, il dénature, il nie, il prend tour à tour des airs de componction et de courroux; il entremêle les faits et les dates, il jette par ci, par là, avec un dédain qui a son prix, des imputations de faux qu'il rétracte quelques lignes plus bas, tout en espérant qu'elles porteront leur fruit. Il cherche à être amer parce qu'il est morose, cruel, parce qu'il se voit délaissé du public. En passant il salue d'un geste amical le comte Alexis de Saint-Priest; au besoin il serrerait dans ses bras cet excellent abbé Gioberti qu'il s'apprête à combattre *pro forma*. Il flatte les patriotes italiens et les gronde à l'encontre de leurs préjugés, comme on encouragerait ailleurs qu'au *Correspondant*. Lorsqu'il a terminé son réquisitoire, M. Lenormant se résigne à monter à son capitole solitaire. N'a-t-il pas vengé la mémoire de Clément XIV et tué les Jésuites en pourfendant à grands coups de plume le livre et l'auteur? »

Cette scène, dont la naïve cordialité de M. Récamier faisait tous les frais, nous avait disposés à l'indulgence. Je promis de pardonner à M. Lenormant les épigrammes, et surtout les arguments sérieux dont il se sentait blessé. A Bièvre, M. Lenormant ne doit pas avoir oublié que M. Récamier n'eut aucune peine à m'amener à un traité de paix, dont la seule clause fut ce qu'elle devait être, un raccommodement dans un baiser fraternel.

M. Récamier n'est plus; mais moi qui n'ai pas l'honneur de lui appartenir par les liens du sang, j'avoue bien haut que portant toujours un profond respect à sa mémoire, je n'aurais jamais osé venir sur son tombeau insulter l'homme avec lequel il m'aurait réconcilié. M. Lenormant n'a pas de ces délicatesses-là; il faut donc l'accepter tel qu'il est.

Et ce qui vous étonnera peut-être encore davantage que cette petite anecdote, c'est qu'après cinq années de rage concentrée, M. Lenormant s'efforce de vous faire une réputation contre laquelle Votre Révérence proteste à chaque page de son œuvre. Croiriez-vous, bon Père, que cet écrivain, que dis-je, un écrivain! Son Importance M. Lenormant, Tuffière de seconde main, cultivant avec un égal succès les grâces de sacristie et les faveurs d'Université, s'évertue pour prouver que vous n'avez pas mis assez du vôtre ou du sien dans les invectives dont il vous a plu de charger mes épaules. Il vous trouve trop bienveillant à mon égard, et il le regrette en ces termes : « Vainement, dit-il, l'illustre auteur cherche à contenir son langage dans les bornes de la modération, sa vraie pensée éclate à chaque instant. »

Comprenez-vous, Père Theiner, un semblage éloge? Le méritez-vous? Avez-vous même songé à vous en rendre digne? et n'est-ce pas traîtreusement vous calomnier que de venir, après vous avoir lu, vous délivrer un certificat de modération? L'habileté de M. Lenormant n'en a jamais fait d'autres, mais sa jalousie est à l'inverse de son habileté; elle ne lâche prise que le plus rarement possible.

En sa qualité de critique, ne produisant jamais, M. Lenormant s'est condamné au supplice d'un Tantale littéraire. Il m'a envié l'*Histoire de la Compagnie de Jésus*, il m'a envié les documents qui servirent à édifier l'ouvrage sur Clément XIV et les Jésuites; le voilà qui pousse son péché jusqu'à envier quelque chose à Votre Révérence. Et ce n'est pas, vous en êtes parfaitement sûr d'avance, à votre ancienne bonne foi d'historien, à votre heureuse méthode des temps passés, à votre vieux discernement, et surtout à votre charité toujours nouvelle, qu'en veut M. Lenormant. Tous ces dons qui devraient briller d'un si vif éclat dans l'histoire du Pontificat de Clément XIV le séduisent très-peu. Il en serait parfois aussi embarrassé que vous. Mais Votre Révérence a eu le tort de dire qu'elle avait été trouvée digne; c'est cette hablerie, dont vous auriez bien pu vous dispenser, par respect pour de hautes convenances, qui amène *le Correspondant* à s'écrier : « Quel beau livre n'aurait-on pas fait avec le trésor que le R. P. Theiner vient de livrer au public! »

Vous l'entendez? Il n'y avait qu'à laisser M. Lenormant maître des Archives secrètes du Vatican, à l'installer en votre lieu et place de Préfet coadjuteur de ces mêmes Archives, et il vous aurait montré, lui, de quelle manière on triomphe d'un pamphlétaire de ma sorte. Il a été si bien inspiré une première fois, il a eu la main si heureuse, n'est-ce pas? que ce succès d'il y a cinq ans doit vous donner quelques remords. Je suis persuadé que si vous hésitez encore, par hasard, à lui confier les clés des Archives vaticanes, vous êtes tout prêt à vous démettre en sa faveur de vos fonctions de membre de l'Index et du Saint-Office, afin qu'il répare la faute que vous avez commise en ne me frappant pas de vos foudres. Mais, tenez, je veux, en loyal adversaire, décharger votre conscience de ce remords. Laissons M. Lenormant jouer le rôle de l'eunuque à la porte du harem. Voici pourquoi :

En 1847, dans cet article magistral qui fait la gloire de M. Lenormant, et dont il s'imagine qu'après toutes les farandoles démocratiques on se souvient encore, comme de la culotte de velours de M. et Mme Denis, le *Correspondant*, par l'organe de son critique, déclarait à diverses reprises « qu'il aimerait à toucher de sa main, à voir de ses yeux » les documents que j'avais mis en œuvre. Il les voulait ici, il les appelait là ; plus loin il marmottait : « Que ne donnerions-nous pas, par exemple, pour avoir la lettre où d'Aubeterre demande un pape sans scrupule, ne tenant à aucune opinion et ne consultant que son intérêt.

Cet homme, si infatué de sa personne, qu'il poserait avec plaisir devant les mouches, n'avait pas la rude franchise de Votre Révérence. Il se gardait bien de proclamer, comme vous, l'authenticité des documents. Il cherchait à me harceler ; il espérait m'embarrasser, dans la persuasion qu'il me serait impossible de satisfaire un pareil vœu, qui, pour tout autre, aurait pu n'être pas des plus faciles à accomplir. A la première sommation de M. Lenormant, toutes les pièces qu'il invoquait, toutes celles même dont il n'avait pas songé à réclamer le dépôt, furent livrées à la curiosité publique. Mais, alors, savez-vous ce qui arriva?

M. Lenormant est un peu comme vous, mon Révérend Père. Il conserve je ne sais trop quoi à la Bibliothèque, et, que ce monument soit royal, national ou impérial, ce qu'il y a de plus certain dans son affaire, c'est que M. Lenormant y conserve toujours sa place avec tous les petits agréments y annexés. Il s'est fabriqué une réputation de curieux, de savant, d'archéologue, de polyglotte, et, Dieu me pardonne! il se croit peut-être un grand écrivain. A tous ces titres, sans compter le vif désir si méchamment manifesté, M. Lenormant devait être le premier à courir pour toucher de sa main, pour voir de ses yeux ce que ses yeux et sa main avaient tant convoité. Il ne savait ce qu'il devait offrir pour arriver à ce trésor. Le trésor est déposé à quelques pas de sa demeure, et M. Lenormant n'a pas trente centimes, six sous, à donner pour qu'un omnibus le jette face à face avec tous les manuscrits. M. Lenormant n'a pas daigné prendre la peine de les voir, de les toucher, de les confronter, de les étudier : son siége était fait. Pour l'acquit de sa conscience, il chargea un jour son libraire, qui passait par là dans ses courses marchandes, de s'assurer si les documents étaient réellement déposés chez MM. Mellier, mes éditeurs, et le négociant, par la même occasion, s'informa s'il n'y avait rien de nouveau en librairie.

Ceci révélé pour votre gouverne, j'espère bien que vous y regarderez à deux fois avant de céder aux vœux de M. Lenormant. Mais ce n'est plus à ce profond scrutateur de manuscrits que nous avons seulement affaire, il nous a suscité à tous deux un nouvel ennemi. Derrière son front de bataille, l'*Ami de la Religion* met en ligne son abbé Cognat. Il n'a que cela à nous offrir. Faute de mieux, voulez-vous que nous nous en contentions, Père Theiner? L'abbé Cognat a du bon, il est clair et succinct, deux qualités que je me permettrai de recommander à Votre Révérence. L'abbé Cognat incline du côté de M. Lenormant; il est heureux de s'approprier « les courageuses paroles du savant publiciste »; il se les approprie, et il est bien plus heureux encore, ce digne abbé Cognat, de certifier après avoir reproduit M. Lenormant.

« Ce jugement est le nôtre. Sans doute, nous n'approuvons pas le livre de M. Crétineau-Joly, ni l'esprit qui l'inspira. Les saints et illustres défenseurs de l'Église, dont il a prétendu soutenir la cause, méritent un autre défenseur. »

En écrivant cette phrase, qui sent son Lenormant d'une lieue, l'abbé Cognat s'est heurté au mot de la situation. Les Jésuites méritaient un autre défenseur que moi. Eh, mon Dieu! je leur ai dit cette triste vérité avant l'abbé Cognat, qui n'en a point la primeur ; mais, jusqu'à ce jour, l'*Ami de la Religion* m'en avait aussi peu paru convaincu que les disciples de saint Ignace eux-mêmes. Que se passe-t-il donc dans les bas-fonds de ce journal, pour qu'un prêtre, venu d'on ne sait où, prononce en trois lignes une sentence que M. l'abbé Dupanloup, aujourd'hui évêque d'Orléans, et toujours, je crois, inspirateur de l'*Ami de la Religion*, se garderait bien de confirmer dans son incontestable loyauté. Car, lorsque la première édition de *Clément XIV et les Jésuites* fut publiée, lorsque MM. Lenormant et Gioberti, avec le *Contemporaneo*, la *Speranza* et la *Revue de Louvain* pour alliés, faisaient feu de toutes leurs plumes sur l'auteur et sur l'ouvrage, M. l'abbé Dupanloup écrivait à un de ses amis, à Rome : « Je voudrais que ce livre fût lu dans toute l'Europe ».

Un mois après son apparition, le cardinal Bernetti, qui remplit sous Léon XII et Grégoire XVI les éminentes fonctions de secrétaire d'État, le cardinal Bernetti, alors chancelier de la sainte Église romaine, exprimait la même pensée en la développant. Jamais homme ne posséda comme lui son âme en paix, il la portait dans ses mains, selon le Psalmiste, et sa franchise égalait son courage et ses talents. Le 23 juin 1847, il daignait m'adresser la lettre suivante dont il ne m'est encore permis de ne citer qu'un fragment.

« J'ai voulu lire avant de vous donner ma pensée sur l'ouvrage. Maintenant j'ai lu et je suis enchanté de l'ami et de l'auteur. Si je tardais à vous le dire, ce serait une monstrueuse ingratitude et une injustice solennelle. Dieu me préserve de l'une et de l'autre! Merci donc et mille fois merci du fond d'un cœur pénétré d'éternelle reconnaissance.

« Curieuse coïncidence! votre *Clément XIV* est arrivé ici quand y arrivaient également les cinq volumes antagonistes de l'abbé Gioberti (*il Gesuita moderno*). Je ne saurais vous dire si cette circonstance a augmenté ou diminué la chaleur des partis : ce qu'il y a de certain, c'est que le nombre de ceux qui en ont parlé ou qui en parlent est infini. Chacun, comme c'est naturel, en disserte à sa manière; mais aborder cinq volumes n'est pas une entreprise d'un courage ordinaire, tandis que personne ne peut se refuser la lecture d'un seul volume. C'est un péché encore bien rare. Celui qui possède un *Clément XIV et les Jésuites* est condamné à soutenir le siége des intéressés, des amateurs, des curieux. Je l'ai refusé à plusieurs, mais j'ai dû céder, et Dieu sait quand je le reverrai. Bref, votre livre a excité une grande rumeur. Tous les amis de la vérité sont satisfaits, parce qu'ils y trouvent l'évidence; les gens incertains par caractère restent ébranlés, mais n'ont pas la force de se décider, et ceux qui, de bonne foi, ne connaissent pas l'Histoire sont tout stupéfaits. Au milieu de tous ceux-ci, il ne manque pas de gens qui ne veulent pas ajouter foi aux documents, il faut les abandonner à l'impénitence finale. Ceux qui pour moi sont insupportables, ce sont ces dévots imbéciles qui crient au scandale. J'ai déjà dû rompre plus d'une lance avec plus d'un, ils regardent avec une inexplicable indifférence les cinq volumes de l'abbé Gioberti et ils trouvent scandaleux votre volume unique! Je ne serai jamais, jamais, jamais de leur avis, et toutes les fois que je trouverai l'occasion de les combattre, je le ferai toujours. »

Cet ouvrage, dont la destinée a quelque chose de si

étrange, avait un but; il l'atteignit, et, en récompense, le premier homme qui essaya de lui jeter un peu de bave révolutionnaire, ce fut l'abbé Gioberti. Sans s'inquiéter des conditions exigées par le libelle, Gioberti déclara que *Clément XIV et les Jésuites* était l'œuvre d'un pamphlétaire. L'empereur Napoléon disait un jour au comte de Fontanes : « Tacite! Tacite! il a calomnié Tibère et fait un libelle contre Néron. » Cette boutade d'un grand homme fut très-spirituellement, mais très-injustement, sans doute, qualifiée d'esprit de corps par un bon mot de Cacault, ambassadeur de France à Rome; néanmoins elle ne réhabilite ni Tibère ni Néron. Est-ce que, par hasard, Père Theiner, vous supposeriez qu'une injure tombée de la plume d'un mauvais prêtre piémontais entacherait la réputation d'un écrivain sérieux et sincère?

Cinq années ont passé sur cet ouvrage, elles lui ont donné la consécration du temps. Qu'importe à cette œuvre que deux ou trois échappés du *Correspondant* et de l'*Ami de la Religion* viennent, en véritables moutons de Panurge, faire devant leur public, s'ils en ont un, le saut de carpe que l'abbé Gioberti leur enseigna? Un libelle [1], c'est un

[1] Dans le prétendu jugement que la cour du Banc de la Reine a rendu, le 31 janvier 1853, en faveur de l'apostat Achilli contre le docteur Newmann, on lit l'appréciation suivante de l'œuvre de courage et de dignité qu'avait publiée le savant et pieux oratorien : « Les juges de cette cour ont attentivement examiné *votre libelle* et les motifs qui vous ont engagé à l'écrire. »

Ainsi voilà une des lumières de l'église catholique en Angleterre, condamnée comme libelliste et pamphlétaire par des magistrats protestants, jugeant dans leur propre cause et jugeant avec leurs préventions et leurs calculs. Le docteur Newmann avait fait de l'histoire vivante, mais vraie. Par sentence de l'église anglicane, il est libelliste: je ne le suis encore que de par Gioberti et ses échos; lequel est le plus honorable?

écrit diffamatoire rendant odieuses ou ridicules, les deux ensemble souvent, une ou plusieurs personnes vivantes, attaquées dans leur honneur. Le plus jeune ou le dernier survivant dont le nom se trouve cité dans *Clément XIV et les Jésuites*, a disparu de ce monde il y a plus d'un demi-siècle. Quel intérêt aurais-je, moi qui n'étais pas né, moi qui suis fort peu jésuite, à prendre à partie tous ces hommes dont les correspondances me sont tombées entre les mains? C'était de l'histoire, de l'histoire brûlante, jamais un pamphlet; car je n'avais et je ne pouvais avoir aucune haine, aucune passion contre Ganganelli, Malvezzi, Bernis et la tourbe de leurs complices.

Mais, en 1847, l'abbé Gioberti et tous les patriotes italiens dont, à cette époque, M. Lenormant se faisait le Thyrtée, dont il célébrait pâteusement les hypocrites effusions de tendresse envers le Saint-Siége et la personne de Pie IX, n'avaient pas assez d'impostures à jeter à ma tête. M. Lenormant et ses acolytes, qui n'en sont peut-être plus à l'âge d'or qu'ils promettaient aux patriotes italiens, veulent leur offrir au moins une dernière fiche de consolation. Les patriotes italiens ont été battus et rebattus en rase campagne par le vieux Radetzki. Mais dans toute l'Italie ils se précipitèrent à la curée du Jésuite; mais il se sont concédé l'infâme privilége de souiller de leur contact le grand autel pontifical; mais ils ont déclaré Pie IX déchu de toute puissance; mais ils ont massacré des prêtres dans la ville éternelle et partout; mais ils ont proclamé la République sur les ruines en vain prophétisées de l'Église; mais ils ont assisté a des orgies sans fin, à des hontes sans but, à des turpitudes sans exemple. Ne faut-il pas que M. Lenormant et ses comparses leur passent en revanche *Clé-*

ment XIV et les Jésuites, tout à coup transformé par eux en pamphlet.

N'en déplaise à tous les Cognat du monde, entés sur tous les Lenormant des feuilles officiellement chrétiennes, le livre n'a pas plus changé que la pensée qui l'inspira. Et si Mgr Dupanloup voulait alors qu'il fût lu dans toute l'Europe, ce n'était certainement pas pour le vouer plus tard aux anathèmes d'un scribe clérical. Si, après lecture, le cardinal Bernetti se sentait à l'âme une reconnaissance éternelle pour l'auteur, et qu'on me permette de m'honorer, en répétant avec lui, pour l'ami, est-ce que vous croyez, Père Theiner, que j'irai béatement m'incliner sous ces plumes hargneuses qui ne font grâce ni à la vérité, ni au courage, ni surtout au succès?

Je sais parfaitement que lorsqu'en septembre 1843 le Général et les assistants de la Compagnie de Jésus me firent l'honneur inattendu de me proposer d'écrire l'histoire de leur Ordre, il y avait bon nombre d'auteurs en retraite ou d'historiens en herbe qui briguaient cette préférence. J'aime à croire qu'ils possédaient autant et plus de titres que moi, qui n'avais jamais vu un jésuite de près ou de loin. On intriguait à Paris, on intriguait à Lyon, on intriguait à Rome, on intriguait à Madrid, on intriguait à Vienne, on intriguait partout, afin de faire tomber le choix des Jésuites sur un des candidats ou sur l'une des agrégations de candidats que chaque cénacle proposait. J'avais l'avantage que j'ai toujours souhaité, celui de n'être patroné par personne. Je venais d'achever l'*Histoire de la Vendée militaire*, et un de mes amis, M. le baron Dudon, ancien ministre d'État, m'emmenait en Orient sous prétexte de me faire prendre l'air. Je le rejoignis au lac de Côme.

L'Orient était à cette époque en proie à deux fléaux : la peste et la guerre civile. D'un jour à l'autre, nous étions destinés, en France, à subir ces calamités; le baron Dudon jugea sage et opportun de ne pas aller au devant. Notre voyage fut ajourné; mais M. Dudon ne voulut pas me condamner à revenir vers Paris sans avoir au moins visité mes amis de Rome. Le lendemain, je me dirigeai sur la capitale du monde chrétien, dans une complète ignorance de ce qui m'y attendait.

Le hasard me fit rencontrer dans le Corso un jésuite qui avait été mon condisciple. C'était le Père Philippe de Villefort. Il me reconnut et me pressa d'aller le voir au Gesù. J'y allai. D'autres Pères vinrent se mêler à l'entretien. On m'introduisit auprès du Général de la Compagnie, et, deux jours après, il fut décidé que la Société remettait entre mes mains le soin de composer son histoire.

Le pape Grégoire XVI que, de 1823 à 1827, j'avais connu simple camaldule et cardinal, daigna, par un mot, ratifier le choix spontané des enfants de saint Ignace. En l'apprenant de ma bouche, il me dit : « Il est bien juste que l'auteur de l'*Histoire de la Vendée militaire* devienne l'historien des Jésuites. Ne sont-ils pas les Vendéens de l'Église? »

Cette encourageante parole du Souverain Pontife était plus qu'un ordre pour moi. Je me mis à l'œuvre, et j'ignore encore maintenant par quel miracle l'écrivain, en dehors de toutes les coteries, a pu dominer les jalouses colères que son bonheur dut surexciter. Si ces jalouses colères ont gardé le silence pendant la publication de l'histoire de la Compagnie, il faut avouer qu'elles ont bien pris leur revanche depuis. Oh! Père Theiner, sans vouloir m'arrêter plus que de raison aux attaques dont vous m'avez gratifié, que j'en ai découvert d'ennemis, cherchant, comme le lion de la Bible, la victime qu'ils avaient à dévorer! Que de calomnies n'ai-je pas entendu rugir à mes oreilles! que de trahisons n'ai-je pas vu se dresser! que de mensonges n'ai-je pas surpris en flagrant délit! que de perfidies n'ai-je pas arrêtées au berceau! que d'infamies, tranchons le mot, n'ai-je pas essayé de couvrir sous l'étroit manteau de ma charité!

Tous ceux à qui un jésuite isolé avait parlé du désir que nourrissait la Compagnie de faire faire son histoire, se regardaient comme désignés d'en haut à cette œuvre ardue. On prétendait que, puisque j'y réussissais, malgré les impossibilités proclamées par tous les chefs de l'Ordre de Jésus, chacun y aurait obtenu le même succès, et cette idée, que l'on n'arrachera jamais de la tête de M. Lenormant et des Cognat de son espèce, cette idée s'enracinait à chaque volume nouveau. Elle s'est fait jour à la publication de *Clément XIV et les Jésuites.* Après avoir vous-même provoqué cet effet, Père Theiner, vous finissez par le ressentir.

Mes envieux d'il y a dix ans deviennent aujourd'hui vos adversaires très-humbles, tout en restant les miens très-outrageants. Ils vous savent gré de faire cause commune avec eux, mais ils ne pardonneront jamais à Votre Révérence de m'avoir préparé une nouvelle victoire. Ces gens-là aiment le Jésuite, à leur temps et à leur heure. Ils veulent le défendre ou l'attaquer selon leurs convenances. Ils ne le détestent pas comme vous par ingratitude, par esprit de corps. Ils éprouvent pour cet Ordre illustre un indéfinissable sentiment, que mon nom seul prononcé aurait le don d'expliquer.

Sans m'en douter, sans le vouloir, sans le rechercher,

j'ai été trouvé digne de supplanter de pieux écrivains de circonstance, qui aspiraient à abriter leur tapageuse médiocrité derrière une retentissante histoire. Ce bonheur de ma vie m'a été compté pour un crime. On s'est efforcé de me le faire expier depuis *Clément XIV et les Jésuites*. Vous voyez, mon Père, à quoi ont abouti toutes ces tentatives? Par ma première lettre, adressée à Votre Révérence, vous avez dû comprendre que j'étais assez insensible aux outrages; je dois vous déclarer que je le suis encore bien plus aux récriminations. Tout cela ne vaut pas, comme on disait sur les bancs de l'école, un bon argument; mais tout cela explique beaucoup de choses. Si, avant d'arriver à Votre Révérence, elle veut bien encore m'accorder un peu de répit, c'est avec tout cela que nous pourrons, l'un portant l'autre, donner un sens clair et précis à la déclaration que le Général des Jésuites a faite le 24 décembre 1852.

Cette déclaration est ainsi conçue :

« J'apprends que M. Crétineau-Joly fait imprimer à Paris une réponse à l'ouvrage récent du P. Theiner : *Histoire du Pontificat de Clément XIV*. Dans cette réponse, il faut l'espérer, l'écrivain ne franchira pas les bornes d'une simple défense, et son œuvre sera celle d'un catholique toujours respectueux envers la personne sacrée du vicaire de Jésus-Christ.

» Toutefois, la Compagnie dont je suis le supérieur général ne saurait être responsable des productions littéraires de M. Crétineau-Joly, par cela seul qu'elle lui doit une publication de son histoire ; M. Crétineau lui-même a déjà protesté contre cette solidarité prétendue.

» Dans son *Clément XIV et les Jésuites*, il déclare que « le Général de la Compagnie de Jésus, au nom de son » Ordre et de l'honneur du Saint-Siége, le suppliait,

» presque les larmes aux yeux, de renoncer à la publi-» cation de cette histoire. »

» L'*Avis au lecteur*, mis en tête de la *Défense de Clément XIV*, renferme la déclaration suivante : « Certains » hommes..... voudraient peut-être établir une espèce » de solidarité de pensées et de vues entre l'auteur de » l'*Histoire de la Compagnie de Jésus* et les membres de » cet Institut. Une fois pour toutes, je déclare que cette » solidarité n'exista jamais, même pour l'*Histoire de la* » *Compagnie*. IL EN EUT TROP COUTÉ A MON INDÉPENDANCE » ET A MA FRANCHISE. A plus forte raison dois-je assumer » sur moi seul la responsabilité de mes écrits antérieurs » ou postérieurs, notamment tout ce qui dans *Clé-* » *ment XIV* et sa *Défense* tient à l'appréciation des actes » du Saint-Siége. Ici, je dois le dire hautement, il y a » non-seulement défaut d'accord, mais désaccord com-» plet entre l'auteur et les Pères de la Compagnie de » Jésus. »

» Mais, soit que tous n'aient pas eu connaissance des paroles de M. Crétineau, soit que plusieurs aient refusé de croire à la sincérité de cette protestation, une sorte de responsabilité semble peser sur la Compagnie.

« Il est donc de mon devoir d'élever aujourd'hui la voix : je proteste hautement, dans toute la sincérité de ma conscience, en mon propre nom et au nom de tous les miens, contre tout ce qui, dans les écrits de M. Crétineau-Joly, pourrait blesser l'honneur et le respect dus au Saint-Siége apostolique, et je déclare qu'il n'existe aucune solidarité entre cet auteur et les membres de la Compagnie de Jésus.

» Rome, le 24 décembre 1852.

» J. ROOTHAAN,

» *Général de la Compagnie de Jésus.* »

En dehors d'une phrase supprimée et que je rétablis dans le texte, en la soulignant, sans pouvoir comprendre dans quel intérêt ou pour quel motif on a cru devoir l'omettre, j'avoue, Père Theiner, que, la position donnée, je n'aurais fait ni plus ni moins que n'a fait le Père Roothaan, Général de la Compagnie. Il n'a ni affaibli ni excédé la mesure; il est resté dans son droit, dans le droit que, cinq ans auparavant, je m'étais cru obligé d'invoquer et de faire prévaloir. Je ne recherche pas, je ne veux pas rechercher quelles causes l'ont amené à cet acte qui, s'il est reconnu sincère par les autres comme par moi-même, me rendra jusqu'aux apparences de cette liberté de pensée et d'action dont je n'ai jamais cessé de jouir. En 1847, dans ma *Défense de Clément XIV*, j'écrivais en parlant des Jésuites : « Ils me prirent tel que j'étais; je suis resté tel qu'ils m'ont pris. »

Depuis cette époque, je n'ai rien changé à ma vie extérieure, rien à ma vie intérieure. Je suis le même au dehors comme au dedans. Et lorsque autour de nous tout subit les plus étranges vicissitudes, lorsque la vertu d'hier devient crime aujourd'hui, lorsque au milieu du choc de ces prodigieuses transformations qui font du grand citoyen de la veille un misérable du lendemain, on se trouve à ne plus savoir à quel hasard vouer sa croyance, je confesse qu'il m'est doux de me rendre une pareille justice. En face de tous les déplorables scandales qui ont affligé les cœurs les plus insensibles, mon immutabilité repose sur deux principes : Je suis catholique, je suis monarchique.

C'est à ces deux religions unies et inséparables dans mon âme que je dois d'avoir traversé, sans aucune fange à mes pieds ou sur ma tête, les cruelles années que, depuis 1830, Dieu a envoyées à la France comme l'expiation de toutes ses gloires, de toutes ses fautes et de tous ses orgueils. Je n'ai rien accepté, je n'ai rien demandé, je n'ai rien promis, quelquefois j'ai même refusé. Mon front ne s'est jamais courbé devant la bassesse, il ne s'est jamais incliné devant la puissance. Je suis resté ce que ma conscience m'a dit de rester, l'homme du devoir, m'efforçant de ne laisser aux hypocrites de l'Église et aux Bilboquets de la politique ni un haillon d'honneur ni un lambeau de probité pour se couvrir.

Cette attitude avait — et je n'en disconviens pas — plus d'un obstacle à vaincre pour se faire accepter même comme une exception. Sans de trop miraculeux efforts, j'avais réussi jusqu'au 24 décembre 1852. A entendre les cris de joie des ennemis de la Compagnie de Jésus, qui me font bien aussi la faveur d'être un peu les miens, est-ce que par hasard je me trouverais inopinément déshérité de la confiance dont les Jésuites m'ont honoré, confiance dont, mieux que personne, ils savent si j'ai abusé en 1847 et si j'abuse même en ce moment? En 1847, j'ai dit à peu près dans les mêmes circonstances qu'entre les Jésuites et leur historien il n'existait aucune solidarité, et que, pour l'appréciation qu'à tort ou à raison je croyais devoir faire des actes politiques du Saint-Siége, il y avait entre nous non-seulement défaut d'accord, mais désaccord complet.

Cette déclaration a été reçue comme portant force de chose jugée avec elle. Je n'avais pas, il est vrai, le contre-seing du Général de la Compagnie de Jésus pour la répandre. Je n'avais pas pour la faire accueillir les jalouses colères que le succès de l'histoire des Jésuites amassa contre son auteur. Mais en dédaignant de sonder ce triste côté du cœur humain, que conclurait Votre Révérence de la déclaration que son *Histoire du Pontificat de Clément XIV* arrache au Général de l'Ordre de Jésus? Auriez-vous des yeux assez clairvoyants pour y découvrir que le Général y « réprouve, comme dit le *Journal des Débats* du 5 janvier 1853, toute solidarité avec M. Crétineau-Joly »? Y trouveriez-vous, par hasard, comme le prétend, dans son *Univers* du 4 janvier 1853, M. Louis Veuillot, ce patriarche de l'invective, qui se met en colère afin de me donner une meilleure leçon de modération et de convenances, y trouveriez-vous « que le R. P. Général de la Compagnie de Jésus, prévoyant trop les excentricités politiques et littéraires de M. Crétineau-Joly, se dégage et dégage le corps illustre et vénérable dont il est le chef de la responsabilité que l'on voudrait faire peser sur lui, à cause des précédents travaux de cet écrivain »? Verriez-vous dans cette déclaration ce que l'abbé Cognat, toujours l'abbé Cognat, s'efforce d'y voir (*Ami de la Religion* du 6 janvier)? Écoutez-le, Père Theiner, et après vous m'en direz votre avis, si bon vous en semble. « Le R. P. Roothaan, qui connaissait l'esprit de l'auteur de *Clément XIV et les Jésuites*, a prévu, ce qui s'est en effet réalisé, qu'il mettrait dans sa défense aussi peu de prudence, de mesure et de respect qu'il y en a dans l'attaque. »

Saluez, vénérable consulteur de l'Index, et faites merci à l'abbé Cognat, qui continue :

« Il a donc voulu (le Père Général) dégager par avance de ce débat sa responsabilité et celle de l'Institut illustre et vénérable dont il est le chef, et déclarer qu'il n'existe aucune solidarité entre M. Crétineau-Joly et les membres de la Compagnie de Jésus. »

Père Theiner, vous êtes quelque peu partie dans ce

débat, où très-volontairement vous venez de me jeter. Eh bien! je vous en offre le suc et la moëlle: Qu'en dit maintenant Votre Révérence? Est-ce que la déclaration du Général des Jésuites, très-peu sollicitée par moi dans cette occurrence, imposée à leur chef et habilement devenue sous sa plume une appréhension de l'avenir, infirme une page, une ligne, une expression de l'*Histoire de la Compagnie de Jésus*, une page, une ligne, une expression encore de la deuxième et troisième édition de *Clément XIV?* Nous ne sommes solidaires ni des uns ni de l'autre. Nous le proclamons tous les deux, et chacun à son temps; les uns à Rome, l'autre à Paris. Qu'y a-t-il donc de si étonnant à cela pour que les Bertin des *Débats* et les Cognat de l'*Ami de la Religion* embouchent la trompette de la réprobation? Où en serions-nous si l'histoire d'un ordre religieux, faite par un catholique, rivait à tout jamais l'historien à ce même ordre, ou si elle enchaînait l'ordre religieux à cet écrivain, que ses passions, ses préjugés, ses tendances, l'amour de la vérité ou ses devoirs, peut-être mal définis par lui, peuvent amener sur un terrain brûlant?

Je suis trop juste pour vous accuser de la guerre sournoise qui m'a été faite à cette occasion. Vous n'avez pas plus sujet que moi d'en triompher; car, dans toutes les questions où les journaux prennent la parole, soyez sûr qu'ils sauront si admirablement s'arranger que ce sera toujours à eux que resteront les palmes de la tempérance dans le langage, du savoir et de la justice. Tout bon journaliste,—les plus conciliants et les plus modérés surtout, qui vendraient le droit et la vérité pour deux abonnés, — est ainsi fait. On a beau mettre, comme dit le prophète Isaïe, un frein à leur bouche et un cercle de fer à leurs narines, ils retournent toujours au chemin par lequel ils sont venus. Ce chemin, c'est la glorification de leur vanité suintant toujours dans cette longue et terrible tempête d'opinions et d'erreurs. Ils sont comme une mer sans fixité et sans repos, et dont les flots ne jettent sur la rive que de l'écume ou de la boue.

Maintenant que nous n'aurons plus à nous occuper des bagatelles de la porte, et qu'au lieu de nous amuser à tuer les cigales nous attendons l'hiver, à nous deux, cher Père.

SECONDE LETTRE.

Mon très-révérend Père,

Si, proclamant avec Cicéron, dans son *De Oratore*[1], que la première loi de l'histoire est de n'avancer rien de faux, de ne taire aucune vérité, d'être impartial, inaccessible à la haine et à la prévention, Votre Révérence n'eût cherché qu'à faire un bon livre de plus; si elle eût été seulement animée du désir bien naturel de venger un Pape des imputations dont elle espérait prouver que ce Pape avait le malheur d'être victime, j'aurais tout le premier applaudi à ce dessein.

Je ne vous cache pas que j'aurais même été heureux de concourir à la réhabilitation de Clément XIV dans la mesure de mes forces et selon le degré d'évidence ou de probabilité qu'une consciencieuse discussion eût fait surgir, car l'histoire vraie est comme une lampe allumée pendant la nuit. Votre position officielle à Rome et dans le monde catholique, l'autorité due à la parole d'un prêtre qui se respecte dans sa bonne foi, en respectant ses adversaires dans leur loyauté, l'importance et la grandeur du débat, auraient peut-être fait jaillir une lumière inattendue. Si ce malheureux Ganganelli, dont le nom semble livré aux disputes des hommes, ne fût

[1] *De Oratore*, liv. II, chap. 23.

pas sorti victorieux et immaculé de cette lutte à armes courtoises, il ne s'en trouverait pas au moins plus meurtri.

En mettant à profit avec une sage intelligence les matériaux des Archives secrètes du Vatican, dont la garde vous est si malheureusement confiée, en ne vous laissant entraîner ni par d'odieuses inimitiés, ni par de coupables préventions, vous pouviez arriver à un but véritablement louable, et aujourd'hui je vous féliciterais de l'avoir atteint. Aujourd'hui, mon Père, si, vous plaçant dans cette situation que j'aurais désiré vous voir prendre, et que vous eussiez dû choisir, vous veniez me démontrer que j'ai péché contre Clément XIV par erreur, par omission ou par toute autre cause indépendante de ma volonté, vous me verriez reconnaître mes torts et porter avec vous la vérité en triomphe jusqu'au pied du trône apostolique. Mais Votre Révérence n'a pas cru devoir ou pouvoir tenter un miracle qui peut-être ne lui aurait coûté ni trop de soins ni trop de veilles. Elle a voulu, Votre Révérence, exhausser outre mesure un pontife terre à terre, et attribuer à ce pygmée de la Rome chrétienne les proportions du géant. Vous l'avez flatté dans sa vie, vous le flattez après sa mort. Vous dédaignez même le rôle de ce courtisan piémontais qui, après avoir bercé le roi de Sardaigne à l'agonie d'espérances banales, et lui avoir affirmé que sa fièvre n'était pas pernicieuse, disait : « Maintenant que le Roi est mort, on peut avouer, je crois, qu'il était bien malade ».

Pour franchir ces infranchissables colonnes de l'Hercule historique, vous vous êtes vu forcé de prêter à Clément XIV des aversions qu'il ne ressentait pas contre la Société de Jésus. Vous l'avez animé de vos haines, vous avez soufflé sur ses cendres muettes des colères que tous les actes de sa vie tendent à démentir. Vous l'avez montré injuste, violent de parti pris, quand il ne fut que faible; puis, après avoir dénaturé la vérité au profit de je ne sais quel aveuglement, vous appelez l'univers catholique à discuter ce cadavre, qui fut le pasteur des peuples. De ce cadavre, tel que vous le présentez, il s'échappe une odeur d'incurie, de lâcheté et de fatal égoïsme qui fait mal.

Il m'eût été possible, à moi aussi, de descendre dans les abaissements de Ganganelli, de pénétrer jour par jour, heure par heure, dans cet intérieur pontifical où l'on prenait toutes les grandes questions par les petits bouts, et où les misères de l'humanité, les mesquineries du cloître et les défaillances du cordelier se cachaient sous la triple tiare. Si, au lieu de faire un livre d'histoire, j'avais voulu enluminer un tableau de mœurs, certes, il m'aurait été bien aisé de renverser Clément XIV du piédestal qu'avant vous le philosophisme et l'incrédulité lui avaient érigé. Les correspondances secrètes du cardinal de Bernis, celles du chevalier d'Azara et du comte de Florida Blanca, que je tiens toujours à la disposition de Votre Révérence, offraient un vaste champ pour moissonner des scandales intimes. Il n'y avait rien de plus facile que d'attrister l'Église par le spectacle d'un Souverain Pontife livré à des mains mercenaires et ne s'entourant que de fripons qui volent l'État durant sa vie, et qui volent le Pape après sa mort.

J'ai eu plus de respectueuse pitié que vous pour Clément XIV. En peignant le Souverain, je n'ai pas cherché à regarder l'homme. Je ne l'ai fait de convention ni grand ni petit, ni faible ni fort, ni impitoyable ni magnanime. J'ai tâché de le peindre dans les actes de sa vie publique, tel qu'il apparaissait sur le trône. Mais je n'aurais jamais osé croire que ce qu'un écrivain laïque taisait par pudeur serait révélé au monde chrétien par les indiscrétions d'un Oratorien, préfet des Archives du Vatican. Vous, vous avez espéré anéantir par un réquisitoire un ouvrage composé dans toute la sincérité d'une âme catholique.

Afin d'écraser cet historien qui, en dévoilant un long mystère d'iniquité, avait eu plus d'habile miséricorde que le Père Theiner, Votre Révérence accumule pêle-mêle dans son ouvrage tous les documents qui lui tombent sous la main. Ils vont où ils peuvent, ils frappent où ils trouvent; par malheur, c'est toujours sur Clément XIV. Vos maladresses ne lui épargnent aucune honte, et si, après l'éclat que vous venez de faire, la mémoire de cet infortuné Pontife surnage pure au milieu de toutes les taches, soyez convaincu, Père Theiner, que ce ne sera pas à vos soins que Clément XIV devra ces derniers honneurs de la tombe.

A votre exemple, je ne veux point m'appesantir sur des détails qu'il y a cinq ans je jugeais, et avec raison, aussi indignes de l'histoire que du pontificat suprême; mais, puisque vous n'avez pas eu pour Ganganelli la compassion qu'il m'avait inspirée, permettez-moi de vous indiquer en quelques mots combien vous êtes cruel à l'égard de celui dont vous entreprenez l'apothéose à forfait.

Le 9 novembre 1771, le cardinal de Bernis, qui soumet toutes les questions religieuses et politiques au thermomètre de son intérêt privé, sent qu'il lui importe de se prémunir à la cour de Versailles contre les pétulantes attaques du taciturne Charles III d'Espagne. Le Roi Catholique et ses ministres remuent ciel et terre pour contraindre Clément XIV à tenir la parole qu'il a donnée. Ils condamnent le Pontife à tuer de sa propre main l'Ordre religieux qui est l'avant-garde de l'Église, cet Ordre à qui Dieu semble avoir dit, comme autrefois à Jérémie : « Je vous établis ainsi qu'une ville forte, une colonne de fer et un mur d'airain, sur toute la terre, à l'égard des Rois de Juda, de ses princes, de ses prêtres et de son peuple. Ils combattront contre vous et ils n'auront pas la victoire. »

Clément sait cela. Il résiste, il ajourne, il diffère, il cherche des tempéraments, il épuise dans cette lutte inégale d'intrigues courtoises et de machinations épistolaires plus de courage et de ténacité qu'il n'en aurait fallu montrer pour arracher la Compagnie de Jésus aux mains de ses ennemis. Le cardinal de Bernis, qui ne veut contrarier personne, laisse aller les choses au gré des passions surexcitées.

Il a tout fait, ce vaniteux ambassadeur, pour n'encourir que le blâme de sa conscience. Il s'est arrangé une vie de luxe et de plaisirs qu'il appelle décents ; le moindre nuage peut la troubler. Ce nuage, parti de Madrid, porte une tempête vers Rome. Charles III et d'Aranda, ayant Tanucci pour interprète, feignent de croire que Bernis est devenu Jésuite profès. Il sent qu'une pareille imputation le compromettra, et, sous cette préoccupation, il adresse au duc d'Aiguillon, qui a remplacé Choiseul au ministère des affaires étrangères, une dépêche confidentielle, où le cardinal de la sainte Église romaine dévoile au roi Louis XV et à son cabinet les mystères de l'intérieur du vicaire de Jésus-Christ.

Votre Révérence proclame l'intention d'immortaliser Clément XIV ; mais si elle n'a que de semblables moyens à employer, je doute fort qu'elle réussisse dans son projet. Voyons, en effet, le tableau tracé par la main amie du cardinal de Bernis et reproduit par votre main, plus amie encore :

« Le Père Bontempi, Cordelier, d'abord disciple, puis compagnon, ensuite secrétaire du Pape, lorsqu'il était consulteur du Saint-Office et cardinal, aujourd'hui son confesseur, et l'homme en qui Sa Sainteté paraît avoir le plus de confiance, est le négociateur que le Pape emploie avec succès auprès de l'archevêque de Valence; il est quelquefois secondé par le prélat Macedonio, Napolitain, que le Pape emploie plus efficacement encore auprès du commandeur Almada, ministre de Portugal, parent du marquis de Pombal. Le Frère François, autre religieux Cordelier, auquel le Pape a remis le soin de ses affaires domestiques, de sa cuisine et de ses finances, est aussi un canal dont le Pape se sert avec le ministre de Portugal. Le Frère François ne joue pas le rôle principal, mais il plaît au Pape, sans déplaire au Père Bontempi, ni à personne de cet intérieur, où les jalousies, les soupçons et les petites intrigues de cloître et de communauté règnent de plus en plus, à ce que m'ont rapporté des prélats en qui le Pape a, par intervalles, beaucoup de confiance. Il est clair que le Père Bontempi aspire au premier crédit, et que tous ceux en qui le Pape pourrait prendre de la confiance doivent nécessairement donner de l'inquiétude à ce religieux, qui paraît avoir d'ailleurs de la prudence, de l'adresse et une grande connaissance du caractère de Sa Sainteté; mais comme ce moine n'a aucune vraie notion des cours ni de la manière de conduire les grandes affaires, il n'est pas possible que le Pape, avec les lumières qu'il a, ne sente que ce seul instrument ne peut lui suffire, et je crois effectivement que le Saint-Père s'en sert plutôt pour nourrir la confiance de l'archevêque de Valence et pour l'informer de tout ce qui se passe à Rome, que pour toute autre chose.

. . . .

» Un des plus grands sacrifices que je puisse faire au Roi, c'est de résider dans une cour où le secrétaire d'État, quoique honnête homme, n'a pas su se rendre maître de la confiance du souverain, où le Pape, environné de gens qui briguent sa confiance, n'ose l'accorder entièrement à personne, où tout est mystères, secrets, manéges, jalousies et soupçons, comme dans les cloîtres et les séminaires. Il est vrai que Sa Sainteté a de l'esprit, est aimable et pleine de prudence, de bons sentiments et de bonnes vues; mais elle se prépare bien des chagrins, si elle ne se fait pas des amis éclairés et instruits de la manière de traiter les affaires avec les cours, lesquelles s'aperçoivent de la faiblesse et de l'incertitude de son gouvernement, et ce sera par magnanimité si elles n'en abusent pas.

. . . .

» La noblesse romaine se plaint du peu d'égards que le Pape a pour elle, les cardinaux se plaignent encore davantage, les prélats s'impatientent et cabalent les uns contre les autres : toutes ces plaintes et ces mouvements ne sont pas à craindre pour le Pape, mais il en résulte des intrigues et de la confusion.

» Le cardinal Marefoschi, que le Pape estime, parce que (pour qu'en disent les partisans des Jésuites) il n'a jamais proposé à Sa Sainteté que des moyens modérés et canoniques, ne possède qu'en partie la confiance du Pontife. Le Père Bontempi craint, dit-on, que cette Éminence ne prenne de l'ascendant, et on croit qu'il le traverse sous main, ainsi que tous ceux pour lesquels

Sa Sainteté montre du penchant et de l'ouverture. Tel est, dans la plus exacte vérité, le tableau actuel de ce pays-ci; il pourra changer pour quelques formes, mais non dans le fond.

» Le résultat de ce tableau est qu'on ne pouvait avoir un Pape plus dévoué à entretenir la paix et l'union dans l'Église et dans les États catholiques, qu'il a des lumières, du savoir, de l'adresse et de la prudence; qu'il n'a ni ambition ni prétention, et qu'il ne lui manque que la connaissance des cours et de la manière de traiter avec elles; qu'élevé à la défiance dans le cloître, il croit être mieux servi par des religieux de son Ordre et par des subalternes que par des gens du monde instruits des affaires générales. Comment se conduire avec un pareil souverain? Toujours avec droiture, prudence et noblesse; mais pour avoir jusqu'à un certain point sa confiance, il faut trouver le moyen de gagner le cercle intérieur qui l'environne. »

En lisant cette dépêche, que la plus simple réflexion aurait dû, Père Theiner, vous faire rejeter, comme une mauvaise pensée, dans les catacombes des Archives, est-ce qu'une odeur de corruption ne vous a pas saisi à la gorge? Est-ce que vous ne vous êtes pas dit qu'en étalant aux yeux de l'Europe, avec une crudité presque cynique, les plaies de votre Clément XIV, vous le désigniez inévitablement à la moquerie universelle? Quoi! les commérages d'une vieille caillette diplomatique ne vous ont paru indignes ni de la gravité de l'histoire ni de la prééminence du Saint-Siége? Vous n'avez pas deviné qu'au milieu d'un siècle contempteur de toute vertu et poussant, comme dit saint Augustin, l'égoïsme jusqu'au mépris de Dieu, un Pontife, ainsi percé à jour dans son petit ménage, devenait la fable et la risée du genre humain? Ce Pape qui exclut de sa présence les princes de l'Église, qui ne voit qu'à de rares intervalles son secrétaire d'État, et qui a, pour tout intermédiaire avec les ambassadeurs de l'Europe, son Bontempi et son gâte-sauce, ce Pape qui, comme l'Harpagon de Molière, possède des Maîtres-Jacques ayant plus d'une corde à leur arc, ne vous a point produit l'effet d'une de ces monstruosités que l'art doit cacher aux passants?

Écrivain habitué aux luttes de l'esprit et qui, par la direction des âmes, devez vous rendre compte de la puissance que le ridicule exerce sur les hommes, vous n'avez pas senti que cette divulgation était un opprobre jeté à la tête de Clément XIV, et que cet opprobre personnel rejaillissait, bon gré, mal gré, sur la chape, *il piviale*, de ses prédécesseurs et de ses successeurs? Ne voilà-t-il pas un Pontife bien représenté! un Pontife qui envoie son cuisinier résoudre des cas de conscience, et qui laisse tenter par l'or et par les promesses des chancelleries le prêtre qu'il a choisi pour le conduire dans les voies du salut! Quel besoin aviez-vous donc de monter votre faction d'archiviste à la serrure de Ganganelli pour épier ses faiblesses et leur porter armes?

Par les intempestives révélations qu'un grand bien opéré n'excuserait peut-être pas, vous avez, autant qu'il était en vous, affaibli le prestige dont un prince, et surtout un Pape, a toujours besoin. Vous offrez en pâture à la malignité publique des détails qui n'auraient jamais dû sortir des palais apostoliques, et, en faisant pénétrer l'œil du vulgaire au fin fond de ce ménage pontifical, vous dégradez Clément XIV dans sa vie intime, quand vous n'aspiriez qu'à l'illustrer dans son existence papale.

On l'a dit depuis longtemps, il n'y a point de héros

pour son valet de chambre. Est-ce qu'il faudra, Père Theiner, dire maintenant qu'il n'y aura plus de Pape digne de vénération, dès qu'un Oratorien se sera, par brevet, constitué son apologiste?

Votre Révérence peut elle-même en faire la remarque. Clément XIV, comme Souverain Pontife, est placé en face de l'univers chrétien dans une situation intolérable. Depuis 1769, vivant ou mort, l'opinion générale le tient sur la sellette. On l'accuse, on le justifie tant bien que mal; on le vitupère, on le glorifie par des motifs qui doivent répandre la terreur dans toute âme catholique. Vous, sans provocation comme sans réflexion, vous vous jetez à la traverse, et, par une maladresse plus coupable que les plus injustes préventions, vous le rendez ridicule, quand ses adversaires ne le peignaient tout au plus que comme débile ou aveugle. Nous savions que l'habitude est la reconnaissance des vieillards. Fallait-il prêter à celui-là une physionomie de Cassandre dupé?

Aussi, voyez à quoi mènent vos intempérances de plume! Bernis donne à entendre au ministère français qu'il faut gagner à prix d'or le cordelier Bontempi, confesseur de Clément XIV, et, dans un siècle où la vertu était fort peu à l'ordre du jour, le duc d'Aiguillon, neveu et imitateur du maréchal de Richelieu, le duc d'Aiguillon, l'amant de cœur de la Dubarry, répugne à mêler le nom de Louis XV à d'aussi scandaleux marchés! Il a plus de pudeur, ce duc d'Aiguillon, que le cardinal de Bernis et le directeur de la conscience de Clément XIV, tous deux ensemble. Il refuse d'acheter le cordelier Bontempi, lorsque, à Rome, tout paraissait être à l'encan. Aux insinuations plus que transparentes du Cardinal, l'homme du monde répond en ces termes, et c'est à vos bons soins qu'est dû ce soufflet appliqué sur la joue de votre Pape : « J'ai lu au roi, dans son conseil, le tableau que Votre Éminence a tracé de l'état actuel du gouvernement à Rome, et l'idée qu'elle se forme de la manière dont les choses peuvent être dirigées sous ce Pontificat. . . . . .

» Je ne dois pas dissimuler à Votre Éminence que tout ce qu'elle a exposé à ce sujet n'est pas bien propre à donner une bonne opinion ni du système que le Pape paraît vouloir suivre, ni des agents subalternes qui ont une part principale à sa confiance.

» Il est certain que le Pape est fort dissimulé, et il faut un grand art pour l'être longtemps avec succès. La nature des affaires exige quelquefois qu'un souverain déguise ses sentiments et ses intentions, mais il est fort à craindre que le goût du manége, qui détermine cette façon de se conduire, ne dégénère bientôt en une finesse artificieuse, où l'esprit a encore moins de part que le caractère. J'avoue à Votre Éminence que tous les procédés de Sa Sainteté, depuis qu'elle est assise sur le trône pontifical, ne nous présentent, jusqu'à ce moment, que des raisons de soupçonner leur droiture.

. . . .

» La noblesse romaine est déjà fort indisposée contre lui ; les cardinaux se plaignent du peu d'égards qu'il leur témoigne, et il fomente les cabales entre les prélats de sa cour. Il refuse également sa confiance à ceux qui, par leurs places, devraient se flatter d'y participer, et le Père Bontempi paraît être son confident de prédilection. Je ne sais quels sont les talents et les qualités personnelles de ce moine, mais s'il faut en juger par toutes les opérations du Pape, le gouvernement de Sa Sainteté ressemble beaucoup aux principes qu'il a puisés dans le cloître, et on ne doit en attendre que du manége et des intrigues monacales. Le Roi ne croit pas qu'il soit de sa dignité de travailler à gagner ces prétendus dépositaires des secrets du Vatican. Sa Majesté ne fait à Rome que des demandes justes, et n'en exige que des procédés honnêtes et convenables à la prééminence de sa couronne. Elle saura, quand les circonstances l'exigeront, prendre les mesures nécessaires pour se procurer la justice et les égards qui lui sont dus. »

C'est triste, fort triste, Révérend Préfet des Archives secrètes, et il vous eût été si facile, pourtant, de ne pas ouvrir la main qui devait laisser échapper d'aussi pénibles insultes à l'immaculation de votre héros. A diverses reprises, vous vous extasiez sur la sainte horreur que Ganganelli éprouvait pour tout ce qui, de près ou de loin, avait l'air de quelque chose comme le népotisme, cette malheureuse passion de la famille, qui a couvert Rome de palais et de princes. Vous racontez avec quel empressement il tenait à distance, même de ses bénédictions, les enfants de ses sœurs; en cela, vous étiez dans votre droit d'historien. Le fait était avéré avant que vous prissiez la peine de le rajeunir. Mais ce que le commun des fidèles ignorait, et ce qui, en réalité, n'aurait jamais dû sortir de la pénombre, ce sont les aventures de Bischi.

On dirait que Votre Révérence a juré d'infliger par ses indiscrétions un démenti à tous les éloges dont vous saturez Ganganelli. La phrase qui célèbre le puissant génie de Clément XIV est pompeuse : elle retentit dans le vide déclamatoire; mais le fait qui précède ou qui suit la phrase rapetisse brutalement le Pape de vos rêves. Ce Pape aime à se croire aimé, et d'après vos révélations, il commence, lui aussi, à tremper le bout de son doigt dans les eaux du népotisme. C'est le cardinal de Bernis, toujours exhumé par vous à contretemps, qui va nous initier dans votre ouvrage à ce commerce d'accaparement de blé et de populacerie :

« Le sieur Bischi, que le Pape a mis à la tête de la manutention des grains, et qui a épousé une parente de Sa Sainteté, est l'ami intime du Père Bontempi. Cet homme actif et intelligent voit le Pape deux fois par jour et lui promet la faveur du peuple, en prévenant la disette par des approvisionnements considérables, qu'il fait faire tous les ans. Les blés qui ont été achetés pour la France l'été dernier m'ont mis en relation avec le sieur Bischi, et je le ménage pour tous les cas où nous aurions besoin de tirer des grains de l'État ecclésiastique. Il sera possible, par ce canal, au sieur Pascaud, que j'ai déterminé à traiter avec le sieur Bischi, de trouver encore, l'année prochaine, des ressources dans les États du Pape, et cette négociation pourra me servir pour Monte-Cavallo, car il faut nécessairement s'assurer de l'amitié du Père Bontempi, ou, du moins, de sa neutralité, si l'on veut avoir un crédit constant sous ce Pontificat. »

Moi qui connais la manière de procéder de Votre Révérence et qui sais que plus elle a empilé de documents les uns sur les autres, sans les comprendre et très-souvent sans les lire, plus elle s'imagine avoir produit une œuvre de saine critique et de judicieuse portée, je gagerais bien que vous avez amoureusement fait transcrire cette dépêche secrète du cardinal de Bernis, et que vous ne vous êtes jamais occupé de savoir ce que pouvait être devenu ce sieur Bischi. Bischi s'est trouvé faire une page de plus dans votre livre. Vous ne lui en demandez pas davantage. Mais quand le Père

Theiner ne s'était pas encore chargé d'immoler Clément XIV sur l'autel où il prétend le ressusciter dans une auréole posthume, j'avais étudié sur place, à Rome, tout ce Pontificat si plein d'enseignements déplorables. Bischi, parent du vicaire de Jésus-Christ, Bischi, qui a deux fois par jour ses grandes et petites entrées dans le cabinet de Ganganelli, où le cardinal secrétaire d'État, où les princes de l'Église, où les ambassadeurs et la prélature ne sont admis qu'à contre-cœur et comme par grâce, Bischi qui le cajole d'une faveur populaire à sa taille et qui dorlote ses défaillances, Bischi qui fait de compte à demi des commerces illicites avec le Cordelier confesseur, c'était pour moi un personnage à suivre à la piste.

Je n'avais aucun penchant à exalter Clément XIV, je n'avais aucun intérêt à le souiller. Je racontais sa vie pontificale aux prises avec des passions coupables qu'il eut la funeste indulgence de caresser d'abord et qu'il essaya de conjurer au moment où il se sentit débordé par elles. Mais, par respect pour des vertus négatives et peu compatibles avec le trône, je m'arrêtais au seuil du foyer domestique. Je ne plongeais pas un œil investigateur sur cette solitude où le Pontife s'absorbait dans le moine entre son cuisinier et son entrepreneur de popularité, où celui qui a le pouvoir de lier et de délier sur la terre ne parvenait pas même à connaître les siens.

Or, savez-vous ce qui advint à ce Bischi que vous traînez sur la scène, lorsque moi j'ai fait tout ce qu'il était possible de faire pour le laisser à la cantonade?

Son *activité,* son *intelligence* sous Clément XIV lui firent avoir quelques démêlés avec la justice de Pie VI. Il avait tant brassé d'affaires, si souvent flairé la concussion durant le pontificat de Ganganelli, son parent, que le règne de Braschi devait lui être fatal. Il fut traduit devant une congrégation instituée à cet effet. « Cette congrégation, lit-on dans le *Dizionario di erudizione storica ecclesiastica*[1], ordonna aussitôt à Nicolo Bischi, qui avait joui de la faveur du précédent Pontife, de rendre compte de la somme de 900,000 écus[2], qu'il avait reçue de la chambre apostolique pour acheter des grains dans la disette de 1771, 1772, et pour faire des prêts aux marchands qui en avaient besoin pour ensemencer la campagne. Le procès fait à Bischi, que personne ne pouvait condamner pour fraude, mais comme incapacité contre laquelle les ambassadeurs qui avaient déclaré le prendre sous leur protection n'osaient le garantir, Bischi fut condamné à restituer à la chambre apostolique 280,000 écus. Pour l'arracher à cette extrême misère, le Roi d'Espagne lui assigna une pension annuelle de 1500 écus avec une croix pour orner sa poitrine. »

Que dit Votre Révérence de son Bischi et de la gratitude plus que singulièrement honorifique de Charles III?

Voulez-vous qu'à nous deux nous cherchions dans votre œuvre un autre témoignage de cette magnanimité dont il vous plaît de parer tous les actes de la vie de Clément XIV? Il n'y a qu'à se baisser pour en prendre. Vous émaillez sans pitié de ces fleurs mortifères les jardins du Vatican et du Quirinal. Permettez-moi d'en cueillir encore une pour la déposer en *ex-voto* aux murs de votre cellule.

Bontempi le Cordelier, frère François le gâte-sauce, Bischi l'accapareur de grains, sont donc les seuls

[1] *Dizionario di erudizione storica eccles.*, t. LIII, p. 89, art. *Pio VI*.

[2] L'écu romain vaut 5 francs 40 centimes.

hommes de la confiance et de l'intimité du Pontife. Nous allons voir comment dans cette Rome chrétienne, le champ d'asile de toutes les grandeurs déchues, Clément XIV va faire au dernier des Stuarts les honneurs de l'hospitalité catholique.

Le beau royaume de France a toujours été l'asile de l'infortune et des grandeurs déchues, disait Louis XIV, ouvrant le vieux château de Saint-Germain à Jacques II, Roi d'Angleterre.

Un jour, par une délicate distraction, Philippe d'Orléans, régent du royaume pendant la minorité de Louis XV, se rappela ces nobles paroles du grand Roi, puis, avec un bonheur bien rare dans sa vie, il en fit une heureuse application au fils de ce même Jacques II.

Mais il existe en Europe une ville qui conquit l'univers par ses armes, qui le soumit à ses lois, à ses mœurs, à ses usages, et qui aujourd'hui, toujours reine du monde par la pensée, obéit à un prêtre en tiare, dont souvent la charité publique nourrit l'enfance et éleva la jeunesse. Elle a pour prince temporel, pour suprême arbitre de ses destinées, ce prêtre en tiare, un vieillard se mettant au-dessus de tous les orages, les apaisant quand ils commencent à gronder, puis recueillant après le naufrage les débris épars que le flot populaire a jetés sur la grève.

C'est de cette ville que part la voix appelant ceux qui souffrent et ceux qui ont besoin d'être soulagés; c'est dans cette ville où l'on accourt, dans cette ville où l'on se repose des fatigues de l'ambition, de l'injustice des peuples, de la haine des hommes, de l'ingratitude des partis, de la fatigue des dignités, de toutes ces gloires dont, mieux qu'aucune cité, Rome sait démontrer le néant.

C'est à Rome qu'il faut toujours appliquer les paroles du grand Roi et du Régent; c'est elle qui les commente avec vénération, qui se les approprie avec une haute indépendance, car, à Rome seulement, toutes les Majestés foulées au pied des insurrections, toutes les gloires éclipsées, tous les noms illustres profanés ou maudits, rencontrent un asile et de respectueux hommages. Ils semblent se donner rendez-vous sur cette terre, qui a droit d'hospitalité, droit de consolation, qui peut protéger de sublimes infortunes, aussi bien par l'aspect de ses tombeaux que par son histoire gravée à chaque coin de rue, écrite sur chaque pavé, resplendissante au milieu de la campagne romaine, et par la piété des souvenirs attachés à chaque diamant dont étincelle la triple tiare des Pontifes.

La ville éternelle n'est plus seulement cette vieille cité des Consuls, cette capitale républicaine posant son pied orgueilleux sur toutes les têtes des chefs d'empire ou d'armée qui ne s'attelaient pas assez vite à son char, ou qui, à l'exemple de Jugurtha, de Tigrane et de Mithridate, ne tombaient devant elle que l'épée à la main. C'est encore la patrie de l'exilé, la propriété de ceux qui ont tout perdu, l'asile où, fatigués des tempêtes de ce monde si bouleversé, accourent se reposer, comme dans une pacifique oasis, tous ceux dont la fortune ennemie a brisé l'existence après les avoir enivrés de ses faveurs passagères. Rome leur appartient par droit de conquête, par bénéfice du malheur. Elle est à eux. Ses marbres cachés sous la ronce ou dans le sable du Tibre, ses temples à moitié ensevelis sous cette terre que tant de désastres ont rendue mobile, ses dieux dispersés, son forum pantelant, son Capitole découronné, ses arcs de triomphe affaissés, tout cela est leur domaine.

Là, du moins, ils sont assurés d'un sommeil paisible. Leurs jours sont calmes, leurs nuits sereines comme le ciel qui les couvre; car, sur le trône pontifical, au pied duquel viennent expirer les orages, quelquefois soulevés par ceux-là mêmes qu'un violent contre-coup y porte, se montre, l'Évangile d'une main, la croix de l'autre, un père confondant dans une égale tendresse et la victime et le tyran, et le loup et l'agneau, le roi et le peuple, les hauts dignitaires et les proscrits indigents. Ce dernier titre seul suffit pour faire accorder à tous l'hospitalité, l'eau et le feu, que plus d'une nation leur refuse ou les force d'acheter par de honteuses palinodies ou par un repentir qui n'est pas dans leurs cœurs.

Si une monarchie s'écroule avec fracas, ou s'engloutit sous les efforts lents, mais assurés, d'une ténébreuse conspiration; si un grand citoyen, comme Aristide ou Camille, trouve des ingrats dans le pays que ses vertus honoraient; si un homme fameux, à quelque titre que ce soit, un Démosthènes ou un Machiavel moderne, veut se faire oublier pendant quelques années, savez-vous où viennent se réfugier, comme dans un port neutre après la tempête, et ces rois proscrits, et ces princes exilés, et ces talents persécutés, et ces hommes fameux dont l'éloquence subit l'ostracisme, ou dont les intrigues déjouées aboutissent à l'exil?

Qu'un roi descende du trône comme Christine en descendit, par lassitude des hommes et par dégoût des affaires, c'est à Rome qu'on le verra venir, ainsi que la reine de Suède, espérant y vivre, y mourir en paix. Qu'une révolution, préparée par des enfants cruels, arrache aux Stuarts la couronne d'Angleterre et d'Écosse, une fatalité dont la France de Louis XV ne rougit point d'être la complice les poussera vers Rome. Cette famille, à laquelle notre vieille dynastie des Bourbons ne le cède en rien pour l'échafaud, l'exil et les calamités royales, cette famille ne trouve qu'entre le sépulcre d'Auguste et le tombeau d'Adrien une pierre pour soutenir sa tête, un cœur de prêtre pour consoler tant de hautes infortunes et une âme de Roi pour compatir à tant de sublimes misères.

Les Rois qui, dans une muette désolation, ont vu sous leurs yeux, qui ne savaient que pleurer, s'abîmer une monarchie antique; les illustrations de toute espèce que l'Europe poursuit de ses anathèmes ou d'une indifférence plus poignante encore que les imprécations, après leur avoir élevé des autels ou tressé des couronnes; les grands génies, les profonds politiques, les conquérants, et, pourquoi ne l'avouerions-nous pas? les charlatans de patriotisme et d'égalité, les hommes qui excitent les passions populaires et débutent en parodiant le rôle de Gracchus, pour arriver plus sûrement à celui de Sylla le dictateur, ne cherchent pas longtemps, dans l'enceinte des murailles crénelées dont Bélisaire entoura la cité des Césars, paix et bonheur, abri et protection; car, à Rome, il n'y a ni Grecs ni Hérétiques, ni Chrétiens ni Gentils. Le Pape ne demande à y voir que des enfants, il ne reconnaît que des fils dans ceux qui accourent cacher leur vie sous sa houlette pastorale, et la porte du Peuple, qui a entendu passer sous ses arceaux tant de têtes couronnées, tant de persécutés que leurs persécuteurs viennent souvent rejoindre, s'ouvre toujours et ne se referme jamais.

Dans notre société, telle que les révolutions l'ont faite, n'y a-t-il pas à chaque instant du jour, à chaque heure de la nuit, une gloire qui tombe, un grand nom qui s'éteint, une incomparable fortune qui s'écroule?

Depuis les Stuarts jusqu'aux Bourbons et aux Bonapartes n'avons-nous pas vu tout cela? Il ne manque à tout cela qu'un Bossuet. Sous le règne de Clément XIV, à Rome, il manqua même un Pontife.

En 1772, le prince Charles Édouard, la figure sans contredit la plus poétiquement héroïque du dix-huitième siècle, se dispose à venir assister dans la ville éternelle, où il a vu le jour, aux solennités de la Semaine Sainte. Son frère puîné [1], le duc d'York, y réside depuis longtemps en sa qualité de cardinal. Ces petits-fils de Jacques II perdirent la couronne de la Grande-Bretagne par leur dévouement à l'Église romaine, dévouement impolitique peut-être, mais toujours honorable, et qui, dans tous les cas, n'aurait jamais dû évoquer de moroses censeurs sous les voûtes du Vatican. Benoît XIII, Benoît XIV et Clément XIII avaient magnifiquement compris leur devoir. Ganganelli ne se crut pas à la hauteur d'une aussi noble inspiration.

Comme toutes les âmes peu élevées, il n'avait des sourires et des génuflexions que pour la puissance en exercice. Le fait accompli lui tenait lieu de droit, et il passait à pieds joints sur les éternels principes de la justice des nations, afin d'arriver à saluer plus vite l'usurpateur triomphant. Le duc de Glocester, frère du Roi régnant d'Angleterre, avait visité Rome au commencement de cette même année; il y fut accueilli avec un luxe de distinctions qui fit gémir le Sacré Collége et la haute noblesse. Deux ans plus tard, le duc de Cum-

[1] Le Père Theiner, à qui l'apologie plutôt que l'histoire de Clément XIV semble porter malheur, se voit condamné dans cet ouvrage à tomber d'erreur en erreur. Il en commet encore une en disant que Charles-Édouard était frère cadet du cardinal d'York. Charles-Édouard était né en 1720, et le cardinal en 1725.

berland, le vaincu de Fontenoy, le vainqueur de Culloden, celui que tous les historiens anglais ont surnommé le boucher des catholiques d'Écosse, y arrive à son tour, sous le nom de comte de Dublin. Il reçoit de la part de Clément XIV les mêmes honneurs et les mêmes fêtes.

Au témoignage du Père Theiner, Ganganelli poussa en faveur de ces princes anglicans, couverts du sang des catholiques ecossais, la courtoisie pontificale jusqu'à l'obséquiosité. Charles-Édouard se présente à son tour. Comme c'était alors la mode parmi les princes, il voyage sous le titre de baron de Rinfron ; mais, plus fier en exil que sur le trône, il se regarde comme roi d'Angleterre et veut jouir à Rome des grâces que les Papes précédents ont accordées au chevalier de Saint-Georges, Jacques II, son père.

Votre Révérence, qui s'est délectée en racontant par le menu les audiences solennelles et les caresses de toute sorte prodiguées à des hérétiques, ne peut trouver sous sa plume que les inqualifiables paroles suivantes, lorsqu'il s'agit du prince Charles-Édouard le Catholique : « Clément XIV lui fit répondre, d'une manière fort prudente, qu'il se réjouissait de l'arrivée à Rome du sir baronnet de Rinfron et de son estimable épouse, et qu'il lui ferait savoir quand il pourrait lui donner audience. »

Comme si le mépris de toutes les convenances sociales n'était pas poussé assez loin dans cette version outrageante pour Ganganelli, vous accourez, Père Theiner, avec votre infatigable maladresse et, dans un style dont les partisans de la maison de Hanovre rougiraient de se servir, vous révélez le triste effet que produisit sur les esprits un pareil abandon de la justice et des traditions :

« Cette sage conduite du Pape excita parmi la haute noblesse de Rome, qui se trouvait entre les mains du parti des Jésuites, un mécontentement général. Presque tous les princes romains firent à *cet aventurier* un accueil royal et des visites officielles, le traitant en toute occasion comme le souverain légitime d'Angleterre.

» C'est de cette manière indigne que le Saint-Père était traité dans sa propre maison! C'était ainsi que la noblesse romaine, d'ailleurs si judicieuse, si délicate, si intelligente de tout ce qui est grand, mais trompée cette fois par une poignée de gens que les passions aveuglaient, comprenait les intérêts sacrés de la religion, la vénération due au vicaire de Jésus-Christ et l'attachement au Saint-Siége!

» On ne s'en tint pas contre le Pape à ces démonstrations ridicules; on insulta dans des libelles clandestins le successeur des apôtres, le représentant comme un transfuge des principes de la légitimité, qui donnait la préférence aux souverains protestants sur les princes catholiques, et réservait pour ceux-là les plus grands honneurs. »

Si un autre homme que vous eût été chargé d'excuser ce qu'il y a d'inexcusable, de profondément immoral dans la disparité de ces deux accueils, est-ce que vous pensez que cet homme aurait suivi la marche adoptée par Votre Révérence? N'aurait-il pas, au contraire, essayé d'attirer la compassion publique sur une pareille défaillance? Ne serait-il pas venu montrer ce Pape isolé du Sacré Collége, isolé de son peuple, isolé des autres souverains, qui lui mettent le pied sur la gorge, et ne trouvant un regard d'amicale pitié que chez des princes hérétiques, dont l'appui pouvait un jour lui être nécessaire? Il l'eût peint affable et bienveillant envers ces Anglais, pour tâcher de leur inspirer quelques sentiments de miséricorde en faveur de l'Irlande, toujours persécutée, et des catholiques du Royaume-Uni, toujours sous le coup des décrets de proscription, de confiscation et de mort, rendus par Henri VIII et par sa fille Élisabeth. On pouvait, à toute force et sans altérer la vérité, montrer sous un jour moins défavorable cette prostration de la dignité pontificale, dignité qui vient toujours de la grandeur de l'esprit. Une idée si naturelle ne vous aura pas souri; et savez-vous pourquoi?

C'est que, derrière ce prince Charles-Édouard, vous avez voulu voir la main d'un Jésuite, et que, dans cet *aventurier,* — je rougis d'employer le mot dont Votre Révérence ose se servir — votre aversion a craint d'évoquer un ami de la Compagnie de Jésus. Vous vous seriez encore trompé en cela comme en tant d'autres choses. Charles-Édouard est resté toute sa vie complétement étranger aux disciples de saint Ignace de Loyola. Et si l'on peut baser quelques conjectures sur des affinités fraternelles, ce prince devait très-peu aimer l'Ordre des Jésuites, car le cardinal d'York en fut un des plus ardents ennemis.

Il me répugne de vous prendre ainsi à partie, et de relever l'une après l'autre toutes les impardonnables bévues que vous entassez sur le tombeau de Clément XIV comme un dernier faisceau de honte, mais il faut pourtant bien l'avouer, la tâche que vous m'avez imposée n'est pas près de finir.

Ne suis-je point destiné à discuter si sérieusement Ganganelli conçut l'inconcevable pensée de renoncer à la tiare pour embrasser le Protestantisme? Dieu m'est témoin que, dans *Clément XIV et les Jésuites,* je n'ai pas même permis à mon imagination de se souiller d'une aussi ridicule imposture. Vous qui la patronez, est-ce que vous espéreriez par là lui donner une consistance qu'elle n'eut jamais? Ne comprenez-vous pas que cette bouffonne idée d'un Pape converti au Protestantisme, et entendant certains pasteurs en Allemagne recommander aux prières de leurs sectaires l'accomplissement de ce prodige de la déraison, a quelque chose en elle qui doit froisser le Saint-Siége et tous les cœurs catholiques? Dans quel but recueillez-vous donc avec tant de soin ces bruits sans portée? Est-ce que par hasard Clément XIV se trouvera tout à coup à la taille des héros d'Homère, parce qu'il aura plu à des gazetiers inconnus, à des scribes engagés pour tout faire, de propager un bruit insensé?

Mais, me direz-vous, ce bruit semé dans les journaux d'Allemagne et d'Angleterre, ce n'est pas à des hérétiques qu'il est dû, mais au parti des Jésuites ; par conséquent à la Compagnie. Pour formuler cette accusation, je dois convenir que Votre Révérence n'a pas pris beaucoup de détours; elle y arrive de plein saut, elle abonde en ce sens avec une verve qui ne tarit plus. Il ne manque qu'une base à cet échafaudage, c'est d'indiquer le nom d'un catholique — je me garderais bien de dire d'un Jésuite — qui a inventé, murmuré ou seulement accepté comme possible une si étrange calomnie. Les aberrations de l'esprit protestant ont seules pu la créer, et elles l'ont propagée par le récit des abaissements inouïs dont la capitale du monde catholique était alors le témoin consterné.

Vous n'en voulez pas démordre. A chaque opprobre dont Votre Révérence cherche complaisamment à souiller la robe blanche de Ganganelli, il faut que vous attachiez un Jésuite anonyme. C'est votre plan de bataille, c'est votre rêve, et celui-là, quoiqu'il soit insensé, ne sera jamais aussi innocent que ceux de Clément XIII. Les hérétiques du monde entier, les protestants les plus exagérés dans leur foi, comme Élisabeth, duchesse de Kensington, se prenaient d'une belle passion pour ce Pape, qui gardait en leur faveur ses plus bienveillants sourires. Les Anglaises ont des caprices si étranges! On célébrait sur les modes les plus divers l'admirable, l'exemplaire tolérance du Pontife suprême, dont la main avait promis de signer l'acte de destruction de la Compagnie de Jésus. Clément XIV faisait tout ce qui était humainement possible pour conquérir à son nom des louanges intéressées; et, au milieu du bouleversement de toutes les idées reçues, vous ne pouvez pas, Père Theiner, vous figurer que tant de concessions ont dû troubler des cerveaux malades, et faire naître d'irréalisables espérances dans la tête de quelques fanatiques protestants. Ils voyaient ce Pape si humilié en face des Rois de l'Europe, si craintif sous les yeux de leurs ambassadeurs, si plein de toutes les gentillesses italiennes devant les sectateurs de Luther et de Calvin, que, de bonne foi, ils purent se flatter d'une chimère. Les faiblesses de Clément XIV semblent malheureusement autoriser la plus prodigieuse des crédulités. Le haineux aveuglement de Votre Révérence et les coupables explications qu'elle ose coudre à tous les faits dénaturés légitimeraient, au besoin, tous les soupçons les plus mal fondés.

Il vous sera perpétuellement loisible de faire emboîter à Clément XIV les échasses d'un faux grand homme. Caraccioli, à l'aide d'une correspondance imaginaire, a commencé le roman; vous l'achevez, Père Theiner, en vous appuyant sur des dépêches officielles. C'était plus difficile, et vous n'avez pas mieux réussi que ce Caraccioli. Seriez-vous curieux de connaître le motif de cet insuccès? Il est tout entier dans le caractère même de Clément XIV. Hissez-le aussi haut que vous pourrez; placez un de ses pieds vainqueurs sur la colonne Trajane et l'autre sur la colonne Antonine, entre les statues des Apôtres Pierre et Paul; juchez-le au-dessus même de votre Oratoire, il n'en paraîtra toujours que plus petit.

Ce n'était pas, comme saint Thomas de Cantorbéry victime et prêtre tout ensemble, un homme qui pouvait dire : « Et moi, je suis disposé à mourir pour Dieu et pour la justice et pour la liberté de l'Église. » Thomas de Cantorbéry ne cédait pas à l'iniquité, dit Bossuet, sous prétexte qu'elle était armée et soutenue d'une main royale. Clément XIV va le faire. Il pouvait encore entendre la voix de saint Ambroise s'écriant : « Le Prince temporel est dans l'Église et non au-dessus de l'Église. L'Église est à Dieu et non aux Rois de la terre. C'est avec humilité que nous parlons ainsi, mais c'est aussi avec force et courage. On nous menace du glaive, de l'incendie, de l'exil; nous, serviteurs de Jésus-Christ, nous avons appris à ne rien craindre. »

Ces enseignements de l'histoire ecclésiastique, que Votre Révérence doit beaucoup mieux connaître que moi, Ganganelli les mettait-il en pratique? Aujourd'hui, après votre ouvrage, la question n'est pas de savoir si Ganganelli fut un grand homme; elle est tranchée depuis le jour de son exaltation au Pontificat. Il s'agit de résoudre tout simplement s'il fut un honnête homme. Jusqu'à présent, je vous ai fourni assez de preuves de ma franchise pour qu'au moins une fois par hasard vous ne suspectiez pas ma loyauté. Eh bien! moi qui n'ai aucun intérêt à dissimuler avec vous, je commence à croire, sous l'influence de vos révélations, que Clément XIV n'était pas ce que nous appelons vulgairement un honnête homme.

Je sais parfaitement que vous, moine, que vous, prêtre et ennemi des Jésuites, brochant sur le tout, vous n'aurez pas les mêmes délicatesses de conscience, les mêmes scrupules qu'un ignorant de mon espèce. Je fais votre part aussi large que vous pouvez la désirer, la part du lion; mais il ne faut pas que ce lion se laisse rogner les griffes. Vous vous placez dans un cadre tout exceptionnel, c'est à vous à ne pas le déflorer. Or, pensez-vous, dans une discussion aussi scabreuse que celle-ci, qu'il sera bien loisible de garder le calme dont Votre Révérence s'est peut-être imaginé m'offrir un précieux échantillon? Vous rendriez-vous le témoignage que l'apôtre saint Paul rend dans son Épître aux Corinthiens, qu'ils furent charitables selon leur pouvoir, et au delà même de leur pouvoir? Votre style a besoin de violence, comme les poumons sentent le besoin d'air. Prenez-en donc tout à votre aise; et puisque nous entrons dans la chose jugée, entrons-y de plain-pied.

Moi, je me suis fait un épiderme assez dur à l'injure qui jaillit du cœur de la discussion ou qui s'épanche dans un ouvrage aux lieu et place d'un argument solide. De par le monde il se rencontre des écrivains, et si vous interrogez votre conscience, Père Theiner, elle vous répondra qu'il s'en trouve sous la chasuble du prêtre et jusque sous l'habit de chœur de l'Oratorien; il se rencontre donc des écrivains qui, à défaut de bonnes causes, se mettent en quête de mauvaises raisons. Ces écrivains sont toujours, quoi qu'ils fassent, de l'école de Voltaire, dont Montesquieu disait : Voltaire ne sera jamais un bon historien, il écrit trop pour son couvent.

Malheureusement pour Votre Révérence, elle est de cette école que je n'ai jamais fréquentée. Lorsque vous sentez que la vérité fait défaut à vos préventions, vous vous efforcez d'y suppléer par l'injure. La calomnie chez vous revêt la forme de l'indignation; elle accapare son langage. Vous vous battez les flancs pour paraître ému. Vous vous déchirez la poitrine afin de faire croire qu'on vous a blessé. Vous affectez d'incommensurables transports de fureur pour amener les autres à les partager en tout bien et tout honneur; vous provoquez au mal pour vous attribuer le droit de le dénoncer. Vous êtes agressif, intolérant, cruel, parce que vous savez qu'un écrivain catholique voudra se respecter même en vous qui ne respectez guère les autres. Vous combattez un peu à la manière des sauvages, et si l'on fouillait au fond de votre carquois, il ne serait point tout à fait impossible, n'est-ce pas, Père Theiner? d'y trouver une dernière flèche de Parthe et la fiole de poison dans lequel vous trempez discrètement cette flèche.

J'ai trop vécu avec les prêtres pour ne pas avoir scruté dans les reins et dans le cœur cette Jérusalem où la lumière l'emporte de beaucoup sur les ténèbres. Je fais votre part aussi large et peut-être plus large que vous ne pouvez la désirer, car je crois me rendre un compte assez fidèle des passions que la vertu vous force à maîtriser et de celles que vous devez vous sentir heureux de laisser déborder. J'accepte d'un prêtre beaucoup d'outrages que pour ma dignité personnelle je ne tolérerais pas très-facilement dans un laïque.

Jusqu'à ce jour, il n'y avait, à ma connaissance du moins, que trois sortes d'Églises, l'Église souffrante, l'Église militante, l'Église triomphante. Pour votre service particulier, Père Theiner, en auriez-vous par hasard inventé une quatrième, l'Église diffamante? Afin de ne vous laisser aucun remords, je veux, autant qu'il sera en moi, donner le plus de retentissement possible aux bénignités dont il vous plaît de me combler. J'avais adopté ce système dans ma première lettre, je m'en suis si bien trouvé que je le continue dans la seconde.

A la page 327, quand vous croyez parler des rapports que le cardinal Malvezzi, archevêque de Bologne, eut avec les Jésuites, vous vous exprimez ainsi : « Mais cela ne pouvait qu'attirer à ce grand et digne prince de l'Église toute la haine des partisans de la Société de Jésus. Nous la retrouvons triomphalement reproduite par leur fidèle interprète, M. Crétineau-Joly, dans la relation boursouflée qu'il nous donne de cette visite apostolique, relation dans laquelle on ne sait ce que l'on doit le plus admirer de la malice de la calomnie ou de l'effronterie du mensonge. »

De la page 327 passons à la page 355. Nous y dépistons : « Il n'était pas nécessaire à M. Crétineau-Joly de lire la lettre de Moñino à Tanucci. Il aurait pu, s'il avait eu une étincelle de pudeur et d'amour pour la justice et la vérité, ou un seul sentiment d'humanité, de respect et de vénération pour l'Église et le Saint-Siége, il eût pu, disons-nous, sauver glorieusement et sans peine l'honneur de Clément XIV. »

A la page 357 — et vous voyez si je me prépare bien à boire le calice jusqu'à la lie — donc, à la page 357, vous dites : « Maintenant nous demanderons à tout homme impartial si M. Crétineau-Joly, avec sa méthode inqualifiable de mutiler et de supprimer les documents qui le gênent, méthode que nous avons déjà plusieurs fois constatée dans ses ouvrages, peut mériter encore la moindre foi. »

Je ne fais aucune réflexion, mon bon Père. Quand on se trouve à une orgie de diffamation, il n'y a qu'un moyen de ne pas se salir, c'est de livrer l'ilote, enivré de ses tapageuses colères, à l'appréciation des honnêtes gens. Je passe, sans daigner y faire attention, sur des outrages qui ne sont que le calque plus ou moins détrempé de toutes les injures pour lesquelles votre *Histoire du pontificat de Clément XIV* semble avoir été inspirée. En la compulsant ligne par ligne, c'est-à-dire insulte par insulte, et en n'en découvrant pas une neuve, j'arrive à la page 518, et je copie : « En rappelant à notre mémoire les détails si précis que nous avons donnés de la mort de ce grand et admirable Pontife, nous ne pouvons nous empêcher d'éprouver un juste sentiment d'indignation en voyant la manière abominable dont M. Crétineau la représente. On serait presque tenté de croire que le Seigneur a voulu, en retirant à cet auteur les lumières et le plus vulgaire bon sens, châtier sa persévérante malveillance et la fureur avec laquelle il poursuit ce saint Pape, depuis la première jusqu'à la dernière page de son misérable ouvrage. Jamais aucun de ces protestants dont le déplorable métier semble être d'injurier l'Église et son chef n'a parlé d'un Pape avec aussi peu de pudeur que cet écrivain parle de Clément XIV dans ce solennel moment. Les écrivains païens eux-mêmes, auxquels la loi de la charité était inconnue, lorsqu'ils dépeignaient la mort de quelqu'un de ces monstres opprobres de l'humanité, tels que Néron et Domitien, ont trouvé quelque compassion par un juste respect pour leurs mânes. Mais M. Crétineau-Joly, méprisant ces considérations subalternes, s'est mis au-dessus de tous les égards qui, cette fois surtout, devaient lui être suggérés non-seulement par le respect dû à la cendre des morts et que tout chrétien sent au fond de son cœur, mais encore par ceux qu'imposent la vérité elle-même et la justice. »

Vous le voyez, mon Père, je suis d'assez accommodante humeur. Votre Révérence essaye de faire courber ma tête sous un Ossa d'imprécations enté sur un Pélion d'anathèmes. Vos torrents d'imprécations qui ont l'allemand, le français, l'anglais, l'italien et l'espagnol, cinq langues, à leur service, vos torrents d'imprécations trouvent dans le calme de ma conscience une hospitalité que je n'oserais pas en semblable occurrence réclamer de votre charité chrétienne. Je fais pour vous tout ce que je puis, plus que je ne dois peut-être, car, du temps de Frédéric, s'il y avait des juges à Berlin pour le meunier de Sans-Souci, il s'en rencontre toujours en France pour les citoyens diffamés dans leur vie ou dans leur honneur.

Eh bien! je ne crois pas encore devoir frapper à la porte d'un tribunal de police correctionnelle pour faire asseoir Votre Révérence sur la sellette que, de mémoire de magistrat, aucun pamphlétaire n'a méritée à tant de titres. Vous avez prétendu me blesser à mort. Plus je m'examine, moins je me sens effleuré. Ce qui ne veut pas dire que je laisserai toujours impunies tant de coupables intentions. Vous avez ameuté contre moi le ban et l'arrière-ban d'une presse avortée, d'une presse sans nom dans le bien, sans nom dans le mal, qui grignote en son coin le pain qu'elle mendie ou qui, à l'ombre de l'autel, filoute l'actionnaire et baptise la commandite en partie double. Cette levée de boucliers, soi-disant chrétiens, ne m'a guère effrayé; mais de ce déluge d'outrages dont, au bord de mon arche plus que modeste, je calcule les effets, savez-vous ce qui m'est resté dans l'esprit?

Je vous le dirai aussi franchement que si j'allais aujourd'hui même comparaître devant le Dieu qui nous jugera tous. Votre Révérence se regarde-t-elle encore digne du sacerdoce qui lui a été conféré? N'aurait-elle point des préjugés, des passions, des jalousies, des répulsions de parti pris, des haines ne pouvant jamais s'accorder avec les obligations de son état? Et lorsque chaque matin elle monte à l'autel pour célébrer l'auguste mystère de la réconciliation des hommes avec le Ciel, est-ce qu'un remords tardif, mais indispensable, ne l'a pas saisie au cœur? Est-ce que ce remords ne vous a point amené, Père Theiner, à confesser qu'il y avait dans le monde un chrétien dont vos injurieuses divagations auraient pu ternir l'honneur, blesser les intérêts ou compromettre la famille? En appelant sur les fidèles la bénédiction d'en haut, est-ce que vous ne vous êtes pas avoué que vos prières devaient être stériles, parce qu'il pouvait se trouver dans le même sanctuaire un homme ayant le droit de vous marquer au front du stigmate dont on flétrit les calomniateurs? Si cet homme ne s'était pas dit souvent, avec saint Hilaire de Poitiers, que « les oreilles du peuple sont plus saintes que le cœur et la bouche de certains prêtres »; si je n'avais pas mis plus de dignité dans ma défense que vous n'apportiez de justice et de sincérité dans l'attaque, où en serions-nous?

Quoique l'incroyable soit toujours ce qui séduit le plus la crédulité, Votre Révérence peut se rassurer sur la portée de son œuvre. Vous ne ferez jamais accepter Clément XIV pour un grand Pape, ni l'historien de la Vendée militaire et de la Compagnie de Jésus pour un malhonnête homme. Voyons, maintenant, si vous réussirez mieux dans votre plan de bataille contre les disciples de saint Ignace.

Clément XIV n'est sans cesse magnanime et immortel, M. Crétineau-Joly n'est toujours qu'un écrivain sans pudeur, que parce que vous sentez le besoin de ces deux machines de guerre pour diriger l'assaut contre les Jésuites, et arriver peut-être ainsi au cœur de la place. Afin de glorifier Ganganelli, vous nous avez repassé une à une, et souvent répété avec des commentaires admiratifs, toutes les lettres de condoléances, d'affaires ou de félicitation que ce Pontife écrivit ou fit écrire. Les brefs, les bulles de ses cinq années de règne ont subi les mêmes ovations. Vous avez ramassé tout cela dans la poussière des Archives vaticanes, et vous l'élevez jusqu'au troisième ciel.

Vous l'élevez si haut que vous ne pouvez plus même lire et comprendre ces bulles dont Votre Révérence s'improvise l'éditeur. Vous poursuivez les Jésuites afin d'immortaliser Clément XIV, et, comme si cette guerre à outrance ne suffisait pas à Ganganelli, vous accumulez sur sa tête tous les mérites, même ceux qu'il n'a pas eus, et que certainement il aurait répudiés. Ainsi, à la page 185 de votre second volume, vous écrivez : « Le Saint-Père montrait un zèle égal pour la sage réforme des ordres religieux. Conformément aux désirs de la pieuse princesse Marie-Louise, il rétablit l'étroite observance dans l'ordre des Carmes déchaussés (*utriusque sexus*), qui était alors assez relâché, et, le 15 avril 1772, il loua le zèle que cette pieuse princesse avait montré en cette circonstance. »

A quelle source, Père Theiner, avez-vous puisé cette imputation de relâchement, qui pèse avec une criante égalité et sur les disciples de saint Jean de la Croix et sur les filles de sainte Thérèse (*utriusque sexus?*) Les Carmes ne m'occupent pas dans cette affaire; mais pour les Carmélites, je nie formellement qu'il ait été question de rétablir l'étroite observance, qui n'avait jamais cessé d'être en vigueur parmi elles. Au dix-huitième siècle, il est vrai, quelques religieux carmélites avaient embrassé les erreurs du Jansénisme; mais, vierges folles des macérations, elles auraient été beaucoup plus portées à resserrer qu'à élargir la règle. Elles voulaient en augmenter et non pas en diminuer les rigueurs. Ici, il ne s'agit pas d'elles, puisqu'en 1772 le Jansénisme avait disparu de toutes les maisons des Carmes. Restons dans la question, et, entre nous deux, prenons Clément XIV pour juge.

Dans le cours de son pontificat, ce Pape n'a publié que deux bulles concernant l'Ordre des Carmes déchaussés. Par la première, du 14 avril 1772, et sur la demande de Madame Louise de France, il érige et assigne la maison du couvent de Charenton, près Paris, pour demeure et monastère, en faveur de tous les religieux Carmes déchaussés qui voudront vivre dans la pratique entière et parfaite de leur règle primitive et en observer toutes les rigueurs. Cette constitution pontificale ne s'adresse qu'aux religieux et jamais aux religieuses du Carmel.

Dans la seconde, du 4 octobre 1772, Clément XIV parle des Carmélites; mais c'est pour concéder à leur couvent de Saint-Denis, « pieux asile de vierges d'élite, mais très-pauvres », comme dit le Pape lui-même, une redevance annuelle en blé, prise sur les revenus de l'abbaye de Saint-Germain des Prés. C'est sur ce fondement que vous êtes venu bâtir cette fable de réforme, qui est une injure aux Carmélites et à la vérité. Cette fable était complétement inutile. Vous ne l'avez donc inventée que pour vous tenir en haleine, et savez-vous quelle est l'origine de votre erreur? Je vais vous la faire connaître, Père Theiner. Vous indiquez, vous-même, sans l'avoir lue, très-probablement, une lettre de Clément XIV à Madame Louise de France, lettre toute de compliment, et par laquelle le Pape félicite la princesse du zèle qu'elle a montré en rendant son premier lustre de sainteté à l'Ordre du Carmel, dont elle a embrassé l'Institut. C'est un tribut d'éloges payé à la piété de la vénérable fille de saint Louis, c'est une allusion à la démarche que Madame Louise a faite pour l'établissement de Charenton, que Clément XIV lui annonce dans cette même lettre, et rien de plus. Comment, vous qui vous faites afficher par des comparses à tant l'heure comme le successeur du grand cardinal Baronius, avez-vous bien pu vous tromper au point de transformer en accusation contre les Carmélites un compliment adressé par le Pontife à une pieuse princesse renonçant aux pompes de la terre, afin de s'ensevelir dans les austérités de ces mêmes Carmélites, qui, par leur ferveur, l'avaient attirée au milieu d'elles? Si ce n'est pas une des cent mille erreurs qui pullulent dans votre ouvrage, à quoi bon louer Clément XIV d'une réforme qu'il ne songea pas à faire et qu'il n'avait nul besoin d'entreprendre?

De pareils témoignages d'enthousiasme après décès peuvent attester que, dans les plus secrets replis de votre âme, il se cache un profond sentiment de reconnaissance pour le Pape qui ébranla les colonnes du temple. Cette reconnaissance s'est étalée au plein soleil des iniquités, mais sera-t-elle bien dans le monde catholique, à Rome surtout, jugée aussi habile que sincère? Vous ne prenez guère la peine d'en déguiser les motifs. Ganganelli a détruit l'Ordre de Jésus, donc Ganganelli est le plus saint, le plus pur, le plus irréprochable de tous les Pontifes passés, présents et futurs. C'est sur cette base, assez peu solide, selon moi, que vous construisez l'édifice de votre histoire. Mais, Père Theiner, si vous n'aviez pas été atteint de la rage anti-jésuitique, si vous eussiez mesuré l'effet de vos paroles, je ne dis pas au poids du sanctuaire, mais seulement au poids de la raison humaine, croyez-vous qu'il n'eût pas été plus sage à vous de choisir une autre voie?

Ne valait-il pas mieux, et c'eût été la vérité vraie, ne valait-il pas mieux peindre Ganganelli tel qu'il apparaît dans son couvent de Cordeliers, dans le monde et sur le trône, homme d'esprit, de science et de dévotion, ayant toutes les intégrités de sa robe, mais n'échappant par malheur à aucun de ses petits travers. N'était-il pas plus prudent à vous de le représenter ce qu'il était en réalité, faux, fin et courtois, que de venir contre toute évidence en faire un modèle de loyauté et de franchise? Né dans cette Italie où fleurissent encore quelques vertus sur le fumier de tant de vices, Ganganelli était l'Italien par excellence, le temporiseur immuable, le raffiné en politique, le point et virgule suspensif, le débiteur mortel qui aurait eu l'art de se faire accorder un atermoiement par la mort. Votre nature allemande n'a rien su comprendre aux délicatesses d'une telle âme, aux subtilités d'une intelligence partie de dessous terre comme la taupe et arrivée comme le vautour au plus haut de l'échelle sociale. Tout dans la vie lui avait succédé comme à souhait. Jusqu'au jour de son exaltation sur le trône apostolique, il avait vu ses rêves les plus doux, les rêves de son ambition, se réaliser par des enchantements qui tenaient de la magie.

Avant lui, Cordelier obscur, on saluait assis sur la

Chaire de Pierre un souverain qui consacrait l'énergie d'une glorieuse vieillesse à protéger la Société de Jésus. En butte aux aversions les plus implacables, elle succombait à la même heure, dans toute l'Europe, sous les proscriptions combinées de la royauté, des gouvernants et de la magistrature, qui contractaient une monstrueuse alliance avec les ennemis de toute religion et de toute monarchie. Clément XIII, guidé par les Jésuites, va découvrir dans le couvent des Saints Apôtres le frère Laurent Ganganelli; il le revêt de la pourpre romaine sur les recommandations de Laurent Ricci, général de la Compagnie de Jésus et sur les informations du Père Andreucci, de la même compagnie.

Ganganelli cardinal aspire à être Pape. Il aura des luttes affreuses à soutenir, des combats de plus d'une sorte à livrer. Mais ce prêtre, retranché dans la puissance de son savoir-faire, ce prêtre aussi trompeur qu'une matinée d'avril, et qui, plus que tout homme au monde, a eu foi dans les habiletés de la sagesse humaine, ne regarde pas comme au-dessus de ses forces la bataille qu'il va engager contre les rois, les ministres, les ambassadeurs et l'école des sophistes se précipitant à la curée de l'Institut de Saint-Ignace. En les tournant, il avait vaincu tant de difficultés; en les laissant amoindrir par le temps, il avait surmonté des obstacles si insurmontables pour tout autre, qu'il se sentit assez fort pour tenir tête à l'orage. Ganganelli oublie cette parole de saint Augustin : « La convoitise ne sait jamais où finit la nécessité. » Il offre à prendre en main la foudre qui doit frapper les Jésuites; il promet de les anéantir aussi canoniquement que possible, mais au fond de cette âme règne une telle confiance en sa fortune que Ganganelli se persuade que, durant son pontificat, il pourra toujours faire briller l'éclair sans jamais laisser éclater le tonnerre.

Parvenu au but suprême de son ambition, Clément XIV se trouva dans la même position que ce vieil empereur Galba dont parle Tacite. Comme il arrive dans les choses désespérées, Clément s'aperçut enfin que les meilleurs partis sont ceux auxquels il n'est plus temps de recourir. Il commence à douter des autres; il finit par n'avoir même plus foi en son astuce, la politique de tous les caractères indécis. Il gémit, il se lamente, il se prend à demander au ciel et à la terre une de ces heures fugitives pour laquelle le condamné à mort sacrifierait sa part de paradis. Il se traîne aux genoux des princes, il caresse leurs ministres, il laisse couvrir la tiare des plus sanglantes humiliations; il essaye toujours de fermer le cratère d'un volcan avec un bouchon de liége. Puis, quand il juge que ses prières sont aussi vaines que sa menteuse prudence, ce malheureux se résigne à détester enfin les victimes qu'il voulut sauver en s'engageant à les immoler.

Dans ce temps-là, il s'allumait partout des trahisons, mais selon la parole de Bossuet : « Quand Dieu a pitié de son peuple abandonné, il s'en rend lui-même le pasteur et de sa main il le soutient. » Si Ganganelli eut le sentiment de cet abandon, il eut aussi l'espérance et la foi d'un meilleur avenir. Il baissa la tête pour que ses successeurs pussent la relever avec plus d'autorité.

Un écrivain perspicace, à qui serait incombée la faveur que vous prétendez vous avoir été faite, n'aurait pas manqué à cette mission. Fort de tous vos titres ecclésiastiques, plus fort de l'appui dont vous vous targuez en cour de Rome, riche des documents qu'il aurait puisés dans les Archives secrètes du Vatican avec une témérité moins compromettante que la vôtre, il serait venu nous montrer ce Pape se débattant sous le poids d'une fatalité trop explicable et éloignant de ses lèvres avec une juste horreur le calice d'amertume qu'il s'est lui-même préparé. Si de ce tableau, encore plus instructif que pénible, Clément XIV n'était pas sorti admirable et immaculé, à coup sûr, du moins, personne n'eût refusé à sa mémoire un tribut de pardon et une larme de pitié.

Mais cet écrivain dont je parle à Votre Révérence, cet écrivain, en cherchant à excuser le bourreau involontaire, se serait bien gardé de lui mettre au cœur une inimitié persistante et aveugle contre les victimes. Il n'aurait point, comme vous, promené Clément XIV sur la claie des passions les moins excusables. Vous l'auriez vu écarter avec réserve et sagacité tout ce qui, dans l'existence du Cordelier, pourrait, bien à tort, faire croire qu'il avait d'avance un parti pris sur la question et qu'il allait offrir un holocauste à ses rancunes de couvent. Dire que Clément XIV, qui tuera la Compagnie de Jésus sans l'avoir jugée auparavant, sans pouvoir la juger même après, avec une apparence de preuves ou d'équité, dire que Clément XIV n'idolâtrait pas les Jésuites, c'est proclamer qu'il brigua, qu'il convoita, qu'il obtint la papauté dans l'espoir d'être injuste. C'est révéler au monde entier qu'il sacrifia à d'inqualifiables préventions une société religieuse qui était l'orgueil de l'Église et une pépinière d'apôtres, de saints, de martyrs et de savants que les Papes devaient faire revivre après sa mort.

Pour entrer dans votre idée et adopter votre plan, il fallait, Père Theiner, une audace que vous n'avez pas eue. Cette audace devait puiser sa force dans une accusation en règle contre les principes et les membres de la Compagnie de Jésus. Après avoir anéanti toutes les bulles, tous les décrets des Souverains Pontifes depuis Paul III jusqu'à Clément XIII, bulles et décrets qui, de 1540 à 1769, immortalisent les dévouements, exaltent les services et célèbrent les vertus des disciples de saint Ignace, il fallait même reprendre en sous-œuvre le bref de destruction *Dominus ac Redemptor,* qui essaye de balbutier des reproches, et qui ne fait pas à ces reproches indirects l'aumône d'une imputation claire et formelle. Il fallait condamner à l'erreur, à une erreur invincible, éternelle, l'Église, ses Papes, le Sacré Collége, les Évêques, les Rois et les Fidèles de toutes les latitudes, venant dans toutes les langues honorer de leur confiance, encourager de leur estime, patroner de leur admiration cette Compagnie dont tous les saints, pendant deux cent trente-quatre années, avaient partagé les travaux et béni les enfants. Il fallait mettre en pièces une à une les pages de l'histoire des deux mondes et la reconstituer telle que vous la rêvez, Père Theiner.

Alors, déchirant tous les voiles et posant le doigt sur la plaie, vous auriez dû accumuler preuves sur preuves, multiplier les témoignages ignorés, traîner devant le tribunal d'une justice complaisante les grands coupables qui avaient mis en défaut ou en péril l'infaillibilité des Pontifes, la clairvoyance des Rois, la sagesse des ministres et la foi des peuples; puis, quand cette œuvre impossible eût été achevée, vous seriez venu introniser Clément XIV au Capitole. Il l'aurait bien mérité.

Est-ce bien cela, vraiment, qu'a fait Votre Révérence? Elle a, j'en conviens, parfaitement indiqué que Ganganelli n'idolâtrait pas plus les Jésuites que le Père Theiner n'aime M. Crétineau-Joly; mais j'ai eu beau feuilleter les onze cent cinq pages qui forment les deux volumes de votre réquisitoire, je n'ai jamais pu découvrir une apparence de raison à cette non-idolâtrie. La source d'un pareil sentiment échappe à tous les yeux. Vous le constatez, vous êtes en communion avec lui, vous l'admirez, mais vous ne l'expliquez pas. Je conçois qu'un Cordelier, qu'un Oratorien même ne ressente pas pour l'Ordre de Jésus la tendresse qu'il doit éprouver pour son Institut. Faisons plus largement la part des misères humaines. Accordons à Ganganelli, comme à Votre Révérence, le triste privilége de l'inimitié ou de l'envie. Ce privilége, par hasard, vous investirait-il du droit d'iniquité? Et parce que, dans les plus profonds abîmes d'un cœur de prêtre, il se glisserait un mouvement de malveillance, de jalousie ou d'aversion, est-ce qu'il faudrait accepter ce mouvement comme l'arbitre de la justice et de l'histoire? N'auriez-vous donc pas pu trouver à Clément XIV un mobile plus chrétien? Et puisque, à toute force, vous aspiriez à l'improviser grand homme, était-il donc de radicale impossibilité de démontrer que les Jésuites furent par lui justement mis à mort?

Cette démonstration seule pouvait légitimer sa conduite, et assurer au Père Theiner la gratitude de l'univers chrétien. Vous ne l'avez pas tentée, cette démonstration; vous n'avez pas même osé l'indiquer. Vous essayez bien de grappiller par-ci par-là quelques misérables impostures qui ont traîné dans toutes les boues jansénistes et des réticences plus misérables encore que ces impostures. Mais à quoi peuvent servir de pareilles immondices dans un temps où, après avoir cru à tous les dieux de ténèbres, l'homme commence à ne plus croire en lui-même, et discute mathématiquement les anciens objets de son culte et de sa foi? La satiété dans le mal a amené l'indifférence pour le bien. Cette indifférence, qui atrophie les passions, laisse un champ plus libre à la vérité. C'est Hercule étouffant les serpents dans son berceau.

Votre Révérence ne mourra pas, je m'en flatte, sous de pareilles étreintes; pourtant sa calomnie, déguisée en histoire, vivra encore moins que vous, Père Theiner. Voilà le sort réservé à tous les mauvais ouvrages qui voudraient s'élever aux proportions d'une mauvaise action. Il nous reste maintenant à examiner jusqu'à quel point vous avez réussi à perpétrer ce double crime.

Dans un débat aussi solennel, vous ne déployez pour toute discussion sérieuse que d'inexplicables antipathies. Vous intervenez plutôt comme un inquisiteur irrité que comme un savant à la recherche d'un problème. Il est donc très-difficile, même au calme de mon esprit, de saisir au passage les imputations que Votre Révérence noie dans un déluge d'invectives. Néanmoins, comme elle donne si souvent barres sur elle, Votre Révérence, je pourrai peut-être, en procédant avec quelque méthode, arriver à une conclusion. Cette conclusion vous sera plus défavorable qu'à Clément XIV; car ce n'est pas sa faute, à cet infortuné pontife, si, dans sa vie, comme après sa mort, il ne peut évoquer que des panégyristes assez maladroits pour avilir sa dignité de Pape, et mettre en cause jusqu'à son honneur personnel.

Je vais vous dire une chose qui vous étonnera bien, Père Theiner, et contre laquelle, sans doute, vous allez protester avec l'emphase des indignations habituelles à votre style. Ces formes acerbes ne m'écarteront pas de mon but; ce but le voici. C'est qu'après vous avoir lu et relu, après avoir étudié tous les annalistes et les polémistes qui ont écrit sur Ganganelli, je serai peut-être l'historien dont sa mémoire aura le moins à se plaindre. Savez-vous pourquoi?

En ne cessant jamais d'être juste, j'ai toujours voulu rester impartial et vrai. Je l'ai pris tel qu'il s'offrait à l'histoire avec ses ambitieuses convoitises, avec son esprit, avec ses vertus, avec son astuce, avec ses défaillances sur le trône. Je n'ai cherché ni à l'élever plus haut que nature, ni à le rabaisser. A travers les respects que la tiare commandait, j'ai dans une loyale mesure jugé l'homme et le souverain, et si, dans mon œuvre, Ganganelli apparaît coupable de faiblesse, il n'est pas du moins glorifié pour une faute qu'il ne commit qu'à son corps défendant. Reprenez mon *Clément XIV et les Jésuites*, ce livre qui a soulevé, qui soulèvera encore tant de fureurs inutiles. Lisez-le à tête reposée, si cela est possible à Votre Révérence; que d'autres, plus intéressés que vous et moi à la réputation de Ganganelli, se donnent la même peine; et vous verrez de quel côté se rangeront les Catholiques sincères et les amis de la vérité.

Une fois cette réserve faite et faite en toute candeur, abordons les points essentiels, capitaux, de la discussion. Entre nous soit dit, vous abhorrez les Jésuites, Père Theiner. Puisque votre conscience ne vous fait pas un crime de cette détestation, je ne me permettrai pas d'être plus rigide qu'elle. J'accepte l'aversion que vous leur portez et à moi par contre-coup. Je l'accepte en esprit de pénitence et d'humilité, parce que je sais bien que quand vous me visez aux jambes, c'est à leur tête que vous seriez heureux de frapper. Mais, en me prêtant avec une docilité presque d'enfant à tout ce que vous semblez exiger de moi, n'aurais-je pas droit de vous demander en retour un peu plus de bon sens et un peu moins d'indignation? La postérité tolère à Juvénal son fameux

. . . . . facit indignatio versum.

Je ne la crois pas assez bien disposée pour accorder à l'histoire la même licence. Vous l'avez prise, cher et bon Père, prise contre moi, et surtout prise contre les Jésuites. Ne fulminez pas trop si, moi très-humble, j'ose saisir corps à corps Votre Révérence et la laisser un peu meurtrie de la lutte qu'elle engage, car je ne ressemble pas aux Jésuites, moi. Je n'ai pas leur longanimité et ce n'est pas moi qui, comme eux, mériterais le reproche que Démosthène adressait aux Athéniens : « Serez-vous toujours pareils à ces athlètes qui, frappés dans un endroit, y portent la main, frappés dans un autre, l'y portent encore, et, toujours occupés des coups qu'ils viennent de recevoir, ne savent ni frapper ni prévenir? »

Or sus, ainsi que parlait saint Vincent de Paul, voyons de quelle manière vous procédez. Dans le beau royaume de France, je me trompe, dans l'empire français, il y a souvent des changements de ministres. Entre la publication de votre premier et de votre second volume, le cabinet que présidait le duc de Choiseul, un de vos compères anti-jésuitiques, dont vous vous réjouissez d'avoir été à même de contribuer quelque peu à réhabiliter le grand nom et l'honneur dans l'histoire, a disparu enlevé par le simoun de Versailles comme le sable du désert. Il était venu par la trompette de la Pompadour; il s'en va au son du tambour de la Dubarry.

Un prêtre qui respecterait quelque peu son caractère aurait couvert ses yeux pour ne rien voir dans cette faveur ou dans cette disgrâce. Votre Révérence s'est fait une main malheureuse. Elle a la démangeaison de toucher à tout, et puisque vous n'affichiez pas une antipathie trop prononcée pour cette belle marquise de Pompadour qui détestait si cordialement les Jésuites, il faut bien que vous donniez au successeur du duc de Choiseul la monnaie courante de sa pièce. Je lis donc sans surprise à la table des matières de votre tome II, page 535 : Coopération active et honteuse des Jésuites à la chute de Choiseul. Vous me renvoyez directement aux pages 115 et 116 de votre ouvrage. J'y cours, mon Père. Je n'y trouve — c'était entendu à l'avance — aucune trace de la coopération active et honteuse susmentionnée ; mais j'y lis : « A peine eut-on appris officiellement la nomination du duc d'Aiguillon comme chef du cabinet, que les amis des Jésuites conçurent des espérances plus brillantes que jamais et considérèrent cet homme qui ne devait, comme tout le monde le sait, son élévation qu'à la Dubarry, — laquelle n'avait rien de bon que son attachement à la Société de Jésus, — comme le réparateur depuis si longtemps attendu qui devait relever de ses ruines la Compagnie expirante. »

Après avoir transcrit cette phrase qui, je le crois, a dû vous être soufflée par M. Lenormant, toujours plus que jamais de l'Académie des inscriptions et belles-lettres, savez-vous que, si je l'osais, je vous demanderais bien de prouver la coopération des Jésuites à la chute de Choiseul. Il vous serait très-malaisé d'en fournir la preuve la plus minime ; aussi vous comprenez que je n'insiste guère. Il m'en coûterait trop de voir Votre Révérence se rejeter sur la Dubarry, « laquelle n'avait rien de bon que son attachement à la Société de Jésus ».

Père Theiner, êtes-vous convaincu, mais là profondément convaincu, que ce rien fut réellement bon?

Et vous, qui êtes prêtre, religieux, membre des plus saintes congrégations de l'Église romaine, ne redoutez pas, en empruntant aux anas de l'époque de semblables historiettes, qu'on en ressuscite d'autres! Par exemple, celle du nonce de Clément XIV assistant au petit lever de cette même Dubarry et lui présentant ses pantoufles quand la sirène sort du lit comme Vénus du sein de l'onde.

Il faut convenir que vous êtes assez mal inspiré, même lorsqu'il vous prend fantaisie d'égayer vos lecteurs. Après avoir peint Choiseul et madame de Pompadour à une estompe quelque peu flatteuse, je ne sais pas trop pourquoi vous vous gendarmez avec tant d'acrimonie contre le duc d'Aiguillon et madame Dubarry. A mon sens, ces quatre personnages se valent admirablement. Ils n'ont rien à s'envier, car, de leur temps, tous les vices, comme des esclaves affranchis, prenaient part aux agapes de la corruption. Mais, Choiseul tombant, vous deviez voir dans cette chute un changement de politique par rapport à la Compagnie de Jésus. Les hommes qui connaissaient la pensée du Roi et de sa famille n'en pouvaient pas faire l'objet d'un doute. Qu'y aurait-il eu d'extraordinaire à ce que les Jésuites cherchassent à tourner en leur faveur un pareil événement? Ils étaient alors exilés de Paris, proscrits de France. Il n'y a pas trace qu'ils y aient songé; mais qu'importe à Votre Révérence? Elle a pris le rôle d'accusateur; ne faut-il pas qu'elle accuse?

Le duc d'Aiguillon avait été partisan des Jésuites. Ne comptez-vous pas dans votre vie quelques années où vous avez suivi l'exemple de ce duc? Ne pourrait-on pas vous citer, et je ne vous en ferai pas grâce, Père Theiner, des actes, des écrits qui, si vous fussiez mort avant 1852, auraient entaché de jésuitisme toute votre existence d'oratorien? Mais ce duc d'Aiguillon que vous reprochez tant aux Pères de la Compagnie, il a été gouverneur de Bretagne, lorsque la Chalotais, le fameux procureur général, dirigeait contre eux ses foudres de parquet, et en adressant à d'Aiguillon son compte rendu, la Chalotais lui écrivait[1] : « Vous ne vous embarrassez guère des constitutions des Jésuites, monsieur le Duc, ni moi non plus. » Ce duc d'Aiguillon avait dans son ministère le chancelier Maupeou et l'abbé Terray. Allez-vous aussi les revêtir tous deux de la robe courte d'affiliés du Tiers Ordre imaginaire? Les Jésuites faisaient présenter au Roi des mémoires dans lesquels ils demandaient justice. Ce cri de tout citoyen lésé dans sa réputation ou dans ses intérêts serait-il un forfait à vos yeux? Les Jésuites avaient alors un parti en France, un grand, un noble parti.

C'était la famille royale, l'épiscopat tout entier et le peuple qui le composaient. Madame Louise de France, la vénérable carmélite de Saint-Denis, se plaçait à sa tête. Madame Louise présentait au Roi son père les mémoires de la Compagnie, et c'était ce parti qui s'opposait avec le plus de vertueuse insistance à ce que madame Dubarry fût reçue à la Cour[2]. Que vient donc faire cette femme dans les récits de Votre Révérence, et par quelle débauche d'imagination osez-vous substituer le nom d'une fille de mauvaise vie à celui de la plus sainte de toutes les princesses?

[1] Le *Président des Brosses*, par Théodore Foisset, p. 234.
[2] Lacretelle, *Histoire de France pendant le dix-huitième siècle*, p. 224.

Ce n'est pas à Clément XIV seul que vous déclarez la guerre, c'est à tout Chrétien qui a dans son âme un peu de vigueur et d'indépendance, à tout Chrétien qui ne courbe pas la tête sous le joug de vos caprices historiques. Clément XIV peut se trouver bien ou mal de vos éloges compromettants, je ne discute pas sur ce point. Vous prétendez avoir été jugé digne de venger sa mémoire ; que ceux qui vous ont chargé de l'office vous en récompensent selon vos mérites, rien de mieux ; mais ce choix que vous vous attribuez, à tort sans doute, ne vous donne ni le droit de calomnie, ni le droit de diffamation. Vous l'avez souvent usurpé, cher Père ; il ne faudrait cependant pas pousser cette licence jusqu'à la dernière extrémité, car alors vous tomberiez dans l'absurde. Or, votre système n'aurait-il pas quelque chose d'approchant?

Il est convenu entre nous que Clément XIV est impeccable, qu'il s'exhausse à chaque page que vous envoyez à l'impression, et que les Jésuites eux-mêmes doivent, dans leur reconnaissance, lui tresser une couronne d'immortelles. Je ne m'y oppose point, ce n'est pas mon affaire. Avec vous j'ai une autre partie à jouer, et vous me faites si beau jeu que je crains toujours de m'entendre accuser d'avoir biseauté les cartes.

Mais cet enthousiasme qui à tout bout de champ vous saisit pour Clément XIV et qui vous emporte sur les ailes de l'imagination au delà même de l'hyperbole, ce n'est pas de l'histoire savante et critique. L'histoire ne ment pas comme un journal ou comme une oraison funèbre. Elle a des allures plus sérieuses, et sans prodiguer des torrents de louanges à l'un, des avalanches d'injures aux autres, elle sait, en conservant sa dignité, faire à chacun la juste part qui lui revient. Or, voulez-vous connaître en quelques lignes l'impression que Clément XIV laisse à tous les esprits impartiaux? Ne consultons pas les écrivains judicieux de la nouvelle école protestante; vous m'accuseriez de coalition avec eux. Vous proclameriez sur les toits que la Compagnie de Jésus les a gagnés à sa cause par des moyens que la pudeur de Votre Révérence ne lui permettrait pas de divulguer. Mais Picot, dans ses *Mémoires ecclésiastiques*, Picot, le fondateur de l'*Ami de la Religion*, n'était pas un impie qu'on pouvait tromper aussi facilement que moi. Écoutez donc le jugement que cet écrivain, honoré de toutes les opinions, rend en parfaite connaissance de cause : « Clément XIV, dit-il [1], n'a laissé aucun ouvrage un peu important, mais il a détruit les Jésuites; voilà, on ne saurait en disconvenir, le motif secret de la réputation que certaines gens lui ont faite. Ils ont voulu faire croire par cette démarche qu'il partageait toutes leurs opinions, et de là leurs éloges suspects et intéressés. Il paraît, au contraire, que Clément XIV n'était pas contraire aux Jésuites; mais il vit les Cours catholiques conjurées contre eux, et il ne crut pas devoir lutter plus longtemps pour les soutenir. »

Ce jugement, qui est celui des Jésuites, Père Theiner, se trouve confirmé par M. l'abbé Rohrbacher dans son *Histoire universelle de l'Église*. « Clément XIV, dit-il [2], fut sobre, désintéressé et ne connut pas le népotisme... Quant à son Bullaire, sur 338 pièces, il y en a très-peu d'importantes... Ce qui a rendu son pontificat et son nom fameux, c'est un bref du 21 juillet 1773, qui supprime la Société de Jésus : suppression qui, comme nous le verrons plus en détail, lui fut extor-

[1] *Mémoires ecclésiastiques*, t. II, p. 599.

[2] *Histoire universelle de l'Église catholique*, t. XXVII, p. 25.

quée par les instances menaçantes des souverains catholiques, jouets aveugles des Jansénistes et des incrédules. Voilà pourquoi ceux-ci lui prodiguent leurs éloges flétrissants. »

Débattez-vous tant que vous pourrez contre cette évidence. Ayez des emportements ou des malédictions à jeter à la tête de tout Catholique, de tout Protestant qui veut rester dans les limites du vrai. Vos emportements ne changeront pas plus la face des choses que vos malédictions. Il faut accepter Clément XIV faible, parce qu'il le fut en réalité; il faut le subir ambitieux dans son cloître, ambitieux au conclave, lâche sur le trône et impuissant face à face avec le danger que, par trop de confiance dans les ressources de son esprit, il s'était promis de conjurer. Le mot de la situation est là, rien que là. Je l'avais précisé dans *Clément XIV et les Jésuites*. Apportez-vous une solution inespérée à cette nouvelle et impolitique controverse?

Afin de rester maître de son affection ou de ses haines, Ganganelli, prince et pape, avait un intérêt éternel à être juste, car il ne pouvait pas toujours espérer d'être fort, et il semble avoir mis un sceau sur son cœur. Sa figure, type de la finesse italienne avec un léger mélange de rusticité, ne trahit aucun des combats intérieurs que la conscience a dû livrer à cette âme si profondément agitée. Il est aussi impassible extérieurement sur le trône que dans le marbre de son tombeau. Il n'écoute rien, il ne dit rien; c'est tout au plus si, entre les deux Cordeliers qui forment sa cour, il permet à un sourire de satisfaction contenue d'effleurer ses lèvres. Le Vatican est devenu pour lui une prison volontaire. Il y cache son fugitif bonheur; il craint d'y ensevelir ses remords.

L'incomparable pontife de Votre Révérence se sent peu à peu mis au pied du mur. Il a fait des promesses, il a signé un engagement tel quel, mais il a pour créancier un prince poussant jusqu'au délire le fanatisme de l'obstination espagnole. Ce créancier est impitoyable. Afin d'obtenir d'une exigence aussi impétueuse quelque répit, Clément XIV laisse deviner par insinuation, presque par intuition, à Mgr Azpuru, ambassadeur de ce roi Charles III, qu'un chapeau de cardinal ne déparerait pas sa tête. Azpuru était encore plus convaincu de cela que le Pape. Azpuru est tenté; il se berce de pouvoir bientôt prendre rang parmi les porporati, et ce que Clément XIV avait prévu se réalise. Azpuru ne seconde pas avec autant d'âpreté les incessantes et capricieuses provocations de son royal maître. Charles III ne tarde guère à s'apercevoir que le diplomate espagnol ne marche plus aussi aveuglément que par le passé contre les Jésuites; Azpuru est disgracié, et don José Moñino, comte de Florida Blanca, doit aller le remplacer à Rome.

Jusqu'à ce moment, entre le cardinal de Bernis, à qui sont réservés toutes les privautés de l'affection souveraine, tous les témoignages les plus ostensibles de la faveur, et l'archevêque Azpuru rêvant sa prochaine promotion au cardinalat, le pape Ganganelli a pu, à peu près sans efforts, faire traîner en longueur la négociation concernant les Jésuites. Avec ces mièvreries, que le pouvoir suprême a toujours le don de rendre irrésistibles, il caressait la vanité de l'un, il flattait l'ambition de l'autre. Il régnait, c'est-à-dire il vivait dans une espèce de béate contemplation de ses félicités secrètes, lorsque Moñino fond sur lui, comme l'épervier se jetterait sur une alouette. Moñino, c'est, même avant son arrivée dans la capitale de la Chrétienté, le cauchemar de Clément XIV, une contrefaçon d'ange exterminateur, qui, d'un seul coup, anéantira toutes les illusions dont se berce le Souverain Pontife. Il ne reste plus à la ville éternelle qu'à contempler l'orgueil de l'homme qui monte aux prises avec l'orgueil de l'homme qui tombe.

Nous sommes aux premiers jours de 1772, et, depuis deux ans et demi qu'il est assis sur la chaire de Pierre, Ganganelli a si bien louvoyé, qu'il se croit assez fort pour permettre au cardinal de Bernis de développer ses plans à la cour de France.

Le 17 janvier 1772, Bernis, devenu l'oracle du Père Theiner, mande au duc d'Aiguillon : « Enfin, le moment de l'explication catégorique arrivera, et alors il est vraisemblable que le Saint-Père pourrait faire sentir aux Espagnols l'impossibilité de détruire les Jésuites dans les États où ils sont protégés, surtout si les preuves de la corruption totale de cet ordre n'étaient pas clairement établies.

« On peut croire que Clément XIV se rabattra sur une réforme qui, en diminuant le pouvoir du général de cette société, en interdisant aux Jésuites toute espèce de commerce (prohibé par les canons), en attribuant aux évêques l'examen de leur théologie et de leur morale, et en prenant des précautions sages pour empêcher ces religieux d'entrer trop avant dans les affaires politiques et civiles et dans les intrigues des cours, satisferait raisonnablement aux plaintes et aux instances qui ont été faites, acquitterait dignement le Pape de ses promesses, ferait sortir avec honneur les souverains de la maison de France d'un engagement contracté à la face de l'Europe, dont à la longue le défaut de succès pourrait blesser la dignité de leurs couronnes; une telle réforme serait utile et honorable aux Jésuites mêmes. »

Il est avéré par le cardinal de Bernis que Clément XIV ne veut détruire la Compagnie de Jésus que « si les preuves de la corruption totale du régime de cet Ordre sont clairement établies »; dans le cas contraire, le Pape se rabattrait sur une réforme quelconque. Telle était sa pensée en 1772, et le projet par lequel il espérait tant bien que mal s'acquitter de ses promesses.

Si, peu de mois avant de supprimer les Jésuites, Ganganelli hésite même à réformer leur Institut, le médecin ne pense donc pas avoir le droit de tuer le malade qu'il aura inventé. Il est évident que jusqu'alors les inculpations portées contre eux n'ont paru à ce Pontife ni très-sérieuses ni très-concluantes. Quelle nouvelle série de faits encore ignorés précipitera le dénoûment? A quel arsenal de preuves va puiser le roi Charles III pour que son Moñino emporte de haute lutte l'acte le plus opposé aux intérêts et à la dignité du Saint-Siége? L'auditeur de la nonciature à Madrid, dans sa dépêche du 24 mars 1772, nous révèle l'origine des transes de Ganganelli. « Votre Éminence, mande l'auditeur au cardinal secrétaire d'État, ne saurait croire combien ma surprise a été grande et quel a été mon chagrin, moins encore à cause des espérances que m'avait données monseigneur le confesseur du Roi, que parce que je sais quel est l'homme (Moñino), quelles pensées couvent dans son esprit, et combien, avec son extérieur doux, facile, modéré, et je dirais même religieux, il est hostile à Rome, à l'autorité pontificale et à la juridiction ecclésiastique..... En somme, il est souverainement artificieux, sagace, dissimulé et zélé plus que personne pour l'extinction des Jésuites; je ne sais si c'est par principe et par haine contre eux, ou pour des raisons et des intérêts qui lui sont propres. Je suis fâché d'en faire un si noir portrait, mais mon devoir m'oblige à ne rien dissimuler à Votre Éminence. »

C'est ce portrait de Croquemitaine doucereux, ayant la tête et le cœur froids à faire tousser, qui inspire à Clément XIV la terreur dont il sera obsédé jusqu'au dernier jour de sa vie. Et cette terreur secrète qui déjà revêt toutes les apparences du remords et du désespoir, le cardinal de Bernis la constate lui-même dans sa dépêche du 3 juin. « Je ne saurais douter, écrit-il, que la prochaine arrivée de don Joseph Moñino n'inquiète intérieurement le Pape..... Je connais la sensibilité du Pape; si on usait avec lui de menaces ou d'une sorte de violence, il n'y résisterait pas longtemps. »

Tous les effets de fantasmagorie que le mystérieux Charles III a pu accumuler autour de son ambassadeur sont donc employés. On diffère, on ralentit son voyage afin de faire pénétrer plus avant dans le cœur de Clément XIV le poignard dont il se croit menacé. Nommé au mois de mars, le nouveau plénipotentiaire n'arrive à Rome que le 4 juillet, et les fatales impressions de terreur qui dominent le Pape deviennent à l'instant une cruelle réalité. La prostration commence. Dans *Clément XIV et les Jésuites* j'en ai développé les péripéties; dans son *Histoire de la chute des Jésuites,* le comte Alexis de Saint-Priest en décrit les résultats, mais cet accord de deux annalistes, partis de points si opposés et se rencontrant pour affirmer un fait hors de doute, cet accord dérange un peu le thème adopté par Votre Révérence. Votre Révérence tient à ce que le Clément XIV de ses songes soit toujours grand et plus grand encore en face de Moñino que devant l'histoire. Libre à vous, Père Theiner, de draper Ganganelli dans son *piviale* pontifical; mais pour mener à bonne fin une entreprise aussi ardue, il n'aurait pas fallu écrire. Cette prudente abstention, que vos lecteurs vous conseilleront toujours, n'eût peut-être pas fait votre affaire. Vous écrivez donc, et par malheur vous dites :

« Moñino mettait sans doute sa force principale dans un système absurde d'intimidation, et pour plaire à son souverain, pouvait bien vanter outre vérité, dans ses dépêches, l'énergie qu'il avait déployée; mais il n'était pas fou, et avait assez de bon sens pour ne pas se montrer impertinent auprès du Pape, auquel rien n'était plus facile que de le faire mettre à la porte et de lui refuser ses audiences. S'il se montre parfois violent et emporté, ce fut uniquement auprès des ministres des cours étrangères, comme aussi, en général, auprès de tous ceux qui approchaient le plus près le Souverain Pontife et exerçaient sur lui quelque influence. »

Avec cette sensibilité fébrile, dont parle le cardinal de Bernis, sensibilité qui ne procède pas précisément du courage, en faudrait-il beaucoup plus pour faire peur à un poltron? Je laisse de côté le récit du comte de Saint-Priest, et le mien surtout. Je ne m'appuie ni sur les dépêches de Moñino, pur effet, selon vous, de la jactance espagnole. Je n'interroge même pas sur ce point délicat cet infortuné cardinal de Bernis, pressé entre l'enclume et le marteau, et qui ne sait plus à quel saint vouer sa vie. Je prends votre version à vous pour ce qu'elle vaut; je la suis pas à pas. La main sur la conscience, croyez-vous que les violences calculées de Moñino envers ses collègues n'ont pas dû intimider quelque peu un Pontife qui était si facile à effrayer?

Quoi! Moñino, qui a la confiance de son roi, Moñino, que Bernis dorlote pour assoupir ses emportements, Moñino, qui a la haute main dans la négociation contre les Jésuites, Moñino, qui se complaît dans sa haine, comme les femmes turques dans le bain, se permet des colères calculées pour faire trembler « tous ceux qui approchent le plus près le Souverain Pontife, et exercent sur lui quelque influence ». Et cette attitude agressive n'aura point froissé la sensibilité de Ganganelli? Il n'aura pas deviné que ce n'était ni au Père Bontempi, son confesseur, ni à frère François, son cuisinier, que s'adressaient les menaces, mais à lui! Lorsque ces deux moines italiens, encore sous le coup de la frayeur, racontaient au Pape, dans son intimité, les fureurs de ce terrible procureur général, est-ce que vous chercheriez, par hasard, à persuader aux lecteurs que Clément XIV devait sourire?

Allons plus loin. N'était-il pas de sa dignité d'homme, de prince et de chef visible de l'Église, d'arrêter de pareils excès au début ou de rompre toute communication avec un ambassadeur traitant d'une manière aussi outrageante les personnes que le Pape, à tort ou à raison, chargeait de ses pouvoirs et que Moñino acceptait ainsi?

L'affront persévérant est constaté même par vous. Voyons un peu jusqu'où allaient les menaces. Le 5 août 1772, Bernis écrit au duc d'Aiguillon :

« Le Roi d'Espagne, d'après les confidences que me fait M. Moñino, n'a plus qu'un reste de confiance dans les promesses du Pape. Il veut que Clément XIV s'explique catégoriquement et promptement. Il ne croira plus à des promesses vagues; un temps fort court sera accordé au Pape pour prendre sa résolution; dans le cas d'un refus (qui serait regardé comme un vrai manquement de parole), « il y aurait danger d'une rupture éclatante avec le Saint-Siége, ou d'une rupture tacite plus

» dangereuse pour le Pape que la première. » Alors, m'a dit M. Moñino, l'Espagne et autres États qu'on nomme pays d'obédience deviendraient pays de liberté. »

Pays de liberté dans le dix-huitième siècle, et avec des ministres tels que ceux qui gouvernaient sous la férule des philosophes, voulait dire pays de révolte intellectuelle, de révolte contre l'Église.

Par l'intermédiaire du cardinal de Bernis, Moñino fait passer à Clément XIV l'ultimatum de sa cour. Par le Père Bontempi, que nous savons assez tendre à la séduction de l'or, il va enserrer le Pape dans les filets de la peur ou de la corruption. Moñino écrit donc au ministre espagnol, le 6 août : « Il (le Père Bontempi) s'est engagé à me servir en tout ce que je voudrais, demandant que je gardasse un secret profond sur cette conversation et sur les autres; d'où je conclus qu'il veut servir les deux partis. C'est quelque chose de prodigieux que tout ce qu'il a dit dans l'espace d'une heure et demie, et je ne pourrais pas vous rapporter exactement tous ses propos. J'ai continué à l'intimider et à lui donner à connaître combien il serait convenable pour lui de traiter avec moi, et de se tirer d'embarras par ce moyen. »

Vous devez apprécier mieux que moi, vous préfet des Archives secrètes, la prudence habituelle des nonces apostoliques, prudence qu'entre parenthèse vous auriez bien dû imiter pour la réputation même de votre héros. Or, voici que le représentant de Clément XIV à Paris ne trouve pas dans le vocabulaire italien, si riche de mots, des expressions assez désespérées pour rendre les sentiments auxquels il est en proie. Le 9 septembre, Mgr Giraud mande au cardinal secrétaire d'État : « On dit encore et l'on écrit que le Pape ne s'occupe que peu ou point des affaires; que le Sacré Collége est mécontent; que Sa Sainteté ne s'entoure que de gens de basse condition; que toutes les classes de personnes se plaignent, ce qui me fait craindre (malgré la fausseté absolue de tous ces bruits) que ces calomnies, passant de l'intérieur à l'extérieur, ne réduisent notre cour à devenir l'objet du mépris universel. Dieu veuille que ces rumeurs soient démenties! Je le lui demande de tout mon cœur; mais je crois en même temps devoir faire connaître à Votre Éminence tout ce qui vient à ma connaissance, et je ne puis non plus me dispenser de lui dire que toutes les choses que l'on entend répéter font tomber les bras aux ministres du Saint-Siége, lorsqu'ils ont des affaires à traiter. »

Trois mois de ce régime inventé par Moñino et subi par Clément XIV avaient assoupli ces natures italiennes, si flexibles et si pénétrantes. Moñino ne trouvait plus d'obstacles. Le Père Bontempi se laissait faire, fra Francesco devenait l'agent du commandeur d'Almada, ministre de Portugal, et le concussionnaire Bischi était assuré de la protection du roi d'Espagne, dont il devait bientôt avoir quelque besoin, comme nous l'avons vu. Mais Moñino est homme de précaution, il ne lâche rien pour rien. S'il a promis la paix au Souverain Pontife et les bonnes grâces de l'ambassade espagnole à ses émissaires, il faut bien accorder quelque compensation à tant d'affabilité. Clément XIV n'aura plus à lutter que rarement et par exception.

Il a donné des gages de l'état passif dans lequel il va se renfermer, face à face avec sa conscience. Ce dernier combat ne sera pas long. Afin d'en abréger les préliminaires, on lui adressera encore des prières, mais des prières auxquelles, selon le terrible langage de Tacite, il est impossible à Ganganelli de résister : « *Preces erant, sed quibus contradici non posset.* » Il avait tant cherché à plaire aux hommes, qu'il n'était plus le serviteur de Jésus-Christ. Moñino propose un plan de destruction des Jésuites; il le remet au Pape. Vous le publiez intégralement, Père Theiner. Par malheur, c'est, sans vous en douter, la nomination de Moñino comme rédacteur secrétaire des brefs que vous contre-signez.

Ce plan, pour la suppression, est, en effet, la charpente sur laquelle s'élèvera tout l'édifice du bref *Dominus ac Redemptor*. La phraséologie y manque, mais le fond s'y trouve; quelquefois même l'expression caractéristique marque ce fameux décret pontifical du cachet de l'obsession et de la courtisanerie.

Lorsque, le 2 avril 1767, Charles III proscrivait à la même heure, de tous ses royaumes de l'ancien et du nouveau monde, la Compagnie de Jésus, qu'il n'avait pris la peine ni d'interroger, ni d'accuser, ni de juger, il rendait une pragmatique où pour toute exposition, où pour tout renseignement on lit : « Que les motifs équitables et sérieux qui l'ont obligé de donner cet ordre resteront à toujours renfermés dans son cœur royal. »

Aux yeux de toute créature douée de quelque raison humaine, de pareils motifs ne ressemblent pas mal à un audacieux déni de justice. Charles III l'avait inventé. Moñino, à la première ligne de son plan, s'empresse de le recommander. « Le Pape ferait bien, — c'est ainsi que l'ambassadeur espagnol dicte ses lois, — le Pape ferait bien d'exposer tous les motifs qu'il a déjà allégués pour détruire la Compagnie de Jésus, et ceux qu'il garde encore dans le secret de son cœur. »

Le bref *Dominus ac Redemptor* s'incline devant la volonté de Moñino, si crûment manifestée, et il contient cette phrase qui, à elle seule, serait la révélation de la plus étrange iniquité. Vous avez vu, Père Theiner, comment s'exprime Charles III, de quelle insolente façon Moñino prescrit au Pape d'imiter les réticences du roi d'Espagne. Sachez maintenant avec quelle docilité Ganganelli répète la leçon.

« Pressé par d'autres motifs que les lois de la prudence et la sage administration de l'Église universelle nous suggèrent, et que nous gardons au fond de notre cœur. »

Ce n'est pas à l'effrayante pensée d'un cœur royal ou pontifical consacrant un crime par le plus odieux abus du silence, silence que tous les forceps de vos indiscrétions n'ont pu arracher ou faire rompre, que je recule étonné, moi qui suis monarchique, moi qui suis catholique avant tout. L'erreur d'un prince, l'erreur même d'un Pape, agissant sous une funeste impression, n'a rien qui me surprenne; mais ce que je ne pourrai jamais m'expliquer, c'est que Votre Révérence s'échappe des Archives du Vatican comme un écolier en vacance, et qu'elle permette à ses antipathies de faire l'école buissonnière aux dépens de toute autorité ayant droit à nos respects. Si votre ouvrage n'était pas un lourd factum, je dirais, Père Theiner, que c'est un pamphlet, le plus injurieux pamphlet qui ait jamais été dirigé contre Rome.

Vous publiez le plan que Moñino, connu en Espagne pour sa haine contre l'Église catholique et nommé ambassadeur auprès du Saint-Siége à cause même de cette haine, osa soumettre à Clément XIV, et votre publication amène forcément à ce parallèle. Ce parallèle entre le bref de Moñino et le plan de Clément XIV pourrait s'étendre à chaque paragraphe. En voulez-vous un nouvel exemple?

Moñino, qui sait par expérience qu'aucun grief sérieux ne sera allégué contre les Jésuites, insinue à votre Clément XIV avec quelle mansuétude dans la forme on peut égorger vingt mille innocents. Il a des mots paternes à proposer aux effusions du Saint-Père ; car il tient avant tout à étouffer sous les fleurs du sacrifice la victime vouée aux propitiations, et il ajoute :

« Il faudra développer les pensées exprimées dans le précédent article, et dans ce but il serait utile que Sa Sainteté ordonnât à toutes les personnes du clergé, tant séculier que régulier, quel que soit leur rang et leur dignité, et aux individus eux-mêmes de la Compagnie, de ne défendre ni attaquer cette suppression, ses causes et ses motifs, non plus que l'Institut de la Compagnie, sa règle, son régime, ou autre chose quelconque qui ait rapport à cette matière, et de n'en écrire ni n'en parler sans permission expresse du Pontife romain, et en outre que Sa Sainteté défende qu'à ce sujet personne soit injurié, soit en paroles, soit en écrit, soit en public, soit en particulier, sous peine d'excommunication majeure, réservée au Saint-Père.

» Par cette dernière mesure, tout homme impartial verra que le Pape veut traiter les Jésuites avec la plus grande charité, les recommander à la protection des souverains, et mettre leur Institut à l'abri de toute agression injuste. »

Moñino impose à Ganganelli cette concession que Ponce-Pilate n'aurait jamais songé à réclamer. Le bref l'accepte. Afin de mieux la cimenter, le bref pontifical semble se contenter d'une simple reproduction. Comparez, Père Theiner. J'ai cité textuellement l'article du projet de destruction, maintenant je cite le bref lui-même :

« Nous mandons en outre, et nous défendons, en vertu de la sainte obéissance, à tous et à chacun des ecclésiastiques réguliers et séculiers, quels que soient leur grade, dignité, qualité et condition, et notamment à ceux qui ont été jusqu'à présent attachés à la Société et qui en faisaient partie, de s'opposer à cette suppression, de l'attaquer, d'écrire contre elle, et même d'en parler, ainsi que de ses causes et motifs, de l'institut, des règles, des constitutions, de la discipline de la Société détruite, ou de toute autre chose relative à cette affaire, sans une permission expresse du Souverain Pontife. Nous défendons à tous et à chacun, également sous peine d'excommunication réservée à nous et à nos successeurs, d'oser attaquer et insulter, à l'occasion de cette suppression, soit en secret, soit en public, de vive voix ou par écrit, par des disputes, injures, affronts, et par toute autre espèce de mépris, qui que ce soit, et encore moins ceux qui étaient membres dudit ordre. »

Moi qui ne garde rien, même contre vous, dans mon cœur ni royal ni pontifical, et qui ai toujours eu, Dieu merci ! la libre franchise de mes affections ou de mes répulsions, savez-vous, cher Père, que je ne serais pas loin de croire que vous êtes un très-imprudent ami, car il ne vous aura jamais été donné d'être un sage ennemi ? Vous prétendez écraser les Jésuites sous la gloire de votre Clément XIV, et c'est à un résultat diamétralement opposé que vous aboutissez. Vous vantez l'indépendance de ce Pontife, et par le fait seul de votre ouvrage, vous le montrez plagiaire et, qui plus est, plagiaire d'une hypocrisie.

Puisque le bref *Dominus ac Redemptor* est sur le tapis,

coulons cette affaire à fond, Père Theiner. Avec cette plume qui, pour toute ressource, possède l'insigne étourderie que nous vous connaissons, vous avez mis l'esprit public à l'affût de beaucoup de vilenies que j'avais réservées au panier. Votre passion de tout colliger pour tout étaler aux regards vous a fait faire fausse route, et plus vous vous rapprochez du terme, plus il semble que la grâce d'en haut prenne plaisir à vous abandonner à votre prodigieux aveuglement. A l'heure qu'il est, ce ne sera plus Clément XIV que je plaindrai, mais vous, vous qui le trahissez par une antipathie que cet infortuné Pontife ne comprendrait pas. Vous l'avez voulu, vous l'avez cherché; que le débat suive son cours, qu'il le suive avec les éloges dont vous saturent les révolutionnaires de tous les camps, avec les calomnies dont m'honorent les mauvais prêtres de tous les pays.

Ce bref avait eu pour précurseurs l'imposture et la proscription. Avant de faire monter les Jésuites au Golgotha, Clément XIV ne leur avait épargné aucune des tribulations du jardin des Olives et de la maison de Caïphe. On les avait préparés à la mort en les faisant passer par toutes les épreuves de l'eau et du feu. L'iniquité mitrée, l'iniquité sous le cordon des Franciscains, l'iniquité même en toge de magistrat, filtrait comme l'eau dans les entrailles des persécuteurs. Elle avait jeté son dévolu sur ce corps religieux, qui, encore plein de vie et d'ardeur, allait subir une dissolution anticipée. On le décourageait par le silence commandé autour de lui comme auprès d'un cadavre; on le fatiguait par des dénonciations de toute espèce; on le harcelait par l'exil ou par la séquestration. Comme ces angoisses de l'agonie n'ont pour mobiles que des cupidités sans frein et une complaisance sans nom, Votre Révérence se garde bien de tenir sous le boisseau des aveux qui entachent son Pontife. A la page 322, elle dit : « A mesure que Clément XIV commençait à montrer plus de fermeté dans l'affaire des Jésuites, ses relations avec l'ambassadeur d'Espagne devenaient de plus en plus douces et faciles. »

Le loup rôdait autour du troupeau, il voulait pénétrer dans la bergerie dont le pasteur ne défendait plus l'entrée que par un reste de convenance. N'était-il pas juste que le loup fît patte blanche au berger? La Royauté, et pourquoi ne le dirions-nous? un Pape même traitaient l'ordre social comme ces malades désespérés que les médecins n'astreignent plus à aucun régime et avec lesquels ils ne disputent sur aucune prescription. Chacun combinait des dogmes ou des constitutions, chacun inventait des religions et des formes de gouvernement. On inoculait la fièvre de la licence, et on demandait à Rome, qui est la vie, de porter des fruits de mort. La tiare de Ganganelli s'abaissait sous la flatterie après s'être inclinée sous la menace.

Au verso de la page 322, vous constatez avec des cris de joie le changement qui s'opère dans les manières de Moñino; au recto de la page 323, vous donnez l'explication de ce changement. En janvier 1773, Clément XIV disait au cardinal de Bernis : « Jusqu'ici les Jésuites n'avaient jamais perdu de procès à Rome, aujourd'hui ils en perdent plus qu'ils n'en gagnent. »

Ce qui signifie tout nettement ou que durant plus de deux siècles les tribunaux romains ont, sous l'égide de vingt Papes, dépouillé les familles et les citoyens au profit de la Compagnie, ou que, Ganganelli régnant, ces mêmes tribunaux obéissaient à un mot d'ordre et dépouillaient la Compagnie pour faire leur cour à votre

Pontife, toujours plus immaculé, toujours plus juste que jamais.

Vous n'en faites pas d'autres, bon Père, et c'est ainsi qu'en passant par Bologne, où vous trouvez moyen de flétrir de vos éloges le cardinal Malvezzi, qui en est bien digne, vous arrivez au 21 juillet 1773. Ce jour-là, c'est pour vous le jour de la grâce et de la rédemption, le jour qu'à l'exemple des anciens vous marquez de la craie blanche, le jour que vous portez dans votre cœur plutôt comme un désir d'espérance que comme un témoignage de gratitude. Clément XIV a cédé, mais il vous plaît de le faire tomber en gladiateur mourant et non pas en chrétien, en Pontife désespéré de ses abjections. Appuyé sur des documents irréfragables, j'avais montré ce Pape se débattant sous le remords et perdant la raison, quand il a perdu le dernier sentiment de la force et de la justice. Cette folie accompagnant le bref de suppression de la Compagnie de Jésus et le suivant comme un corollaire expiatoire, n'est point du goût de Votre Révérence [1]. Clément XIV,

[1] De tous les documents inédits publiés dans *Clément XIV et les Jésuites*, le Père Theiner n'en trouve qu'un qu'il soupçonne d'avoir été détourné de son sens naturel. Il s'exprime ainsi : « Mais personne, mieux que M. Crétineau-Joly lui-même, ne démontre la fausseté de cette prétendue folie du Pape, qu'il affirme cependant avec un si pompeux étalage de mots. Par une méprise vraiment inconcevable, il publie une lettre en style jovial, que Moñino écrivait, le 23 juillet 1773, au marquis Tanucci, et dans laquelle il lui annonçait ce qu'il avait déjà écrit à sa cour depuis le mois de novembre de l'an passé, et ce qu'il répétait presque à chaque courrier, savoir, que la suppression des Jésuites était très-prochaine, quoique l'on dût toujours craindre que de nouvelles difficultés ne vinssent à surgir. Voici donc comment s'exprime cet ambassadeur : « J'ai eu besoin de faire éclater mon » arquebuse, et vous savez de quelle mitraille elle est chargée. » Elle a eu pour effet d'employer tant de papiers d'imprimerie, » que par suite ils pourront servir à faire des cartouches. Je crains

frappé d'aliénation mentale sous le coup de la destruction des Jésuites, n'est-ce pas le Père Theiner condamné à la cécité volontaire? Dans cette dégradation de l'humanité s'attachant à Ganganelli lorsque, par une prévision d'en haut, aucun autre Pape ne l'a subie, dans cette dégradation, n'y a-t-il pas un châtiment providentiel qui abaisse le coupable et relève l'innocent pour des jours meilleurs?

Votre Révérence a senti où portait le trait. Aussi bondit-elle contre moi d'une colère que j'ai bien légitimement encourue. « Certes, dites-vous, il y a là de quoi révolter tout sentiment humain en présence d'une narration si cruelle, et, nous osons le dire, si profondément impie. On se demande avec étonnement comment

» qu'une autre décharge ne soit encore nécessaire, parce qu'à » chaque pas un obstacle surgit. »

» Comment donc Moñino pouvait-il s'exprimer ainsi le 23 juillet, s'il avait en sa possession, le 21, le bref de la suppression, et s'il l'avait déjà envoyé en Espagne?

« Nous n'avons pas à apprécier ici la vanterie de cet ambassadeur, et nous nous en tenons purement à son aveu, seule chose vraie de sa lettre, savoir, que le 23 juillet non-seulement il ne savait rien de positif sur l'abolition de la Société, mais qu'il doutait encore si elle aurait jamais lieu. Or donc, par cette seule circonstance, est renversée toute la fable inepte de l'envoi du bref le 21 juillet, et celle, par conséquent, de la folie du Pape occasionnée par cet envoi.

» Mais il est de la nature du fanatisme d'être tellement aveugle, qu'en face des documents les plus lumineux il ne voit pas la lumière, et qu'il va jusqu'à publier les actes qui le confondent, sans s'apercevoir qu'il donne la mort à ses propres affirmations. Voilà ce qui est arrivé littéralement à M. Crétineau-Joly. Son illusion est d'autant plus étrange, qu'il place cette lettre de Moñino immédiatement après son exposé de la prétendue folie du Saint-Père, en s'écriant encore d'un air tragique : « Il (Moñino) a tué d'un » seul coup le Vicaire du Christ et la Compagnie fondée par saint » Ignace. » De sorte que, — page 332, — Moñino arrache des mains du Saint-Père la signature du bref et l'envoie en Espagne;

elle a pu sortir de la bouche d'un catholique. On se demande avec douleur comment il se fait que la chrétienté tout entière ne se soit pas élevée contre une pareille infamie, dans laquelle se montre au premier coup d'œil, à découvert, le plus impudent mensonge, et qu'elle n'ait pas solennellement protesté contre, autant par un sentiment d'amour pour la vérité que par vénération pour l'Église et son chef. Était-il donc si difficile de découvrir la calomnie de cette relation abominable?

» Il n'était besoin que d'une étincelle de bon sens. C'est avec douleur et presque la rougeur au front que nous nous voyons contraint de constater en partie ce que cette relation renferme de contradictoire et d'absurde, et d'en démontrer la fausseté au monde chré-

et, — page 333, — le même Moñino non-seulement ignore l'existence de ce bref, mais encore croit-il qu'il ne sera pas facile de l'obtenir de sitôt.

» Si ce n'est pas là de l'aveuglement, qu'on nous dise ce que cela peut être. »

Le voici tout simplement et sans phrases, Père Theiner. Je ferai d'abord observer à Votre Révérence que, « si personne mieux que M. Crétineau-Joly ne démontre la fausseté de cette prétendue folie du Pape », il faut que tout le monde en soit aussi parfaitement convaincu que moi. Il ne s'agit plus ici de cette question résolue; mais il importe de débarrasser la missive de Moñino de toutes vos hypothèses et de lui rendre sa signification naturelle. Le bref a été signé le 21 juillet, confié à l'ambassadeur espagnol, et envoyé par lui à Madrid. Le 23, Moñino écrit à Tanucci, son complice, qu'il a fait éclater son arquebuse, c'est-à-dire que le bref est revêtu de la signature pontificale. Le 23, Moñino n'a obtenu que ce résultat; mais ce bref est lettre morte tant qu'il ne sera pas imprimé, publié et affiché selon la coutume. Moñino craint qu'une autre décharge de son arquebuse ne soit encore nécessaire; il fait même allusion aux papiers d'imprimerie qui, par la suite, pourront servir à faire des cartouches, et remarquez bien que le bref *Dominus ac Redemptor* n'a été promulgué que le 17 août. Vous en convenez vous-même. Que dit Votre Révérence de cette explication?

tien, lequel, en y ajoutant foi, a fait preuve assurément d'un aveuglement jusqu'ici sans excuse et sans nom. »

Voyons, Père Theiner, si le monde chrétien, en ajoutant foi à mon récit, fait preuve d'un aveuglement sans excuse et sans nom. N'oublions pas surtout, comme vous, sur quels arguments j'ai étayé cette relation abominable. Les bons témoins font les bonnes causes. Vous n'apportez que vous seul, vous seul, et ce n'est guère. Moi, je m'entoure des plus vénérables autorités, d'autorités que, pour ne pas vous trouver dans l'inconséquente obligation de combattre, vous avez fait disparaître du débat avec un sans façon qui a bien son habileté.

Les Jésuites, car, lorsque vous avez une calomnie à mitonner contre moi, c'est toujours par eux que vous commencez, *ab Jove principium,* — les Jésuites ont été, depuis 1773 jusqu'à 1847, les uniques dépositaires de ce mystère de honte. Eux seuls en répandirent le bruit avec une si rare, avec une si audacieuse insistance, qu'ils trouvèrent, dites-vous, moyen de persuader aux hommes les plus clairvoyants et les plus sages que Clément XIV était tombé dans un état de démence et de frénésie complète. Ce serait à la relation inédite du Père Vincent Bolgeni, relation qui repose tout entière sur les dires du cardinal de Simone, alors auditeur de Clément XIV, que serait due cette prétendue imposture. Puis vous ajoutez : « C'est encore à M. Crétineau-Joly que le genre humain est redevable de cet éclatant service. »

Quand il écrit un ouvrage dans l'indépendance de ses convictions, M. Crétineau-Joly n'a point de services à rendre, même au genre humain, qui ne lui en demande guère. Il n'imite pas Votre Révérence, M. Crétineau-Joly. Il prend les faits pour ce qu'ils sont et les hommes pour ce qu'ils valent. Comme vous, Père Theiner, il ne cherche pas à étrangler l'histoire pour la contraindre au mensonge. Il ne l'étend pas sur le lit de Procuste, afin de l'amoindrir selon ses besoins du moment ou de l'allonger suivant ses inimitiés. Il reste dans le vrai, et c'est ce vrai qui fait votre supplice.

Les Jésuites donc avaient eu, de 1773 à 1847, assez de pudeur pour garder la clef de ce mystère de honte. Mais si cela est authentique à votre page 347, il n'en sera plus tout à fait ainsi trois pages plus loin. « Et nous aussi, d'ailleurs, vous écriez-vous à la 350ᵉ, nous possédons le même rapport de Bolgeni. Nous le possédons depuis quinze années, fidèlement copié de notre main sur l'original même, écrit de celle de Bolgeni, revêtu du sceau de la Compagnie de Jésus et conservé aux archives générales de la Société à Rome. »

Le mystère de honte n'était donc pas trop un mystère, puisque Votre Révérence y était initiée au moins dix années avant moi! Cette clef qui le dérobait à tous les yeux vous avait donc été confiée par les Jésuites? Ils ont toujours eu la main si heureuse que je les reconnais bien à ce trait-là! La relation de Bolgeni n'a jamais été un secret; vos indiscrétions le prouveraient et surabondamment. Mais ce n'est pas sur le Père Bolgeni seul que mon récit est étayé. J'ai pour principe et pour habitude de croire à la parole du bon prêtre. J'ai toujours pensé que l'affirmation de celui qui avait mission de diriger la conscience des autres devait mériter une respectueuse confiance. Jusqu'au moment où il m'a été donné de lire votre œuvre, j'avoue qu'il m'aurait profondément répugné de mettre en doute un témoignage sérieux et réfléchi émanant d'un prêtre, quand bien même ce prêtre aurait appartenu à la Compagnie de Jésus. Ce sera, si vous le voulez, un préjugé, une superstitieuse crédulité; mais, Père Theiner, vous aurez bien de la peine à me faire renoncer à ce respect né avec moi et que l'âge mûr a développé.

J'ai donc ajouté créance à la relation du Père Vincent Bolgeni. Lorsque vous la transcriviez, il y a quinze ans, peut-être vous-même partagiez-vous mon opinion? On aurait vu, — et Votre Révérence va nous montrer tout à l'heure — des choses plus étranges. Si cette relation de Bolgeni, écrite sous la dictée d'un témoin oculaire, d'un cardinal qui devait la pourpre à Clément XIV, est mise par vous au néant comme nuisible à l'apothéose que vous décernez à ce Pape, que puis-je y faire? Vous avez déjà tant étouffé, tant nié, tant passé sous silence de documents accusateurs, de documents dont en masse vous ne pouvez vous empêcher de reconnaître l'authenticité, qu'il ne faut plus discuter avec vous, mais seulement se contenter de vous plaindre. Je le fais en toute sincérité, mon Père. Néanmoins ici la chose est trop grave pour ne pas répondre.

Les Jésuites ont cru à la démence du pape Clément XIV; ils y ont cru sur la parole du cardinal de Simone, qui avait été appelé dans ces terribles moments auprès de sa personne par le fait de sa charge. J'y ai cru comme eux; mais j'avais plus qu'eux d'autres preuves que j'ai fournies dans *Clément XIV et les Jésuites*, d'autres preuves auxquelles même vous n'osez pas faire allusion. Ces preuves étaient si accablantes qu'en vérité il faut être encore plus insensé que Ganganelli pour les récuser.

Vous, Père Theiner, qui vous occupez des annales de l'Église, vous n'êtes pas sans avoir entendu parler d'un vénérable personnage qui s'appelait le cardinal Calini.

La bonne odeur de ses vertus ne s'est point perdue à Rome, où rien ne se perd et où il avait vécu dans l'exercice des emplois les plus élevés. Or, ce cardinal Calini constate, dans un acte presque testamentaire, à la date du 1er avril 1780, qu'avant de partir pour Brescia, sa patrie, il eut, le 31 mars de la même année, sa dernière audience du souverain pontife Pie VI, et que, dans cette audience, le successeur de Clément XIV lui tint ce langage : « En cette circonstance, le Pape montra son grand amour pour la vérité et pour la justice. Il dit que la destruction des Jésuites avait été un vrai mystère d'iniquité; que tout ce qui s'était fait avait été fait injustement et en dehors des règles voulues; qu'il connaissait le mal causé à l'Église en abolissant l'Ordre des Jésuites; que pour ce qui le regarde il était prêt à le rétablir; que la chose n'était pas impossible; qu'il serait même le premier à entrer dans cette voie et qu'il le ferait de grand cœur si le moindre passage pour y pénétrer se présentait; que Clément XIV était devenu fou non-seulement après cette suppression, mais encore avant. »

Pie VI, cardinal de la création de Ganganelli, et qui, ayant vécu à Rome pendant les cinq années de son pontificat, devait savoir tout ce qui s'était dit et fait au Quirinal, Pie VI déclare que Clément XIV est devenu fou non-seulement après cette suppression, mais encore avant. Il le déclare en présence d'un contemporain qui le certifie. L'aveu de Pie VI et l'acte dans lequel il est contenu n'ont reçu de publicité que par mon ouvrage; mais cet acte du cardinal Calini ne peut faire doute, puisque Votre Révérence elle-même a proclamé que les documents inédits apportés par moi dans ce débat étaient tous authentiques. La déclaration de Pie VI, consignée dans l'écrit du cardinal Calini, était aussi explicite que péremptoire. Vous l'avez lue [1]. Est-ce que Votre Révérence l'aurait par hasard jugée indigne d'une mention quelconque ?

Ici ce n'est pas un Jésuite qui recueille les paroles d'un cardinal et qui les transmet *ad perpetuam rei memoriam* à sa Compagnie détruite, mais à sa Compagnie pour laquelle ce récit doit être une espérance de résurrection. Bolgeni a pu mal entendre, Bolgeni a pu se tromper. Bolgeni, un des plus savants théologiens de Rome, Bolgeni qui, sous Pie VI, exerça les graves fonctions de théologien de la Pénitenterie [2], Bolgeni a pu inventer tout cela. Il a pu, ce prêtre, offrant chaque jour à Dieu, avec des mains qui doivent être sans tache, le sacrifice des saints autels, il a pu mentir au ciel et à la terre.

Ces concessions vont-elles à votre impartialité? Je vous les fais, Père Theiner. Vous voulez que Bolgeni soit un imposteur. De vos mains, et pour un moment, je l'accepte comme tel. N'ergotons donc pas ensemble pour savoir si Clément XIV avait ou n'avait pas sur le corps « son seul caleçon et sa chemise », ce qui paraît vivement préoccuper votre bon goût. Nous avons mieux à faire l'un et l'autre. Il y a dans cette démence quelque chose de si providentiellement instructif qu'il ne faut pas laisser absorber l'attention du lecteur par des détails oiseux et malséants.

[1] *Clément XIV*, etc., p. 398 (1re édition).

[2] Il ne faut pas confondre l'emploi de théologien de la Pénitenterie et de confesseur pénitentier attaché aux Basiliques de Rome. Le théologien de la Pénitenterie est toujours le plus docte et le plus pieux que le Pape puisse trouver. Il l'appelle auprès de sa personne pour se servir de ses conseils théologiques. Le Jésuite Bolgeni était attaché à Pie VI en cette qualité. Ce fut encore en cette qualité qu'un autre Jésuite célèbre, le Père Muzarelli, suivit Pie VII dans ses voyages en France.

Le cardinal de Simone et Bolgeni ne sont plus en cause. Vous affirmez que leur relation n'a rien d'officiel; que dites-vous de celle du cardinal Calini? Ce vieux porporato n'est pas plus jésuite que Pie VI. Faut-il aussi les déclarer tous deux atteints et convaincus, comme M. Crétineau-Joly, du plus impudent mensonge ou de cet aveuglement, jusqu'ici sans excuse et sans nom, que vous reprochez au monde chrétien?

Faites bien attention, Père Theiner; voici deux cardinaux, un Jésuite et un Souverain Pontife accusés par vous de connivence avec moi. Vous allez maintenant, par la force même des choses, englober dans la même accusation un autre Pape, un autre cardinal, le Sacré Collége, toute la Cour romaine enfin.

Au moment où fut signé le bref qui détruisit la Compagnie de Jésus, Pie VII, qui en 1814 eut le bonheur de la rétablir, Pie VII, âgé de trente et un ans, vivait à Rome. Dans son couvent de Bénédictins, il devait avoir appris ce que tout le monde savait, ce que vous seul osez nier aujourd'hui. Ce contemporain de Ganganelli a été le nôtre. La tradition de 1773 ne remonte pas plus haut que cela. Or, Pie VII, prisonnier à Fontainebleau et venant d'apposer sa signature au concordat du 25 janvier 1813, Pie VII était accablé de tristesse. Le cardinal Pacca, ministre de son exil, raconte[1] : « Plongé dans une profonde mélancolie en m'entretenant de ce qui venait d'arriver, le Saint-Père s'épancha en termes d'une excessive douleur. Sa conclusion était qu'il ne pouvait éloigner de son esprit une poignante pensée. Elle l'empêchait de reposer la nuit

[1] *Relation de deux voyages en France, pendant les années* 1809 *et* 1813, par le cardinal Pacca, t. II, p. 227 (édit. de Civitâ-Vecchia, 1829). *Clément XIV et les Jésuites*, p. 353, 1re édition.

et de manger à peine assez pour soutenir sa vie, et cette pensée, c'était (selon sa propre expression) qu'il mourrait fou comme Clément XIV. »

Ici ce n'est plus une relation inédite, et qui par conséquent, quoique offrant tous les caractères désirables de vérité, n'a pas encore reçu le baptême de l'examen et de la discussion. Le fait de la folie de Clément XIV ne reposait, jusqu'en 1829, que sur la tradition orale. A cette époque, ce fait a reçu, par le cardinal Pacca, une consécration qu'il vous sera bien difficile d'ébranler.

Comme moi, sans doute, vous avez eu l'honneur de connaître le cardinal Pacca. Avec l'univers catholique, vous avez dû estimer la fermeté de son caractère, respecter ses vertus et admirer ses talents. Ce jalon posé, que dites-vous, Père Theiner, du récit que je viens de transcrire? Vous vous êtes bien gardé d'en souffler le moindre petit mot dans votre *Histoire du pontificat de Clément XIV*. Mais le récit n'en subsiste pas moins. Or, si Pie VII, dans ses angoisses de Fontainebleau, disait qu'il mourrait fou comme Clément XIV, il fallait que ce souvenir lui fût bien présent et bien amer? Pour qu'il donnât à son désespoir d'aussi effrayantes proportions, il fallait qu'il eût bien souvent déjà médité sur les derniers jours de Clément XIV? Il l'avait vu aux prises avec d'inénarrables douleurs, et la crainte de cette mort était un de ses supplices.

Pie VII croyait à la folie de Ganganelli, et si dans une discussion, où tout doit être grave et solennel, il était permis de sourire, savez-vous qu'on pourrait bien vous demander si c'est encore aux Jésuites que vous allez attribuer cette conviction du Pape? Mais cette conviction elle-même ne s'était produite qu'entre les murs du château de Fontainebleau; elle n'avait, pour en recueillir la douleur, que le cardinal Pacca. Elle nous serait inconnue si en 1829 cet éminent personnage ne l'eût pas divulguée. L'ouvrage du cardinal a été lu et beaucoup lu à Rome. Il empruntait au nom de son auteur une importance que vous ne chercherez probablement pas à atténuer.

Si dire que Clément XIV fut frappé de démence est une fable impie, suivant votre table des matières, si « cet outrage, ainsi que vous l'affirmez à la page 36, est d'autant plus impardonnable que cette fable immonde, qui à son origine paraît n'avoir été autre chose qu'une de ces innombrables anecdotes satiriques dont on commençait déjà à décocher les traits empoisonnés contre Clément XIV, même de son vivant, est entrée après sa mort dans le domaine de l'histoire et revêt actuellement l'apparence d'une autorité historique », pourquoi, au lieu de m'accabler de vos anathèmes, ne vous adressez-vous pas, Père Theiner, au cardinal Pacca? Est-ce que cet illustre prince de l'Église ne serait pas digne de vos coups? Il a proclamé la folie de Clément XIV. Cette proclamation, il la met dans la bouche d'un saint, d'un vénéré Pontife, et vous vous taisez? Chose plus étrange encore! En 1829, quand le cardinal Pacca publia ce fait, que tout le monde devait ignorer, selon vous, dans le Sacré Collége et dans l'épiscopat catholique, il ne s'éleva pas une voix pour protester contre une aussi monstrueuse erreur! A cette cour de Rome, gardienne si vigilante de l'honneur de ses Papes, il ne se rencontra pas un Père Theiner pour désabuser le genre humain!

Le cardinal Pacca vivant, personne ne répondit.

Le cardinal Pacca mort, personne ne répond, pas

même le Père Theiner, puisqu'il n'ose pas faire allusion à l'ouvrage du ministre de Pie VII.

Ce n'est plus le cardinal de Simone, le jésuite Bolgeni ou M. Crétineau-Joly que vous devez discuter; ce sont le cardinal Calini et Pie VI, Pie VII et le cardinal Pacca. Je vais plus loin, ce sera Grégoire XVI.

En 1845, dans une circonstance bien importante de ma vie, Grégoire XVI eut la bonté de me promener dans le palais du Quirinal durant plus de trois heures. Là, arrivé à l'appartement où Ganganelli signa le bref de destruction, le Souverain Pontife me raconta mot à mot les particularités que j'ai consignées dans *Clément XIV et les Jésuites*. Qui avait eu l'impiété, pour me servir d'une des expressions de Votre Révérence, de faire admettre cela au pape Grégoire XVI? J'avoue que je n'ai pas poussé l'indiscrétion jusqu'à ce point; mais, puisqu'il y a impiété à prétendre que Ganganelli devint fou, le Camaldule couronné aurait très-bien pu me répondre qu'il tenait le fait de deux de ses plus augustes prédécesseurs et du cardinal Pacca, son ami.

Vous qui oubliez de discuter le récit accablant de Pacca, vous vous mettez l'esprit à la torture afin de prouver tantôt que j'ai mal entendu, tantôt que j'ai mal compris le Souverain Pontife, et vous vous égarez avec une filandreuse complaisance dans un dédale de minutes, d'heures et de mesquines difficultés qui obscurcissent le débat sans profit pour personne. Grégoire XVI n'a pas écrit les détails qu'il me donnait dans le courant de la conversation; mais un livre composé sous son inspiration, presque sous sa dictée, les contient en germe. Ce livre a paru dans cette même année 1845. On y lit[1] :

[1] *Dizionario d'erudid. storico ecclesiastica conpilato del cavaliere Moroni*, t. XXX, art. *Jésuite*.

« Après s'être enfermé durant trois jours dans sa propre chambre, au milieu d'agitations indicibles, à cause de la violence qu'il (Clément XIV) devait faire à son cœur percé de douleur, ce fut la plus terrible et la plus agitée des nuits que celle qui précéda la signature de ce bref, se levant plusieurs fois de son lit, toujours incertain et irrésolu s'il devait le signer. Enfin, le 21 juillet 1773, à trois heures de nuit[1], au clair de la lune et sur le balcon de la fenêtre de sa chambre, Clément XIV, avec répugnance et d'une main tremblante, souscrivit le bref, et affligé, il le jeta par terre et la plume avec lui. »

Je serais désolé que Votre Révérence prît une mauvaise opinion de moi qu'avec des efforts si cruellement persévérants vous avez essayé de calomnier. Mais moi, je me lance sans partialité d'aucune sorte dans le solennel débat que des passions sacerdotales vous amènent à soulever, et je raconte comme je sens. Mes récits vous ont blessé, que voulez-vous que j'y fasse? Mon évocation de Pie VI et de Pie VII, contemporains de Clément XIV, et certifiant tous deux sa folie, lorsque vous, sans aucun témoignage, sans aucun indice, venez vous

[1] J'ai dit que Grégoire XVI m'avait raconté que Clément XIV signa le bref de destruction des Jésuites le 21 juillet, à trois heures de nuit. Le Père Theiner maintient qu'il a dû le signer le jour, parce que c'était l'usage ; comme si, dans une pareille circonstance, Ganganelli avait bien le loisir de s'occuper de la coutume. J'ai dit qu'il l'avait signé pendant la nuit, et très-spirituellement le Père Theiner ajoute : « à la clarté de la lune. » Dans le *Dictionnaire d'érudition*, Grégoire XVI lui répond au clair de la lune, à trois heures de nuit. Les trois heures de nuit au 21 juillet sont, à Rome, les onze heures et demie de France. Le Père Theiner demande sur quelle fenêtre. Je serais aussi embarrassé que lui pour le dire. La question n'est pas là. Elle est dans le désespoir, dans l'heure, dans la fenêtre, et pas ailleurs. Le Père Theiner nie-t-il le *Dictionnaire d'érudition*, ou veut-il le passer aussi sous silence?

inscrire contre avec votre phraséologie déclamatoire, cette évocation porte coup. Si devant l'infaillibilité de deux Souverains Pontifes vous n'avez pas d'autre allié que votre propre faillibilité, à quoi voulez-vous que le monde chrétien et même le genre humain s'en prennent? J'ai administré mes preuves; où sont les vôtres, Père Theiner?

Avez-vous un cardinal, deux cardinaux, un Pape, deux Papes, trois Papes, et un jésuite Bolgeni par-dessus le marché, qui osent soutenir que Clément XIV n'a pas été fou, et qu'il n'est pas mort de cette folie compliquée de désespoir? Si vous les avez, citez-les. Apportez leurs dires, je ne demande pas mieux; mais quand une fois encore j'aurai pris en pitié ses injures, qu'a donc Votre Révérence de plus honnête que ma sincérité pour commander la confiance? Vous êtes prêtre, vous mettez en suspicion la foi de tous les prêtres qui n'épousent pas vos querelles; vous êtes moine, vous traînez sur la claie tous les religieux dont vous redoutez la probité; vous êtes catholique, pour ne pas perdre le fruit d'une diffamation, vous condamnez au silence deux Papes qui se font un devoir de parler et un cardinal de la sainte Église romaine qui écrit. Et vous appelez cela de l'impartialité et de la justice? Père Theiner, dans ce monde que vos sermons doivent peindre si en noir, et où souvent, à défaut de la ferveur chrétienne compromise par des prêtres coupables, l'honneur humain est resté comme un dernier vestige de la piété, savez-vous qu'il en coûterait beaucoup pour accorder une espèce d'impunité à tant d'aveuglement?

Le monde est fait comme il veut être fait. Ne nous en occupons donc que le moins possible; ce sera toujours le meilleur, et permettez qu'après avoir pris vos ordres sur la folie de ce pauvre Clément XIV, nous passions à un autre objet.

Vous avez, mon bon Père, un talent d'induction qui vous conduirait très-loin si, au lieu de vous borner à écrire l'histoire selon les caprices de Votre Révérence, vous eussiez pris le parti de vous enrôler parmi les accusateurs publics. Je ne connais pas en France de procureur du roi, procureur national ou impérial, en Espagne de fiscal, en Angleterre d'attorney général, qui oserait vous venir à la cheville, si vous vous décidiez à sortir de l'Oratoire pour donner aux Laubardemont, aux Fouquier-Tinville et aux Jeffries émérites un successeur digne d'eux. Vous incriminez toujours sans preuves, mais vous ne vous rétractez jamais.

Ici-bas, où il n'y a d'assuré que la mort et les impôts, rien ne fait sourciller votre aplomb, rien ne pourrait ébranler votre constance. Vous étiez né pour accuser, vous avez été créé pour l'insinuation. Dans cette œuvre, qu'un jour vous désavouerez, vous ne ressemblez pas mal à ce serpent de Tertullien, serpent qui se cache autant qu'il peut, resserre en lui-même par mille détours sa prudence malicieuse, se retire dans les lieux profonds, et ne craint rien tant que de paraître. Quand il montre sa tête, il cache sa queue; il ne se remue jamais tout entier, mais il se développe par plis tortueux. Au commencement de ce siècle, Chateaubriand s'étonnait de la quantité de larmes que contiennent les yeux des rois; est-ce que maintenant nous serions destinés à supputer combien le cœur d'un prêtre peut contenir de haines?

Vous avez traduit les Jésuites à la barre de Clément XIX. Ils sont par vous jugés et mis à mort; mais il se rencontre par-ci par-là dans le monde des consciences timorées, comme celle de Louis XV, qui voudraient enfin, même après l'exécution du patient, savoir les crimes dont il fut chargé et convaincu.

Le bref *Dominus ac Redemptor* a produit son effet. La Compagnie de Jésus est détruite. Son général et les assistants languissent dans les cachots du château Saint-Ange. On a parlé à Louis XV de papiers de la plus haute importance, de *monita secreta*, émanés de ce Père général. Louis XV est curieux de sa nature. Il se lasse de tous les secrets que, dans cette affaire, gardent au fond de leurs cœurs Charles III d'Espagne et Clément XIV. Ordre est intimé au duc d'Aiguillon d'écrire à Bernis sur ce sujet, et le 23 novembre 1773, d'Aiguillon s'y conforme en ces termes : « Le Roi ne cesse point de désirer que le Pape lui donne connaissance de l'instruction qu'on prétend avoir été préparée par le ci-devant général des Jésuites, pour tous les supérieurs de la Société, dans le cas où Sa Sainteté se déterminerait à la supprimer entièrement. Il est intéressant pour Sa Majesté d'avoir des informations précises sur ce sujet, afin de diriger en conséquence le parti qu'elle jugera à propos de prendre par rapport aux anciens Jésuites qui résident dans ses États. »

C'est Votre Révérence qui réveille cette curiosité si naturelle de Louis XV, curiosité qui sera fort peu satisfaite; mais c'est Votre Révérence aussi qui s'arrête juste au point où, sans affirmer et sans nier, on laisse une imputation suspendue, comme l'épée de Damoclès, sur la tête de l'homme ou de l'Institut qu'on livre à des soupçons éternels. Le 8 décembre, Bernis répond au duc d'Aiguillon : « Je suis persuadé que s'il se trouve quelque chose qui ait rapport à la prétendue instruction qu'on supposait que le ci-devant Général des Jésuites avait préparée dans le cas où son Ordre serait supprimé, le Pape le communiquera sous le secret au Roi. »

Puis, en soulignant afin de mieux capter l'attention publique, Votre Révérence détache cette phrase à qui, dans son ambiguïté, on peut prêter toutes les interprétations :

« *L'intention de Sa Sainteté n'est pas de rendre l'ancienne Société des Jésuites odieuse, ni de fournir aux partis pour ou contre matière à discussion et à dispute.* »

Ce n'était pas l'intention de Ganganelli, soit. Pourrait-on bien en dire autant du Père Theiner? Quel bel inquisiteur il ferait, ce Père Theiner, qui n'est encore que consulteur du Saint-Office! Clément XIV ne voulait pas rendre les Jésuites odieux en révélant le complot qu'ils avaient tramé sous forme d'instruction; mais vous, préfet des Archives secrètes du Vatican, vous qui me semblez avoir peu de ces scrupules que témoigne Ganganelli, vous la connaissez cette formidable instruction? Au lieu de laisser l'opinion publique dans l'incertitude et de faire planer sur la tête de quelques milliers de prêtres une inculpation qu'un seul mot détruirait, pourquoi, vous prêtre, gardez-vous le silence? Tous les écrivains impartiaux disent comme Cantu dans son *Histoire de cent Ans* [1] : « Au milieu de tant d'abominations reprochées à ces Pères, on ne trouve pas un coupable. Les preuves des méfaits jésuitiques doivent jaillir des archives dont on s'emparait. La postérité aurait pu ainsi joindre sa réprobation à celle des contemporains, mais ces preuves, elle les attend encore. »

Pour les administrer, l'occasion était plus belle que jamais. Vous paraissiez dans la lice, armé de toutes

[1] *Histoire de cent ans* (1750-1850), t. I, p. 169.

pièces, cuirassé de haine et bardé de titres pompeux. Vous vous annonciez comme un infaillible redresseur de torts et vous vous disiez choisi. On vous faisait litière des Archives du Vatican et de l'or de je ne sais qui pour inonder l'univers de votre ouvrage à qui vous accordez vous-même la traduction en toutes langues. Vous mettez l'esprit public sur la trace de documents révélateurs. Vous possédez cette instruction. Au lieu de faire suinter la calomnie comme une plaie, pourquoi ne publiez-vous pas cette instruction? Pourquoi laisser vos lecteurs sous le coup d'un soupçon qu'un seul mot peut dissiper? A l'exemple de Charles III, de Moñino et de Clément XIV, Votre Révérence voudrait bien, je le conçois, garder le secret dans son cœur. Moi qui n'ai pas pour la vérité d'aussi cruels ménagements, je serai plus indiscret, plus franc que vous, Père Theiner. Je révèle cette séditieuse instruction. La voici dans ses principales dispositions et vous n'oserez pas la nier[1].

[1] 1° Dispense pour les Profès du troisième vœu simple qu'ils font après la profession.

2° Dispense pour les Profès et les autres *quoad forum conscientiæ,* à l'effet de posséder des bénéfices et de vivre des revenus ecclésiastiques.

3° Permission à tous de recevoir de l'argent, soit pour les messes, soit pour les autres fonctions propres de la Compagnie.

4° Permission aux Profès et à tous ceux qui n'ont fait que les vœux simples de porter l'habit clérical; ainsi, ces derniers peuvent rester Jésuites.

5° Permission de garder, donner, employer à des usages honnêtes et licites tout ce qu'on aura d'argent à son usage particulier au moment de la dispersion, et tout ce qu'on pourra dans la suite acquérir par une voie légitime; mais en cas de mort on ne pourra faire de testament.

6° Permission de se confesser à tout prêtre approuvé par l'ordinaire, et à tout religieux approuvé par son supérieur, s'il est exempt.

7° Permission de jouer aux cartes, etc.

En fait de Jésuites annonçant et démontrant la folie de Clément XIV, Votre Révérence n'a évoqué que les cardinaux de Simone, Calini et Pacca, les Souverains Pontifes Pie VI et Pie VII, et moi profane. Il faut donc espérer qu'elle aura la main plus heureuse quand elle voudra présenter ces innocents proscrits, résistant à la proscription et s'insurgeant contre le proscripteur.

Dans toute l'Italie, comme dans les États de l'Église,

C'est, on le voit, une permission, des dispenses que le Père Ricci, d'après une concession verbale de Clément XIII, accorde en 1762 aux Jésuites de France dispersés. Cet acte qu'à force de tenir secret on avait eu l'art de présenter comme menaçant tous les trônes figure parmi les pièces du procès du Général de la Compagnie, et le Père Ricci, interrogé, a fourni les explications suivantes que personne n'a pu contredire.

« Pour l'intelligence de cette réponse, dit le Général des Jésuites, il faut savoir que, dans les derniers temps, où les bruits publics relatifs au sort de la Compagnie s'étaient multipliés et diversifiés à l'infini et que l'on craignait tout, sans savoir que craindre en particulier, les Jésuites siciliens eurent peur d'être obligés par la puissance séculière de quitter l'habit religieux sous peine aux opposants d'être privés de la pension : auquel cas ils eussent quitté l'habit sans perdre l'état de religieux, qui ne pouvait leur être ôté que par la puissance ecclésiastique. C'était le cas où se trouvaient plusieurs Pères qui restèrent en Sicile longtemps après l'expulsion des autres, et tous les Jésuites français, quand ils eurent été dispersés dans le royaume. Or j'avais à cette occasion donné aux Français ces deux facultés en 1762 : la première, de se confesser à tout prêtre approuvé des évêques; la seconde, que, quant au vœu de pauvreté, ils fissent ce qu'exigeait leur état présent, mais en se souvenant toujours, dans l'usage de l'argent et autres biens, de la modération qui convient à des religieux; et finalement, je suspendais l'effet de tous les préceptes qui avaient été imposés en particulier à quelques provinces; par exemple celui de ne point jouer aux cartes ou autres semblables. Les Jésuites siciliens, craignant donc pour eux le même cas, me demandèrent les facultés accordées aux Français. Je les leur donnai, et un d'entre eux les écrivit de Viterbe à un autre qui l'en avait prié et qui se trouvait à Rome. Cette lettre de Viterbe interceptée fut celle qu'on me présenta. »

où la Société de Jésus comptait le plus de partisans, par la seule raison qu'ils tenaient plus étroitement au Saint-Siége, à cause du voisinage et de la similitude des mœurs, Votre Révérence ne cite pas un seul exemple d'insubordination. Il est assez permis de conjecturer qu'elle n'a pas trouvé le plus minime prétexte de soupçon, puisque le Père Theiner lui-même n'incrimine point; mais en Prusse et en France, à Breslau et à Paris, il n'en est pas ainsi. Accordez-moi la faculté de faire une observation.

Y aurait-il donc eu crime, et crime irrémissible à quelques membres de la Compagnie dissoute, de croire que cette Compagnie n'était pas aussi pernicieuse au genre humain qu'il plaisait à Clément XIV de le persuader aux autres, sous bénéfice d'espérance de se le persuader à lui-même? Quand il se serait rencontré cinq ou six Jésuites qui, sur plus de vingt mille, auraient refusé d'accepter comme coupable la mère qui les avait engendrés pour le dévouement et le sacrifice au profit de l'Église, est-ce que cette pensée serait un outrage à l'Église? Cette pensée, ils n'auraient pas été les seuls à la nourrir et à la manifester. Elle leur venait du dehors; ils la recevaient plutôt qu'ils ne l'inspiraient. Elle était le fait de tous les Papes qui, depuis 1540, avaient régné sur le monde chrétien, le fait de l'universalité des évêques et des fidèles. Saint Alphonse de Liguori, écrivant au Père de Mathéis, le constatait en ces termes[1] : « Je n'ai encore reçu, mandait-il à ce Jésuite, aucune nouvelle de votre Compagnie. J'en éprouve une inquiétude plus grande que s'il s'agissait de notre petite congrégation (du Saint Rédempteur). On menace une société

[1] *Mémoires sur la vie et la congrégation de saint Alphonse de Liguori*, t II, liv. III, p. 196.

qui a, pour ainsi dire, sanctifié le monde, et qui continue incessamment de le sanctifier. »

Puis Alphonse de Liguori ajoute, dans la tristesse de ses prévisions : « Si les Jésuites sont détruits, nous sommes tous perdus! »

Ce qu'écrivait saint Alphonse de Liguori, c'était l'opinion de tous les esprits prévoyants, de toutes les prudences catholiques, de tous les cœurs honnêtes. Les peuples qui n'étaient pas encore descendus au degré d'abrutissement où l'excès dans la liberté et dans la servitude les conduira, les peuples faisaient cause commune avec les saints. Ils s'inquiétaient du sombre avenir que la plus flagrante des iniquités leur préparait, et en France, en Italie, en Espagne, dans les contrées même où le Protestantisme dominait, les peuples étaient saisis au cœur par de funestes pressentiments. Ils ne se cachaient pas pour aimer, pour regretter la Compagnie [1], et pour dire à ses Pères, comme dans l'Évangile : « Le temps va venir, et il est venu que vous serez dispersés, chacun de son côté, et que vous me laisserez seul. »

Chose étrange! les convictions qui éclataient dans le clergé, dans la noblesse et dans le peuple, se retrouvaient sous une autre forme parmi les incrédules et les novateurs. Les uns voulaient sauver l'Ordre de Jésus pour s'en faire un bouclier; les autres aspiraient à tuer les enfants de saint Ignace, afin de pouvoir ouvrir plus vite la brèche qui devait les conduire à l'attaque de la société chrétienne et monarchique. Bourgoing, dans ses *Mémoires* sur ou plutôt contre Pie VI, a naïvement révélé ce but : « C'est peut-être plus encore, dit-il, à l'abolition de la Compagnie de Jésus, qu'au progrès des

[1] Voir *Clément XIV et les Jésuites, passim*, et surtout p. 335 et suivantes, les aveux du cardinal Malvezzi au pape Clément XIV.

lumières qu'on doit attribuer le rapide et facile renversement de l'autorité papale. »

En face de ce double effet produit par la même cause, pourquoi n'accorderions-nous pas même à cinq ou six Jésuites le droit de faire comme tout le monde? Tout le monde, les chrétiens comme les impies, leur disaient qu'eux renversés, le Saint-Siége aurait besoin du secours d'en haut pour ne pas entendre les portes de l'enfer prévaloir contre lui. Qu'y aurait-il donc de si extraordinaire à ce qu'une imperceptible minorité eût accueilli ces présages, et qu'elle eût cherché, par une résistance impardonnable au point de vue de la Compagnie, à s'y opposer?

Ainsi que mainte fois vous avez pu vous en apercevoir, je n'aime pas à tirer avantage d'une inculpation qui ne porte point avec elle l'étiquette du sac. J'accepte les aversions et les affections franchement formulées; les noms propres ne m'effrayent pas. Au contraire, ils permettent de saisir l'imposture sur le nid, de prendre corps à corps les calomnies, et quoique cela soit assez difficile avec Votre Révérence, elle m'a laissé, sans doute par mégarde, deux ou trois occasions que je saisis au vol.

Ce bref condamnant à mort la Société de Jésus et la condamnant par des motifs que Moñino a bien recommandé à Clément XIV d'enfouir au fond de son cœur, recommandation qui a été suivie à la lettre, et pour cause; ce bref est enfin tant bien que mal promulgué. En achevant la fameuse déclaration de 1682, l'acte constitutif de nos prétendues libertés gallicanes, Bossuet eut le bon esprit de s'écrier : *Abeat quo libuerit ista declaratio*. Clément XIV, en signant le bref *Dominus ac Redemptor,* avait eu la même pensée, et je n'en fais aucun doute.

Bossuet, qui n'exprimait qu'une opinion plus ou moins discutable, Bossuet conserva son génie et sa raison. Ganganelli, qui avait sciemment trahi la justice, devint fou de désespoir. Mais cette folie, que les Catholiques de 1773, que les Jésuites surtout n'eurent pas la faculté de juger, tant qu'elle eut droit aux respects des uns et à la pitié des autres, cette folie ne pouvait pas engendrer l'insubordination. Les contemporains devaient la subir; c'est à l'histoire seule qu'il appartient de l'expliquer. Elle est expliquée aujourd'hui, et les criailleries d'un Père Theiner, et les croassements de ses acolytes de tous les partis n'y feront rien.

Ce qu'il importe de savoir, c'est si les Jésuites de 1773 furent dignes de leurs frères d'avant et d'après la suppression. Se soumirent-ils, comme des enfants d'obéissance qu'ils étaient? Ou vinrent-ils, rebelles ayant le bon droit pour eux, se mettre en insurrection contre l'autorité au nom de la justice?

La position était inextricable, car quelque chose que vous fassiez, vous ne persuaderez jamais à un homme ayant connu les Jésuites que ces enfants de saint Ignace n'ont pas pour leur mère un de ces respectueux amours, une de ces filiales tendresses qui ne se rencontrent plus que là[1]. Avec leur dévouement au Saint-Siége,

[1] Nous trouvons dans le protestant Christophe de Murr un des plus touchants exemples de cet amour des Jésuites pour leur Compagnie. Nous croyons devoir le citer pour l'édification du Père Theiner, qui, en historien consciencieux, aurait dû le reproduire avant nous.

Parmi les prisonniers de Pombal au fort Saint-Julien, près de Lisbonne, un Père jésuite allemand, pour charmer sans doute l'ennui de son cachot, écrivait des espèces d'*éphémérides*, et recueillait, jour par jour, ce qui venait interrompre la monotonie d'une longue et cruelle captivité. La mort d'un de leurs compagnons d'infortune, l'arrivée de quelques autres, de fâcheuses nouvelles

dévouement absolu, sans limites, sans autres conditions que celles d'obéir au Pape, quel qu'il soit, partout et toujours, même contre leurs intérêts, quelquefois même contre leur gratitude personnelle, les Pères de la Compagnie de Jésus ont toujours dit, en parlant de Rome, ce que saint Jean l'évangéliste dit du Seigneur : « Elle est la porte; celui qui entrera par elle sera sauvé. » Pour employer une sublime image de Tertullien, les blessures des Jésuites sont leurs conquêtes. Ils ne reçoivent pas plutôt une plaie qu'ils la couvrent par une couronne. Aussitôt qu'ils versent leur sang, ils acquièrent de nouvelles palmes, et ils remportent plus de victoires qu'ils ne souffrent de violences. Ils naissent apôtres et meurent martyrs. C'est par là qu'ils ont opéré

que leurs geôliers se faisaient une joie de leur annoncer, tel est le fond ordinaire du récit.

Ces touchantes révélations d'une douleur calme et chrétienne ont été écrites; et le protestant Christophe de Murr, plus impartial que le catholique Père Theiner, les a publiées dans son *Journal de la littérature et des arts;* on y lit au tome XI, p. 140 : « Lorsque le bref de Clément XIV *Dominus ac Redemptor* fut arrivé à Lisbonne, Pombal envoya vers nous un sénateur qui, nous ayant tous réunis dans un vestibule de la prison, nous exposa en peu de paroles et sommairement le contenu du décret pontifical : « Sa Majesté Très-Fidèle, nous dit-il, que Dieu veuille garder, m'a chargé d'apprendre à Vos Paternités que le Pape a éteint votre Société, etc., etc. » Après la lecture du bref, on nous dépouilla de ce qui nous restait de vêtements religieux. Qui pourrait ici exprimer notre douleur, notre consternation, notre affliction profonde? Oui, tous enfants véritables de la Compagnie, nous eussions volontiers consenti de mourir au fond de ces cachots ténébreux, si par là notre mère, cette Société religieuse décorée du nom très-saint de Jésus, eût pu nous survivre. Un de nos compagnons, retenu au lit par une infirmité grave, n'avait pu assister à la promulgation du bref; le gouverneur du fort se rend auprès de lui, il le trouve dans une amère désolation, pleurant la fin malheureuse de cette mère qui l'a engendré à la vie de l'esprit. Alors cet homme dur et au cœur de roche a le triste courage de

des miracles dans le monde, ainsi que dans le confessionnal, chez les sauvages comme au milieu des peuples les plus policés.

Cette obéissance au Siége apostolique, le reproche le plus persistant qui leur ait toujours été adressé, a quelque chose de si anormal dans notre siècle de révolte que le *perinde ac cadaver* est passé en proverbe de servitude. Nos esprits habitués à tous les dénigrements et ne se courbant sous la force brutale qu'avec un rire sardonique, nos esprits ne peuvent plus se faire à ces abandons de la volonté humaine, à ces renoncements à soi-même, à ces voluptés intérieures que l'homme fortement trempé éprouve dans la soumission de sa pensée à un arrêt qu'il considère comme descendu des

condamner de si justes larmes; elles sont injurieuses au Roi et au Souverain Pontife. « De grâce, disait autrefois le grand Augustin, de grâce, laissez-moi pleurer ma mère (celle qui m'a donné la vie temporelle, et qui m'a obtenu par ses gémissements la vie de la grâce). Et si quelqu'un, ajoutait-il, me trouve coupable d'avoir pleuré ma mère, qu'il m'épargne les reproches et les sarcasmes, et, s'il est animé d'une vraie charité, qu'il prie lui-même et qu'il pleure pour mes péchés. » (Lib. 9 Confess., c. 11.)

Christophe de Murr donne à la page 184 la suite de ce touchant récit. « A la mort du roi Joseph Ier, continue le Jésuite allemand, arriva la chute de Pombal. Les prisons, où gémissaient depuis dix-sept années tant d'innocentes victimes, s'ouvrirent. Le chef de la justice frappe à la porte du fort de Saint-Julien, il demande les noms des prisonniers, la cause de leur détention. Cent vingt-quatre religieux de la Société détruite avaient été plongés vivants dans ces cachots, images véritables du tombeau; soixante-dix-neuf s'y étaient endormis du sommeil de la mort; il n'en restait plus que quarante-cinq. — Pour quel délit, demande le juge, ont-ils été condamnés à une si dure, à une si longue captivité? Le gardien de la prison n'en sait rien. Singulière réponse d'un geôlier, question encore plus singulière faite par un juge après tant d'années de peines subies! Elle rappelle la demande faite par Pilate à Jésus-Christ, déjà jugé digne de mort : Quel est donc votre crime? *Quid fecisti?* »

cieux. Nous ne comprenons pas, nous ne pouvons plus comprendre ce sacrifice; il nous reste à l'admirer.

C'est ce que fait encore le monde catholique, et c'est ce qu'en son langage, si plein de nobles idées, exprime M. le comte de Montalembert. Nous pourrions emprunter à l'orateur ou à l'écrivain des pages retentissantes. J'aime mieux l'interroger dans le secret de ses correspondances familières, où l'homme se révèle tout entier. Or, Père Theiner, savez-vous ce qu'après avoir lu la première édition de *Clément XIV et les Jésuites*, mandait M. de Montalembert à une dame des plus illustres de France (la comtesse de Gontaut-Biron)? Voyez l'impression que sur les hommes équitables fera cette sublime résignation des Jésuites, résignation que vous passez sous silence, quand vous ne trouvez pas moyen de la calomnier. M. de Montalembert écrit donc :

« Je viens de lire le nouveau livre de M. Crétineau-Joly, intitulé *Clément XIV et les Jésuites*, et j'ai fait, dans ma vie, peu de lectures qui m'aient plus ravi. J'ai déposé ce volume en remerciant Dieu de m'avoir fait connaître et aimer cette sainte Compagnie, que les méchants ont toujours poursuivie avec une haine si glorieuse pour elle, et j'ai senti plus que jamais s'enraciner dans mon cœur la ferme résolution de la défendre envers et contre tous. Je ne connais rien de plus beau, dans les actes des premiers martyrs, que la sublime résignation avec laquelle vingt mille Jésuites ont reçu le coup de la mort de la main qui devait, plus que toute autre, les défendre et les bénir. Quel exemple et quelle gloire! Il paraît, du reste, qu'à leur résurrection ils sont destinés, comme auparavant, à rencontrer parmi les catholiques et au sein même de l'Église leurs plus perfides ennemis, témoin l'abbé Gioberti, etc. Mais j'ai la confiance que

Dieu ne les abandonnera pas et que les jours de Clément XIV ne renaîtront jamais. »

Cette admiration que j'avais éprouvée et que je provoquais dans mon *Clément XIV et les Jésuites*, elle a été partagée, et si je n'écoutais que Votre Révérence, j'aurais été très-mal inspiré. Mon Dieu! cela m'est arrivé assez fréquemment pour que j'aie bien pu une fois de plus retomber dans mon vieux péché. Si, par exception, vous n'eussiez pas eu la funeste idée de mettre en jeu des noms propres, j'étais de force, vu l'habitude, à m'en référer à votre parole. Mais les noms propres ont piqué ma curiosité d'historien; et, au lieu de me trouver en défaut, c'est vous, malheureuse Révérence, que je prends la main dans le sac.

Afin que vous puissiez vous expliquer vous-même, je vous cède la parole. « En France, vous le dites à la page 470, — l'épiscopat et le roi avaient reçu avec le plus grand respect le bref de l'abolition; nulle critique publique ne s'était fait entendre, si l'on en excepte celles provenant de quelques têtes ardentes parmi les ex-Jésuites qui eurent le tort de chercher à exciter l'opinion publique contre le bref d'abolition, dans les journaux, et même dans les églises du haut de la chaire sacrée. »

Quand je vous cite, Père Theiner, j'ai bien soin de le proclamer, et je vais vous en déduire un des motifs. C'est que j'aurais peur, à tort sans doute, que les lecteurs habitués à mon style me chargeassent des négligences et des répétitions que vous et votre traducteur semblez accumuler comme à plaisir. Pour accepter de pareilles tournures de phrases, je ne suis pas assez M. Charles Lenormant, de l'Académie des inscriptions et belles-lettres. Mais cette parenthèse, dernier sacrifice fait à mon amour-propre d'écrivain, ne m'empêchera pas de vous pousser au pied du mur. Vous allez attribuer un nom à ce que je me permettrais d'appeler vos impostures, si je n'avais pas plus de charité chrétienne que vous. Cette exception portera-t-elle bonheur à vos récits?

Vous racontez donc qu'il y avait dans ce temps-là, 1773, à Paris, un Père de la Vrillière, de la famille ducale de ce nom, et que ce ci-devant soi-disant Jésuite, comme s'exprimaient les parlements, qu'à moins de vingt années de distance la Révolution française qualifiera à son tour de ci-devant soi-disant, avait, le 3 décembre, fête de saint François-Xavier, prêché dans l'église des Missions étrangères un panégyrique de l'apôtre des Indes. Dans ce panégyrique, le Père de la Vrillière, plus que jamais de la famille ducale de ce nom, trouva sur ses lèvres des paroles qui sentaient de plus d'une lieue l'Index ou le Saint-Office de Votre Révérence. Vous vous étendez avec un charme qui a bien sa candeur de l'Oratoire sur cette désobéissance au bref de suppression. Vous faites intervenir dans tout cela et Christophe de Beaumont, archevêque de Paris, et le cardinal Giraud, Nonce apostolique, et Clément XIV, et le cardinal de Bernis, et le duc de la Vrillière, père de cet imprudent ex-Jésuite.

Dans tout votre ouvrage il n'y a pas d'accusation mieux détaillée ou plus explicite. Voilà les témoignages que vous apportez à la page 471, et ils sont arrangés de telle sorte qu'ils doivent inspirer la plus entière confiance: « J'ai l'honneur de faire savoir à Votre Éminence, » mandait le Nonce apostolique dans une dépêche chiffrée au cardinal secrétaire d'État à la date du 3 janvier 1774, « qu'ayant eu occasion d'entretenir Mgr l'archevêque de Paris à propos de la faute commise par l'ex-Jésuite dans la matinée du 3 décembre dernier, ce prélat m'a dit qu'il l'avait fait appeler et qu'il avait voulu voir son panégyrique, et qu'ayant lu les expressions qui avaient occasionné le scandale en question et un si grand étonnement dans l'auditoire, il l'avait suspendu immédiatement *a divinis*, et qu'en outre, son père, le duc de la Vrillière, pour donner à cet imprudent ex-Jésuite quelque mortification qui servît de frein dans la suite à de semblables individus, avait ordonné qu'il allât, comme il le fit en effet, faire pendant quinze jours les exercices spirituels dans la grande maison de Saint-Lazare, établissement principal de messieurs de la Mission. »

J'espère que rien ne manque à ce récit, ni le nom du personnage, ni sa parenté, ni la date, ni le lieu, ni la suspension *a divinis*. Vous avez grandement fait les choses, et si grandement, qu'à la page 477 vous ajoutez, comme par surérogation : « Nous possédons plus de vingt dépêches échangées à l'occasion du misérable incident du Père de la Vrillière. » Cet incident est bien misérable en effet, Père Theiner, car il sort tout entier de votre cerveau; il y est né, et il y rentrera de gré ou de force. Voici comment :

Le comte de Saint-Florentin, ministre à perpétuité de Louis XV, fut créé par ce roi duc de la Vrillière en 1770; il est mort en 1777 sans laisser de postérité. Cette famille ducale[1] n'exista par le fait que durant sept

[1] Le Père Theiner semble avoir une affection très-prononcée pour les familles ducales. Il vient de créer celle de la Vrillière dans le second volume. A la page 297 du premier, il s'est arrangé pour faire de l'archevêque électeur de Cologne, Maximilien-Frédéric, un prince de la famille ducale de Bavière. Or, cet archevêque, élu en 1761 et mort en 1784, se nommait Maximilien-Frédéric de Kœnigsegg, d'une noble famille de Souabe. L'*Art de*

années. Le comte de Saint-Florentin, duc de la Vrillière, n'a jamais eu d'enfants, et au catalogue des Jésuites on ne trouve à cette époque aucun Père sous les noms de Phélypeaux, de Pontchartrain, de Châteauneuf, de Maurepas, de Saint-Florentin ou de la Vrillière, qui servaient à distinguer les membres de cette famille.

Vous voilà donc évidemment avec un Jésuite de votre invention sur les bras. Des historiens de votre force ne

vérifier les dates et le *Cours d'histoire* de Schœll (tome XLVI, page 198) en font foi.

On pense bien que je ne me donnerai pas la peine de relever les innombrables erreurs qui fourmillent dans cet ouvrage, n'ayant pas même le mérite de l'exactitude historique. Néanmoins, il en est deux qu'il importe de signaler pour mettre dans tout son jour la manière de procéder de l'annaliste ecclésiastique qui peut bien succéder au cardinal Baronius, mais qui ne le remplacera jamais.

D'après le Père Theiner (tome II, page 148), Feller était, en 1772, un ex-Jésuite français, rédacteur et même gérant de la *Gazette de Cologne,* et, dans ce journal, il s'était fait l'organe d'un parti qui cherchait à rendre Clément XIV abominable aux yeux du monde (page 146).

Feller, né à Bruxelles d'un père belge et secrétaire du gouvernement autrichien, n'appartenait pas à la Société de Jésus de France, mais à la province belge. En 1772, il n'était pas *ex-Jésuite,* car quelques mois seulement avant cette date, il avait prononcé ses vœux et il resta Jésuite jusqu'au moment de la suppression. En 1772, il ne résidait pas à Cologne, mais à Liége. Il n'écrivait pas dans la *Gazette de Cologne,* mais il rédigeait la *Gazette de Luxembourg* et la *Clef des Cabinets*, dont, l'année suivante, il devint le principal rédacteur, et qu'il fit paraître sous le titre de *Journal historique et littéraire*. Bien loin d'attaquer Clément XIV, il montra toujours beaucoup de modération et de respect envers le Saint-Siége et la personne de Ganganelli. (Voir *Biographie universelle* et le *Journal historique de Liége* (1810), *Notice sur la vie de Feller.*)

Selon le Père Theiner, qu'on prendrait ainsi à chaque page en flagrant délit, Paul de Carvalho y Mendoza, frère du marquis de Pombal, nommé cardinal par Clément XIV, était un prélat très-pieux, un très-digne prélat (tome Ier, page 504). Le cardinal

s'inquiètent pas pour si peu, je ne l'ignore point; mais des blasphémateurs, des artificiers de ma sorte, des écrivains d'une malice aussi exquise que la mienne, veulent aller au fond des choses. La curiosité est un vice, permettez que j'en use, quand ce ne serait que pour faire contre-poids à toutes vos vertus. Ce Père de la Vrillière, à qui vous avez si traîtreusement accordé la vie avec la parole, et que je viens d'une manière si

Pacca, qui fut longtemps nonce en Portugal, ne lui est pas aussi favorable. Pacca est impartial et témoin oculaire. Aux yeux de l'histoire, son jugement a plus de poids que celui du Père Theiner lui-même. Or, le cardinal Pacca dit que ce Carvalho y Mendoza « était connu par sa haine contre le Saint-Siége », et il ajoute : « Paul Carvalho, qui valait encore moins que son frère Pombal. » (*Œuvres,* tome II, pages 368 et 376.)

Ces erreurs dans un annaliste pontifical qui en a tant commis sont graves. Cette dernière mériterait une qualification encore plus sévère. Le Père Theiner a dit que Clément XIII ne faisait pas ses bulles, et, afin de le prouver, le voilà qui lui prête des allocutions consistoriales de sa façon.

Après l'arrêt du Parlement de Paris du 6 août 1762, Clément XIII réunit les cardinaux dans un Consistoire secret, le 3 septembre, et le Père Theiner suppose, à la page 48 de son premier volume, que le Pape, faisant allusion à la déclaration et promesse d'enseigner les quatre articles, signées par les Jésuites de Paris le 19 décembre 1761, rappelait dans son allocution « la violence avec laquelle on avait contraint par la voie la plus illégale les membres de la Compagnie de Jésus à souscrire la déclaration gallicane de 1682. »

A la page 49, le Père Theiner ajoute : « Clément XIII ne tarda pas lui-même à reconnaître sa méprise, et supprima bientôt son allocution. Aucun cardinal n'en pouvait parler désormais. Il la tint renfermée avec un tel soin, qu'il portait toujours sur lui la clef du tiroir où il l'avait déposée; et il remercia en termes pleins de bienveillance les cardinaux qui l'avaient prévenu du danger auquel il allait s'exposer. »

Le roman est parfaitement ajusté; rien n'y manque; le Père Theiner n'a oublié qu'une chose : c'est la première dont il devait s'informer et qu'en sa qualité d'historien de l'Église et d'archiviste du Vatican, il aurait dû tout d'abord nous apprendre. Cette allo-

perfide d'arracher à votre tendresse paternelle, il faut que je vous le rende, sous peine d'encourir une fois de plus les anathèmes de votre charité.

Vous exhibez les dépêches en chiffres du Nonce apostolique; vous en possédez même plus de vingt, échangées à l'occasion de ce misérable incident. Si elles eussent été écrites en français ou en italien, je ne sais

cution, cachée avec tant de soin par Clément XIII, a été répandue de son vivant. J'en ai une copie manuscrite sous les yeux. Il n'y est nullement question — c'était évident — ni de la déclaration, ni de la promesse arrachée aux Jésuites de Paris en 1761. Il s'agissait alors de choses plus essentielles, d'événements de tout autre conséquence. Ce sont, dit l'allocution, les attentats à l'honneur de Dieu, les blessures profondes que reçoit l'Eglise universelle, les scandaleux outrages aux droits et à la majesté du Saint-Siége apostolique, résultant des actes sacriléges des Parlements qui portent leur main sacrilége séculière à l'arche du Seigneur. Enfin, après les sublimes tristesses d'un Père et d'un Pontife, Clément XIII arrive à la question des Jésuites et il expose comment des magistrats civils ont eu la coupable témérité de rompre les liens religieux de la Société de Jésus (des vœux faits à Dieu seul), de vendre les biens de cette Société, de forcer ces religieux d'embrasser un autre genre de vie, de les dépouiller de leur habit, de leur ôter leur nom.

Nous arrivons à ce qui a trait aux quatre articles de 1682, le Pape continue : « De leur ôter l'*espoir d'obtenir tout bénéfice ecclésiastique* ou même tout *emploi séculier, s'ils ne commencent par jurer* qu'ils soutiendront et défendront les quatre propositions adoptées par le clergé en 1682, etc., et annulées par Alexandre VIII! » — Voilà tout ce qui a rapport aux quatre articles dans l'allocution du Pape. On voit qu'il ne s'agit point du passé de 1761, mais du présent, de l'arrêt du 6 août 1762, et de l'avenir pour les Jésuites français supprimés, qui sont condamnés à mourir de faim ou à enseigner les quatre articles. De là il suit que tout le roman du Consistoire, tel que le raconte le Père Theiner à la page suivante, 49, étant fondé sur un fait matériellement et évidemment faux, est une invention malveillante de l'auteur. — Que le Pape n'a pas été cruellement, profondément trompé, ni qu'il n'a pas eu à reconnaître de méprise, et que surtout il n'a pas caché son allocution dans un tiroir dont il gardait la clef.

trop si Votre Révérence, aidée de son traducteur, Paul de Geslin, missionnaire apostolique, fût parvenue à les comprendre; mais ce dont je suis parfaitement sûr, c'est que vous, Père Theiner, préfet coadjuteur des Archives secrètes du Vatican, ne connaissez pas le premier mot de l'alphabet du chiffre diplomatique. A diverses reprises, en lisant certaines dépêches que vous attribuez aux Nonces apostoliques du dix-huitième siècle, dépêches dont, comme disait Montaigne, votre livre est maçonné, j'ai senti la rougeur me monter au front; car, en amnistiant quelquefois la faiblesse, je ne crois pas que les hommes de cœur soient jamais disposés à pardonner à la lâcheté. Dans ces missives, il régnait un si cruel abandon de la dignité du Saint-Siége, une si étrange prostration de la justice, que, malgré moi, je m'étais pris à douter de votre fidélité de copiste. Et dans les amertumes de ma pensée, je me disais : Si avec une seule fausse idée on peut devenir barbare, qu'est-ce qui nous arrivera à tous lorsque l'abaissement de l'Église sera un fait démontré par ceux mêmes qui sont chargés de la représenter?

La première lettre que j'ai eu l'honneur d'adresser à Votre Révérence porte l'empreinte de ce douloureux sentiment auquel, par respect pour l'Église, je refusais d'initier les autres. J'hésitais entre votre imperturbable assurance et cette honte diplomatique que vous sembliez répandre à petite dose continue sur la tête de ceux dont on vous autorisait à exploiter les minutes. Aujourd'hui le mystère est percé à jour. Il est évident que le préfet-coadjuteur des Archives secrètes du Vatican ne sait pas lire en chiffres, ou que, s'il sait lire, il falsifie les correspondances manuscrites que le Saint-Siége a l'inconcevable tort de laisser à sa garde.

Vous m'avez épargné ce seul outrage, Père Theiner, et je ne vous l'adresse pas même sous condition, bien persuadé que dans votre fait il y a plus d'ignorance que de foi punique. Mais enfin, l'ignorance admise comme circonstance atténuante, il n'en reste pas moins démontré qu'il n'y eut jamais de Père de la Vrillière dans la Compagnie de Jésus, que le duc de la Vrillière mourut sans enfants, et que le récit mis par vous sur le compte du cardinal Giraud est une invention des mieux caractérisées, une invention qui n'a jamais pu se répandre à Rome. Par conséquent, l'indignation de Clément XIV, ses prières au cardinal de Bernis, qui doit les transmettre au roi Louis XV, tout cela repose sur une imposture, je me trompe, sur une erreur de Votre Révérence.

Le duc de la Vrillière, l'un des hommes les plus considérables de la cour, le ministre qui tenait dans ses mains le portefeuille des lettres de cachet, et qui venait de faire l'intérim entre le duc de Choiseul disgracié et le duc d'Aiguillon arrivant au pouvoir, le duc de la Vrillière devait se trouver en rapports journaliers avec le Nonce apostolique. Comment ce même Nonce, vivant à Paris et à Versailles, aurait-il pu prêter un fils, et encore un fils Jésuite, à ce duc de la Vrillière? J'admets pour un moment cette méprise, matériellement inadmissible. Quand le Pape Clément XIV, trompé par les dépêches en chiffres de son Nonce, aura mis le cardinal de Bernis au courant de cette fable, est-ce que Bernis, qui avait hanté toutes les ruelles de la ville et de la cour, Bernis, l'ancien collègue ministériel de la Vrillière, n'aurait pas à l'instant même rectifié une narration péchant par la base? Lui qui n'aimait guère à voir surgir de nouvelles complications venant troubler son doux repos, est-ce qu'il ne se serait pas écrié : Eh! Saint-Père, le duc de la Vrillière n'a pas d'enfants!

Tout ceci, c'est du simple bon sens, c'est de la logique élémentaire. Vous auriez pu, et bien plus facilement que moi, y arriver par la seule réflexion; mais on n'a pas « été trouvé digne, comme vous le dites de vous-même à la page 19 de votre premier volume, de venger l'innocence la plus auguste qu'il y ait sur la terre, celle d'un Pape, et d'un Pape aussi grand et aussi pur que le fut Clément XIV », sans qu'il en coûte quelque chose à l'esprit et à l'intellect. Je ne voudrais pas enfoncer le fer jusqu'à la garde dans la blessure que je fais à Votre Révérence. Vous criez merci, pauvre Père, je vous l'accorde, et, afin de me remettre quelque peu dans vos bonnes grâces, je vais vous donner la clef de l'énigme que vous avez dû être si heureux de tourner au préjudice des enfants de saint Ignace.

Vous êtes riche et très-riche en insinuations malveillantes, en imputations générales vagues, et indéterminées; mais lorsque vous articulez un fait spécial, lorsque vous citez un nom propre, il n'en est plus ainsi. Votre fortune, que vous gaspilliez en véritable dissipateur de comédie, s'évanouit presque aussi vite que l'ex-Jésuite, fils du duc de la Vrillière. Vous aviez conçu celui-là dans le péché de vos chiffres diplomatiques, vous l'aviez enfanté dans une débauche d'antipathies incompréhensibles. Fuyez pour un moment les Archives secrètes du Vatican. L'infaillibilité de l'Église ne s'en trouvera pas plus mal; puis écoutez ceci :

Il est très-vrai que, le 3 décembre 1773, un panégyrique de saint François-Xavier fut prononcé à Paris dans l'église des Missions étrangères; encore plus vrai que ce panégyrique contenait des paroles et des allusions malsonnantes et irrévérencieuses envers le Souverain Pontife et son bref de destruction. Les *Nouvelles ecclésiastiques*, journal du Jansénisme le plus rageur et le mieux informé, parlent longuement du panégyriste et du panégyrique. Dans cette feuille, du 7 mars 1775, où les Jésuites sont tenus en fort maigre estime, et que par conséquent je recommande à Votre Révérence, dans cette feuille il ne s'agit pas plus de votre imaginaire la Vrillière qu'il n'en sera question dans les dépêches du Nonce lorsque vous aurez appris à les lire. L'audacieux orateur a bien été envoyé à Saint-Lazare; mais les écrivains jansénistes s'étonnent de la mansuétude qu'on lui témoigne, et ils le nomment en toutes lettres. Le coupable s'appelait Coriou, et les *Nouvelles ecclésiastiques* continuent leur récit en ces termes : « Est-ce le ci-devant Jésuite ou son frère, le prêtre séculier? Messieurs des Missions sont bien capables d'avoir choisi un Jésuite. »

Père Theiner, si vous eussiez été à la place des gazetiers du Jansénisme, à qui, apparemment, il restait quelque sorte d'âme, comme dit Saint-Simon; si la bonne chance de saisir en défaut un Jésuite ou son frère vous eût ainsi favorisé, vous qui inventez des Pères la Vrillière, auriez-vous bien pu tenir la balance égale entre le Coriou régulier et le Coriou séculier? Par le seul besoin d'impartialité qui vous distingue, ne l'auriez-vous pas fait pencher contre le disciple de Loyola? Et à l'heure qu'il est ce vieux Père Coriou[1] ne remplacerait-il pas très-agréablement dans vos objurgations

[1] D'après le catalogue officiel de la Compagnie de Jésus, Jean-Pierre Coriou, né en 1706, était, à la suppression des Jésuites en France, Préfet spirituel, admoniteur du Père Recteur au collége Louis-le-Grand.

l'ex-Jésuite la Vrillière, ayant déjà reçu de M. le duc son père « quelque mortification qui, d'après vos dépêches, servira de frein dans la suite à de semblables individus » ?

Eh bien! c'est une justice que je regrette d'avoir à rendre aux écrivains jansénistes. Ils n'ont pas succombé à la tentation, qui très-probablement vous ferait encore venir l'eau à la bouche. Ils pouvaient établir une savante confusion entre les deux Coriou et incriminer le Jésuite. Un pareil tour de main coûte si peu, n'est-ce pas, bon Père? que votre charité, aussi immaculée que les admirables perfections de Ganganelli, aurait eu de la peine à y résister! Et néanmoins, voyez où va se nicher la probité historique quand vous la chassez de l'Oratoire! Les Jansénistes n'ont pas osé prendre sur leurs épaules un fardeau de calomnie qu'il vous eût été peut-être si doux d'assumer. La conclusion du récit publié par les *Nouvelles ecclésiastiques* se renferme dans ce précieux aveu :

« Il est plus probable que le fait doit être mis sur le compte du sieur Coriou, prêtre séculier, intimement uni aux Jésuites par le fanatisme encore plus que par les liens du sang. Messieurs des Missions étrangères disent que c'est une mauvaise tête; on le voit assez sans qu'il soit besoin de leur témoignage. »

C'est la première fois que Votre Révérence a été assez imprudente pour formuler une accusation en règle, une accusation tangible, comprenez ce qu'il vous en coûte. C'est la première fois qu'un écrivain sort des Archives secrètes du Vatican, armé de toutes pièces et se mettant en guerre contre un autre écrivain. Par le triste exemple que vous offrez, qu'on juge maintenant si cette confiance illimitée aura porté bonheur aux

Archives secrètes et à leur archiviste, plus savant que jamais, selon la rubrique. A Paris, il ne s'est produit de Père la Vrillière que dans votre œuvre; sachons maintenant si en Prusse, à Breslau, vous serez moins malencontreux avec le Père Troïl.

Frédéric le Grand aimait les Jésuites, et, quoique incrédule par système, il faisait son métier de roi avec sagesse et dignité. Quand ce monarque, dont la Prusse s'honore, comme les peuples s'honorent d'un héros et d'un législateur, avait une province à châtier, il lui envoyait un philosophe pour la gouverner. Lorsqu'il désirait récompenser le zèle ou la fidélité d'une ville, il y établissait une maison de Jésuites. C'était ainsi que procédait l'ami de Voltaire et de d'Alembert. Dans ses soupers fins de Potsdam ou de Sans-Souci, débarrassé des soins du trône et loin de tout œil profane, Frédéric II pouvait bien livrer le bon Dieu aux sarcasmes de ses convives; mais le lendemain, quand ce prince se replaçait au timon de l'État, c'était pour lui un devoir de régner selon la justice. Il aimait les Jésuites, et plus perspicace que Clément XIV, il aspirait « à en conserver la graine, pour en fournir un jour, écrivait-il, à ceux qui voudront cultiver chez eux cette plante si rare ».

Frédéric avait bien ses raisons pour cela.

Le 18 novembre 1777, quatre ans après leur destruction, il mandait à Voltaire : « J'ai conservé cet ordre tant bien que mal, tout hérétique que je suis et puis encore incrédule. En voici la raison. On ne trouve dans notre contrée aucun Catholique lettré si ce n'est parmi les Jésuites. Nous n'avions personne capable de tenir les classes, nous n'avions ni Pères de l'Oratoire ni Piaristes. Il fallait donc conserver les Jésuites ou laisser périr toutes les écoles. Il fallait donc que l'Ordre subsistât pour fournir des professeurs à mesure qu'il venait à en manquer, et la fondation pouvant fournir la dépense à ces frais, elle n'aurait pas été suffisante pour payer des professeurs laïques. De plus, c'était à l'université des Jésuites que se formaient les théologiens destinés à remplir les cures. Si l'Ordre avait été supprimé, l'université ne subsisterait plus. »

Ce Roi, si bon juge des hommes, s'opposait, par les mêmes motifs sociaux que Catherine de Russie, à la destruction de la Compagnie de Jésus. Sans être catholiques, Frédéric et Catherine savaient bien que, lorsqu'il n'y a plus de chênes à frapper, le tonnerre s'en prend aux buissons. Frédéric ne voulait pas priver les Catholiques de ses États, ceux de Silésie surtout, des avantages intellectuels et moraux que les peuples retiraient du pieux Institut. Les Pères de Silésie, dont Troïl était le chef, résistèrent — et c'était leur devoir — aux vœux du prince qui ne parlait de rien moins que de reconstituer la Compagnie dans ses États sous la direction d'un vicaire général. Étonné de leur obéissance, Frédéric leur répondit : « Puisque vous ne voulez pas profiter de mes bontés, je ne prétends pas violenter votre conscience et je vous promets de vous considérer comme compris dans la suppression de votre Ordre que je tenais à sauver. »

Il en fut fait ainsi que les Pères de Silésie l'avaient demandé. Le roi les laissa se séculariser, mais ils gardèrent comme simples prêtres les colléges qu'ils avaient fondés et les établissements dans lesquels vous-même, Père Theiner, avez été élevé. Il y a encore quelques années, vous n'aviez pas assez d'éloges à prodiguer à ce jésuite Kœhler qui rendit, selon vous, à l'instruction publique en Silésie des services que reconnaissent les Catholiques et les Luthériens. Autre temps, autres mœurs; je le sais parfaitement. Comme à plusieurs, la reconnaissance vous a pesé; mais quelque triste profit que l'on puisse tirer de l'ingratitude, ce n'est peut-être pas une raison pour enguirlander ce vilain péché de tous les poisons de la calomnie. Or, Révérend Père, où avez-vous trouvé ailleurs que dans les dépêches du Nonce — et je viens de montrer assez clairement l'habile manière dont vous interprétez, dont vous traduisez ces dépêches, — où avez-vous trouvé que le Père Troïl s'était fait élire vicaire général de la Compagnie éteinte?

Je n'ignore pas que vous avez toujours deux poids et deux mesures à votre disposition. Ainsi moi je dois, et je n'y ai jamais manqué, me conformer à la leçon que vous daigniez me faire dans votre premier volume. « Si, disiez-vous, les dépêches des ambassadeurs comprennent une période historique déterminée, c'est pour l'historien un devoir sacré de les examiner d'abord avec une fidélité scrupuleuse, de les suivre pas à pas, de discerner attentivement les époques où leurs opinions et leurs appréciations varient, et de n'attribuer d'importance qu'aux jugements portés après que leur opinion est définitivement formée et appuyée sur des faits accomplis. »

Cette règle, qui n'en serait pas plus mauvaise parce que Votre Révérence et son traducteur auraient jugé convenable de l'exprimer dans un style plus correct, cette règle a du bon; et quoiqu'elle vienne du préfet des Archives vaticanes qui a inventé un Père la Vrillière et si ridiculement compris le chiffre du Nonce apostolique en France, je m'y soumets volontiers. Mais vous, Père Theiner, ne ferez-vous rien pour vous y conformer? Le cardinal de Bernis, impeccable toutes les fois qu'il se trompe à votre avantage ou qu'il abonde dans votre sens, écrit de Rome au duc d'Aiguillon le 5 janvier 1774 :

« Nous avons appris ici que les ex-Jésuites de Silésie avaient (dit-on à l'instigation du roi de Prusse) élu un vicaire général pour le temps de la détention de l'ex-Jésuite Ricci; cet acte vraiment schismatique a produit une vive sensation parmi les personnes judicieuses. Les partisans fanatiques n'osent pas même justifier une démarche qui prouve trop évidemment que les ex-Jésuites de Silésie ne reconnaissent d'autorité que celle qui paraît favorable à leurs intérêts et à leurs vues. Le Pape a été plus scandalisé que surpris de cette manœuvre, et il m'a rappelé à ce sujet qu'il m'avait dit, il y a quelque temps, que le bref de suppression ne serait que trop justifié. »

Voyons un peu si cette prévision pontificale s'est réalisée. Bernis entretient le ministre français de ce dit-on. C'est un bruit qui court et que Clément XIV comme le cardinal ont intérêt à grossir, parce qu'il devient pour eux une espèce d'amnistie. L'iniquité est ainsi faite; elle persévère par l'imposture. Cette rumeur, qui n'était qu'une rumeur même pour Clément XIV et Bernis, prend sous votre plume tous les caractères de la vérité. Les esprits crédules sont superstitieux; vous devez bien l'être, Père Theiner. Le jésuite Troïl tombe malade, il meurt. C'est assez dans la nature des choses, mais de cette mort Votre Révérence tire un lamentable exemple de punition céleste. « La justice divine, vous écriez-vous dramatiquement, sembla vouloir intervenir elle-même, et frappa bientôt le malheureux qui avait osé se prêter à cet acte schismatique, en acceptant les fonctions illégitimes de vicaire général. »

Le Père Troïl, que, de votre autorité privée, vous frappez de la main de Dieu, jouit cependant à sa dernière heure d'une faveur qui ne fut point accordée à tout le monde. Il ne mourut pas fou; car le 17 mars 1774, le Cardinal Nonce de Vienne écrivait : « Des lettres sûres qui viennent de Breslau nous assurent que le célèbre Père Troïl, qui, à l'instigation de la cour de Berlin, avait consenti à accepter les fonctions de vicaire général des Jésuites qui existent encore dans ce royaume, a été surpris par une maladie mortelle à la suite de laquelle il a succombé. Il a voulu, cependant, avant de mourir, réunir autour de son lit ses compagnons, et leur montrer, dans une exhortation touchante et raisonnée, la triste obligation qu'ils avaient de se soumettre aux dispositions pontificales, quoi qu'il pût leur en coûter. Mais quelle qu'ait été l'impression produite par ses paroles sur les esprits de ses confrères, leurs vues politiques, soutenues du despotique appui de cette cour, prévalent constamment sur le sentiment intime de leur devoir. »

En mourant à Breslau de cette mort, dont le Cardinal Nonce fait le tableau à Vienne, Troïl a recommandé à ses frères de se soumettre au bref de Clément XIV. Cette recommandation, qui était inutile, parce qu'elle aurait été une injure gratuite, n'est pas plus officielle que le reste. Troïl n'a jamais été élu vicaire général de la Compagnie; la Compagnie, à Breslau ou ailleurs, n'a jamais songé à cette élection impossible alors.

Vous nous donnez les premières rumeurs recueillies par le Nonce et transmises à Rome ainsi que tout ambassadeur transmet à sa cour les faits qu'il n'a ni le temps d'approfondir ni les moyens de vérifier. Demain, après-demain, dans ses dépêches suivantes, ce nonce, cet ambassadeur mieux avisé, confirmera ou infirmera son récit de la veille [1]. Vous, bon Père, vous ne prenez que la première version, celle qui est hostile; puis, sans creuser la question, vous passez à une autre et ne vous inquiétez même pas de savoir si l'accusation intentée par vous n'a pas été pulvérisée quand pour la première fois elle se produisit à l'état d'imposture.

Les Jansénistes, qui avaient des renseignements plus certains que les nonces sur la correspondance desquels déteint si cruellement Votre Révérence, les Jansénistes, pour qui la haine du nom de Jésuite était un stimulant, ont été mieux inspirés, et dans leurs *Nouvelles ecclésiastiques* du 25 avril 1774, c'est sans aucun étonnement que nous lisons cet hommage rendu à la vérité :

« On a beaucoup dit que les Jésuites des États du roi de Prusse avaient obtenu de ce monarque la permission non-seulement de demeurer tels qu'ils étaient avant le bref d'extinction, sans changer même d'habit, mais encore de choisir un d'entre eux vicaire général pour les gouverner et répondre de leurs actions à Sa Majesté, en cas de besoin. Malgré ces bruits tant répétés, l'élection effective de ce vicaire général et la permission même de la faire sont encore un problème. Ce serait, de la part des soi-disant Jésuites, un acte de révolte contre le Saint-Siége, qui mettrait le comble à tous ceux dont ils s'étaient déjà rendus coupables, quoiqu'ils fissent haute-

[1] C'est le 17 mars 1774 que le Cardinal Nonce à Vienne écrit, d'après *des lettres sûres*, que le Père Troïl avait consenti à accepter les fonctions de vicaire général. C'est le 25 avril de la même année que les *Nouvelles ecclésiastiques* attestent que ce fait a été reconnu faux. Le Nonce de Vienne a dû faire part à la cour de Rome de tous les faits. Pourquoi le Père Theiner, s'arrêtant à la première dépêche, ne donne-t-il pas la rectification qui, dans l'intérêt même de la vérité, a été constatée dans les dépêches suivantes?

ment profession de n'enseigner que l'obéissance aveugle et passive, et qu'ils fussent partout les plus ardents fauteurs de l'opinion de l'infaillibilité du Pape. On avait d'abord débité que le Père Troïl (qui vient de mourir en Silésie) était le vicaire général élu, et ensuite ce fait a été reconnu faux. »

Un fait qui se passe en Silésie, un fait à la charge des Jésuites, reconnu faux après examen par les sectaires du Jansénisme et admis sans contrôle comme indubitable par le Père Theiner, Silésien, n'est-ce pas le renversement de toute idée reçue? Et dans ce simple rapprochement n'y a-t-il pas toute une leçon qui sera peut-être perdue pour vous, mais qu'à coup sûr recueilleront des esprits et des cœurs plus disposés à la justice? Car en scrutant votre œuvre jusque dans ses profondeurs on serait tenté de croire malgré soi que vous avez dit à votre plume ce que Caligula disait à son bourreau : « Frappe de façon qu'ils se sentent mourir. »

Vous avez cité deux noms, un Père de la Vrillière, à Paris, le Père Troïl, à Breslau. Vous articulez deux insubordinations; vous précisez les lieux et le temps; vous êtes saisissable enfin. Que reste-t-il maintenant de ces deux crimes de rébellion? Que surnage-t-il de ces anecdotes, nées dans les tavernes, colportées par la vengeance, admises par les niais et jetées au rebut par les Jansénistes eux-mêmes jusqu'au jour où vous êtes venu donner un corps à tant de fables plus absurdes les unes que les autres? Ce qui reste, mon Père, je vais vous le dire ou, mieux encore, je vais vous le demander, et vous allez répondre dans la liberté de votre esprit, dans la plénitude de votre raison, qui n'ont pas toujours été obscurcis par de coupables préventions.

Il y a déjà longtemps que Votre Révérence, devenue catholique par les Jésuites, s'occupe de matières religieuses et qu'elle écrit. J'ai là tous vos ouvrages et j'en ai profité, comme vous allez voir. En 1853 les Jésuites de 1773, selon vous, s'insurgent contre le bref qui supprime leur Compagnie. Les lettres des uns, les discours des autres, l'attitude douloureuse mais pleine de respect de tous, l'exil, les tribulations et le désespoir qui seront leur partage, vous avez lu tout cela dans mon *Clément XIV et les Jésuites*. Tout cela vous a laissé insensible, rien de tout cela n'a modifié une seule de vos inculpations, n'a suspendu sur vos lèvres une seule des calomnies qui en découlent. La vraisemblance, la vérité, l'histoire, même celle que les Jansénistes et les Protestants composèrent, n'ont pas eu pour vous le don de persuasion. Je renoncerais presque à vous convaincre, si je n'avais pas à opposer à vos iniquités d'aujourd'hui votre justice d'autrefois. Père Theiner, lisez en 1853 ce que le Père Theiner écrivait en 1833 [1] :

« Le Parlement de Paris, livré aux philosophes et aux Jansénistes, qui, les uns et les autres, ne cessaient de le stimuler, prononça enfin, le 6 août 1762, son arrêt contre l'Ordre des Jésuites. Il ne manquait plus après cela que la suppression totale de la Société de Jésus. Elle fut prononcée à Rome le 21 juillet. Ce fut ainsi qu'après une lutte héroïque tomba une des associations les plus généreuses et les plus grandioses ; elle tomba avec une résignation et une magnanimité qui fit rougir ses adversaires, et les força à reconnaître eux-mêmes le crime qu'ils avaient commis. »

Ils l'ont reconnu ce crime, Père Theiner. C'est vous

[1] *Histoire des institutions d'éducation ecclésiastique,* par le Père Theiner, p. 389.

qui l'affirmez. Le reconnaissez-vous à votre tour? Et puisque, selon vos dires de 1833, après une lutte héroïque, cette association, la plus généreuse et la plus grandiose, tomba avec tant de résignation, est-ce que, pour motiver vos cruautés de 1853, les Jésuites du temps de la suppression sortiraient de leurs tombeaux? Auraient-ils déchiré de leurs mains le bref que Pie VII et ses augustes successeurs sur le trône ont, l'un après l'autre, frappé de nullité radicale? Entre ces deux époques de votre âge mûr, que s'est-il donc passé? Et quel est ce démenti audacieusement public, démenti incroyable que vous vous donnez à vous-même? Je n'interrogerai pas Votre Révérence. Il y a quelquefois dans la conscience d'un prêtre qui se prend d'une haine sauvage contre d'autres prêtres des abîmes que l'œil du chrétien ne doit pas sonder. Je respecte trop le caractère dont vous êtes revêtu pour descendre dans cet abîme.

Mais puisqu'il m'a été accordé de me reposer l'esprit et le cœur sur un livre enfin digne de vous, qu'il me soit permis, mon Père, de le consulter encore une fois. Je ne le ferai qu'après avoir emprunté à votre *Histoire du Pontificat de Clément XIV* quelques lignes de la page 404 du second volume. Vous y parlez des motifs que les souverains d'Allemagne faisaient valoir pour conserver la Société de Jésus, même après son extinction, motifs que vous combattez, bien entendu; puis, quand il s'agit de l'éducation, vous ajoutez :

« Le troisième motif, qui pouvait jusqu'à un certain point servir de prétexte spécieux à ces souverains, était en même temps pour les Jésuites, et surtout en Allemagne, le plus amer reproche. Là ils avaient eu entre les mains l'éducation de toute la jeunesse catholique, tant séculière qu'ecclésiastique. Pourquoi n'avaient-ils pas formé des hommes qui pussent les remplacer, ou du moins partager l'enseignement avec eux? Ce ne sont pas les ennemis, mais les amis sincères de la Société de Jésus qui se demandent l'explication du fait suivant. Lorsque les Jésuites entrèrent en Allemagne, ils y trouvèrent de grands théologiens qui, avec un invincible courage, faisaient victorieusement front à toutes les attaques des prétendus réformateurs; comment donc est-il arrivé lorsque, par une disposition particulière de la providence divine, ils durent quitter cette même Allemagne, qu'ils n'en aient pas laissé un seul après eux? Depuis le seizième siècle, c'est-à-dire depuis que les Jésuites y ont pris possession exclusive de l'enseignement de la jeunesse séculière et ecclésiastique, aucun pays du monde chrétien n'est aussi pauvre que l'Allemagne en écrivains catholiques de quelque réputation qui soient sortis des rangs du clergé séculier.

» La Compagnie de Jésus peut montrer des savants Jésuites d'une grande renommée; elle a travaillé en Allemagne avec de magnifiques succès et la bénédiction du Ciel; elle a opposé pendant près de deux siècles au torrent impétueux de la réforme une forte digue, cela est vrai; mais ce qui est vrai aussi, c'est qu'elle n'a produit dans le clergé séculier que peu d'hommes réellement remarquables. On pourrait à peine en citer un seul. »

Et quand ce seul serait vous, Père Theiner, est-ce que vous croyez que votre reconnaissance envers vos anciens maîtres ne serait pas pour eux un mérite devant Dieu?

Vous êtes tellement préoccupé par je ne sais quel sentiment, que vous ne vous apercevez pas qu'à chaque mot vous vous placez non-seulement en contradiction avec vous-même, ce qui serait peu de chose, mais encore avec l'histoire. Vous affirmez qu'on pourrait à peine citer un seul homme réellement remarquable produit par les Jésuites dans le clergé séculier. Au tome II de vos *Institutions ecclésiastiques*, page 320 et suivantes, je lis les noms de plusieurs cardinaux, évêques, docteurs, martyrs de la foi ou de la charité, presque tous Allemands et élèves de la Compagnie. Aux pages 71 et 75 du second volume de ce même et inconcevable ouvrage, Votre Révérence glorifie, à juste titre cette fois, trois ou quatre évêques qui, au milieu de la défection universelle, eurent le courage, alors si rare, de s'opposer aux innovations schismatiques de l'empereur Joseph II. Ce sont les cardinaux Migazzi, archevêque de Vienne, Franckenberg, archevêque de Malines, et le prince Estherhazy, évêque d'Agram. Or ces trois évêques, c'est vous qui me l'avez appris, ont été formés par les Jésuites au courage et à la vertu.

Jean-Henri, comte de Franckenberg, dont Votre Révérence a si dignement raconté la lutte glorieuse contre les réformes de Joseph II, a été, au dire même du Père Theiner[1], « l'un des plus illustres prélats du dix-huitième siècle. Il mourut martyr de la sainte cause qu'il défendait, et devint le sauveur de la foi catholique en Belgique. » Mais ce cardinal n'a pas, comme le Père Theiner, renié ses maîtres. Il ne s'est pas fait ingrat pour courir après la popularité ou pour assouvir une vengeance sans motif. Lors de sa promotion au cardinalat, en 1778, il adressait aux maîtres et aux élèves

[1] *Jean Henri, comte de Franckenberg, cardinal-archevêque de Malines, et sa lutte pour la liberté de l'Église sous Joseph II*, par le Père Theiner, 1 vol. in-8°.

du collége germanique à Rome ces lignes pleines de tendres regrets :

« Le souvenir de ce collége, lit-on dans cette lettre, me sera toujours cher et précieux, par la raison que j'y ai été formé avec beaucoup de soin par des hommes célèbres de l'infortunée Société actuellement éteinte, et que j'y ai puisé non-seulement les principes des vertus et des sciences, mais que j'y ai encore reçu d'excellentes leçons sur la vie ecclésiastique; de sorte que, si j'ai fait quelque bien, si j'ai eu quelque bonheur, celui même de parvenir à la pourpre, je le dois à ces hommes illustres qui ont été chargés de mon éducation; ce serait même une ingratitude monstrueuse de ne pas leur en rapporter toute la gloire après Dieu. »

Après vous avoir interrompu pour opposer le Père Theiner à lui-même, je vous laisse encore la parole. Vous continuez donc : « Ajoutez à cela cette triste circonstance que les Jésuites, dans les derniers temps de leur existence, avaient dans l'Empire plus encore que dans les autres pays, comme la France, l'Italie, le Portugal et l'Espagne, perdu une grande partie de leur ancienne vigueur; leurs colléges étaient bien déchus de leur gloire d'autrefois, et n'avaient plus guère d'hommes remarquables parmi leurs professeurs. »

Ce tableau peu flatté n'a pas besoin d'ombres. Vous les répandez avec tant de prodigalité, qu'à vous entendre l'Allemagne et les autres contrées de l'Europe où les Jésuites se dévouaient à l'éducation publique n'auraient été en 1773 que le refuge de l'ignorance. Par bonheur pour les autres et pour vous-même, vous n'avez pas toujours été aussi sévère. Vous avez vos années de justice et d'injustice. Vous seriez presque dans la même personne le Castor et le Pollux de l'histoire. En voici une preuve que vous ne récuserez pas. Vous venez de parler la langue de 1853, vous serait-il bon de remonter à celle de 1833? Écoutez-vous, comparez-vous, méditez-vous vous-même, et prononcez.

« Ce n'est point le lieu, dites-vous [1], d'examiner de plus près les causes de la nature révolutionnaire des temps qui ont immédiatement précédé le nôtre, et nous nous contenterons d'y jeter quelques légers regards, afin d'y chercher la clef des troubles qui nous agitent encore et qui semblent menacer de nous plonger dans le même abîme.

» Le grand et terrible changement que nous remarquons depuis la fin du dix-huitième et le commencement du dix-neuvième siècle dans l'éducation de la jeunesse, tant de celle qui se destine au ministère des autels que de celle qui doit remplir diverses fonctions civiles de la société, ne peut s'attribuer qu'à la suppression de la Société de Jésus. Ce fut cette suppression qui entraîna le renversement de toute éducation chrétienne, à laquelle on en substitua une tout athée qui ébranla l'Église et l'État jusque dans leurs fondements. La destruction de cette illustre Société fut suivie de celle des institutions les plus respectables et les plus saintes. Elles tombèrent avec celle qui avait été leur plus ferme appui. Qu'il me soit donc permis de dire ici quelques mots sur la suppression de la Société de Jésus. En décrivant cet événement, nous apprendrons à connaître et à juger la véritable tendance des destructeurs de cette Société.....

» Il ne manquait pas d'hommes clairvoyants en France qui prévoyaient le mal irréparable qui résulterait non-

[1] *Histoire des institutions d'éducation ecclésiastique,* par le Père Theiner, t. I, p. 374.

seulement pour leur patrie, mais encore pour tous les États catholiques, si l'on ne s'appliquait avec vigueur et énergie à faire échouer le complot impie des Encyclopédistes, et à contrecarrer leur tendance irréligieuse. Cette tendance se dévoile le mieux dans leur combat contre la Société de Jésus. Voltaire, ce Luther du dix-huitième siècle, était à la tête de l'infernale ligue. Il combattit avec les mêmes armes déloyales, avec la même démence, avec autant de méchanceté que le terrible révolutionnaire du seizième siècle contre l'Église et ses institutions, afin de préparer sur ses ruines le prompt et inévitable renversement des États. Le grand obstacle qui s'opposait encore à l'exécution d'un si vaste plan était la Société de Jésus, à cause de son grand zèle pour la religion, de son influence sur l'esprit de la jeunesse, de la grande estime qu'avaient pour elle les souverains, et enfin par le respect inébranlable qu'elle ne cessait de témoigner pour la Chaire de saint Pierre. Voltaire reconnut tout cela, et dirigea en conséquence toute la force de ses armes contre l'Ordre des Jésuites, qu'il regardait comme le seul appui qui soutenait le Christianisme contre ce déluge de railleries et de sarcasmes. « Quand une fois nous aurons détruit les » Jésuites, écrivait-il en 1761 à Helvétius, nous aurons » beau jeu avec l'Infâme. »

Ils l'ont eu, Révérend Père, et ils l'auraient encore, si des ouvrages tels que votre apothéose de Clément XIV étaient pris au sérieux. Mais, puisque vous m'avez amené sur le chapitre de l'éducation et sur les bienfaisants résultats du bref *Dominus ac Redemptor*, étudions ensemble ce qui se passa en Portugal à la chute des Jésuites.

Le nom du marquis de Pombal est aussi inséparable

du nom des Jésuites que Ravaillac de celui de Henri IV. C'est l'assassin que l'histoire attache à la victime, le bourreau que la postérité flétrit en le faisant assister à la gloire du martyr. Cet homme a tué les Jésuites, il les a tués avec toutes les barbaries que n'aurait pas inventées un de ces tyrans que l'antiquité livre au mépris des générations naissantes. Ces cruautés peuvent être un titre à l'estime du panégyriste de Clément XIV; mais comme Pombal n'écrasait, lui aussi, les Jésuites que pour avoir plus beau jeu avec l'Infâme, je ne comprends pas trop pourquoi Votre Révérence ne lui fait pas deux parts : « Clément XIV crut devoir, c'est ainsi que vous parlez, donner à ce ministre si zélé et si actif de nouvelles marques de sa gratitude et de sa bienveillance. »

Le Pape envoie donc des indulgences à son cher et noble fils en Jésus-Christ. Jamais homme n'en eut autant besoin; jamais homme n'en fit moins usage. Mais Pombal a immolé les Jésuites. Il a droit aux égards, aux louanges même de Votre Révérence. Qu'importe la vérité, pourvu que les Jésuites soient humiliés jusque dans l'ovation que le Père Theiner, l'esclave de son inimitié, décerne au ministre portugais? « Pombal, dites-vous, s'occupait aussi (1772) avec intelligence de relever de leur décadence les sciences théologiques et profanes, dont l'étude, à cette époque, était grandement négligée. L'Université de Coïmbre reçut une nouvelle forme adaptée aux besoins du temps et une extension considérable. »

Voulez-vous le connaître, Père Theiner, ce ministre si zélé et si actif qui, racontez-vous encore, offrait toujours de nouveaux et heureux témoignages de sa sincère affection et de son dévouement envers le Saint-Siége, cet intelligent promoteur de l'éducation publique, relevant de leur décadence les sciences théologiques et profanes, et adaptant l'Université de Coïmbre aux besoins du siècle? — Toujours les besoins du siècle. — Écoutez donc le cardinal Pacca, qui fut, sous Pie VI, nonce à Lisbonne pendant sept ans [1] :

« Après avoir donné le premier signal de la persécution contre un Ordre célèbre par les services qu'il a rendus à la religion et aux sciences, Pombal corrompit l'enseignement public dans les écoles, les universités et surtout celle de Coïmbre...

« Pombal avait rompu, continue l'éminent Pacca, toute communication avec le Saint-Siége, et laissé, pendant quelques années, le Portugal dans un état de schisme. Plus tard, pour plaire à la princesse Marie, qui devait être l'héritière du trône, et peut-être aussi pour tranquilliser l'esprit du roi, il ouvrit une négociation avec Rome pour le rétablissement de la nonciature de Lisbonne, qui fut occupée par Mgr Conti, de l'illustre famille de ce nom, et petit-neveu d'Innocent XIII; mais les intérêts de l'Église restèrent toujours sacrifiés, parce qu'on ne révoqua pas les lois destructives de la liberté et des immunités ecclésiastiques, qu'on ne mit aucun frein aux usurpations des tribunaux civils en matière religieuse, et que l'université de Coïmbre continua d'être la propagande des doctrines les plus perverses. »

Voilà aujourd'hui les alliés de Votre Révérence, les hommes de sa droite, les hautes capacités pour lesquelles vous n'avez que des sourires de jubilation. En 1836 il n'en était pas ainsi, et lorsque vous-même, Père Theiner, vous rendiez compte, dans les *Annales des sciences religieuses*, de ces mémoires du cardinal

[1] *Mémoires sur le Portugal*, par le cardinal Pacca (2e édition. Avignon, 1836.)

Pacca, vous trouviez bien votre petite pierre à jeter au marquis de Pombal. Que pensiez-vous alors du ministre si zélé et si actif d'aujourd'hui, de ce ministre à qui Clément XIV faisait de douces gracieusetés plénières?

« Personne, certainement, affirmiez-vous en toute vérité pour cette fois encore [1], n'a présenté la décadence du Portugal avec autant d'énergie et de vérité que notre illustre écrivain, qui, ayant demeuré en qualité de Nonce apostolique plus de sept années en ce pays, a eu toute facilité d'en bien connaître l'état religieux et civil. Suivons donc le noble écrivain dans ses graves considérations, et réunissons sous un seul point de vue les causes de la décadence du Portugal, que l'auteur a développées dans le cours de son ouvrage; alors nous demeurerons convaincus que les doctrines jansénistes, qui ont jeté de si profondes racines en ce malheureux pays, en ont occasionné la ruine. Plein de justesse et de sagacité, Pacca nous montre par quels moyens le Jansénisme est parvenu à établir en ce royaume sa domination avec plus d'empire qu'en aucun autre royaume catholique; ces moyens ont été l'extinction de la Compagnie de Jésus,... la ruine de l'Université de Coïmbre, qui, d'institution vraiment et éminemment catholique qu'elle était, est devenue le foyer du Jansénisme. »

A quelques pages plus loin, vous disiez [2] : « Après la suppression de la Compagnie de Jésus, qui, tant qu'elle subsista, défendit et garda pur et entier le dépôt des vraies doctrines de l'Église; après l'érection d'un tribunal profane de censure, il restait peu à faire pour rendre complet le triomphe du Jansénisme en Portu-

[1] *Annales des sciences religieuses*, publiées à Rome par l'abbé de Lucca, t. II, p. 162, 1836.

[2] Ibidem, p. 171.

gal. Mais cela était réservé à l'Université de Coïmbre, qui, depuis qu'elle eut été enlevée aux Jésuites, reçut une direction toute nouvelle touchant l'enseignement public. Elle tomba entièrement dans les mains des novateurs et des incrédules. Ce fut encore là l'œuvre de Pombal et de Séabra son instrument ».

Après plus de quatorze années d'admiration pour les Jésuites et de respect pour vous-même, voilà donc en quel abîme je vous ai précipité! C'est mon *Clément XIV et les Jésuites* qui a répandu le trouble dans l'esprit de Votre Révérence. La tête du Père Theiner est donc bien peu solide pour qu'un ouvrage bâti sur des documents originaux lui donne le vertige! Ce n'est pas moi qui aurais écrit l'*Histoire du Pontificat de Clément XIV* telle qu'il a plu à Votre Révérence de l'accommoder; mais je signerais encore vos *Institutions d'éducation ecclésiastique* et votre article dans les *Annales des sciences religieuses*.

Comme jusqu'à ce jour personne n'a trouvé ou ne trouvera une ligne de moi à mettre en contradiction avec mes doctrines actuelles, je crois vous honorer, Père Theiner, en vous faisant cette proposition. Vous ne l'accepterez point par fausse honte; cependant, jusqu'à explication contraire, vous n'échapperez pas à ces reproches de palinodie dont notre siècle est plein, mais qu'un consulteur du Saint-Office et de l'Index aurait peut-être dû avoir la pudeur de s'épargner. Vous ne l'avez pas eue, et, comme je n'ai jamais jeté la première pierre à mon ennemi, je n'ose pas vous dire : Racca! les remords de votre conscience vous le diront assez. Vous serez béni par les injustes et loué par les pécheurs; je ne demandais pas cette vengeance au Ciel.

Tous les documents que mon livre de *Clément XIV et les Jésuites* a produits dans ce débat solennel, tous ces documents qui ont fait baisser la tête ou demander grâce aux plus déterminés adversaires de la Compagnie de Jésus, sont déclarés par Votre Révérence originaux et authentiques, et elle leur fait l'honneur, bien mérité du reste, de les regarder comme si invulnérables, qu'elle même, Votre Révérence, n'en parle qu'en tremblant et le moins qu'elle peut. Ces correspondances de d'Aranda et de Bernis, de Campomanès et de d'Aubeterre, du cardinal André Corsini et de Manuel de Roda, du duc de Choiseul et de Moñino, de Pombal et de Pagliarini, du cardinal Malvezzi avec Clément XIV et du chevalier d'Azara, ces correspondances, mélange de bassesse, d'adulation et de malice, où les méchants adorent les niais, ces correspondances sont hors de doute. Vous affirmez leur généalogie; mais vous vous gardez bien de discuter leur contenu.

Leur contenu, c'est la sentence infligée à Clément XIV, c'est la flétrissure imposée à tous ceux qui veulent changer notre pitié pour lui en admiration pour ses actes. Vous avez saisi le joint beaucoup mieux que je ne l'aurais attendu de votre partialité, Père Theiner. Vous avez bien voulu être cruel, injuste, perfide, odieux envers les Jésuites; — c'est au vocabulaire de Votre Révérence que j'emprunte ce langage, qui, si vous ne me l'eussiez pas appliqué, me serait encore inconnu. — Vous n'avez pas osé être ridicule contre moi, et vous avez eu tort. M. Lenormant, l'abbé Cognat et tant d'autres ne vous avaient-ils pas offert l'exemple? Ne vous auraient-ils pas soutenu dans votre croisade contre les documents que l'un a niés sans daigner les voir et que l'autre nierait encore après les avoir examinés?

Mais, Père Theiner, la question n'est plus sur d'aussi piètres sujets. Ils sont jugés et vous aussi. Exécutons donc jusqu'au bout le jugement qui vous regarde, le seul qui importe réellement à l'histoire.

Par un privilége dont je jouis assez souvent et qui deviendrait fort triste pour le public si Votre Révérence se mettait toujours à la peine afin de me le faire expier, j'ai jeté dans le monde certains documents qui ont enfin permis aux hommes sensés d'avoir une opinion raisonnée sur la destruction des Jésuites. Ces matériaux historiques, ignorés de tous jusqu'à l'apparition de mon *Clément XIV*, sont les seuls que je puisse, que je doive prendre sous ma responsabilité. Vous avez voulu, cher Père, en accepter votre part. De votre pleine autorité vous les avez déclarés tous incontestables. Par cette large absolution que je n'avais pas songé à solliciter de vous, je me trouve en dehors du débat. D'accusé principal, j'étais devenu complice. Me voilà pour le quart d'heure juge du camp. Éprouvons les armes trempées dans votre écritoire qui ne vaut peut-être pas l'acier de Damas ou de Tolède.

Vous niez la lettre que Christophe de Beaumont, archevêque de Paris, aurait adressée au pape Clément XIV. « Cette lettre lui faisait, racontez-vous, les plus amers et les plus insolents reproches au sujet de la suppression de la Société de Jésus. Elle renfermait les plus extravagantes théories, et allait jusqu'à prétendre que, le Saint-Père n'ayant aucun droit de séculariser les Jésuites, l'épiscopat et le clergé français n'étaient nullement tenus de se soumettre à son bref.

» On ne pouvait faire une plus grossière injure à ce vénérable prélat et à tout l'épiscopat français que de leur supposer des sentiments si révoltants, si séditieux, et qui, en supposant qu'on les eût suivis, eussent nécessairement conduit l'Église de France à un schisme ouvert. Il suffit de jeter un seul regard sur cette pièce pour s'assurer qu'elle est fausse. Le langage rude et le style délayé de ce factum le démontrent.

» Comment l'archevêque de Paris pouvait-il écrire une semblable lettre, après avoir si sévèrement puni et suspendu *a divinis* l'ex-jésuite la Vrillière pour avoir parlé du bref dans des termes imprudents sans doute, mais mille fois moins coupables? »

En ma qualité de juge, Votre Révérence me permettra bien, j'espère, de ne pas m'appesantir sur l'ex-jésuite la Vrillière, que vous traînerez longtemps rivé à votre cheville comme un boulet. Vous ne voulez pas croire à l'authenticité de cette missive; je ne demanderais pas mieux que de me laisser convaincre par vos raisons; mais d'abord dégageons l'épiscopat français de la querelle. Christophe de Beaumont est seul en cause, et il a trop magnifiquement lutté pendant sa vie pour qu'un dernier assaut le trouble dans son repos suprême. L'épiscopat français avait fait tout ce qu'il pouvait humainement faire afin d'arracher les Jésuites aux coups des ennemis de l'Église et du Trône. Il avait prié, il avait supplié, et quand les Parlements eurent brisé la Compagnie en France, l'épiscopat ne se crut pas encore quitte à l'égard des Jésuites. Au mois de mai 1765, quatre mois après la bulle *Apostolicum* datée du 7 janvier de la même année, cette pauvre bulle *extorquée,* comme disent Ganganelli et le Père Theiner, à Clément XIII et qui va recevoir l'adhésion de tous les évêques, eut lieu à Paris l'Assemblée générale du Clergé. Elle fut unanime [1] pour voter un mémoire présenté au Roi, et dans

[1] Dans la même assemblée générale, les prélats s'occupèrent des évêques qui, en 1762, contrairement à la doctrine et à la

ce mémoire on lit [1] : « Que le clergé n'a pu voir sans la plus vive douleur une société de religieux recommandables par la pureté de la foi, par l'intégrité des mœurs, l'austérité de la discipline, l'étendue du travail et des lumières, et par les services sans nombre qu'elle a rendus à l'Église et à l'État, traduite comme criminelle devant les tribunaux et les accusations les plus atroces intentées contre elle, accréditées et répandues dans tout le royaume, malgré le témoignage constant de l'Église de France, qui ne s'est jamais démentie en sa faveur; que la dispersion de ces religieux laisse un vide affreux soit dans les fonctions du saint ministère, auxquelles ils étaient employés, sous les yeux et par l'approbation des évêques, soit dans l'éducation de la jeunesse à laquelle ils consacrent leurs veilles et leurs talents, soit dans l'œuvre sublime et laborieuse des missions, qui était le principal objet de leur Institut; que le clergé ne cessera de former des vœux pour leur rétablissement. »

C'est sans aucun doute une des plus belles approba-

conduite de tout l'épiscopat français, avaient approuvé les *extraits des assertions* dans le sens du Parlement.

On admit (p. 1385) une espèce de rétractation de l'évêque d'Angers (un des trois), dans laquelle il protestait « qu'il a toujours pensé comme le clergé de France, auquel il s'unira de nouveau en adhérant aux actes de cette assemblée, et par conséquent aux regrets et aux éloges que l'assemblée émet au sujet des Jésuites ».

Quant à l'évêque d'Alais, qui a refusé de reconnaître aucune autorité, même de médiation, dans l'assemblée générale, il a été statué (p. 1409) que l'on demandera au roi la permission d'assembler le concile provincial de Narbonne, pour y examiner et juger l'affaire de l'évêque d'Alais.

L'évêque de Soissons, Fitz-James, le troisième des évêques opposants, était mort en 1764; en sorte qu'en 1765 il ne se trouvait en France qu'un seul évêque qui se déclarât contraire aux Jésuites, et il était désavoué par l'épiscopat tout entier.

[1] *Procès-verbaux des assemblées générales du clergé de France*, t. VIII, p. 1406.

tions qu'ait jamais reçues en France une bulle pontificale, mais c'est aussi un témoignage de ce que l'épiscopat pensait des Jésuites, même après leur suppression dans le Royaume très-chrétien. Ne serait-ce pas un indice des sentiments qui ont dû l'animer lorsque, huit ans plus tard, Clément XIV se laissera forcer la main? Par les remontrances que le corps épiscopal adressait à Louis XV et qui recevaient une publicité officielle, ne peut-on pas deviner celles que l'Église gallicane, dans l'affliction de ses regrets et ayant à sa tête ses premiers pasteurs, a dû faire au Pape? Christophe de Beaumont les a-t-il résumées? A-t-il écrit en son nom propre ou n'a-t-il pas écrit? Voilà la question. Vous penchez pour la négative et jusqu'à un certain point vous êtes dans votre droit. L'original de cette lettre n'existe plus, s'il a jamais existé. Clément XIV l'a-t-il détruit? le Père Bontempi, son confesseur, l'a-t-il volé immédiatement après la mort du Pape, comme la déplorable correspondance du cardinal Malvezzi, qui, de naufrage en naufrage, est venue aborder sur mon bureau?

Ce point ne sera très-probablement jamais éclairci. A toute force, vous pouvez ne pas ajouter foi à l'authenticité de ce document; mais le caractère de Christophe de Beaumont est connu. Sa merveilleuse loyauté ne fait pas plus doute que l'immensité de sa foi. Pensez-vous, Père Theiner, que si cette lettre n'eût pas été réellement son œuvre, et que si, à Paris même, on l'eût sommé d'avoir à la reconnaître ou à la nier, Christophe de Beaumont, qui aimait le danger, aurait refusé de l'affronter une fois de plus? Dans l'intérêt de son honneur, pour l'édification de son troupeau, et, chose plus grave encore, par respect pour la Chaire apostolique, n'aurait-il pas tenu à démentir les sentiments si révoltants et si séditeux que Votre Révérence dénonce dans cet écrit?

Or, voici la preuve la plus évidente que le défi fut porté à Christophe de Beaumont de nier l'œuvre qui lui était attribuée? Ce sont encore les Jansénistes des *Nouvelles ecclésiastiques* qui nous révèlent ces faits. Nous lisons dans leur journal du 6 août 1776 :

« On débite, depuis quelques mois, en Hollande, deux lettres : la première, de M. Christophe de Beaumont du Repaire, archevêque de Paris, en réponse au bref particulier adressé à lui par Sa Sainteté Clément XIV; la seconde, de M. Jean-Joseph de Saint-Jean-de-Jumilhac, archevêque d'Arles, à ses évêques suffragants, sur le bref de Sa Sainteté Clément XIV. *A Amsterdam, chez Ferdinand Sundorff, libraire sur le Rokkin*, 1775. Le nom du libraire qu'on voit au frontispice de cette brochure n'est point chimérique, comme on pourrait se l'imaginer. L'exemplaire que nous avons sous les yeux a été acheté chez Ferdinand Sundorff, à Amsterdam; et, en son absence, sa femme a protesté que ces lettres étaient très-véritables, que M. l'archevêque d'Arles étant mort, on ne pouvait invoquer son témoignage, mais que M. l'archevêque de Paris ne refuserait pas de certifier l'authenticité de la sienne. Ce doit être sur la parole de celui qui avait fourni le manuscrit que le libraire donne de telles assurances; mais elles auraient besoin d'une meilleure garantie.

» Nous désirerions beaucoup de pouvoir nier absolument l'authenticité de cette lettre, et si nous apprenons que M. l'archevêque de Paris la désavoue, nous ne manquerons pas d'en avertir. Mais on ne peut disconvenir qu'en d'autres occasions ce prélat n'ait adopté des pièces qui donnent quelque vraisemblance à celle-ci, telles que la fameuse instruction pastorale de Conflans et celle où il combattait les prétendues atteintes données par les tribunaux séculiers à l'autorité de l'Église dans l'affaire des Jésuites. Quoi qu'il en soit, quel fruit a-t-on pu se promettre de la publication d'une pareille lettre, qui ne peut que faire beaucoup de tort à M. de Beaumont, sans être d'aucune utilité pour ses protégés, vu qu'elle n'est qu'un tissu de faussetés évidentes et fort indécemment hasardées? »

L'existence de la lettre admise, chacun comprendra les motifs de respect, de pitié et de politique qui durent fermer la bouche à l'archevêque de Paris. Clément XIV n'était plus et Pie VI ne cachait à personne qu'un jour il espérait avoir le bonheur de ressusciter la Compagnie de Jésus. Mais la lettre, reconnue apocryphe par le prélat à qui on faisait l'injure de l'attribuer, ne devait-elle point provoquer un désaveu solennel de sa part? Christophe de Beaumont n'aurait pas attendu que les *Nouvelles ecclésiastiques* lui rappelassent en termes violents ses devoirs, qu'il connaissait, qu'il remplissait si admirablement. Il eût protesté. Où est cette protestation? Christophe de Murr, dans son *Journal de l'histoire de l'art et de la littérature* [1], fait mention de la lettre comme d'une pièce authentique; les *Documents historiques et critiques sur la Compagnie de Jésus,* par Saint-Victor, un grand nombre d'autres ouvrages la contiennent au moins par fragments. Jusqu'à ce jour, personne n'avait réclamé.

Il en est de même pour l'Avis motivé que le cardinal Léonard Antonelli remit à Pie VI, en 1775, lorsque le nouveau Pontife voulut consulter le Sacré Collége au sujet de l'Institut détruit. Ce document sévère, il est vrai,

[1] Tome IX, p. 148 (24 avril 1774).

jusqu'à la cruauté, mais à la cruauté procédant de la justice, a été recueilli dans mon *Clément XIV et les Jésuites*. Le cardinal Antonelli avait pu le lire imprimé de son vivant, à Rome et partout. Pourquoi n'a-t-il pas désavoué cet *Avis*, « représentation, dites-vous dans ce langage dont Votre Révérence a le secret, représentation qui convient plutôt à un impertinent palefrenier qu'à un noble cardinal de la sainte Église romaine ».

L'indignation par ordre et qui n'a pas assez de onze cent cinq pages pour prendre ses ébats, cette indignation m'a beaucoup moins touché et convaincu qu'une bonne raison. Ces deux manifestes de Paris et de Rome s'unissent pour blâmer le bref *Dominus ac Redemptor*. En faisant une justice exemplaire, ces manifestes, rapprochés de la bulle de Pie VII qui au mois d'août 1814 rend la vie à ces Jésuites que Clément XIV avait malgré lui voués à la mort, ont à peu près tous les caractères d'authenticité. Et puisque nous sommes sur ce sujet, qu'il me soit permis de faire une remarque. Elle sera tout entière à l'avantage de Votre Révérence.

Connaissez-vous, Père Theiner, une gravure française ayant pour titre et sujet *le Convoi du pauvre?* C'est un cercueil lentement traîné vers le cimetière, et qui pour tout cortége de parents ou d'amis n'a derrière lui qu'un chien, triste symbole de la reconnaissance et de la fidélité. Ce chien, suivant son maître jusqu'à sa demeure éternelle et cherchant encore à le défendre, si ses restes inanimés ne soulevaient pas plus de pitié dans la mort que le pauvre n'en rencontra dans les misères de la vie, ce chien m'amène à de pénibles réflexions.

Pour que Clément XIV n'ait suscité que vous comme défenseur de sa mémoire depuis le jour de son décès jusqu'à l'heure actuelle, il faut, mon Père, qu'il n'ait pas laissé un ami, pas un cœur reconnaissant, pas un homme juste sur la terre. Il a bien fait souffrir, mais il a beaucoup souffert; et dans cette Rome où il avait vécu, où il avait régné, dans cette Rome où l'honneur des Pontifes suprêmes est un héritage que le Sacré Collége transmet intact à ses successeurs comme une gloire de la famille catholique, il ne s'est pas élevé une voix pour désavouer des actes portant atteinte à la dignité du Siége romain! Il y a bien eu dans la basilique de Saint-Pierre les obsèques pontificales des neuf jours. Le cadavre de Ganganelli fut certainement entouré de toutes les pompes de la mort, magnifique témoignage de notre néant, comme dirait Bossuet. Il a vu couler des larmes officielles, il a entendu les regrets et les éloges de chancellerie que les rois de la Chrétienté, que les mandements épiscopaux versaient sur ce sépulcre entr'ouvert, larmes et regrets sans conséquence, que vous seul prenez au sérieux. Ces funèbres cérémonies s'oublient encore plus vite dans l'œil et dans les souvenirs des curieux que le défunt lui-même. Pourquoi cette solitude de l'histoire autour de Ganganelli?

Les Cardinaux de sa création, les Évêques assistants au trône, la prélature et, mieux que tout cela, l'Ordre si nombreux des Franciscains, auquel il appartenait, ont laissé se répandre dans le monde des écrits qui entachaient sa réputation. Le nom de leurs auteurs était digne de toute croyance, par conséquent digne de tout démenti. Pour Clément XIV, personne n'a pris cette peine que le plus banal des amis s'impose pour la plus banale des connaissances. Le cercueil de Ganganelli et les restes mortels qu'il renfermait ont été livrés au mépris de la terre. Il a eu, comme il a encore, des niais, des sophistes ou des incrédules qui sont venus prôner ce Pontife de l'ère nouvelle, l'*intemerato Clemente*, de l'abbé Gioberti. Ils lui ont infligé des louanges qui flétrissent. Mais au milieu des malédictions que les contemporains faisaient retentir sur ce tombeau, quel est le cardinal, quel est l'évêque, le prélat ou le catholique sincère qui, en dehors des mandements ou des condoléances de forme, ait sérieusement pris en main la défense de Ganganelli?

Vous seul, Père Theiner, avez eu ce courage. Vous ne l'avez eu que soixante-dix-huit ans après la mort de votre héros; mais ce n'est pas une raison pour que je ne rende pas justice à ce courage, à qui la vérité et le talent semblent avoir fait défaut comme par une punition providentielle. Pour défendre Clément XIV, abandonné par ses contemporains, abandonné par ses amis, abandonné par les hommes comblés de ses bienfaits, abandonné même par l'Église, qui laissait vaguer ce nom comme une épave sur laquelle Rome n'osait faire valoir aucun droit, aucun titre, vous avez joué votre avenir littéraire, exposé votre probité sacerdotale, compromis votre nom et perdu par des excès sans résultat le fruit de vos précédents ouvrages.

Ce que vous avez fait n'est pas néanmoins l'œuvre d'un homme ordinaire. Durant cinq années, de 1847 à 1852, c'est Votre Révérence qui l'annonce, vous avez, pour essayer de me répondre, vécu de la vie de Clément XIV. Vous avez pris un à un tous les actes de son élection et de son pontificat, et vous les avez exaltés. Vous avez cru sans preuves et haï sans provocations. Vous saviez qu'un des plus grands crimes de l'histoire, c'est d'adopter pour elle et de faire considérer aux autres le succès comme la pierre de touche du mérite; vous avez éparpillé ce crime en deux immenses volumes.

Vous vous êtes acharné à montrer sans cesse Ganganelli comme l'exemple de tous les Papes, comme le moule dans lequel devraient être coulés tous les autres Papes; vous avez fait taire les sentiments de reconnaissance, d'amour et de vénération dont vous étiez naguère animé en faveur de la Compagnie de Jésus. Vous vous êtes condamné à l'oubli de vos œuvres antérieures; vous les avez démenties, conspuées, et sans songer que ces reproches de palinodie pouvaient un jour vous être adressés, vous m'avez jeté le gant du défi. Je l'ai relevé avec la conviction que vous étiez un homme mort, car vos colères à froid aussi bien que vos aversions et vos calomnies d'emprunt trahissaient plutôt l'accomplissement d'une tâche que la satisfaction d'une justice.

Et quand je dis une tâche, voulez-vous, cher Père, que je vous fasse lire au fond de ma pensée comme moi je vais dévoiler les plus secrètes espérances de votre cœur? Si j'avais la malice exquise que vous m'attribuez, croyez-vous que je ne pourrais pas démasquer le but auquel tend le thuriféraire du Pontificat de Clément XIV? Me serait-il bien difficile de le pénétrer? me sera-t-il permis de le faire toucher du doigt? Eh bien! ce but, le voici :

Par la publication de votre ouvrage, vous essayez de faire chercher, de faire proposer le moyen que l'on devrait employer afin de reprendre en sous-œuvre la destruction des Jésuites. Mais pour le coup vous prétendez être plus habile que vos devanciers, et vous calculez que l'on pourrait renverser l'Ordre de Saint-Ignace de Loyola sans effaroucher, sans compromettre personne. La réputation de Ganganelli souffre de cette injustice à laquelle il se voua d'abord, à laquelle ensuite il fut condamné. Le bon sens chrétien n'a jamais pu lui pardonner cette prostration de la vertu pontificale. Comme d'Alembert, le bon sens chrétien s'est rappelé la fable des brebis qui, en concluant la paix avec les loups, ont livré leurs chiens en otage, et il veille aujourd'hui. Votre Révérence prétend l'endormir en dissimulant le but réel des nouveaux agresseurs de cette Compagnie. Ils s'efforcent d'établir en principe qu'éteindre la Société de Jésus partiellement ou totalement lorsque le bien de la paix l'exigera, est une œuvre méritoire, une œuvre que les Catholiques, que les Jésuites eux-mêmes devront bénir quand la réflexion leur sera venue, c'est-à-dire après la mort. On exalte Clément XIV; Clément XIV trouve des dévots qui ne croient pas en Dieu et des panégyristes ne vivant que de blasphèmes. Serait-il donc impossible aux imitateurs de Votre Révérence d'évoquer sur le trône de saint Pierre un Pontife que l'on tâcherait de circonvenir et auquel on persuaderait qu'il peut rester très-grand, très-magnanime et très-saint, tout en suivant l'exemple de son admirable prédécesseur[1] ?

[1] Déjà les lauriers du Père Theiner empêchent M. Bonnetty de dormir. Le très-savant archéologue français donne la main au très-illustre Oratorien de Rome. Il se propose de publier dans ses *Annales de philosophie* les arguments de cette thèse, à savoir : « que Clément XIV, en supprimant la Compagnie de Jésus, a agi selon que le demandait alors le bien de l'Église ». C'est ce même M. Bonnetty qui, dans ce même article de l'*Université catholique* (novembre 1852), trouve en quelques lignes le moyen de surpasser en constructions viciées, en redondances boiteuses, MM. Lenormant, Paul de Geslin et le Père Theiner lui-même. M. Bonnetty s'exprime ainsi sur *Clément XIV et les Jésuites* :

« On sait quelle mémoire honteuse des écrivains catholiques avaient faite à Clément XIV ; à les entendre, il se savait lié par un marché simoniaque avec les cours d'Espagne et de France. Les clauses du marché auraient été, d'un côté, la papauté, de l'autre, la destruction de la Compagnie de Jésus. Il restait bien quelques obscurités sur cet acte inique; mais, il y a quelques années, parut une *Histoire de Clément XIV* qui ne laissait aucun doute pos-

Un Pape semblable ne se rencontrera plus dans les annales de l'Église. Si sa conscience ne répugnait pas à cet abandon de la justice, soyez sûr, Père Theiner, que votre apothéose de Clément XIV le forcerait à réfléchir presque malgré lui, et il reculerait pour ne pas jeter à la postérité son nom couvert de louanges menteuses et de révélations déshonorantes. Ce Pape est impossible; le chercher aujourd'hui serait inutile; on verra plus tard. La grain de sénevé produira peut-être un chêne.

Depuis que l'Église compte parmi ses pasteurs des adeptes de l'école de l'abbé de Lamennais, depuis surtout qu'elle honore du sacerdoce d'anciens coryphées du Saint-Simonisme, des doctrines étranges s'y introduisent en contrebande. On entend des ouvriers en apostasie de la première comme de la onzième heure les professer avec une imperturbable assurance. Ces jeunes prêtres, qui sont de vieux sectaires, aspirent à régenter le monde du haut de leur humilité, et ils dénaturent les préceptes divins pour s'octroyer le droit de violer les principes sociaux. Ils torturent le texte des saintes Écritures pour en extraire une leçon de révolte. Ils rompent avec le passé, avec les traditions, avec tous ces vénérables ecclésiastiques dispersés dans les provinces, qui vivent du devoir et s'abreuvent d'oubli; ils rompraient même avec Rome, afin, disent les novateurs, les énergumènes, les néo-catholiques, de rester les

sible. Là, avec un grand appareil d'impartialité apparente, on nous donnait les *autographes*, les *fac-simile* qui constituaient authentiquement la honte du Souverain Pontife. Nous baissâmes la tête devant cette exhibition. »

Je ne sais trop si l'ouvrage du Père Theiner, commenté par moi, fera relever à M. Bonnetty la tête que j'ai eu le malheur de faire baisser; mais ce dont je suis sûr, c'est que de tels adversaires, écrivant dans un pareil français, sont fort peu dangereux.

hommes de la prière et des innovations salutaires. Dans cette France, patrie de l'insurrection, comme dans les autres contrées de l'Europe soumises à son action, ils veulent travailler à la vigne du Seigneur en inventant des paradis sociaux. Fiers de leur maturité trop précoce, ils flattent les diverses écoles d'anarchie, et ne savent aboutir qu'à un chaos, dans lequel entrent comme à regret quelques idées d'ordre perdues dans un océan d'utopies. Le vertige humanitaire entraîne une partie du clergé au delà de toutes les bornes. Cette partie du clergé, dogmatisant l'émancipation de la blouse et systématisant son obéissance aux lois, va dans les bas-fonds du vice diviniser les lépreux du monde moral, qui de là prennent, selon les chances, la route du bagne, de l'échafaud ou des gouvernements provisoires.

La foule des croyants s'effraye de cette attitude si menaçante pour l'avenir. Elle devine que ces prêtres, révolutionnaires de différents degrés, doivent vouloir achever l'œuvre de la Révolution, leur mère ; et sur les ruines de l'Église et des Ordres religieux, qui la soutiennent, fonder un clergé séculier, national, constitutionnel, tel que le rêvait l'abbé Gioberti. Laissons, pour un moment, Père Theiner, les Jésuites de côté, et prenons un autre Institut, aussi bien méritant que lui ; par exemple, l'Ordre des Frères Prêcheurs de Saint-Dominique. Maintenant, supposons qu'un Roi très-chrétien ou même très-catholique vienne demander à un Pape l'extinction de cette Société antique et vénérée des Frères Prêcheurs. Quelles raisons donnerait-on pour obtenir ce triste résultat? Je vais vous les déduire, comme si je les entendais sortir de votre propre bouche : « Ces Dominicains sont des prédicateurs moroses. Ils troublent la paix et les consciences, ils exigent de pénibles restitutions, ils suscitent des vocations religieuses, inquiétantes pour les familles et surtout pour le clergé séculier. Ils sont en guerre contre les Universités jalouses de leurs succès; athlètes infatigables, ils luttent avec la parole comme avec la plume. Au nom de la tranquillité de l'Église et du repos universel, très-saint Père, détruisez cette Société qui, par ses turbulences de zèle, compromet nos intérêts et ceux des peuples; puis, vous serez béni, admiré et adoré. »

Que, par une fatale exception, un Clément XIV monte encore sur la Chaire de Pierre, et lorsqu'il aura rempli le vœu formé contre les Dominicains, pensez-vous, Père Theiner, que vos alliés s'arrêteront en aussi beau chemin? Il en est des Ordres religieux comme de la propriété. Qu'on ébranle ou qu'on rende douteux le principe, il n'y a plus rien de stable. Tout est laissé à l'arbitraire, et les complaisances de l'Église mènent inévitablement à sa ruine. C'est toujours ce qui arriva à la chute des Jésuites. « Quand les Pères de la Compagnie, lit-on dans *Clément XIV et les Jésuites*[1], furent forcés de sortir d'Avignon, militairement occupé par les troupes de Louis XV, ils rencontrèrent sur leur passage des religieux de divers couvents. Ces religieux saluaient d'un air railleur les Jésuites prenant la route de l'exil. « Riez, riez, mes Pères, leur dit le recteur, nous portons la croix en tête de la procession; nous ouvrons la marche, vous la fermerez bientôt. »

Le *bientôt* ne tarda point de se lever sur tous les Ordres religieux, sur le clergé et sur les fidèles. L'Oratoire lui-même, Père Theiner, fut victime des préceptes

[1] *Clément XIV et les Jésuites*, p. 473 (3e édition).

qu'il avait inculqués. Est-ce que, par hasard, vous croiriez devoir recommencer l'application de cette théorie?

De tous les temples où il se cache un apostat, de tous les lieux où végètent dans un imbécile besoin de conservation modératrice les stupides qui, sous Néron, auraient pris une patente de marchand de bois pour alimenter l'incendie de Rome, de tous les camps où il se dresse un ennemi latent ou avoué du Saint-Siége, de tous les cénacles ignorés où de vaniteuses ignorances se posent en thaumaturges, de tous les recoins universitaires, où s'échauffent incessamment contre la Compagnie de Jésus des inimitiés qu'elle ne croit pas assez sérieuses même pour les repousser d'un pied dédaigneux, vous entendrez s'échapper un concert d'éloges en votre faveur. Vous ne l'aurez pas cherché; vous n'aurez peut-être rien fait pour le mériter. Il vous viendra comme de surérogation. Les Révolutionnaires, c'est-à-dire les incrédules, ne manqueront pas à votre triomphe, qui serait le leur si je n'avais pas cru devoir répondre, par la plus froide raison, aux iniquités, votre seule force et votre seule arme.

Vous avez toujours été à mon égard blessant et injurieux. Je suis resté pour vous ce que je devais être, bienveillant dans la forme, implacable dans le fond, car en m'adressant à un prêtre, je défendais quelque chose qui m'est plus cher que l'honneur, parce que pour moi ce quelque chose se confond avec l'honneur lui-même, c'est la vérité. Maintenant que Dieu juge entre nous. Néanmoins, Père Theiner, qu'à vos derniers moments Dieu vous garde d'un complaisant tel que celui que l'Archive Vaticane tenait en réserve pour Clément XIV.

Car il va mourir ce Pape immortel, et moi qui lui avais supposé le repentir, lorsque les cardinaux Calini et

Pacca, lorsque les papes Pie VI et Pie VII ne lui concédaient que la folie, je me trouve faire presque rougir Votre Révérence « de citer les paroles abominables par lesquelles M. Crétineau-Joly veut faire croire que Clément XIV soit mort non-seulement sans sacrements, mais encore sans repentir, comme le criminel le plus endurci ».

Père Theiner, il est bon, il est salutaire quelquefois de rire avec les vivants; je ne plaisante jamais avec la mort. Celle de Clément XIV m'a frappé comme peut-être jamais une autre mort ne me frappera. Jusqu'à lui il n'y avait qu'un moyen de bien mourir: c'était de bien vivre. Dieu a permis une exception en sa faveur. Pour adoucir à ce malheureux Pontife l'heure suprême, ou plutôt pour lui éviter une faute nouvelle dans les angoisses de l'agonie, Dieu lui réserva un prodige de sa miséricorde. Avec l'entourage qu'il s'était fatalement créé, avec les promesses encore plus fatales qu'il avait faites de créer onze cardinaux, et quels cardinaux! Clément XIV pouvait, il devait finir insensé ou lâche. Dieu voulut qu'il mourût comme un saint.

Dieu, par l'intermédiaire d'Alphonse de Liguori, accomplit un miracle. Saint Alphonse de Liguori, alors évêque dans le royaume de Naples, apparut à Ganganelli; il le consola, il lui communiqua cette force d'en haut dont nous aurons tous besoin. Quoique invisible à tout autre œil qu'à celui de l'agonisant, il lutta contre les obsessions qui assiégeaient son lit de mort; il l'amena à refuser la promotion des onze cardinaux *in petto* que les ennemis du Saint-Siége se disposaient à enlever à tout prix. A la première comme à la dernière édition de *Clément XIV et les Jésuites*, on lit : « Ce refus si extraordinaire dans un Souverain Pontife qui avait tant accordé paraissait inexplicable; il se fit avec un courage que semblait doubler l'approche des jugements de Dieu, et Ganganelli expira saintement, comme il aurait toujours vécu s'il n'eût pas mis une heure d'ambition et un désir d'iniquité entre sa pourpre et la tiare. »

Où donc, Père Theiner, avez-vous pris « que M. Crétineau-Joly veut faire croire que Clément XIV soit mort non-seulement sans sacrements, mais encore comme le criminel le plus endurci »? Moi, écrivain profane, j'ai ajouté foi au miracle de bilocation de saint Alphonse de Liguori; vous, écrivain religieux, vous flanquez ce miracle d'un *probablement* sur lequel le Saint-Office et l'Index auraient plus que probablement à informer. A la dernière heure de Clément XIV, j'ai signalé une force et une sérénité que les cinq années de son pontificat n'auraient pas fait présager. Enfin il a eu le courage de résister à ses deux mauvais anges, le cardinal Malvezzi et le cordelier Bontempi. Ce courage, je l'ai admiré, je l'ai constaté, parce qu'il reposait l'âme de tant d'abaissements, et comme il faut toujours excuser ce qu'on a toujours besoin d'aimer, j'ai été heureux de bénir dans sa mort celui que j'avais jugé dans sa vie.

Vous, prêtre, vous, moine, vous arrivez une dépêche du cardinal de Bernis à la main. Au lieu de voir comme moi, dans ce sublime refus, la trace d'un consolant repentir et l'espoir d'une réconciliation avec le Ciel, vous aimez mieux n'y chercher que l'effet d'une jalousie monacale. « Ce n'est pas par entêtement, écrivait Bernis [1] au comte de Vergennes, le 26 octobre 1774, que le Pape n'a pas publié la promotion réservée *in petto*, c'est par des scrupules qu'on lui a donnés un moment après

[1] Cette lettre se trouve à la page 515 du second volume de l'*Histoire du Pontificat de Clément XIV*.

qu'il se fut déterminé à la déclarer en présence des quatre cardinaux. Le cardinal Malvezzi et le confesseur sortirent pour aller chercher ces Éminences; ils laissèrent le Pape une demi-heure avec un religieux du même ordre que le Père Bontempi, et qui, craignant sans doute que celui-ci ne fût compris dans la promotion, donna des scrupules au Pape sur quelques-uns des sujets créés cardinaux. »

C'est sous le coup de cette supercherie d'un Cordelier trompant un Pape à l'agonie pour qu'un autre Cordelier ne soit pas promu au cardinalat, que vous laissez Clément XIV entre les mains de Dieu. Je m'étais, en 1847, cru autorisé à épargner à l'univers catholique ce dernier scandale. Vous vous l'êtes approprié, ce n'est pas sur moi que la honte en retombera.

Les gens de bien sont rares, a dit, dans sa treizième satire, Juvénal, dont l'honnêteté allait jusqu'au cynisme; à peine en pourrait-on compter autant que Thèbes a de portes ou le Nil d'embouchures. Mais, puisqu'il en reste encore quelques-uns, prenons-les pour arbitres; soumettons-leur les pièces du procès, et quoique la résignation d'une race ou d'un pays au mensonge et son indifférence en face des révolutions soit le symptôme le plus fatal et celui qui caractérise le mieux la décrépitude morale, que les gens de bien prononcent.

Maintenant donc, Père Theiner, entre les désolations de ce pontificat que, grâce à Dieu, nous ne reverrons plus, et les calomnies prodiguées à l'Ordre de Jésus, arrêtons-nous et résumons un peu cette discussion, étrange dans les mots, étrange dans les faits, étrange dans nos positions respectives, plus étrange encore dans ses sous-entendus, car Votre Révérence n'a pas dit tout ce qu'elle avait sur le cœur et moi je ne veux pas encore aller plus loin. Laissons donc le présent et l'avenir pour ce qu'ils sont. Occupons-nous du passé. C'est pour le passé que vous avez travaillé, n'est-il point vrai? Voyons ce que le passé aura gagné à votre œuvre; et comme résultat d'étude, interrogeons-nous pour savoir quel est celui des deux écrivains qui a le mieux réussi à sauvegarder les droits de la vérité, de la justice et de la religion.

Dans un discours prononcé à l'Académie catholique de Rome peu de mois avant sa mort, le cardinal Pacca se glorifiait d'avoir toujours méprisé les conseils pusillanimes de la prudence humaine. Il se félicitait de s'être débarrassé dans sa vie de cette tourbe de nécessaires après le besoin, de ces repris de modération, trop timides pour oser le crime, trop lâches pour risquer la vertu, malades qui, croyant leur lit bien fait, ne veulent pas qu'on le remue. Le cardinal Pacca était un homme de vérité. C'est pour la vérité que j'ai combattu dans *Clément XIV et les Jésuites*, pour la vérité sans flatterie comme sans ambition, pour la vérité née d'une passion qui peut déplaire, mais qui ne laisse après elle aucune tache déshonorante. Mon œuvre a été tournée et retournée en divers sens. On l'a accusée d'inopportunité. Les uns ont essayé d'y voir un scandale, les autres n'y ont cherché qu'une allusion; mais tous, dans le secret de leurs cœurs, s'avouaient même en 1847 ce que vous êtes venu démontrer en 1852 et 1853. C'est que les documents produits par moi sont tous originaux, tous authentiques. J'étais dans le vrai. Les aveugles seuls niaient l'évidence. Que font les aveugles au soleil? L'évidence éclatait à chaque page; elle se faisait jour, elle brisait toutes les barrières; elle s'emparait de l'histoire avec une incontestable autorité.

Père Theiner, votre ouvrage a-t-il affaibli ou dénaturé ces symptômes? a-t-il en quelque chose amoindri la puissance de mes démonstrations? Je mets dans votre confession autant de franchise que j'en apporterais dans la mienne. Eh bien! je vous ai surpris vingt fois, trente fois, en flagrant délit de mensonge. Vous avez mal lu, mal compris, mal interprété ou mal rendu le sens et la lettre des correspondances dont on faisait litière à votre probité présumée. Vous avez mal cité, vous avez mal traduit, quelquefois vous avez encore plus mal inventé. Poussé par des lâchetés ou par de vils calculs qu'on arbore comme un drapeau de modération, vous vous êtes condamné à l'erreur afin de prêter un corps à vos injustices, et, après avoir, à votre insu peut-être, blessé la vérité, vous en êtes venu à faire le procès au sens commun.

Saint Louis, ce grand justicier, disait : « Il faut aimer la justice bonne et roide. » En face de cette société du dix-neuvième siècle, qui a poussé à l'ombre de l'industrie dans la pesante atmosphère des usines, l'âme toute préoccupée de l'amour du gain, j'ai cherché de quel côté était l'innocence, de quel côté étaient le crime, la délation ou la folie. Je me suis rangé du côté des opprimés. Dans un moment où tout le monde, séparant leur cause de la leur, semblait vouer l'espèce humaine à une de ces iniquités que, de guerre lasse, on finit par subir, pour ne pas faire exception, j'ai voulu être équitable. Lorsque, en face de la Révolution menaçante, chacun s'essayait à être fourbe par calcul, par peur ou par bassesse, j'ai célébré tout ce qui était juste, j'ai conspué tout ce qui était injuste. Avec saint Augustin : *De sermone Domini in monte*, j'ai osé dire : « Il n'est pas foulé aux pieds des hommes celui qui souffre la persécution; mais c'est celui seulement qui tombe au souffle de la persécution. Les hommes ne foulent aux pieds que celui qui est au-dessous d'eux. Mais il n'est pas au-dessous d'eux l'homme qui, par ses pensées généreuses, plane dans une région supérieure. » Sans acception de positions et de personnes, ne voulant pas mettre en parallèle un Souverain Pontife et des Religieux qui se font de l'obéissance un principe, je n'ai accepté l'histoire que comme un enseignement ou une réparation. J'ai incriminé les juges partiaux, j'ai défendu l'innocence accusée. Sans chercher à me rendre compte de la portée de mes coups, j'ai frappé sur tous ceux qui, de près ou de loin, avaient, dans ce terrible procès, encouru une culpabilité quelconque. J'ai fait tout cela, je le ferais encore et je m'en glorifierai toujours.

Vous qui êtes prêtre, vous qui êtes religieux, vous qui nous devez tous les exemples de courage et d'abnégation, qu'avez-vous fait?

Dans cette cause, qui est enfin entendue, enfin jugée, et pour toujours, sans aucun doute, vous êtes intervenu. Et timidement d'abord, atrocement ensuite, vous vous êtes mis à jeter la pierre aux innocents, afin de réhabiliter les coupables. Vous avez pris les victimes pour les immoler une dernière fois au bourreau. Vous avez eu de ces paroles acerbes ou enfiellées que se refuserait un exécuteur des hautes et basses œuvres. Vous vous êtes montré cruel, parce vous vous sentiez faible; ingrat, parce qu'il vous en coûtait d'être juste. Vous vous êtes fait l'écho d'insinuations ou de paroles dont un bon religieux, dont un honnête homme n'aurait jamais osé souiller ses lèvres. Vous avez célébré, exalté la tyrannie sur la tombe ou sur le cachot des martyrs; et en adulant Barrabas, le prêtre du Christ n'a pas mieux demandé que d'amnistier du même coup Hérode, Pilate et Caïphe. Le prêtre du Christ a commis cette injustice, l'historien pontifical a donné gain de cause à la Révolution. Il l'a enivrée d'espérances, flattée dans sa passion la plus tenace, et votre livre, Père Theiner, en fin de compte, n'est que la méthode pour apprendre à chanter la *Marseillaise* sur l'air du *Veni Creator*.

Au lieu d'affronter les glorieux périls de l'impopularité, vous vous êtes établi l'esclave de vos préjugés. Vous avez applaudi à la mort d'un Institut religieux. Vous l'avez couché dans son cercueil comme le fils de la veuve de Naïm; vous auriez voulu que personne n'approchât de ce cercueil, que personne ne le touchât, que surtout personne ne vînt lui dire : « Levez-vous, je vous l'ordonne. » Le mot de la résurrection a été prononcé. C'est ce mot qui vous accable, ce mot qui est le supplice de Clément XIV et de tous ceux qui l'ont poussé vers l'abîme. La vérité et la justice sont donc blessées dans votre histoire. Est-ce que vous croiriez, par hasard, que la Religion, elle aussi, n'y reçoit pas plus d'une sanglante atteinte?

Quel fruit, quel honneur l'Église catholique peut-elle en effet tirer de votre œuvre? Ah! Père Theiner, si les hommes se taisaient, les pierres elles-mêmes crieraient, et s'il m'est permis d'ajouter quelque chose à la sainte Écriture, elles crieraient avec raison. Savez-vous pourquoi? C'est que moi qui n'ai aucun intérêt de caste ou de robe à défendre l'Église, je me trouve, par le seul fait de ma probité et de ma conviction, être devenu l'interprète de ses besoins et de ses vœux, lorsque vous vous n'apparaissez sur la brèche que pour la compromettre ou pour la trahir. Je n'ai point demandé aux Papes ce qu'ils avaient fait ou pensé dans leur for intérieur. Je n'avais pas à scruter jusque-là. Un Pape était, il est encore pour moi, historien, un prince qui peut être, qui doit être discuté. Je le vénère comme vicaire de Jésus-Christ; je m'incline devant son infaillibilité personnelle en matière de foi; je l'étudie comme souverain temporel. Si, dans les actes publics et politiques de son règne, il s'en trouve qui soient dignes de blâme, je veux les blâmer, précisément parce que la Religion me dit que ce Pape a le divin privilége d'être au-dessus de nous et que l'exemple de ses vertus doit fructifier. Je n'ai pas immolé une seule des grandeurs, un seul des intérêts du Saint-Siége à la cause que je n'avais pas prise en main, mais que je défendais comme un devoir de conscience. Vous, Père Theiner, qu'avez-vous fait?

On a vu Votre Révérence se mettre à la suite de ces ennemis hypocrites de l'Église qui, sous prétexte de modération et de condescendance aux besoins du siècle, n'ont jamais assez de louanges pour caresser la faiblesse ou la lâcheté qu'ils décorent du nom de prudence, de science des hommes et des affaires, et qu'ils vantent jusqu'au jour où par la sape ils arrivent au pied du trône apostolique.

En jetant l'or à pleines mains sur cinq éditions en cinq langues différentes, en permettant à des inimitiés de prêtre de s'exhaler contre d'autres prêtres et de se confondre dans un anathème à mon adresse, en quêtant à la porte des journaux un éloge de momerie ou de complicité, vous avez réveillé des passions mal assoupies. Vous n'avez pas trouvé un approbateur honnête. Quelques journalistes qui, à défaut de salaire, se nourrissent de haine vous ont promis peut-être d'entraîner l'opinion publique à votre suite; mais ces journaux ressemblent toujours un peu aux trois cents renards que les Israélites du temps de Samson lançaient dans les moissons des Philistins avec des étoupes enflammées à la queue. Que Votre Révérence ne se fie pas à leurs fallacieuses promesses. La vase qui monte des étangs se croit l'eau, ce n'en est pas moins toujours de la boue.

Par la force, par l'évidence des choses, j'ai été amené à démasquer certains grands coupables. J'ai livré aux justices de l'histoire des cardinaux, tels que Bernis, Corsini, Malvezzi et d'autres. En déchirant tous les voiles, je n'ai pas dû avoir de pitié pour ces hommes qui avaient sacrifié l'équité à un égoïsme aveugle ou à des passions plus aveugles encore. Ces cardinaux que j'ai attaqués en m'appuyant sur leurs actes ou sur leurs écrits, ces cardinaux étaient plutôt des hommes politiques que des princes de la sainte Église romaine. Ils aimaient mieux plaire aux créatures qu'au Créateur, et s'ils sont tombés meurtris dans la bataille, pourquoi venaient-ils sans cuirasse et sans visière s'offrir à mes coups? Ils combattaient pour l'iniquité; ils ont reçu leur paye dans ce monde. Aujourd'hui nous ne leur devons que le plus sévère de tous les arrêts, parce qu'ils furent sciemment coupables envers Dieu et envers les hommes.

J'ai fait tout cela et ne m'en cache guère; mais vous, Père Theiner, à qui la Religion imposait tant de ménagements envers les personnes comme envers les choses, qui avez-vous honoré de vos attaques? qui n'avez-vous pas flétri de vos éloges? Ce qu'il y avait de plus saint, de plus pur, de plus droit, de plus courageux dans l'Église, vous l'avez immolé. Au nom de la Catholicité, vous êtes venu sacrifier le zèle à la politique, la ferveur au calcul, la franchise à la duplicité. Dans le même Conclave, vous avez encensé ceux qui violaient toutes les lois ecclésiastiques, et vous avez diffamé ceux qui les respectaient comme ceux qui les défendaient. Les cardinaux dépositaires des vraies, des grandes traditions du Saint-Siége et de l'Église romaine, étaient là face à face avec d'autres cardinaux que guidaient une prudence terre à terre et de méticuleux moyens que l'Évangile a souvent réprouvés. Vous avez attaqué les uns et protégé les autres; mais de vos censures comme de vos louanges, rien n'a pu sortir intact. Vous avez nui à tous sans servir à personne. Les Nonces mêmes, dont une complaisance inouïe vous confiait les dépêches, se voient devant l'histoire coupables ou ridicules, parce qu'il vous a plu d'arranger leurs correspondances au gré de vos caprices, ou que vous n'avez pas su les traduire.

Quant à Clément XIV, je l'avais accusé, et non sans preuves. Il était, il est encore coupable à mes yeux, coupable de faiblesse et d'ambition, coupable de lâcheté et d'orgueil. Mais moi qui l'incriminais, moi qui ne pouvais parvenir à lui aumôner l'estime de la postérité que sous le bénéfice des circonstances atténuantes, je n'aurais jamais songé à déchaîner sur ce Pontife un avocat aussi compromettant que Votre Révérence. J'avais été juste envers lui, juste avec les sévérités qu'exigent la Religion et le droit. Vous avez été si cruellement partial, si maladroitement apologiste, que j'ai senti le besoin d'avoir certaine pitié pour un Pape dont vous preniez à tâche d'exhausser la mémoire sur l'imposture. Un doute planait sur lui. On parlait de simonie proprement dite, et quand, par respect ou par convenance, on ne l'accusait pas tout haut, Clément XIV se trouvait tout bas flétri par une promesse dont personne ne connaissait les termes, mais dont chacun appréciait le fond. Une signature livrée, un engagement pris pesait sur cette mémoire de Pape. Je suis allé aussi loin qu'il m'était permis d'aller. J'ai dit de ce billet tout ce qu'il m'était possible d'en dire, et ce billet, dans sa teneur, ce n'est pas une promesse formelle : c'est l'exposition d'une doctrine, c'est une espérance accordée à des impatiences royales sans nom et sans équité.

C'est beaucoup, c'est trop, sans aucun doute; mais du moins, même après l'ouvrage sur *Clément XIV et les Jésuites*, l'Église n'en est pas à déplorer l'élection de son chef suprême. Cette élection n'était viciée ni dans le fond ni dans la forme. Elle ne fut pas, elle n'est pas nulle par mon fait. J'ai pris Ganganelli Pape et je l'ai laissé Pape. Avec les lumières et les documents que l'histoire me fournissait, j'ai discuté le seul acte essentiel de son règne, l'acte qui l'immortalise dans son servilisme et qui le condamne dans son iniquité; mais je me suis arrêté où j'ai senti que le respect devait me fermer la bouche. Vous, Père Theiner, qu'avez-vous fait?

Par des révélations encore plus inutiles qu'indiscrètes, mais dont une aveugle antipathie contre les Jésuites ne vous a permis d'entrevoir ni la portée ni les conséquences, vous êtes venu interroger la vie privée du Pontife suprême, jeter un ridicule ineffaçable sur des détails qui, selon la parole d'un historien, auraient dû faire pleurer votre papier. Vous avez ouvert les portes du Vatican, les plus secrètes surtout, et vous avez pris plaisir à ameuter la foule, pour lui montrer un Pape, le Pape de vos prédilections, dans les abaissements de son intérieur.

Vous avez fait cela et bien d'autres choses encore. Vous avez jeté un démenti à toute votre vie, à tous vos écrits, à toutes vos vertus. Vous vous êtes constitué l'homme-lige d'une haine. Vous l'avez épousée. Comme les néophytes, vous poussez si loin le zèle que cette haine vous emporte au delà même des limites de la déraison. Vous les franchissez sans regarder ni en avant ni en arrière, et vous faites bien; car en avant vous trouveriez une main de Jésuite pour vous bénir dans un pardon; et en arrière vos premiers ouvrages comme un remords vivant.

J'ai suivi Votre Révérence sur tous les terrains où il lui a plu de m'attirer. J'ai combattu avec les armes qu'elle a eu la bonté de mettre à ma disposition, et savez-vous, mon Père, ce qui surnagera de votre *Histoire du Pontificat de Clément XIV?* Deux conséquences inévitables auxquelles sans nul doute vous n'avez jamais songé et que vous ne pouviez pas prévoir.

La première, c'est que les documents inédits publiés par moi dans *Clément XIV et les Jésuites* sont tous authentiques.

La seconde, c'est que Clément XIV n'a pas été empoisonné par les Jésuites. Vous n'avez pas osé faire à ce conte absurde l'honneur même de le discuter. Votre silence est le plus écrasant des aveux.

Il y a, dit l'Ecclésiaste, un temps de se taire et un temps de parler. Vous avez si bien fait, mon Révérend Père, qu'après m'avoir distrait de mes travaux historiques, vous me jetez sur les bras une légion d'adversaires ignorés des hommes et que le Dieu de toute vérité et de toute justice doit fort peu connaître. Il m'avait convenu d'ouvrir la bouche pour révéler ce qu'on ne pouvait savoir. Selon le précepte de saint Basile, « je n'ai craint ni le mensonge ni la calomnie; je ne me suis point laissé troubler par les menaces des hommes puissants; je ne me suis point attristé d'être raillé par les uns, outragé par les autres, et condamné par ceux qui affectent de la tristesse et dont les remontrances séduisantes sont ce qu'il y a de plus propre à tromper. Rien ne m'a ébranlé, parce que la vérité combattait avec moi. »

Au bout de la tâche que Votre Révérence m'imposa, je puis me rendre le témoignage que j'ai été fidèle aux conseils de saint Basile. Vous, en feignant de vous appuyer sur une auguste approbation que vous n'aviez pas reçue, mais qu'en votre nom on essayait de faire planer sur le débat, vous êtes venu à Paris pour, de là, inonder l'univers chrétien d'une œuvre de passion et de calcul. Vous y avez évoqué des complices et quelques dupes peut-être, car, comme dit l'apôtre saint Paul, dans sa seconde *Épître aux Thessaloniciens,* vous étiez « accompagné de la puissance de Satan, avec toutes sortes de miracles, de signes et de prodiges trompeurs, et avec toutes les illusions pouvant porter à l'impiété ceux qui périssent, parce qu'ils n'ont pas reçu et aimé la vérité pour être sauvés. C'est pourquoi Dieu leur enverra des illusions si efficaces qu'ils croiront au mensonge, afin que tous ceux qui n'ont point cru à la vérité et qui ont assenti à l'injustice soient condamnés. »

Ces deux textes, ainsi rapprochés l'un de l'autre, indiquent la part qui revient à chacun de nous. Vous l'avez faite pour vous, vous l'avez faite pour moi. Je remercie Votre Révérence de m'avoir laissé la plus honorable, la meilleure par conséquent.

Paris, le 30 janvier 1853.

J. CRÉTINEAU-JOLY.

Lettre du pape Pie VII au cardinal Consalvi relative à l'empereur Napoléon, à Sainte-Hélène.

NOTRE CARDINAL BIEN-AIMÉ,

Puisque votre santé ne se rétablit pas, et que les affaires ne cessent de vous préoccuper, nous désirons très-vivement que vous preniez enfin quelques jours de repos pour mener ensuite à bon terme les diverses négociations dont vous êtes chargé. Les insomnies que vous éprouvez, et les travaux incessants auxquels vous vous livrez presque à notre insu et contrairement à notre volonté, sont pour notre cœur un chagrin continuel. Nous tenons à vous conserver au gouvernement de l'État, et le meilleur moyen d'arriver à ce but de nos désirs, c'est de ne pas épuiser votre vie dans des travaux au-dessus des forces humaines. Vous ne pouvez pas, vous ne devez pas tout faire, et, grâce à Dieu, vous avez assez d'utiles et dignes auxiliaires pour vous permettre de vous épargner un peu. Allez passer une ou deux semaines à Tivoli, ou à Porto-d'Anzio, ou, mieux encore, venez à Albano, ce qui vous rapprochera de Castel-Gandolfo, et embellira encore pour nous les beaux jours dont nous jouissons ici.

La famille de l'empereur Napoléon nous a fait connaître par le cardinal Fesch que le rocher de l'île de Sainte-Hélène est mortel, et que le pauvre exilé se voit dépérir à chaque minute. Nous avons appris cette nouvelle avec une peine infinie, et vous la partagerez sans aucun doute; car nous devons nous souvenir tous les deux qu'après Dieu c'est à lui principalement qu'est dû le rétablissement de la Religion dans ce grand royaume de France. La pieuse et courageuse initiative de 1801 nous a fait oublier et pardonner depuis longtemps les torts subséquents. Savone et Fontainebleau ne sont que des erreurs de l'esprit, ou des égarements de l'ambition humaine; le Concordat fut un acte chrétiennement et héroïquement sauveur.

La mère et la famille de Napoléon font appel à notre miséricorde et générosité; nous pensons qu'il est juste et reconnaissant d'y répondre. Nous sommes certain d'entrer dans vos intentions en vous chargeant d'écrire de notre part aux souverains alliés et notamment au Prince régent, qui nous a donné tant de témoignages d'estime. C'est *votre cher et bon ami*, et nous entendons que vous lui demandiez d'adoucir les souffrances d'un pareil exil. Ce serait pour notre cœur une joie sans pareille que d'avoir contribué à diminuer les tortures de Napoléon. Il ne peut plus être un danger pour quelqu'un; nous désirerions qu'il ne fût un remords pour personne.

Nous avons reçu et lu une lettre très-fortement motivée du cardinal di Pietro, relative aux affaires religieuses de France. Nous vous la renvoyons, quoique nous sommes à peu près sûr qu'elle vous a été communiquée d'avance. Les exigences du cabinet de Paris sont trop absolues, et nous ne voulons pas y accéder dans la forme imposée. Faites comprendre cela à l'ambassadeur, et réglez la chose avec lui; mais ne cédez pas sur le point capital. Les détails s'arrangent toujours d'eux-mêmes.

En priant la divine Providence d'exaucer les vœux que nous formons pour le rétablissement de votre santé, qui nous est si précieuse, nous vous donnons de cœur la bénédiction apostolique.

PIUS PP. VII.

Castel-Gandolfo, 6 octobre 1817.

Lettre du cardinal Consalvi à la duchesse de Devonshire sur l'empereur Napoléon à Sainte-Hélène.

Nous détachons de *l'Église romaine en face de la Révolution* [1] cette page qui sert d'introduction à la lettre du cardinal :

« Lorsque, enchaîné sur ce fatal rocher de Sainte-Hélène, le Prométhée de l'histoire, ayant le gouvernement britannique pour vautour, dictait à ses compagnons de désespoir les souvenirs de sa merveilleuse épopée, c'est toujours avec des paroles d'affection et de respect qu'il s'arrête au nom du prisonnier de Savone et de Fontainebleau. « Pie VII,

[1] *L'Église romaine en face de la Révolution*, par J. Crétineau-Joly, 1er vol., pag. 418 et 419 (3e édition).

» disait-il, est véritablement un agneau, tout à fait
» un bon homme, un véritable homme de bien, que
» j'estime, que j'aime beaucoup, et qui me le rend
» un peu, j'en suis sûr. »

» Et Napoléon ne se trompait pas. Les rois qu'il a si souvent vaincus, comme les princes qu'il a favorisés, se réunissaient dans les congrès. A celui d'Aix-la-Chapelle, ils adhéraient tous au memorandum rédigé par la Russie, et le 19 novembre 1818, ils disaient à l'unanimité : « La guerre soutenue
» contre Napoléon Bonaparte et les résultats qui en
» ont été les conséquences n'ont jamais eu au-
» cune personnalité pour objet. C'est la puissance
» de la Révolution française, concentrée dans un
» individu qui s'en prévalait pour asservir les na-
» tions sous le joug de l'injustice, que les alliés ont
» combattue et qu'ils sont heureusement parvenus à
» détruire..... En proclamant, au mois de mars 1814,
» qu'ils ne feraient jamais la paix ni avec sa per-
» sonne ni avec aucun individu de sa famille, tout
» l'échafaudage de l'usurpation s'écroulait, et l'Eu-
» rope voyait dans cette immense ruine le commen-
» cement de sa propre réédification..... Bonaparte,
» avant la bataille de Waterloo, était un rebelle
» redoutable; après la défaite, un vagabond dont
» la fortune avait trahi les projets; à Rochefort, un
» fugitif qui, à bord du *Bellérophon*, dépendait de
» la justice de l'Europe. »

» L'Europe gouvernementale, dont les Révolutions modifient quelquefois les jugements d'une si étrange manière, n'avait rien à dire, rien à faire en faveur du captif de Sainte-Hélène. Son nom était voué à l'insulte, et les notes diplomatiques se confondaient dans la même malédiction avec l'histoire, la poésie, la chanson, le journalisme, la caricature et le roman.

» A la même époque, mourait en Italie un écrivain célèbre. Le comte Alexandre Verri, auteur des *Notte Romane,* s'était, lui aussi, laissé entraîner au torrent des réactions. Avec son âme brûlante d'énergie, mais pleine de probité, il avait écrit un livre intitulé : *Lotta dell' Impero col Sacerdozio fra Napoleone Bonaparte e Pio VII.* C'était en diminutif le fameux pamphlet de Chateaubriand : *De Buonaparte et des Bourbons.* Seulement la foi y remplaçait les colères. Avant de publier l'ouvrage, le comte Gabriel Verri, son fils, crut devoir en soumettre le manuscrit au Pape.

» Dans une lettre toute d'intimité, adressée par le cardinal Consalvi à la célèbre duchesse de Devonshire, on apprend les motifs qui firent suspendre la publication de ce livre.

« 3 juin 1818.

» Madame la Duchesse,

» Le Saint-Père, après ma seconde audience d'affaires, a eu la bonté de me faire de nouveau appeler, et il m'a dit : Nous nous sommes fait rendre compte par le cardinal Galeffi et par di Gregorio du manuscrit que le comte Verri vous a chargé de nous présenter. Ce manuscrit contient des passages admirables et quelques erreurs de détail à peu près insignifiantes. Mais arrangez les choses de manière qu'il ne voie pas le jour. Napoléon est malheureux, très-malheureux. Nous avons oublié ses torts, l'Église ne doit jamais oublier ses services. Il a fait en faveur de ce Siége ce que nul autre peut-être, dans sa position, n'aurait eu le courage d'entreprendre. Nous ne lui serons point ingrat. Ce livre pourrait aller à Sainte-Hélène, et les Anglais auraient bien soin de le mettre sous les yeux de Napoléon en lui apprenant que j'en ai autorisé la publication. Savoir que cet infortuné souffrirait par nous est déjà presque un supplice, surtout au moment où il nous demande un prêtre pour se réconcilier avec Dieu. Nous ne voulons, nous ne pouvons, nous ne devons participer en rien aux maux qu'il endure; nous désirons, au contraire, du plus profond de notre cœur, qu'on les allége et qu'on lui rende la vie plus douce. Quand vous écrirez à votre ami le Prince-Régent, demandez-lui cette grâce en mon nom, et faites dire au fils du comte Verri de garder dans son archive cet ouvrage, absolument inutile à la gloire paternelle.

» Je vous copie, madame la duchesse, mot pour mot, les paroles textuelles du Saint-Père, avant de les transmettre au Prince-Régent. Je suis heureux de vous en offrir la primeur. Un retour offensif de Bonaparte en Europe est maintenant impossible. Ne serait-il pas temps d'adoucir sa captivité et de moins ulcérer cette âme qui doit avoir de si douloureuses amertumes ? Je vais, dans ma prochaine lettre au Prince-Régent, lui parler à cœur ouvert au nom du très-saint Père; mais *mon ami,* comme le Pape me fait la grâce de l'appeler, n'est guère libre de ses mouvements. Je tâcherai néanmoins de remplir de mon mieux l'ordre et surtout le vœu du Saint-Père. Soyez assez bonne pour me seconder, et peut-être arriverons-nous à quelque chose de bien.

» Avec l'hommage de tous mes respects, agréez, madame la duchesse, etc.,

» E., cardinal CONSALVI. »

FIN.

PARIS. TYPOGRAPHIE DE HENRI PLON, IMPRIMEUR DE L'EMPEREUR,
RUE GARANCIÈRE, 8.

www.ingramcontent.com/pod-product-compliance
Lightning Source LLC
Chambersburg PA
CBHW070531230426
43665CB00014B/1645
* 9 7 8 2 0 1 9 5 6 2 2 9 8 *